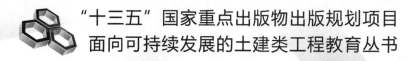

"十三五"国家重点出版物出版规划项目

面向可持续发展的土建类工程教育丛书

SUSTAINABLE

DEVELOPMENT

建设工程与房地产法规

主编 刘仁辉 刘 莎

参编 王 丹 刘 洋 叶 蔓 刘 欣

主审 生青杰

U0331609

机械工业出版社

CHINA MACHINE PRESS

本书共 12 章，主要介绍了与建设工程与房地产相关的法律法规。内容包括建设工程法律基础、土地制度、城乡规划法律制度、房地产开发法律制度、建设工程许可制度、建设工程发包承包制度、建设工程用工制度、建设工程安全生产法律制度、建设工程质量法律制度、现代绿色施工相关法律制度、建设工程法律责任与建设工程纠纷的处理程序。

本书可主要作为高等院校土木工程类、工程管理类等相关专业本科教材，也可作为建设工程与房地产业相关人员的业务参考书。

图书在版编目（CIP）数据

建设工程与房地产法规/刘仁辉，刘莎主编. —北京：机械工业出版社，2019.7

（面向可持续发展的土建类工程教育丛书）

"十三五"国家重点出版物出版规划项目

ISBN 978-7-111-63043-2

Ⅰ.①建…　Ⅱ.①刘…②刘…　Ⅲ.①建筑法 – 中国 – 高等学校 – 教材②房地产法 – 中国 – 高等学校 – 教材　Ⅳ.①D922.297②D922.181

中国版本图书馆 CIP 数据核字（2018）第 124999 号

机械工业出版社（北京市百万庄大街 22 号　邮政编码 100037）

策划编辑：冷　彬　　　　　责任编辑：冷　彬　刘　静
责任校对：赵　燕　佟瑞鑫　封面设计：张　静
责任印制：张　博
三河市宏达印刷有限公司印刷
2019 年 8 月第 1 版第 1 次印刷
184mm × 260mm · 23.25 印张 · 573 千字
标准书号：ISBN 978-7-111-63043-2
定价：58.00 元

电话服务　　　　　　　　　　网络服务
客服电话：010-88361066　　机 工 官 网：www.cmpbook.com
　　　　　010-88379833　　机 工 官 博：weibo.com/cmp1952
　　　　　010-68326294　　金 书 网：www.golden-book.com

前　言

建设工程与房地产项目具有投资大、周期长等特点，在国民经济中的地位举足轻重，与国民经济运行和人民生命财产安全休戚相关。因此，加强建设工程与房地产方面的立法与法律知识普及，以法律来规范建设工程与房地产项目是一项十分重要的工作。现阶段我国的建设工程与房地产业不仅要面对国内的竞争，而且要面对来自国际同行业的竞争，国际惯例在工程建设活动中日益成为通用标准。这些都要求我国的建设工程与房地产管理专业人员必须强化法制观念，在国内、国际工程建设竞争中运用法律的手段来维护自己的合法权益。

近年来我国不断有新的法律法规颁布实施，也不断有一些法律法规得到修订或是被废止，为满足相关专业本科教学的需要，本书以国家现行的法律、行政法规、最高人民法院的司法解释（司法文件）和部门规章等文件为依据，将建设工程与房地产法律制度和典型案例有机结合起来，全面系统地介绍我国建设工程与房地产法律法规。

在本书的编写过程中，编者广泛征求了建设工程与房地产领域的专业人员与管理工作者的意见，吸收了建设工程与房地产领域的最新法律制度，力求完善建设工程与房地产法律知识体系，并且侧重工程实际应用。此外，本书还编入多个发生在建设工程与房地产项目中的案例，同时附有案例分析，便于读者更好地理解我国的建设工程与房地产法律法规。因此，本书具有较强的实用性。

本书由刘仁辉、刘莎担任主编，由生青杰担任主审。具体编写分工为：第1章、第5章、第6章与第7章由刘仁辉（哈尔滨工业大学）编写；第8章由王丹（哈尔滨工业大学）编写；第9章由刘洋（中建一局集团建设发展有限公司）编写；第10章由叶蔓（哈尔滨工业大学）编写；第2章、第3章、第4章与第12章由刘莎（大连理工大学）编写；第11章由刘欣（扬州大学）编写；第12章由刘莎和叶蔓共同编写。

本书在编写过程中参考了有关教材和论著，在此谨向这些教材和论著的编著者表示衷心的感谢。

由于编者水平有限，本书在结构设计和内容安排上存在一定的局限性，不妥之处在所难免，诚望广大读者提出宝贵意见。

编者

目　录

第 **1** 章

建设工程法律基础

1.1 建设工程法律概述

1.1.1 建设工程法律体系

建设工程法具有综合性的特点，包括经济法、行政法、民商法等的内容。建设工程法同时又具有一定的独立性和完整性，具有自己的完整体系。建设工程法律体系是指把已经制定的和需要制定的建设工程方面的法律、行政法规、部门规章、地方性法规、地方性规章有机结合起来，形成的一个相互联系、相互补充、相互协调的完整统一的体系。

1. 建设工程法律

建设工程法律是建设工程法律体系的最高层次，具有最高法律效力。建设工程法律一般是对建设工程管理活动的宏观规定，大多侧重于对政府机关、社会团体、企事业单位的组织、职能、权利、义务等，以及建设工程产品生产的组织管理和生产的基本程序进行规定。例如《中华人民共和国建筑法》（以下简称《建筑法》）、《中华人民共和国招标投标法》（以下简称《招标投标法》）、《中华人民共和国城市房地产管理法》（以下简称《城市房地产管理法》）、《中华人民共和国城乡规划法》（以下简称《城乡规划法》）等。它一般由立法机构或由其授权政府建设主管部门制定，最后由立法机构审议通过。在我国，建设工程法律的立法机构是全国人民代表大会及其常务委员会。我国的建设工程法律的主要内容包括：国家关于建设工程方面的基本方针、政策；涉及建筑领域的根本性、长远和重大的问题，以及建筑市场管理的基本规范。

2. 建设工程行政法规

建设工程行政法规是建设工程法律体系的第二层次。建设工程行政法规一般是对法律条款的进一步细化，以便于法律的实施。它依据法律中的某些授权条款，由政府建设主管部门制定，或由政府建设主管部门委托专业人士组织（学会）或行业协会制定，并经立法机构审议通过。一般情况下，政府建设主管部门中设有专门的法规管理部门，专门负责编辑或组织编制有关的法规。例如英国建设部下设的建筑法规司，根据《建筑法》的授权条款制定了《建筑条例》，根据《健康安全法》的授权条款制定了《建筑设计与管理条例》《公众安全条例》等。

在我国，建设工程行政法规是由国务院根据法律、法规和管理全国建设工程行政工作的需要而制定的。主要包括：行业的规范和涉及建设工程领域重大方针、政策或者重大问题的试行规定；凡涉及部委之间、地方政府之间、部门之间或涉外行政问题，也由国务院制定的建设工程行政法规加以调整和规范。例如国务院制定的《建设工程质量管理条例》《建设工程安全生产管理条例》等。

3. 建设工程部门规章

国务院各部委有权根据法律、行政法规发布建设工程部门规章，其中综合性规章主要由住房和城乡建设部发布。建设工程部门规章一方面将法体、行政法规的规定进一步具体化，以便于其更好地贯彻执行；另一方面部门规章作为法律、法规的补充，为有关政府部门的行为提供依据。部门规章对全国有关行政管理部门具有约束力，但其效力低于行政法规。部门规章规定的事项应当属于执行法律或者国务院的行政法规、决定、命令的事项，其名称可以是"规定""办法"和"实施细则"等。没有法律或者国务院的行政法规、决定、命令的依据，部门规章不得设定减损公民、法人和其他组织权利或者增加其义务的规范，不得增加本部门的权力或者减少本部门的法定职责。目前，大量的建设工程法律法规是以部门规章的方式发布的，例如住房和城乡建设部发布的《建筑工程施工许可管理办法》、国家发展和改革委员会发布的《工程建设项目招标范围和规模标准规定》等。

4. 建设工程地方性法规

省、直辖市的人民代表大会及其常委会根据本行政区域的具体情况和实际需要，在不与宪法、法律、行政法规相抵触的前提下，可以制定地方性建设法规报全国人大常委会和国务院备案。民族自治地方的人民代表大会有权依照当地民族的政治、经济和文化的特点，自定相关自治条例，但应报全国人大常委会批准后生效。

设区的市的人民代表大会及其常务委员会根据本市的具体情况和实际需要，在不与宪法、法律、行政法规和本省、自治区的地方性法规相抵触的前提下，可以对城乡建设与管理、环境保护、历史文化保护等方面的事项制定地方性法规，设区的市的地方性法规须报省、自治区的人民代表大会常务委员会批准后施行。省、自治区的人民代表大会常务委员会对报请批准的地方性法规，应当对其合法性进行审查，与宪法、法律、行政法规和本省、自治区的地方性法规不抵触的，应当在四个月内予以批准。省、自治区的人民代表大会常务委员会在对报请批准的设区的市的地方性法规进行审查时，发现其与本省、自治区的人民政府的规章相抵触的，应当做出处理决定。

地方性法规可以就下列事项做出规定：①为执行法律、行政法规的规定，需要根据本行政区域的实际情况做具体规定的事项；②属于地方性事务需要制定地方性法规的事项。经济特区所在地的省、市的人民代表大会及其常务委员会根据全国人民代表大会的授权决定制定法规，在经济特区范围内实施。民族自治地方的人民代表大会有权依照当地民族的政治、经济和文化的特点，制定自治条例和单行条例。自治区的自治条例和单行条例，报全国人民代表大会常务委员会批准后生效。自治州、自治县的自治条例和单行条例，报省、自治区的人民代表大会常务委员会批准后生效。

因建设工程活动具有很强的地域性，各地都制定了大量的规范建设工程活动的地方性法规、自治条例和单行条例，如《北京市建筑市场管理条例》《上海市建筑市场管理条例》《河南省建筑市场管理条例》等。

5. 建设工程地方性规章

省、自治区、直辖市和设区的市、自治州的人民政府，可以根据法律、行政法规和本省、自治区、直辖市的地方性法规制定地方性规章。地方性规章在其行政区内具有法律效力，但其法律效力低于地方性法规。地方性规章可以就下列事项做出规定：①为执行法律、行政法规、地方性法规的规定需要制定规章的事项；②属于本行政区域的具体行政管理事项。没有法律、行政法规、地方性法规的依据，地方性规章不得设定减损公民、法人和其他组织权利或者增加其义务的规范。目前，省、自治区、直辖市和较大的市的人民政府都制定了大量地方性规章等。

1.1.2 建设工程法律的特征及作用

1. 建设工程法律的特征

建设工程法律作为调整工程建设管理和协作所发生的社会关系的法律规范，除具备一般法律基本特征外，还具有不同于其他法律的特征。

（1）行政隶属性

这是建设工程法律的主要特征，也是区别于其他法律的主要特征。这一特征决定了建设工程法律必然要采用直接体现行政命令的调整方法，即以行政指令为主的方法调整建设工程法律关系。调整方式包括如下几个方面：

1）授权。国家通过建设工程法律规范，授予国家工程建设管理机关某种管理权限，或具体的权利，对工程建设进行监督管理。例如规定设计文件的审批权限、工程建设质量监督等。

2）命令。国家通过建设工程法律规范赋予建设工程法律关系主体某种作为的义务。例如限期拆迁房屋，进行企业资质认定，领取开工许可证等。

3）禁止。国家通过建设工程法律规范赋予建设工程法律关系主体某种不作为的义务，即禁止主体某种行为。例如严禁利用工程建设承发包索贿受贿，严禁无证设计、无证施工，严禁工程建设转包、肢解发包、挂靠等行为。

4）许可。国家通过建设工程法律规范，允许特别的主体在法律允许范围内有某种作为的权利。例如建筑工程施工总承包企业资质等级许可：特级企业可承担各类房屋建筑工程的施工；一级企业可承担40层以下、各类跨度的房屋建筑工程的施工；二级企业可承担30层以下、单跨跨度36m以下的房屋建筑工程的施工；三级企业可承担14层以下、单跨跨度24m以下的房屋建筑工程的施工。

5）免除。国家通过建设工程法律规范，对主体依法应履行的义务在特定情况下予以免除。例如用炉渣、粉煤灰等废渣作为主要原料生产建筑材料的可享有减、免税的优惠等。

6）确认。国家通过建设工程法律规范，授权工程建设管理机关依法对争议的法律事实和法律关系进行认定，并确定其是否存在，是否有效。例如各级工程建设质量监督站检查受监工程的勘察、设计、施工单位和建筑构件厂的资质等级和营业范围，监督勘察、设计、施工单位和建筑构件厂是否严格执行技术标准，并检查其工程（产品）质量等。

7）计划。国家通过建设工程法律规范，对工程建设进行计划调节。计划可分为两种：

一种是指令性计划，另一种是指导性计划。指令性计划具有法律约束力，具有强制性。当事人必须严格执行，违反指令性计划的行为，要承担法律责任。指令性计划本身就是行政管理。指导性计划一般不具有约束力，是可以变动的，但是在条件可能的情况下也是应该遵守的。工程建设必须执行国家的固定资产投资计划。

8）撤销。国家通过建设工程法律规范，授予工程建设管理机关，运用行政权力对某些权利能力或法律资格予以撤销或消灭。例如没有落实工程建设投资计划的项目必须停建、缓建。对无证设计、无证施工、转包和挂靠予以坚决取缔等。

（2）政策性

建设工程法律规范体现着国家的工程建设政策。它一方面是实现国家工程建设政策的工具，另一方面也把国家工程建设政策规范化。国家工程建设形势总是处于不断发展变化之中，建设工程法律规范要随着工程建设政策的变化而变化，灵活而机敏地适应变化了的工程建设形势的客观需要。例如国家人力、财力、物力紧张时，基建投资就要压缩，通过法律规范加以限制；国力储备充足时，就可以适当增加基建投资，同时，以法律规范予以扶植、鼓励。可见建设工程法律规范的政策性比较强，相对比较灵活。

（3）技术性

技术性是建设工程法律规范一个十分重要的特征。建设工程的发展与人类的生存、进步息息相关。建设工程产品的质量与人民的生命财产紧紧连在一起。为保证建设工程产品的质量和人民生命财产的安全，大量的建设工程法律规范是以技术规范形式出现的，直接、具体、严密、系统，便于广大工程技术人员及管理机构遵守和执行。例如各种设计规范、施工规范、验收规范、产品质量监测规范等。

2. 建设工程法律的作用

建筑业是与社会进步、国家强盛、民族兴衰紧密相连的一个行业。它所从事的生产活动，不仅为人类自身的生存发展提供一个最基本的物质环境，而且反映各个历史时期的社会面貌，反映各个地区、各个民族科学技术、社会经济和文化艺术的综合发展水平。建筑产品是人类精神文明发展史的一个重要标志。

在国民经济中，建设工程业是一个重要的物质生产部门，建设工程法律的作用就是保护、巩固和发展社会主义的经济基础，最大限度地满足人们日益增长的物质和文化生活的需要，保障建设工程业健康有序的发展。国家要发展，人类要生存，国家建设必不可少。建设工程业要最大限度地满足各行各业最基本的环境，为人们创造良好的工作环境、生活环境、教学研究环境和生产环境。为此，建设工程法律通过各种法律规范规定工程建设业的基本任务、基本原则、基本方针，加强工程建设业的管理，充分发挥其效能，为国民经济各部门提供必需的物质基础，为国家增加积累，为社会创造财富，推动社会主义各项事业的发展，促进社会主义现代化建设。

1.2 建设工程法律关系

1.2.1 建设工程法律关系的概念

建设工程法律关系指由建设工程法律所确认和调整的，在建设工程管理和协作过程中所产生的权利、义务关系。法律关系都以相应的法律规范的存在为前提，由于法律规范所调整的社会关系不同，因而形成了内容和性质各不相同的法律关系。而法律关系是指由法律规范调整一定社会关系而形成的权利与义务关系。一定的法律关系是以一定的法律规范为前提的，是一定法律规范调整一定社会关系的结果。

建设工程法律关系是建设工程法律与建设工程领域中各种活动发生联系的途径，建设工程法律通过建设工程法律关系来实现其调整相关社会关系的目的。建设工程法律关系是建设工程法律规范在建设工程活动中实施的结果，只有当社会组织按照建设工程法律规范进行建设工程活动形成具体的权利和义务关系时才构成建设工程法律关系。

1.2.2 建设工程法律关系的构成

法律关系都由法律关系主体、法律关系客体和法律关系内容三个要素构成，缺少其中一个要素就不能构成法律关系。由于三要素的内涵不同，则组成不同的法律关系，如民事法律关系、行政法律关系、劳动法律关系、经济法律关系等。同样，变更其中一个要素就不再是原来的法律关系。

建设法律关系包括建设法律关系主体、建设法律关系客体、建设法律关系内容三个要素，缺少其中一个要素就不能构成建设工程法律关系，改变其中的任何一个要素就改变了原来设定的法律关系。

1. 建设工程法律关系主体

建设工程法律关系主体，是指参加建设活动，享有相应权利、承担相应义务的当事人。建设工程法律关系主体可以包括政府相关部门、业主方、承包方、相关中介组织。

在我国建设活动中，房地产开发公司、工厂、学校、医院等，或者个人以及各级政府委托的资产管理部门作为建设工程法律关系主体，一般被称为建设单位或甲方。由于这些建设单位最终得到的是建筑产品的所有权，所以也根据国际惯例，将建设工程的发包主体称为业主。

承包方是指有一定生产能力、机械装备、流动资金，具有承包工程建设任务的营业资格，在建筑市场中能够按照业主方的要求，提供不同形态的建筑产品，并最终得到相应的工程价款的建筑企业。按照生产的主要形式，它们主要有勘察、设计单位，建筑施工企业，混凝土构配件、非标准预制件等生产厂家，商品混凝土供应站，建筑机械租赁单位，以及专门提供建筑劳务的企业等。按照它们提供的主要建筑产品，还可以分为不同的专业，如水电、铁路、冶金、市政工程等专业公司。按照承包的方式，还可以分为总承包企业和专业承包企业。在我国工程建设中，一般称为建筑企业或乙方，在国际工程承包中习惯称为承包商。

中介组织则是指具有相应的专业服务资质，在建筑市场中受承包方、发包方或政府管理机构的委托，对工程建设进行估算测量、咨询代理、建设监理等高智能服务，并取得服务费用的咨询服务机构和其他建设专业中介服务组织。在市场经济运行中，中介组织作为政府、市场、企业之间联系的纽带，具有政府行政管理不可替代的作用。而发达的市场中介组织又是市场体系成熟和市场经济发达的重要表现。因此从市场中介组织工作内容和作用来看，建筑市场的中介组织可分为许多类型。例如，建筑业协会及其下属的设备安装、机械施工、装饰、产品厂商等专业分会，建设监理协会；为工程建设服务的专业会计师事务所、审计师事务所、律师事务所、资产和资信评估机构、公证机构、合同纠纷的调解仲裁机构；工程技术咨询公司，招标投标中编制标底和标价、审查工程造价的代理机构、监理公司、信息服务机构；质量检查机构，监督、认证机构，计量、检查、检测机构，及其他建筑产品检测、鉴定机构；各种以社会福利为目的的基金会、各种保险机构、行业劳保统筹等管理机构。

以上这些建设工程法律关系主体一般可概括为自然人、法人或其他组织。

（1）自然人

自然人是指基于出生而成为民事法律关系主体的人。作为建设工程法律关系主体的自然人必须具备相应的权利能力和行为能力。权利能力是法律关系主体依法享有权利和承担义务的资格，自然人的权利能力始于出生，止于死亡。行为能力是法律主体通过自己的行为取得权利并履行义务的资格。在《中华人民共和国民法总则》（以下简称《民法总则》）中，公民与自然人在法律地位上是一样的。但实际上，自然人的范围要比公民的范围广。公民是指具有本国国籍，依法享有宪法和法律所赋予的权利和承担宪法和法律所规定的义务的人。在我国，公民是社会中具有我国国籍的一切成员，包括成年人、未成年人和儿童。自然人则既包括公民，又包括外国人和无国籍的人。各国的法律一般对自然人都没有条件限制。自然人在建设活动中可以成为建设工程法律关系的主体。例如，施工企业工作人员（建筑工人、专业技术人员、注册执业人员等）同企业签订劳动合同时，即成为建设工程法律关系主体。

（2）法人

法人与自然人相对。它是具有民事权利能力和民事行为能力，依法独立享有民事权利和承担民事义务的组织。法人的存在必须具备如下几个条件：依法成立；有必要的财产或者经费；有自己的名称、组织机构和场所；能够独立承担民事责任。

（3）其他组织

这里的其他组织是指依法或者依据有关政策成立，有一定的组织机构和财产，但又不具备法人资格的各类组织。这些组织在我国社会的政治、经济、文化、教育、卫生等方面具有重要作用。赋予这些组织以合同主体的资格，有利于保护其合法权益，规范其外部行为，维护正常的社会经济秩序，促进我国各项事业的健康发展。

2. 建设工程法律关系客体

建设工程法律关系客体是指建设工程法律关系主体的权利和义务所指向的对象。在通常情况下，建设工程主体都是为了某一客体，彼此才设立一定的权利、义务，从而产生建设工程法律关系，这里的权利、义务所指向的对象，便是建设法律关系的客体。

建设工程法律关系客体既包括有形的产品——建筑物，也包括无形的产品——各种服务。客体凝聚着承包方的劳动，业主方则以投入资金的方式，以取得它的使用价值。在不同的生产交易阶段，建筑产品又表现为不同的形态，可以是中介服务组织提供的咨询报告、咨询意见或其他服务；可以是勘察设计单位提供的设计方案、设计图和勘察报告；可以是生产厂家提供的混凝土构件、非标准预制件等产品；也可以是由施工企业提供的，一般也是最终的产品，即各种各样的建筑物、构筑物。

法学理论上，一般客体分为财、物、行为和非物质财富。建设工程法律关系客体也涉及四类：

（1）表现为财的客体

财一般是指资金及各种有价证券。在建设工程法律关系中表现为财的客体主要是建设资金，如基本建设贷款合同的标的，即一定数量的货币。

（2）表现为物的客体

法律意义上的物是指可为人们控制的并具有经济价值的生产资料和消费资料。在建设工程法律关系中表现为物的客体，主要是建筑材料，如钢材、木材、水泥等，及其构成的建筑物，还有建筑机械等设备。某个具体基本建设项目即是建设工程法律关系中的客体。

（3）表现为行为的客体

法律意义上的行为是指人的有意识的活动。在建设工程法律关系中，行为多表现为完成一定的工作，如勘察设计、施工安装、检查验收等活动。建设工程勘察设计合同的标的，即完成一定的勘察设计任务；建设工程施工合同的标的，即按期完成一定质量要求的施工行为。

（4）表现为非物质财富的客体

法律意义上的非物质财富是指人们脑力劳动的成果或智力方面的创作，也称智力成果。在建设工程法律关系中，设计单位提供的具有创造性的设计图，该设计单位依法可以享有专有权，使用单位未经允许不能无偿使用。

3. 建设工程法律关系内容

建设工程法律关系内容即建设工程法律关系的主体对他方享有的权利和负有的义务，这种内容是由相关法律或合同而确定的。例如开发权、所有权、经营权等权利以及保证施工质量的经济义务和法律责任均为建设工程法律关系的内容。

根据建设工程法律关系主体地位不同，其权利义务关系表现为两种不同情况：①基于主体双方地位平等基础上的对等的权利义务关系，如工程发包方与承包方之间，各方享有的权利和承担的义务是对等的；②在主体双方地位不平等基础上产生的不对等的权利义务关系，如政府相关部门对建设单位或施工企业依法进行的监督和管理活动所形成的法律关系。我国建设工程法律中大部分的规定均指建设工程法律关系的内容。

1.2.3　建设工程法律关系的产生、变更和消灭

1. 建设工程法律关系的产生、变更和消灭的概念

（1）建设工程法律关系的产生

建设工程法律关系的产生是指建设工程法律关系的主体之间形成了一定的权利和义务关系。某建设单位与施工单位签订了工程建设承包合同，主体双方产生了相应的权利和义务。此时，受建设工程法律规范调整的建设工程法律关系即告产生。

（2）建设工程法律关系的变更

建设工程法律关系的变更是指建设工程法律关系的三个要素发生变化。

1）主体变更。主体变更是指建设工程法律关系主体数目增多或减少，也可以是主体改变。在建设工程合同中，客体不变，相应权利义务也不变，此时主体改变也称为合同转让。

2）客体变更。客体变更是指建设工程法律关系中权利义务所指向的事物发生变化。客体变更可以是其范围变更，也可以是其性质变更。

建设工程法律关系主体与客体的变更，必然导致相应的权利和义务，即内容的变更。

（3）建设工程法律关系的消灭

建设工程法律关系的消灭是指建设工程法律关系主体之间的权利义务不复存在，彼此丧失了约束力。

1）自然消灭。建设工程法律关系自然消灭是指某类建设工程法律关系所规范的权利义

务顺利得到履行，取得了各自的利益，从而使该法律关系达到完结。

2）协议消灭。建设工程法律关系协议消灭是指建设工程法律关系主体之间协商解除某类建设工程法律关系规范的权利义务，致使该法律关系归于消灭。

3）违约消灭。建设工程法律关系违约消灭是指建设工程法律关系主体一方违约，或发生不可抗力，致使某类建设工程法律关系规范的权利不能实现。

2. 建设工程法律事实

建设工程法律关系并不是由建设工程法律规范本身产生的，建设工程法律规范并不直接产生法律关系。建设工程法律关系只有在一定的情况下才能产生，而这种法律关系的变更和消灭也由一定的情况决定。这种引起建设工程法律关系产生、变更和消灭的情况，即人们通常所称的法律事实。法律事实是建设工程法律关系产生、变更和消灭的原因。

（1）法律事实的概念

法律事实是指能够引起建设工程法律关系产生、变更和消灭的客观现象和事实。建设工程法律关系不会自然而然地产生，不是任何客观现象都可以作为法律事实，也不能仅凭建设工程法律规范规定，就可在当事人之间发生具体的建设工程法律关系。只有通过一定的法律事实，才能在当事人之间产生一定的法律关系，或者使原来的法律关系变更或消灭。不是任何事实都可成为建设法律事实，只有当建设工程法律把某种客观情况同一定的法律后果联系起来时，这种事实才被认为是建设工程法律事实，成为产生建设工程法律关系的原因，从而和法律后果形成因果关系。

（2）建设工程法律事实的分类

建设工程法律事实按是否包含当事人的意志分为两类。

1）事件。事件是指不以当事人意志为转移而产生的自然现象。当建设工程法律规范规定把某种自然现象和建设权利义务关系联系在一起的时候，这种现象就成为法律事实的一种，即事件。这就是建设工程法律关系的产生、变更或消灭的原因之一。例如，洪水灾害导致工程施工延期，致使某建筑安装合同不能履行。事件产生大致有以下三种情况：

① 自然事件：由自然现象引起的，如地震、台风、水灾、火灾等自然灾害。

② 社会事件：由社会现象引起的，如战争、暴乱、政府禁令等。

③ 意外事件：突发事故，如失火、爆炸、触礁等。

2）行为。行为是指人的有意识的活动。行为包括积极的作为或消极的不作为，都能引起建设工程法律关系的产生、变更或消灭。行为通常表现为以下几种：

① 民事法律行为。民事法律行为是指基于法律规定或有法律依据，受法律保护的行为。例如根据设计任务书进行的初步设计的行为、依法签订建设工程承包合同的行为。

② 违法行为。违法行为是指受法律禁止的侵犯其他主体的建设权利和建设义务的行为。例如违反法律规定或因过错不履行建设工程合同，没有国家批准的建设、擅自工建设等行为。

③ 行政行为。行政行为是指国家授权机关依法行使对建设业管理权而发生法律后果的行为。例如国家建设管理机关下达基本建设计划，监督执行工程项目建设程序的行为。

④ 立法行为。立法行为是指国家机关在法定权限内通过规定的程序，制定、修改、废止建设工程法律的活动。例如国家制定、颁布建设工程法律、法规、规章等行为。

⑤ 司法行为。司法行为是指国家司法机关的法定职能活动。它包括各级检察机构所实

施的法律监督，各级审判机构的审判、调解活动等。例如人民法院对建设工程纠纷案件做出判决的行为。

1.3 建设工程相关法律制度

1.3.1 法人制度

2017 年 3 月公布的《中华人民共和国民法总则》（以下简称《民法总则》）规定，法人是具有民事权利能力和民事行为能力，依法独立享有民事权利和承担民事义务的组织。法人是与自然人相对应的概念，是法律赋予社会组织具有法律人格的一项制度。这一制度为确立社会组织的权利、义务，便于社会组织独立承担责任提供了基础。

1. 法人应当具备的条件

（1）依法成立

法人不能自然产生，它的产生必须经过法定的程序。法人的设立目的和方式必须符合法律的规定，设立法人，法律、行政法规规定须经有关机关批准的，依照其规定。

（2）应当有自己的名称、组织机构、住所、财产或者经费

法人的名称是法人相互区别的标志和法人进行活动时使用的代号。法人的组织机构是指对内管理法人事务、对外代表法人进行民事活动的机构。法人的场所则是法人进行业务活动的所在地，也是确定法律管辖的依据。法人以其主要办事机构所在地为住所。依法需要办理法人登记的，应当将主要办事机构所在地登记为住所。有必要的财产或者经费是法人进行民事活动的物质基础。它要求法人的财产或者经费必须与法人的经营范围或者设立目的相适应，否则将不能被批准设立或者核准登记。

（3）能够独立承担民事责任

法人必须能够以自己的财产或者经费承担在民事活动中的债务，在民事活动中给其他主体造成损失时能够承担赔偿责任。法人以其全部财产独立承担民事责任。

（4）有法定代表人

依照法律或者法人章程的规定，代表法人从事民事活动的负责人，为法人的法定代表人。法定代表人以法人名义从事的民事活动，其法律后果由法人承受。

法人章程或者法人权力机构对法定代表人代表权的限制，不得对抗善意相对人。法定代表人因执行职务造成他人损害的，由法人承担民事责任。法人承担民事责任后，依照法律或者法人章程的规定，可以向有过错的法定代表人追偿。

2. 法人的分类

法人分为营利法人、非营利法人和特别法人三大类。

（1）营利法人

以取得利润并分配给股东等出资人为目的成立的法人，为营利法人。营利法人包括有限责任公司、股份有限公司和其他企业法人等。营利法人经依法登记成立。依法设立的营利法人，由登记机关发给营利法人营业执照。营业执照签发日期为营利法人的成立日期。

（2）非营利法人

为公益目的或者其他非营利目的成立，不向出资人、设立人或者会员分配所取得利润的

法人，为非营利法人。非营利法人包括事业单位、社会团体、基金会、社会服务机构等。具备法人条件，为适应经济社会发展需要，提供公益服务设立的事业单位，经依法登记成立，取得事业单位法人资格；依法不需要办理法人登记的，从成立之日起，具有事业单位法人资格。

（3）特别法人

机关法人、农村集体经济组织法人、城镇农村的合作经济组织法人、基层群众性自治组织法人，为特别法人。有独立经费的机关和承担行政职能的法定机构从成立之日起，具有机关法人资格，可以从事为履行职能所需要的民事活动。

3. 企业法人与项目经理部的法律关系

在建设工程中，大多数建设活动主体都是法人。施工单位、勘察设计单位、监理单位通常是具有法人资格的组织。法人在建设工程中的地位，表现在其具有民事权利能力和民事行为能力。依法独立享有民事权利和承担民事义务，方能承担民事责任。在法人制度产生以前，只有自然人才具有民事权利能力和民事行为能力。随着社会生产活动的扩大和专业化水平的提高，许多社会活动必须由自然人合作完成。

项目经理部是施工企业为了完成某项建设工程施工任务而设立的组织。项目经理部是由一个项目经理与技术、生产、材料、成本等管理人员组成的项目管理班子，是一次性的具有弹性的现场生产组织机构。对于大中型施工项目，施工企业应当在施工现场设立项目经理部；小型施工项目，可以由施工企业根据实际情况选择适当的管理方式。施工企业应当明确项目经理部的职责、任务和组织形式。项目经理部不具备法人资格，而是施工企业根据建设工程施工项目而组建的非常设的下属机构。项目经理根据企业法人的授权，组织和领导本项目经理部的全面工作。

企业法人的法定代表人，其职务行为可以代表企业法人。由于施工企业同时会有数个、数十个甚至更多的建设工程施工项目在组织实施，导致企业法定代表人不可能成为所有施工项目的直接负责人。因此，在每个施工项目上必须有一个经企业法人授权的项目经理。施工企业的项目经理，是受企业法人的委派，对建设工程施工项目全面负责的项目管理者，是一种施工企业内部的岗位职务。由于项目经理部不具备独立的法人资格，无法独立承担民事责任，因此项目经理部行为的法律后果将由企业法人承担。

1.3.2　代理制度

1. 代理概述

（1）代理的概念

代理是指代理人在代理权限范围内，以被代理人的名义为民事法律行为，所产生的法律后果直接归属于被代理人。代理关系涉及三方当事人：被代理人、代理人、代理行为的相对人。由代理人与相对人进行民事法律行为，但是由此产生的法律后果代理人并不承担，而是由被代理人承担。这样，被代理人可以不亲自进行民事法律行为，而直接承受其法律后果。公民、法人要维持其正常的工作或者生活，需要涉及大量的法律事务。但是，有的公民欠缺民事行为能力，不能够独立进行民事法律行为，有时人们受时间精力所限难以亲自进行所有的民事法律行为。民法上的代理制度使人们可以不亲自进行民事法律行为，而由代理人代为进行，由被代理人承受其法律后果。这就大大扩大了人们参与民事法律关系的范围。对于法人特别是大型的企业法人来说，代理制度对其经营的正常开展有关键性的意义。

（2）代理的特征

1）代理人以被代理人的名义进行代理行为。代理人进行代理行为时，是以被代理人的名义进行的。如果是以自己的名义进行民事法律行为，就不是代理。比如股票经纪商，受客户的委托买卖股票，由于经纪商在交易所中是以自己的名义买卖股票，因此股票经纪商与客户之间的关系不是代理，而属于民法上所说的行纪或者经纪合同关系。

2）代理人在代理权限范围内独立进行代理行为。代理行为使自己进行的民事法律行为的法律后果归属于他人，对于他人的利益影响甚巨，所以不可以任意为他人代理，而是必须根据法律的规定或者他人的授权，取得代理权限，才能够以他人的名义进行代理行为。但是，代理人在进行代理行为时并非没有独立性。代理制度的存在，正是为了弥补一些民事主体没有资格或者没有处理有关事务的精力或能力。如果进行民事法律行为虽然有他人进行辅助，但仅仅是指示他人代为传达自己的意思表示或者代为接受意思表示，他人没有任何独立决定意思表示内容的权利，那么这并非代理，而只能属于民法理论上的使者。作为代理人，必须是对意思表示有独立决定权利的人，尽管独立决定的程度有大有小。

3）代理人进行的民事法律行为的法律后果归属于被代理人。代理人进行代理行为，目的并非使自己受到其法律后果的约束，而是以被代理人的名义进行，并且法律后果由被代理人承担。这一点反映了代理制度的目的，是代理的最重要的特征。

（3）代理的适用范围

1）代理所适用之当事人的范围。所有的民事主体都可以成为被代理人，包括无民事行为能力人和限制民事行为能力人。但是就具体的代理行为而言，被代理人必须具有相应的民事权利能力。如果被代理人没有相应的民事权利能力，所进行的民事行为将为无效。

只有具备完全民事行为能力的人才可以成为代理人。因为在代理进行的民事法律行为中，代理人是行为人，所以必须有相应的民事行为能力。一般来说，代理人应当具有完全民事行为能力。从理论上看，只要代理进行的民事法律行为与限制民事行为能力人的年龄、智力和精神健康状况相适应，或者征得了其法定代理人的同意，应当认为可以成为代理人。根据有关规定，法定代理和指定代理的代理人不可能是限制民事行为能力人。

2）代理所适用之事务的范围。一般的民事法律行为都可以代理进行。但是根据《民法通则》第六十三条第三款的规定，依照法律规定或者按照双方当事人约定，应当由本人实施的民事法律行为，不得代理。

代理还适用于某些诉讼行为和行政行为，如诉讼代理、税务代理、商标登记代理、专利代理等。违法的事项不得代理。《民法通则》第六十七条规定，代理人知道被委托代理的事项违法仍然进行代理活动的，或者被代理人知道代理人的代理行为违法不表示反对的，由被代理人和代理人负连带责任。

2. 代理的种类

（1）委托代理

委托代理是基于被代理人的授权而发生的代理，也称意定代理。

1）授权行为的性质。委托代理的发生根据是被代理人的授予代理权的行为。这种授权行为是一种单方法律行为，有被代理人的意思表示就可以发生效力。由此也可知只有具备相应的民事行为能力的人才能够进行授权行为。没有相应民事行为能力的人，可以由其法定代理人代理其进行授权行为。授予代理权的行为是一种单方法律行为，这就要将授权行为与它的基础关系区分开来。代理的基础关系是指被代理人向代理人授予代理权所依据的法律关系。常见的基础关系有委托合同、劳动合同、承揽合同、合伙合同等。

2）授权行为的做出。授权行为应当向代理人或者代理行为的相对人做出。向其他人做出，则不能发生法律效力。委托代理的授权行为可以用书面形式、口头形式或者任何其他形式，如果法律规定用书面形式的，则应当按照法律的规定。

（2）法定代理

法定代理是指根据法律的直接规定发生的代理。未成年人和精神病人是无民事行为能力人或者限制民事行为能力人，完全不能独立进行民事法律行为或者受到很大限制。法定代理是为了保护未成年人和精神病人的利益，使他们也可以进行民事法律行为，参加民事法律关系，更好地实现其利益。

《民法总则》规定："无民事行为能力人、限制民事行为能力人的监护人是其法定代理人。"所以，法定代理人的产生以及有争议时的确定，都应当依照监护的有关规定。

法定代理的权限是非常广泛的。根据《民法总则》关于监护职责的规定，凡是为保护被监护人的人身、财产及其他合法权益有必要的民事法律行为，都可以进行代理。并且可以为被监护人的利益而授权他人作为被监护人的委托代理人。

3. 代理权的行使

（1）代理人的职责

1）代理人应当在代理权限范围内进行民事法律行为。代理权限是根据法律的规定、有关机关的指定或者被代理人的授权而发生的，代理人应当在这个权限范围内进行民事行为，这才符合代理制度的目的。如果代理人超越了代理权，而且被代理人又不予追认的，代理人要承担民事责任。

2）委托代理人应当亲自完成代理事项。委托代理基于被代理人的授权而发生，而被代理人之所以选任特定的人为自己的代理人，总是因为对于代理人的能力、信用等方面有特别的信任。所以法律要求委托代理人应当亲自完成代理事项，只有在很特殊的情况下，代理人才可以为被代理人选任复代理人，而不亲自进行代理行为。对法定代理人应没有这种限制。

3）行使代理权应当维护被代理人的利益。法律上设置代理制度，就是为了使被代理人的利益获得更好地实现。而代理人总有一定的独立进行意思表示的权限，代理人不仅应当在代理权限内为民事行为，而且应当尽量地为被代理人争取利益。代理人不履行职责而给被代理人造成损害的，应当承担民事责任。

（2）代理权滥用的禁止

1）自己代理。所谓自己代理，是指代理人以被代理人的名义与自己订立合同。合同双方当事人的利益实际是互相冲突的，比如买卖合同，卖方希望出售的价格能够高一些，而买方希望能够以更低廉的价格购买。而在自己代理的情况下，代理人一方面以被代理人的名义，一方面以自己的名义订立合同，实际上不可能有在一般签订合同时的双方相互谈判、尽量为本方面争取利益的过程。被代理人的利益和自己的利益同时由代理人一个人来衡量，这样就很难保证代理人能够很好地维护被代理人的利益。所以自己代理的合同应当无效。

2）双方代理。所谓双方代理，是指代理人以被代理人的名义与自己代理的第三人订立合同。与自己代理的情况相似，在双方代理之下，两个被代理人作为合同的双方其利益是冲突的，而代理人在每个代理关系中都有尽量维护被代理人利益的职责。一个人不可能对利益冲突的双方都尽量维护其利益，所以双方代理的合同应当无效。

3）代理人和第三人串通，损害被代理人的利益。这是一种严重违反代理人职责的行为。例如，一个建筑企业的销售人员，接受他人的贿赂，将本企业的产品以廉价卖给他人。第三人实际上是与代理人共同故意损害被代理人的合法权益。根据《民法通则》第六十六条的规定，代理人和第三人串通，损害被代理人利益的，由代理人和第三人负连带责任。

4. 无权代理

（1）无权代理的概念

无权代理是指欠缺代理权而以他人的名义进行民事行为。它的发生原因有这样一些情况：

1）自始没有代理权。如果行为人从来就没有代理权，就以他人的名义进行民事行为，属于无权代理。

2）超越代理权。代理权总是有一定的范围的。代理人虽然被授予了代理权，但是如果他在以被代理人的名义进行民事行为时超越了被授予的权限，实际等于是没有代理权却以他人名义进行民事行为。

3）代理权已经终止。被代理人虽然曾经授予过行为人以代理权，但是此后发生了使代理权消灭的事由，比如有效期限已经届满，或者代理事项已经完成，可是原来的代理人却仍然以被代理人的名义进行民事行为，则属于无权代理。

（2）无权代理行为的效力

《民法总则》第一百七十一条规定：①行为人没有代理权、超越代理权或者代理权终止后，仍然实施代理行为，未经被代理人追认的，对被代理人不发生效力。②相对人可以催告被代理人自收到通知之日起一个月内予以追认。被代理人未做表示的，视为拒绝追认。行为人实施的行为被追认前，善意相对人有撤销的权利。撤销应当以通知的方式做出。③行为人实施的行为未被追认的，善意相对人有权请求行为人履行债务或者就其受到的损害请求行为人赔偿，但是赔偿的范围不得超过被代理人追认时相对人所能获得的利益。④相对人知道或者应当知道行为人无权代理的，相对人和行为人按照各自的过错承担责任。

无权代理而以他人名义进行的民事行为，只有经过被代理人的追认，其法律后果才归属于被代理人；未经追认的行为，由行为人承担民事责任。也就是，无权代理的民事行为，在行为时不发生法律效力，如果事后被代理人认为此行为对自己有利或者因为其他的原因，追认了此民事行为，则等于承认了行为人的代理权，民事行为有效，法律后果由被代理人承担。如果被代理人拒绝追认，则无权代理的民事行为无效，对被代理人没有法律上的约束力。如果因为无权代理的行为给相对人或者被代理人造成了损失，并且符合法律规定的条件，无权代理人应当承担民事责任。

（3）表见代理的概念与效力

依据《民法总则》第一百七十二条规定，行为人没有代理权、超越代理权或者代理权终止后，仍然实施代理行为，相对人有理由相信行为人有代理权的，代理行为有效。

《合同法》第四十九条规定了表见代理的要件及效力。表见代理本属于无权代理，即没有代理权、超越代理权或者代理权终止后仍以被代理人的名义订立合同。依据 2009 年 4 月发布的《最高人民法院关于适用〈合同法〉若干问题的解释（二）》（以下简称依据《合同法解释（二）》）第十三条的规定，被代理人依照《合同法》第四十九条的规定承担有效代理行为所产生的责任后，可以向无权代理人追偿因代理行为而遭受的损失。但与一般无权代理不同的是，相对人此时如果有理由相信行为人有代理权，则为保护此善意相对人的合法权益，法律特别规定代理行为有效，即被代理人不得拒绝代理行为对自己发生效力。

依据 2009 年 7 月最高人民法院印发的《关于当前形势下审理民商事合同纠纷案件若干问题的指导意见》的要求，应正确把握法律构成要件，稳妥认定表见代理行为。在国家重大项目和承包租赁行业等受到全球性金融危机冲击和国内宏观经济形势变化影响比较明显的行业领域，由于合同当事人采用转包、分包、转租方式，出现了大量以单位部门、项目经理乃至个人名义签订或实际履行合同的情形，并因合同主体和效力认定问题引发表见代理纠纷案件。对此，人民法院应当正确适用《合同法》第四十九条关于表见代理制度的规定，严格认定表见代理行为。表见代理制度不仅要求代理人的无权代理行为在客观上形成具有代理权的表象，而且要求相对人在主观上善意且无过失地相信行为人有代理权。合同相对人主张构成表见代理的，应当承担举证责任，不仅应当举证证明代理行为存在诸如合同书、公章、印鉴等有权代理的客观表象形式要素，而且应当证明其善意且无过失地相信行为人具有代理权。人民法院在判断合同相对人主观上是否属于善意且无过失时，应当结合合同缔结与履行过程中的各种因素综合判断合同相对人是否尽到合理注意义务，此外还要考虑合同的缔结时间、以谁的名义签字、是否盖有相关印章及印章真伪、标的物的交付方式与地点、购买的材料、租赁的器材、所借款项的用途、建设单位是否知道项目经理的行为、是否参与合同履行等各种因素，做出综合分析判断。因此，在建设工程领域，项目部或者项目经理不具有对外借款的职权，其以施工企业名义对外借款的，出借人要求施工企业承担还款责任的，原则上不予支持。出借人举证证明项目经理是获得施工企业授权，或具有款项进入施工企业账户、实际用于工程等情形，导致其有理由相信项目部或项目经理有代理权的，出借人要求施工企业承担还款责任的，予以支持。因此，对于建设工程来说，在总承包商没有授权分包商代表其对外缔约的情况下，"项目经理"或者"工程项目部"的行为构成无权代理。合同相对方主张其构成表见代理的，应当承担举证责任。在证明"项目经理"或者"工程项目部"的行为构成表见代理的诸多证据中，"项目经理"或者"工程项目部"对外缔约的名义是重要证据，但并不是具有决定性意义的证据。根据《合同法》第四十九条的规定，合同相对人还应当举证证明其有理由相信分包商有代理总承包商对外缔约的权利，即证明自己善意无过失地相信对方的代理权。判断合同相对人是否尽到合理注意义务、构成善意无过失，必须结合合同签订和履行过程中单据的出具时间、以谁的名义签字、标的物交付方式、地点和用途等因素，结合经验法则做出综合分析判断。

5. 代理关系的终止

（1）委托代理的终止

《民法总则》规定，有下列情形之一的，委托代理终止：

1）代理期间届满或者代理事务完成。

2）被代理人取消委托或者代理人辞去委托。

3）代理人丧失民事行为能力。

4）代理人或者被代理人死亡。

5）作为被代理人或者代理人的法人、非法人组织终止。

建设工程代理行为的终止，主要包括如下情形：

1）代理期间届满或代理事项完成。被代理人通常是授予代理人某一特定期间内的代理权，或者是某一项也可能是某几项特定事务的代理权，那么在这一期间届满或者被指定的代理事项全部完成，代理关系即告终止，代理行为也随之终止。

2）被代理人取消委托或者代理人辞去委托。委托代理是被代理人基于对代理人的信任而授权其进行代理事务的。如果被代理人由于某种原因失去了对代理人的信任，法律就不应当强制被代理人仍须以其为代理人。如果代理人由于某种原因不愿意再行代理，法律也不能强制要求代理人继续从事代理。因此，法律规定被代理人有权根据自己的意愿单方取消委托，也允许代理人单方辞去委托，均不必以对方同意为前提，通知到对方时，代理权即行消灭。但是，单方取消或辞去委托可能会承担相应的民事责任。《合同法》规定，委托人或者受托人可以随时解除委托合同。因解除合同给对方造成损失的，除不可归责于该当事人的事由以外，应当赔偿损失。

3）作为被代理人或者代理人的法人、非法人组织终止。在建设工程活动中，不管是被代理人还是代理人，任何一方的法人终止，代理关系均随之终止。因为，对方的主体资格已消灭，代理行为将无法继续，其法律后果也将无从承担。

（2）法定代理终止

法定代理因下列原因终止：

1）被代理人取得或者恢复民事行为能力。法定代理和指定代理都是为了保护无民事行为能力人、限制民事行为能力人的利益而规定的。法定代理人由监护人担任。如果作为被代理人的未成年人因为成年而取得民事行为能力，或者作为被代理人的精神病人因为恢复了精神健康而恢复民事行为能力，则监护关系消灭，法定代理和指定代理同样也失去了存在的意义，根据法律的规定，代理关系终止。

2）被代理人或者代理人死亡。

3）代理人丧失民事行为能力。

4）指定代理的人民法院或者指定单位取消指定。

5）由其他原因引起的被代理人和代理人之间的监护关系消灭。法定代理人由监护人担任，监护关系消灭，法定代理关系随之终止。

除了上面的几种使监护关系终止的原因外，根据法律的规定，还有其他原因，例如因为收养关系的解除，养父母与养子女的监护关系解除，又如因为收养关系的发生，被收养人与原监护人的监护关系解除。

6. 不当或违法行为应承担的法律责任

（1）损害被代理人利益应承担的法律责任

代理人不履行职责而给被代理人造成损害的，应当承担民事责任。代理人和相对人串通，损害被代理人的利益的，由代理人和相对人负连带责任。

（2）相对人故意行为应承担的法律责任

相对人知道行为人没有代理权、超越代理权或者代理权已终止还与行为人实施民事行为给他人造成损害的，由相对人和行为人负连带责任。

（3）违法代理行为应承担的法律责任

代理人知道被委托代理的事项违法仍然进行代理活动的，或者被代理人知道代理人的代理行为违法不表示反对的，由被代理人和代理人负连带责任。

1.3.3 诉讼时效制度

1. 诉讼时效的概念

时效是指一定事实状态在法律规定期间内的持续存在，从而产生与该事实状态相适应的法律效力。时效一般可分为取得时效和消灭时效。关于时效，《民法总则》做了规定。在我国只承认消灭时效制度，不承认取得时效制度。消灭时效就是我们所说的诉讼时效。诉讼时效是指权利人在法定期间内不行使权利即丧失请求人民法院予以保护的权利。

一个权利人如果长期不行使权利，经过相当长的时间后，人们就会习以为常，并且以此为基础发生其他民事法律关系。如果允许权利人很长时间之后再突然行使权利，就会必须对多年来已经相当稳定的社会关系进行调整，造成一定程度的混乱。另外，一个民事关系，经过多年，有关当事人会渐渐淡忘，证据也会渐渐湮灭，难以寻找。如果有关当事人突然又提起诉讼，人民法院很难查清实情，因而很难做出正确的判决。

所以，超过诉讼时效期间权利人起诉，如果符合《民事诉讼法》规定的起诉条件，法院仍然应当受理。如果法院经受理后查明无中止、中断、延长事由的，判决驳回诉讼请求。但是，依照 2008 年 8 月发布的《最高人民法院关于审理民事案件适用诉讼时效制度若干问题的规定》，当事人未提出诉讼时效抗辩，法院不应对诉讼时效问题进行释明及主动适用诉讼时效的规定进行裁判。当事人违反法律规定，约定延长或者缩短诉讼时效期间、预先放弃诉讼时效利益的，法院不予认可。当事人自愿履行的，不受诉讼时效限制。《民法总则》规定，诉讼时效期间届满后，义务人同意履行的，不得以诉讼时效期间届满为由抗辩；义务人已自愿履行的，不得请求返还。人民法院不得主动适用诉讼时效的规定。

2018 年 7 月 23 日起施行的《最高人民法院关于适用〈民法总则〉诉讼时效制度若干问题的解释》规定：《民法总则》施行后诉讼时效期间开始计算的，应当适用《民法总则》关于 3 年诉讼时效期间的规定；当事人主张适用《民法通则》关于 2 年或者 1 年诉讼时效期间规定的，人民法院不予支持；《民法总则》施行之日，诉讼时效期间尚未满《民法通则》规定的 2 年或者 1 年，当事人主张适用《民法总则》关于 3 年诉讼时效期间规定的，人民法院应予支持；《民法总则》施行前，《民法通则》规定的 2 年或者 1 年诉讼时效期间已经届满，当事人主张适用《民法总则》关于 3 年诉讼时效期间规定的，人民法院不予支持；《民法总则》施行之日，中止时效的原因尚未消除的，应当适用《民法总则》关于诉讼时效中止的规定。

2. 诉讼时效期间的种类

根据我国《民法总则》及有关法律的规定，诉讼时效期间通常可划分为三类。

（1）普通诉讼时效

普通诉讼时效即向人民法院请求保护民事权利的期间。普通诉讼时效期间通常为 3 年。

（2）特殊诉讼时效

特殊诉讼时效不是由民法规定的，而是由特别法规定的诉讼时效。例如，《合同法》规定，因国际货物买卖合同和技术进出口合同争议的时效期间为 4 年；1992 年 11 月颁布的《中华人民共和国海商法》规定，就海上货物运输向承运人要求赔偿的请求权，时效期间为 1 年。

（3）权利的最长保护期限

诉讼时效期间自权利人知道或应当知道权利受到损害以及义务人之日起计算。但是，从权利被侵害之日起超过 20 年的，法院不予保护；有特殊情况的，人民法院可以根据权利人的申请决定延长。

如果当事人一直不知道自己的权利被侵害，也不应当知道，这样其普通诉讼时效或者特别诉讼时效期间将一直不开始计算，并拖延过长的时间。或者虽然普通诉讼时效期间、特别诉讼时效期间已经开始计算，但是由于诉讼时效的中断可以数次进行，这样也可能使得诉讼时效一直未届满并延续下去。这些现象都与诉讼时效制度的目的有所抵触，妨碍纠纷的迅速和公正解决。如果经过长时间当事人还没有发现自己的权利被侵害，或者在中断多次、经过很长时间之后还不尽快起诉，足见此权利对当事人并无多大利益可言，同时也是为避免时间太长造成审理上的困难，所以法律上有最长诉讼时效的规定。

3. 诉讼时效期间的起算

《民法总则》规定，诉讼时效期间自权利人知道或者应当知道权利受到损害以及义务人之日起计算。《最高人民法院关于贯彻执行〈民法通则〉若干问题的意见（试行）》和《最高人民法院关于审理民事案件适用诉讼时效制度若干问题的规定》中规定，在下列情况下，诉讼时效期间的计算方法是：

1）人身损害赔偿的诉讼时效期间，伤害明显的，从受伤害之日起算；伤害当时未曾发现，后经检查确诊并能证明是由侵害引起的，从伤势确诊之日起算。

2）当事人约定同一债务分期履行的，诉讼时效期间从最后一期履行期限届满之日起计算。

3）未约定履行期限的合同，依照《合同法》第六十一条、第六十二条的规定，可以确定履行期限的，诉讼时效期间从履行期限届满之日起计算；不能确定履行期限的，诉讼时效期间从债权人要求债务人履行义务的宽限期届满之日起计算，但债务人在债权人第一次向其主张权利之时即明确表示不履行义务的，诉讼时效期间从债务人明确表示不履行义务之日起计算。

4）享有撤销权的当事人一方请求撤销合同的，应适用《合同法》第五十五条关于 1 年除斥期间的规定。对方当事人对撤销合同请求权提出诉讼时效抗辩的，法院不予支持。合同被撤销，返还财产、赔偿损失请求权的，诉讼时效期间从合同被撤销之日起计算。

5）返还不当得利请求权的诉讼时效期间，从当事人一方知道或者应当知道不当得利事实及对方当事人之日起计算。

6）管理人因无因管理行为产生的给付必要管理费用、赔偿损失请求权的诉讼时效期间，从无因管理行为结束并且管理人知道或者应当知道本人之日起计算。本人因不当无因管理行为产生的赔偿损失请求权的诉讼时效期间，从其知道或者应当知道管理人及损害事实之日起计算。

4. 诉讼时效中止和中断

（1）诉讼时效中止

诉讼时效中止制度，是为了避免因为不可抗力或者其他当事人不能消除的障碍造成当事人诉讼时效届满的不幸结果。《民法总则》规定，在诉讼时效期间的最后 6 个月内，因下列障碍，不能行使请求权的，诉讼时效中止：

1）不可抗力。

2）无民事行为能力人或者限制民事行为能力人没有法定代理人，或者法定代理人死亡、丧失民事行为能力、丧失代理权。

3）继承开始后未确定继承人或者遗产管理人。

4）权利人被义务人或者其他人控制。

5）其他导致权利人不能行使请求权的障碍。

自中止时效的原因消除之日起满 6 个月，诉讼时效期间届满。根据上述规定，诉讼时效中止，应当同时满足两个条件：

1）权利人由于不可抗力或者其他障碍，不能行使请求权。

2）导致权利人不能行使请求权的事由发生在诉讼时效期间的最后 6 个月内。

诉讼时效中止，即诉讼时效期间暂时停止计算。在导致诉讼时效中止的原因消除后，也就是权利人开始可以行使请求权时起，诉讼时效期间继续计算。《最高人民法院关于审理民事案件适用诉讼时效制度若干问题的规定》中规定了诉讼时效中止的特殊情形：

1）权利被侵害的无民事行为能力人、限制民事行为能力人没有法定代理人，或者法定代理人死亡、丧失代理权、丧失行为能力。

2）继承开始后未确定继承人或者遗产管理人。

3）权利人被义务人或者其他人控制无法主张权利。

4）其他导致权利人不能主张权利的客观情形。

（2）诉讼时效中断

诉讼时效因提起诉讼、当事人一方提出要求或者同意履行义务而中断。从中断时起，诉讼时效期间重新计算。诉讼时效制度是为了促使当事人尽快行使权利，尽快将当事人之间的法律关系明确下来，防止因为年深日久在认定事实时发生困难。在权利人不行使权利达到法定期间时，法律上才使其承担不利的法律后果。如果当事人已经在行使权利，或者已经有事由使得当事人之间的法律关系明确化，则应当从此时开始重新计算诉讼时效期间。只有当事人一次性持续地不行使权利达到法定期限时，才属于诉讼时效期间的经过。

《民法总则》规定，有下列情形之一的，诉讼时效中断，从中断、有关程序终结时起，诉讼时效期间重新起算：

1）权利人向义务人提出履行请求。

2）义务人同意履行义务。

3）权利人提起诉讼或者申请仲裁。

4）与提起诉讼或者申请仲裁具有同等效力的其他情形。

《最高人民法院关于审理民事案件适用诉讼时效制度若干问题的规定》中规定了诉讼时效中断的特殊情形：

1）具有下列情形之一的，应当认定为《民法通则》第一百四十条规定的"当事人一方提出要求"，产生诉讼时效中断的效力：

① 当事人一方直接向对方当事人送交主张权利文书，对方当事人在文书上签字、盖章或者虽未签字、盖章但能够以其他方式证明该文书到达对方当事人的。

② 当事人一方以发送信件或者数据电文方式主张权利，信件或者数据电文到达或者应当到达对方当事人的。

③ 当事人一方为金融机构，依照法律规定或者当事人约定从对方当事人账户中扣收欠款本息的。

④ 当事人一方下落不明，对方当事人在国家级或者下落不明的当事人一方住所地的省级有影响的媒体上刊登具有主张权利内容的公告的，但法律和司法解释另有特别规定的，适用其规定。

2）权利人对同一债权中的部分债权主张权利，诉讼时效中断的效力及于剩余债权，但权利人明确表示放弃剩余债权的情形除外。

3）当事人一方向法院提交起诉状或者口头起诉的，诉讼时效从提交起诉状或者口头起诉之日起中断。

4）下列事项之一，法院应当认定与提起诉讼具有同等诉讼时效中断的效力：

① 申请仲裁。

② 申请支付令。

③ 申请破产、申报破产债权。

④ 为主张权利而申请宣告义务人失踪或死亡。

⑤ 申请诉前财产保全、诉前临时禁令等诉前措施。

⑥ 申请强制执行。

⑦ 申请追加当事人或者被通知参加诉讼。

⑧ 在诉讼中主张抵消。

⑨ 其他与提起诉讼具有同等诉讼时效中断效力的事项。

5）权利人向人民调解委员会以及其他依法有权解决相关民事纠纷的国家机关、事业单位、社会团体等社会组织提出保护相应民事权利的请求，诉讼时效从提出请求之日起中断。

6）权利人向公安机关、人民检察院、人民法院报案或者控告，请求保护其民事权利的，诉讼时效从其报案或者控告之日起中断。上述机关决定不立案、撤销案件、不起诉的，诉讼时效期间从权利人知道或者应当知道不立案、撤销案件或者不起诉之日起重新计算；刑事案件进入审理阶段，诉讼时效期间从刑事裁判文书生效之日起重新计算。

7）义务人做出分期履行、部分履行、提供担保、请求延期履行、制订清偿债务计划等承诺或者行为的，应当认定为《民法通则》第一百四十条规定的当事人一方"同意履行义务"。

8）对于连带债权人中的一人发生诉讼时效中断效力的事由，应当认定对其他连带债权人也发生诉讼时效中断的效力。

9）债权人提起代位权诉讼的，应当认定对债权人的债权和债务人的债权均发生诉讼时效中断的效力。

10）债权转让的，应当认定诉讼时效从债权转让通知到达债务人之日起中断。债务承担情形下，构成原债务人对债务承认的，应当认定诉讼时效从债务承担意思表示到达债权人之日起中断。

此外，《最高人民法院关于贯彻执行〈民法通则〉若干问题的意见（试行）》也规定：诉讼时效因权利人主张权利或者义务人同意履行义务而中断后，权利人在新的诉讼时效期间内，再次主张权利或者义务人再次同意履行义务的，可以认定为诉讼时效再次中断；权利人向债务保证人、债务人的代理人或者财产代管人主张权利的，可以认定诉讼时效中断。

1.3.4 物权制度

1. 物权的概念

（1）物权的基本含义

物权是作为法律确认的主体直接支配财产的权利，具有直接对抗一般人的效力。因此，可以对物权做出如下定义：物权是指权利人直接支配其标的物，并享受其利益的排他性权利。

（2）物权的特征

物权具有如下特征：

1）物权是权利人对于物的权利。物权的客体是物。这里的"物"原则上是有体物，但也不绝对如此。例如，担保物权也有在其他权利之上设立的，如土地使用权抵押、知识产权质押。

2）物权是由权利人直接行使的。物权的特征在于直接支配其标的物，物权人可以依自己的意思对其标的物直接行使其权利，无须他人的意思或义务人行为的介入。在这一点上物权与债权不同，债权人债权的实现，必须依赖于债务人履行债务的行为，例如，借贷合同成立后，出借人的债权只有在借用人偿还其借用的金钱或其他种类物时才能实现。

3）物权是以权利人直接支配标的物并享受其利益为内容的。物权作为财产权，是一种具有物质内容的、直接体现为财产利益的权利。因此，物权的内容在于享受利益，但物权的利益是以权利人对于标的物的直接支配并享受之为特征的。这里的利益可以分为三种：一是物的归属；二是物的利用；三是就物的价值而设立的债务的担保。

4）物权是排他性的权利。物权是权利人直接行使的对于物的直接支配的权利，故必然具有排他性，即物权人有权排除他人对于他行使物上权利的干涉。而且同一物上不能有内容不相容的两种以上的物权并存。例如，一间房屋上不能同时有两个所有权，同一块土地上不能同时设定两个地上权。在这一点上物权又与债权不同，因为债权是请求权，数个债权人可以同时请求债务人为同种行为而互不影响，因此，债权不具有排他性，法律允许同一客体之上有多个债权存在。

2. 物权的种类

（1）自物权和他物权

自物权是权利人对自己的财产所享有的权利，也就是所有权。他物权是指在他人所有的物上设定的物权。他物权是对他人财产的权利。由于他物权的内容是在占有、使用、收益或处分某一方面对物的支配，故也是物权的形式。

（2）动产物权与不动产物权

这是根据物权的客体是动产还是不动产所做的区别。不动产所有权、地上权、永佃权、典权、抵押权等是不动产物权，而动产所有权、质权、留置权则是动产物权。这种分类的意义在于动产物权与不动产物权的取得方法、成立要件等各有不同，一般来说，动产物权的公示方法为占有，而不动产物权的公示方法为登记。

（3）完全物权与限制物权

这是以对于标的物的支配范围的不同对物权做的区分。完全物权即所有权，是全面支配标的物的物权；而限制物权则是特定方面支配标的物的物权。限制物权是在他人之物上设定的权利，实际上是根据所有权人的意志设定的所有权上的负担，起着限制所有权的作用，因此限制物权有较优的效力。例如，土地所有人在自己的土地上为他人设定了地上权，那么就由享有地上权的人使用土地。

（4）我国民法的物权体系

1）所有权。这是所有人在法律规定的范围内独占性支配其所有的财产的权利，所有人可以对其所有的财产占有、使用、收益、处分，并可排除他人对于其财产违背其意志的干涉。所有权是上述物权体系的核心。与他物权相比，所有权是最完整、最充分的物权，他物权都是所有权人与非所有人在一定法律关系的基础上由所有权派生或分离出来的。

2）用益物权。这是对他人所有物在一定范围内使用、收益的权利，其形式有承包经营权、土地使用权、典权、地役权等。

3）担保物权。这是为了担保债的履行，在债务人或第三人的特定财产上设定的物权，其形式有抵押权、质权、留置权。

3. 物权的保护方法

物权的保护方法有刑法、民法、行政法之分，这里仅介绍民法的保护方法。

（1）请求确认物权

当物权归属不明或是发生争执时，当事人可以向法院提起诉讼，请求确认物权。请求确认物权包括请求确认所有权和请求确认他物权。

（2）请求排除妨碍

当他人的行为非法妨碍物权人行使物权时，物权人可以请求妨碍人排除妨碍，也可请求法院责令妨碍人排除妨碍。排除妨碍的请求，所有人、用益物权人都可行使。

（3）请求恢复原状

当物权的标的物因他人的侵权行为而遭受损坏时，如果能够修复，物权人可以请求侵权行为人加以修理以恢复物之原状。恢复原状的请求，所有人、合法使用人都可以行使。

（4）请求返还原物

当所有人的财产被他人非法占有时，财产所有人或合法占有人，可以依照有关规定请求不法占有人返还原物，或请求法院责令不法占有人返还原物。

在请求返还原物时，应注意以下问题：

1）只能向非法占有者要求返还。凡没有合法根据的占有都属于非法占有，不管主观上是否有过错，均可要求返还。

2）原物必须存在。如原物不存在，则只能请求赔偿。

3）如物权已被转让，则情况较为复杂。一般认为原则上要保护所有人的合法权益，也要顾及善意占有的第三人的正当利益。即以第三人在取得物权时有无过错，或是否有偿取得来确定。如果第三人在取得物权时并无过错，并支付了合理的价金，所有人则无法向第三人主张权利，只能向非法转让人要求赔偿。如第三人在取得物权时有过错，则所有人有权请求返还占有。如第三人是无偿取得物权，则不论第三人主观上是否有过错，均应返还物权。

（5）请求损失赔偿

当他人侵害物权的行为造成物权人的经济损失时，物权人可以直接请求侵害人赔偿损失，也可请求法院责令侵害人赔偿损失。

1.3.5 债权制度

1. 债的概念

债是指特定当事人之间的一种民事法律关系。《民法总则》规定，债权是因合同、侵权行为、无因管理、不当得利以及法律的其他规定，权利人请求特定义务人为或者不为一定行为的权利。债是特定当事人之间的法律关系。债权人只能向特定的人主张自己的权利，债务人也只需向享有该项权利的特定人履行义务，即债的相对性。我国民事立法是把债作为特定当事人之间的一种民事法律关系予以规范的。民法上的债，泛指某种特定的权利和义务关系。在这种民事法律关系中，一方享有请求他方为一定行为或不为一定行为的权利，而他方则负有满足该项请求的义务。例如，在买卖关系中，买方有请求卖方依约交付出卖物归其所有的权利，而卖方则相应地负有将出卖物交付买方的义务。在债的法律关系中，享有权利的一方称债权人，负有义务的一方称债务人。生活中的各种合同关系以及致人损害而引起的赔偿关系，都是特定当事人之间的一种民事法律关系，因而都是债的关系。

2. 债的内容与特征

债的内容是指债的主体双方间的权利与义务，即债权人享有的权利和债务人负担的义务，即债权与债务。债权为请求特定人为特定行为作为或不作为的权利。

债权与物权不同，物权是绝对权，而债权是相对权。债权与物权关系都属于财产权关系，都是民法调整财产关系的结果。但是二者又有不同的特征，主要表现在以下方面：

1）从反映的社会关系看，二者的性质不同。债反映动态的财产关系，即财产流转关系，也就是财产由一个主体转移给另一个主体的关系；物权则主要反映静态的财产关系，也就是财产的归属关系。所有权是财产流转的前提和结果，债则是财产流转的法律表现。

2）从法律关系的主体上看，二者的主体范围不同。债是特定的当事人之间的法律关系，其主体双方都是特定的。债权人的权利原则上只对债务人发生效力，因此民法理论上将债称为相对的法律关系，将债权称为对人权。而物权关系是特定的权利主体和不特定的义务主体之间的一种法律关系，即物权关系中的义务主体是不特定的，物权人的权利对所有人以外的一切人都发生效力。因此，民法理论上将物权关系称为绝对法律关系，将物权称为对世权。

3）从法律关系的客体上看，二者的客体范围不同。债的客体可以是物，也可以是行为等；而物权的客体只能是物，不包括行为。从法律关系的内容上看，二者的内容不同。债权人的权利主要不是体现在自己实施某种行为的可能性上，而是要求债务人为一定行为或不为一定行为。在一般情况下，债权人权利的实现须依靠债务人的行为。例如，买受人作为债权人，有权取得出卖物的所有权，但他只能通过出卖人将出卖物的所有权转让给他才能实现其权利，并不能直接取得或支配该物。而所有人所享有的权利则主要是自己实现某种行为的可能性，物权人对自己的财产可依法直接占有、使用、收益和处分，不需借助于他人的行为，就可以实现自己的权利。

4）从法律关系的发生上看，二者发生的原因不同。债是按照合同的约定或者依照法律的规定产生的。产生债的法律事实既可以是合法行为，也可以是不合法的行为；而物权关系一般只能根据合法行为发生。

3. 债发生的根据

债发生的根据是指产生债的法律事实。如同其他民事法律关系一样，债也须有一定的法律事实才能产生。能够产生债的法律事实的有如下几类：

（1）合同

合同是当事人之间设立、变更、终止民事法律关系的协议。依法成立的合同受法律保护，当事人通过订立合同设立的以债权、债务为内容的民事法律关系，称为合同之债。在现实经济生活中，各民事主体主要是通过订立合同来明确相互间的权利、义务关系，即发生债。因合同设立债，是民事主体积极主动地参与民事活动的表现。因此，合同是产生债的最常见的最主要的法律事实。我国债法的内容主要是合同。

（2）不当得利

不当得利是指没有法律或合同上的根据取得利益，而致他人受损害。发生不当得利的事实时，因为一方取得利益没有合法的根据，是不正当的，另一方因此而受到损害。所以，依照法律规定，受损失的一方有权请求不当得利人返还所得的利益，不当得利人有义务返还其所得利益，当事人之间即发生债权、债务关系。因不当得利所发生的债，称为不当得利之债。

（3）无因管理

无因管理是指没有法定的或者约定的义务，为避免他人利益受损失而进行管理或者服务的行为。对他人事务进行管理或者服务的人是管理人，因管理人管理事务或服务而受益的人为本人，又称受益人。无因管理发生后，管理人与受益人之间就产生一种债的法律关系，即无因管理之债。

（4）侵权行为

侵权行为是指侵害他人财产或人身权利的不法行为。在民事活动中，每个人都应当尊重他人的权利，不得侵犯他人的财产或人身权利。侵害他人财产或人身权利的不法行为人应当依法承担民事责任。因此，一方实施侵权行为时，依照法律的规定，侵害人和受害人之间就会产生民事权利、义务关系，受害人有权要求侵害人赔偿，侵害人有义务负责赔偿。侵害人的赔偿义务也是其应承担的民事责任。因为侵权行为会引起侵害人与受害人之间的债权、债务关系，所以侵权行为也是债的发生根据。因侵权行为发生的债称侵权行为之债，有的称致人损害之债，也有的称损害赔偿之债。不过损害赔偿之债并不专指因侵权行为发生的债。

4. 债的分类

（1）合同之债和非合同之债

根据债的发生原因不同，债可以分为合同之债和非合同之债。合同之债即当事人双方或数方之间签订合同而发生的债，这是最常见也是最多的一类债。非合同之债是指不是由参加者的协议而发生的债。它包括：侵权之债，不当得利之债，无因管理之债，以及因遗赠、拾遗、抢救公物等所生之债等。债的这种分类实际意义在于：上述各种债的法律特征不同，法律调整也各不相同。各种合同之债，适用的是合同法；侵权之债，适用的是侵权法；不当得利之债、无因管理之债以及因遗赠、拾遗、抢救公物等所生之债，只能适用相关的法律。

（2）特定物之债和种类物之债

特定物之债和种类物之债，这是根据债的标的物属性的不同而划分的。以特定物为标的物的债称特定物之债，以种类物为标的物的债称种类物之债。前者在债发生时，其标的物即已存在并已特定化；后者在债发生时，其标的物尚未特定化，甚至尚不存在，但当事人双方必须就债的标的物的种类、数量、质量、规格或型号等达成协议。债的这种分类的法律意义在于：①特定物之债的履行，除非债务履行前标的物已灭失，债务人不得以其他标的物代为履行，种类物之债不存在这个问题。②在法律规定或当事人约定的情况下，特定物之债的标的物所有权可自债成立之时发生转移，标的物意外风险也随之转移；种类物之债的标的物所有权只能自交付之时起转移，其意外风险也将自交付之日起转移。

（3）单一之债和多数人之债

根据债的主体双方人数是单一的还是多数的，债可分为单一之债和多数人之债。单一之债是指债的双方主体即债权人和债务人都仅为一人的债。多数人之债是指债的双方主体均为二人及以上或者其中一方主体为二人及以上的债。

债的这种分类的法律意义在于：因单一之债的主体双方都只有一人，当事人之间的权利、义务比较简单明了，不发生一方主体之间的权利、义务关系；而多数人之债，当事人之间的关系比较复杂，不仅有债权人和债务人之间的权利、义务关系，而且还发生多数债权人或多数债务人之间的权利、义务关系。因此，正确地区分单一之债和多数人之债，有利于准确地确定债的当事人之间的权利和义务。

（4）按份之债和连带之债

多数人之债根据各方各自享有的权利或承担的义务以及相互间的关系，可分为按份之债和连带之债。

按份之债是指债的一方主体为多数人，各自按照一定的份额享有权利或承担义务的债。债权主体一方为多数人，各债权人按一定份额分享权利的，为按份债权；债务主体一方为多数人，各债务人按一定份额分担义务的，为按份债务。《民法通则》第八十六条规定："债权人为二人以上的，按照确定的份额分享权利。债务人为二人以上的，按照确定的份额分担义务。"按份之债包括按份债权和按份债务。按份债权的各个债权人只能就自己享有的份额请求债务人履行和接受履行，无权请求和接受债务人的全部给付。按份债务的各债务人只对自己分担的债务份额负清偿责任，债权人无权请求各债务人清偿全部债务。

连带之债是指债的主体一方为多数人，多数人一方当事人之间有连带关系的债。所谓连带关系，是指对于当事人中一人发生效力的事项对于其他当事人同样会发生效力。连带之债包括连带债权和连带债务。债权主体一方为多数人且有连带关系的，为连带债权；债务主体一方为多数人且有连带关系的，为连带债务。《民法通则》第八十七条规定："债权人或者债务人一方人数为二人以上的，依照法律的规定或者当事人的约定，享有连带权利的每个债权人，都有权要求债务人履行义务，负有连带义务的每个债务人，都负有清偿全部债务的义务，履行了义务的人，有权要求其他负有连带义务的人偿付他应当承担的份额。"按照这一规定，连带之债既可因法律的直接规定发生，也可因当事人的约定而发生。

区分按份之债和连带之债的法律意义主要在于：按份之债的多数债权人或债务人的债权或债务各自是独立的，相互间没有连带关系；而连带之债的连带债权人或连带债务人的权利或义务是连带的。在按份之债中，任一债权人接受了其应受份额义务的履行或者任一债务人履行了自己应负担份额的义务后，与其他债权人或债务人均不发生任何权利、义务关系。在连带之债中，连带债权人的任何一人接受了全部义务履行，或者连带债务人的任何一人清偿了全部债务时，虽然原债归于消灭，但连带债权人或连带债务人之间则会产生新的按份之债。

（5）主债与从债

根据两个债之间的关系，债可分为主债和从债。主债是指能够独立存在，不以他债为前提的债。凡是不能独立存在，而必须以主债的存在为成立前提的债，为从债。主债与从债是相互对应的，没有主债不发生从债，没有从债也无所谓主债。

（6）财物债务与劳务债务

根据债务人的义务是提供财物还是提供劳务，债可分为财物债务和劳务债务。

财物债务是指债务人须给付金钱或实物的债，即债的标的为财物。例如，买卖合同之债，交付的标的为有形财物，如房屋、汽车、书籍等。劳务之债是指债务人须提供劳务的债，即债的标的为劳务。例如，委托合同之债，受托人须以进行委托行为为债的给付标的，此时的标的就是提供劳务。

5. 债的消灭

债因一定的法律事实的出现而使既存的债权债务关系在客观上不复存在，叫作债的消灭。债因以下事实而消灭：

（1）债因履行而消灭

债务人履行了债务，债权人的利益得到了实现，当事人间设立债的目的已达到，债的关系也就自然消灭了。

（2）债因抵消而消灭

抵消是指同类已到履行期限的对等债务，因当事人相互抵充其债务而同时消灭。用抵消方法消灭债务应符合下列的条件：

1）必须是对等债务。

2）必须是同一种类的给付之债。

3）同类的对等之债都已到履行期限。

（3）债因提存而消灭

提存是指债权人无正当理由拒绝接受履行或其下落不明，或数人就同一债权主张权利，债权人一时无法确定，致使债务人一时难以履行债务，经公证机关证明或人民法院的裁决，债务人可以将履行的标的物提交有关部门保存的行为。

提存是债务履行的一种方式。如果超过法律规定的期限，债权人仍不领取提存标的物的，应收归国库所有。

（4）债因混同而消灭

混同是指某一具体之债的债权人和债务人合为一体。如两个相互订有合同的企业合并，则产生混同的法律效果。

（5）债因免除而消灭

免除是指债权人放弃债权，从而解除债务人所承担的义务。债务人的债务一经债权人解除，债的关系自行解除。

（6）债因当事人死亡而解除

债因当事人死亡而解除仅指具有人身性质的合同之债，因为人身关系是不可继承和转让的，所以，凡属委托合同的受托人、出版合同的约稿人等死亡时，其所签订的合同也随之终止。

1.3.6 知识产权制度

知识产权是权利人对其创造的智力成果依法享有的权利。按照《民法总则》的规定，知识产权是权利人依法对作品、发明、实用新型、外观设计、商标、地理标志、商业秘密、集成电路布图设计、植物新品种等客体享有的专有的权利。知识产权作为一种无形财产权，对其进行法律保护不同于有形财产，从而也就具有了不同于有形财产的法律特征。

1. 知识产权的特点

（1）财产权和人身权的双重属性

在《民法通则》对民事权利的分类中，其他的民事权利都只有财产权或人身权的单一属性，只有知识产权具有财产权和人身权的双重属性。

（2）专有性

知识产权同其他财产所有权一样，具有绝对的排他性。权利人对智力成果享有专有权，其他人若要利用这一成果必须经过权利人同意，否则构成侵权。

（3）地域性

知识产权在空间上的效力并不是无限的，而要受到地域的限制，其效力只及于确认和保护知识产权的一国法律所能及的地域内。对于有形财产则不存在这一问题，无论财产转移到哪个国家，都不会发生财产所有人自动丧失所有权的情形。

（4）期限性

知识产权仅在法律规定的期限内受到法律的保护，一旦超过法定期限，这一权利就自行消灭，该智力成果就成为整个社会的共同财富，为全人类共同所有。有形财产权没有时间限制，只要财产存在，权利就必然存在。

2. 专利权

（1）专利权的概念

专利权是指权利人在法律规定的期限内，对其发明创造所享有的制造、使用和销售的专有权。国家授予权利人对其发明创造享有专有权，能保护权利人的利益，使其公开其发明创造的技术内容，有利于发明创造的应用。在建设工程活动中，不断有新技术产生，有许多新技术是取得了专利权的。

（2）专利法保护的对象

专利法保护的对象就是专利权的客体，各国规定各不相同。2008年12月经修改后公布的《中华人民共和国专利法》（以下简称《专利法》）保护的是发明创造专利权，并规定发明创造是指发明、实用新型和外观设计。发明是指对产品、方法或者其改进所提出的新的技术方案。实用新型是指对产品的形状、构造或者其结合所提出的适于实用的新的技术方案。外观设计是指对产品的形状、图案或者其结合以及色彩与形状、图案的结合所做出的富有美感并适于工业应用的新设计。

（3）授予专利权的条件

1）授予发明和实用新型专利权的条件。授予专利权的发明和实用新型，应当具备新颖性、创造性和实用性。新颖性是指该发明或者实用新型不属于现有技术，也没有任何单位或者个人就同样的发明或者实用新型在申请日以前向国务院专利行政主管部门提出过申请，并记载在申请日以后公布的专利申请文件或者公告的专利文件中。创造性是指与现有技术相比，该发明或者该实用新型具有突出的实质性特点和显著的进步。所谓现有技术，是指申请日以前在国内外为公众所知的技术。实用性是指该发明或者实用新型能够制造或者使用，并且能够产生积极效果。取得专利权的发明或者实用新型必须是能够应用于生产领域的，而不能是纯理论的。

2）授予外观设计专利权的条件。授予专利权的外观设计，应当同申请日以前在国内外出版物上公开发表过或者国内公开使用过的外观设计不相同和不相近似，并不得与他人在先取得的合法权利相冲突。除了新颖性外，外观设计还应当具备富有美感和适于工业应用两个条件。

（4）专利权人的权利和期限

发明和实用新型专利权被授予后，除《专利法》另有规定的以外，任何单位或者个人未经专利权人许可，都不得实施其专利，即不得为生产经营目的制造、使用、许诺销售、销售、进口其专利产品，或者使用其专利方法以及使用、许诺销售、销售、进口依照该专利方法直接获得的产品。外观设计专利权被授予后，任何单位或者个人未经专利权人许可，都不得实施其专利，即不得为生产经营目的制造、销售、进口其外观设计专利产品。

发明专利权的期限为20年，实用新型专利权和外观设计专利权的期限为10年，均自申请日起计算。

3. 商标权

（1）商标与商标专用权的概念

商标是指企业、事业单位和个体工商业者，为了使其生产经营的商品或者提供的服务项目有别于他人的商品或者服务项目，用具有显著特征的文字、图形、字母、数字、三维标志和颜色组合，以及上述要素的组合来表示的标志。商标可以分为商品商标和服务商标两大类。商标专用权是指企业、事业单位和个体工商业者对其注册的商标依法享有的专用权。由于商标有表示质量和信誉的作用，他人使用商标所有人的商标，有可能对商标所有人的信誉造成损害，必须严格禁止。《中华人民共和国商标法》（以下简称《商标法》）规定，自然人、法人或者其他组织在生产经营活动中，对其商品或者服务需要取得商标专用权的，应当向商标局申请商标注册。

（2）商标专用权的内容以及保护对象

商标专用权是指商标所有人对注册商标所享有的具体权利。同其他知识产权不同，商标专用权的内容只包括财产权，商标设计者的人身权受著作权法保护。商标专用权包括使用权和禁止权两个方面。使用权是商标注册人对其注册商标充分支配和完全使用的权利，权利人也有权将商标使用权转让给他人或通过合同许可他人使用其注册商标。禁止权是商标注册人禁止他人未经其许可而使用注册商标的权利。商标专用权的保护对象是经过国家商标管理机关核准注册的商标，未经核准注册的商标不受商标法保护。使用注册商标应当标明"注册商标"或者注册标记。商标必须使用文字、图形或者其组合作为表现形式，并应当具备显著特征，便于人们识别。

（3）注册商标的续展、转让和使用许可

注册商标的有效期为10年，自核准注册之日起计算。但是，商标与其他知识产权的客体不同，往往使用时间越长越有价值。商标的知名度较高往往也是长期使用的结果。因此，注册商标可以无数次提出续展申请，其理论上的有效期是无限的。注册商标有效期满，需要继续使用的，应当在期满前 12 个月内申请续展注册；在此期间未能提出申请的，可以给予 6 个月的宽展期，宽展期满仍未提出申请的，注销其注册商标。每次续展注册的有效期为 10 年。

注册商标的转让是指商标专用人将其所有的注册商标依法转移给他人所有并由其专用的法律行为。转让注册商标的，转让人和受让人应当共同向商标局提出申请。受让人应当保证使用该注册商标的商品或服务的质量。商标专用权人可以将商标连同企业或者商誉同时转让，也可以将商标单独转让。

注册商标的使用许可是指商标注册人通过签订商标使用许可合同，许可他人使用其注册商标的法律行为。许可人应当监督被许可人使用其注册商标的商品或者服务的质量。被许可人应当保证使用注册商标的商品或服务的质量。经许可使用他人注册商标的，必须在使用该注册商标的商品上标明被许可人的名称和商品产地。

4. 著作权

（1）著作权的概念与著作权主体

著作权是指作者及其他著作权人依法对文学、艺术和科学作品所享有的专有权。

著作权的主体是指从事文学、艺术、科学等领域创作出作品的作者及其他享有著作权的公民、法人或者其他组织。在特定情况下，国家也可以成为著作权的主体。

在建设工程活动中，有许多作品属于单位作品。由法人或者其他组织主持，代表法人或者其他组织意志创作，并由法人或者其他组织承担责任的作品，法人或者其他组织视为作者。如招标文件、投标文件，往往就是单位作品。单位作品的著作权完全归单位所有。

在建设工程活动中，有些作品属于职务作品。公民为完成法人或者其他组织工作任务所创作的作品是职务作品。职务作品与单位作品在形式上的区别在于，单位作品的作者是单位，而职务作品的作者是公民个人。一般情况下，职务作品的著作权由作者享有，但法人或者其他组织有权在其业务范围内优先使用。作品完成两年内，未经单位同意，作者不得许可第三人以与单位使用的相同方式使用该作品。《中华人民共和国著作权法》（以下简称《著作权法》）规定，有下列情形之一的职务作品，作者享有署名权，著作权的其他权利由法人或者其他组织享有，法人或者其他组织可以给予作者奖励：①主要是利用法人或者其他组织的物质技术条件创作，并由法人或者其他组织承担责任的工程设计图、产品设计图、地图、计算机软件等职务作品；②法律、行政法规规定或者合同约定著作权由法人或者其他组织享有的职务作品。

在建设工程活动中，有些作品属于委托作品。一般情况下，勘察设计文件都是勘察设计单位接受建设单位委托创作的委托作品。受委托创作的作品，著作权的归属由委托人和受托人通过合同约定。合同未做明确约定或者没有订立合同的，著作权属于受托人。

（2）著作权的保护期

著作权的保护期由于权利内容以及主体的不同而有所不同：

1）作者的署名权、修改权、保护作品完整权的保护期不受限制。

2）公民的作品，其发表权、使用权和获得报酬权的保护期，为作者终生及其死后 50 年。如果是合作作品，截止于最后死亡的作者死亡后第 50 年的 12 月 31 日。

3）法人或者其他组织的作品、著作权（署名权除外）由法人或者其他组织享有的职务作品，其发表权、使用权和获得报酬权的保护期为 50 年，截止于作品首次发表后第 50 年的

12 月 31 日，但作品自创作完成后 50 年内未发表的，不再受《著作权法》保护。

（3）计算机软件的法律保护

2013 年 1 月经修改后公布的《计算机软件保护条例》规定：

1）计算机软件是指计算机程序及其有关文档。软件著作权属于软件开发者，《计算机软件保护条例》另有规定的除外。

2）如无相反证明，在软件上署名的自然人、法人或者其他组织为开发者。由两个及以上的自然人、法人或者其他组织合作开发的软件，其著作权的归属由合作开发者签订书面合同约定。

3）接受他人委托开发的软件，其著作权的归属由委托人与受托人签订书面合同约定；无书面合同或者合同未做明确约定的，其著作权由受托人享有。

4）由国家机关下达任务开发的软件，著作权的归属与行使由项目任务书或者合同规定；项目任务书或者合同中未做明确规定的，软件著作权由接受任务的法人或者其他组织享有。

5）自然人在法人或者其他组织中任职期间所开发的软件有下列情形之一的，该软件著作权由该法人或者其他组织享有，该法人或者其他组织可以对开发软件的自然人进行奖励：

① 针对本职工作中明确指定的开发目标所开发的软件。

② 开发的软件是从事本职工作活动所预见的结果或者自然的结果。

③ 主要使用了法人或者其他组织的资金、专用设备、未公开的专门信息等物质技术条件所开发并由法人或者其他组织承担责任的软件。

6）软件的合法复制品所有人享有下列权利：

① 根据使用的需要把该软件装入计算机等具有信息处理能力的装置内。

② 为了防止复制品损坏而制作备份复制品。这些备份复制品不得通过任何方式提供给他人使用，并在所有人丧失该合法复制品的所有权时，负责将备份复制品销毁。

③ 为了把该软件用于实际的计算机应用环境或者改进其功能、性能而进行必要的修改；但是，除合同另有约定外，未经该软件著作权人许可，不得向任何第三方提供修改后的软件。

软件著作权制度也存在合理使用，即为了学习和研究软件内含的设计思想和原理，通过安装、显示、传输或者存储软件等方式使用软件的，可以不经软件著作权人许可，不向其支付报酬。

1.3.7　行政许可制度

行政许可是指行政机关根据公民、法人或者其他组织的申请，经依法审查，准予其从事特定活动的行为。行政许可只能由行政机关做出，且只能依申请而发生，不能主动做出；行政许可往往赋予申请人一定权利而产生收益，但是一般也附加一定的条件或义务；应遵循法定程序，并以正规的文书等形式做出批准或认可。

1. 可以设定行政许可的事项

2003 年 8 月颁布的《中华人民共和国行政许可法》（以下简称《行政许可法》）规定，下列事项可以设定行政许可：

1）直接涉及国家安全、公共安全、经济宏观调控、生态环境保护以及直接关系人身健康、生命财产安全等特定活动，需要按照法定条件予以批准的事项。

2）有限自然资源开发利用、公共资源配置以及直接关系公共利益的特定行业的市场准入等，需要赋予特定权利的事项。

3）提供公众服务并且直接关系公共利益的职业、行业，需要确定具备特殊信誉、特殊条件或者特殊技能等资格、资质的事项。

4）直接关系公共安全、人身健康、生命财产安全的重要设备、设施、产品、物品，需要按照技术标准、技术规范，通过检验、检测、检疫等方式进行审定的事项。

5）企业或者其他组织的设立等，需要确定主体资格的事项。

6）法律、行政法规规定可以设定行政许可的其他事项。

以上所列事项，通过下列方式能够予以规范的，可以不设行政许可：

1）公民、法人或者其他组织能够自主决定的。

2）市场竞争机制能够有效调节的。

3）行业组织或者中介机构能够自律管理的。

4）行政机关采用事后监督等其他行政管理方式能够解决的。

2. 行政许可的设定权限

《行政许可法》规定：法律可以设定行政许可；尚未制定法律的，行政法规可以设定行政许可；必要时，国务院可以采用发布决定的方式设定行政许可；实施后，除临时性行政许可事项外，国务院应当及时提请全国人民代表大会及其常务委员会制定法律，或者自行制定行政法规。

尚未制定法律、行政法规的，地方性法规可以设定行政许可；尚未制定法律、行政法规和地方性法规的，因行政管理的需要，确需立即实施行政许可的，省、自治区、直辖市人民政府规章可以设定临时性的行政许可。临时性的行政许可实施满1年需要继续实施的，应当提请本级人民代表大会及其常务委员会制定地方性法规。地方性法规和省、自治区、直辖市人民政府规章，不得设定应当由国家统一确定的公民、法人或者其他组织的资格、资质的行政许可；不得设定企业或者其他组织的设立登记及其前置性行政许可。其设定的行政许可，不得限制其他地区的个人或者企业到本地区从事生产经营和提供服务，不得限制其他地区的商品进入本地区市场。除以上规定外，其他规范性文件一律不得设定行政许可。

行政法规可以在法律设定的行政许可事项范围内，对实施该行政许可做出具体规定。地方性法规可以在法律、行政法规设定的行政许可事项范围内，对实施该行政许可做出具体规定。规章可以在上位法设定的行政许可事项范围内，对实施该行政许可做出具体规定。法规、规章对实施上位法设定的行政许可做出的具体规定，不得增设行政许可；对行政许可条件做出的具体规定，不得增设违反上位法的其他条件。

3. 行政许可的实施程序

法定的行政许可实施程序是规范行政许可行为，防止权力滥用，保证行政权力正确实施的重要环节。行政许可实施的一般程序包括申请与受理、审查与决定、期限、听证、变更与延续。

（1）申请与受理

《行政许可法》规定：公民、法人或者其他组织从事特定活动，依法要取得行政许可的，应当向行政机关提出申请；申请书需要采用格式文本的，行政机关应当向申请人提供行政许可申请书格式文本；申请书格式文本中不得包含与申请行政许可事项没有直接关系的内容；申请人可以委托代理人提出行政许可申请；但是，依法应当由申请人到行政机关办公场所提出行政许可申请的除外；行政许可申请可以通过信函、电报、电传、传真、电子数据交换和电子邮件等方式提出。

行政机关应当将法律、法规、规章规定的有关行政许可的事项、依据、条件、数量、程序、期限以及需要提交的全部材料的目录和申请书示范文本等在办公场所公示。申请人要求行政机关对公示内容予以说明、解释的，行政机关应当说明、解释，提供准确、可靠的信息。

申请人申请行政许可，应当如实向行政机关提交有关材料和反映真实情况，并对其申请材料实质内容的真实性负责。行政机关不得要求申请人提交与其申请的行政许可事项无关的技术资料和其他材料。

行政机关对申请人提出的行政许可申请，应当根据下列情况分别做出处理：①申请事项依法不需要取得行政许可的，应当即时告知申请人不受理；②申请事项依法不属于本行政机关职权范围的，应当即时做出不予受理的决定，并告知申请人向有关行政机关申请；③申请材料存在可以当场更正的错误的，应当允许申请人当场更正；④申请材料不齐全或者不符合法定形式的，应当当场或者在 5 日内一次告知申请人需要补正的全部内容，逾期不告知的，自收到申请材料之日起即为受理；⑤申请事项属于本行政机关职权范围，申请材料齐全、符合法定形式，或者申请人按照本行政机关的要求提交全部补正申请材料的，应当受理行政许可申请。行政机关受理或者不予受理行政许可申请，应当出具加盖本行政机关专用印章和注明日期的书面凭证。

（2）审查与决定

依法应当先经下级行政机关审查后报上级行政机关决定的行政许可，下级行政机关应当在法定期限内将初步审查意见和全部申请材料直接报送上级行政机关。上级行政机关不得要求申请人重复提供申请材料。行政机关对行政许可申请进行审查时，发现行政许可事项直接关系他人重大利益的，应当告知该利害关系人。申请人、利害关系人有权进行陈述和申辩。行政机关应当听取申请人、利害关系人的意见。

申请人的申请符合法定条件、标准的，行政机关应当依法做出准予行政许可的书面决定。行政机关依法做出不予行政许可的书面决定的，应当说明理由，并告知申请人享有依法申请行政复议或者提起行政诉讼的权利。行政机关做出的准予行政许可决定，应当予以公开，公众有权查阅。法律、行政法规设定的行政许可，其适用范围没有地域限制的，申请人取得的行政许可在全国范围内有效。

（3）期限

申请人提交的申请材料齐全、符合法定形式，行政机关能够当场做出决定的，应当当场做出书面的行政许可决定。除可以当场做出行政许可决定的外，行政机关应当自受理行政许可申请之日起 20 日内做出行政许可决定。20 日内不能做出决定的，经本行政机关负责人批准，可以延长 10 日，并应当将延长期限的理由告知申请人。但是，法律、法规另有规定的，依照其规定。

《行政许可法》第二十六条的规定：行政许可采取统一办理或者联合办理、集中办理的，办理的时间不得超过 45 日；45 日内不能办结的，经本级人民政府负责人批准，可以延长 15 日，并应当将延长期限的理由告知申请人。

行政机关做出准予行政许可的决定，应当自做出决定之日起 10 日内向申请人颁发、送达行政许可证件，或者加贴标签，加盖检验、检测、检疫印章。行政机关做出行政许可决定，依法需要听证、招标、拍卖、检验、检测、检疫、鉴定和专家评审的，所需时间不计算在规定的期限内。行政机关应当将所需时间书面告知申请人。

（4）听证

法律、法规、规章规定实施行政许可应当听证的事项，或者行政机关认为需要听证的其他涉及公共利益的重大行政许可事项，行政机关应当向社会公告，并举行听证。行政许可直接涉及申请人与他人之间重大利益关系的，行政机关在做出行政许可决定前，应当告知申请人、利害关系人享有要求听证的权利；申请人、利害关系人在被告知听证权利之日起 5 日内提出听证申请的，行政机关应当在 20 日内组织听证。申请人、利害关系人不承担行政机关组织听证的费用。

（5）变更与延续

被许可人要求变更行政许可事项的，应当向做出行政许可决定的行政机关提出申请；符合法定条件、标准的，行政机关应当依法办理变更手续。

1.4 建筑市场信用制度

1.4.1 建筑市场诚信行为概述

《中共中央办公厅国务院办公厅印发〈关于加快推进失信被执行人信用监督、警示和惩戒机制建设的意见〉的通知》（中办发〔2016〕64 号）中规定，将房地产、建筑企业不依法履行生效法律文书确定的义务情况，记入房地产和建筑市场信用档案，向社会披露有关信息，对其企业资质做出限制；公安、检察机关和人民法院对拒不执行生效判决、裁定以及其他妨碍执行构成犯罪的行为，要及时依法侦查、提起公诉和审判。

失信被执行人全部履行了生效法律文书确定的义务，或与申请执行人达成执行和解协议并经申请执行人确认履行完毕，或案件依法终结执行等，人民法院要在 3 日内屏蔽或撤销其失信名单信息。屏蔽、撤销信息要及时向社会公开并通报给已推送单位。失信名单被依法屏蔽、撤销的，各信用监督、警示和惩戒单位要及时解除对被执行人的惩戒措施。确需继续保留对被执行人信用监督、警示和惩戒的，必须严格按照法律法规的有关规定实施，并明确继续保留的期限。

《国务院关于建立完善守信联合激励和失信联合惩戒制度加快推进社会诚信建设的指导意见》（国发〔2016〕33 号）中规定，在办理行政许可过程中，对诚信典型和连续 3 年无不良信用记录的行政相对人，可根据实际情况实施"绿色通道"和"容缺受理"等便利服务措施。在实施财政性资金项目安排、招商引资配套优惠政策等各类政府优惠政策中，优先考虑诚信市场主体，加大扶持力度。在有关公共资源交易活动中，提倡依法依约对诚信市场主体采取信用加分等措施。

在有关部门和社会组织依法依规对本领域失信行为做出处理和评价基础上，通过信息共享，推动其他部门和社会组织依法依规对严重失信行为采取联合惩戒措施。重点包括：

1）严重危害人民群众身体健康和生命安全的行为，包括食品药品、生态环境、工程质量、安全生产、消防安全、强制性产品认证等领域的严重失信行为。

2）严重破坏市场公平竞争秩序和社会正常秩序的行为，包括贿赂、逃税骗税、恶意逃废债务、恶意拖欠货款或服务费、恶意欠薪、非法集资、合同欺诈、传销、无证照经营、制售假冒伪劣产品和故意侵犯知识产权、出借和借用资质投标、围标串标、虚假广告、侵害消费者或证券期货投资者合法权益、严重破坏网络空间传播秩序、聚众扰乱社会秩序等严重失信行为。

3）拒不履行法定义务，严重影响司法机关、行政机关公信力的行为，包括当事人在司法机关、行政机关做出判决或决定后，有履行能力但拒不履行、逃避执行等严重失信行为。

4）拒不履行国防义务，拒绝、逃避兵役，拒绝、拖延民用资源征用或者阻碍对被征用的民用资源进行改造，危害国防利益，破坏国防设施等行为。

《中华人民共和国招标投标法实施条例》（以下简称《招标投标法实施条例》）规定：国家建立招标投标信用制度；有关行政监督部门应当依法公告对招标人、招标代理机构、投标人、评标委员会成员等当事人违法行为的行政处理决定。

2016 年 1 月颁发的《国务院办公厅关于全面治理拖欠农民工工资问题的意见》中规定，完善企业守法诚信管理制度。将劳动用工、工资支付情况作为企业诚信评价的重要依据，实行分类分级动态监管。建立拖欠工资企业"黑名单"制度，定期向社会公开有关信息。人力资源社会保障部门要建立企业拖欠工资等违法信息的归集、交换和更新机制，将查处的企业拖欠工资情况纳入人民银行企业征信系统、工商部门企业信用信息公示系统、住房城乡建设等行业主管部门诚信信息平台或政府公共信用信息服务平台。推进相关信用信息系统互联互通，实现对企业信用信息互认共享。

2007 年 1 月建设部发布的《建筑市场诚信行为信息管理办法》规定，建筑市场诚信行为信息分为良好行为记录和不良行为记录两大类。

（1）良好行为记录

良好行为记录是指建筑市场主体在工程建设过程中严格遵守有关工程建设的法律、法规、规章或强制性标准，行为规范，诚信经营，自觉维护建筑市场秩序，受到各级住建行政主管部门和相关专业部门的奖励和表彰所形成的良好行为记录。

（2）不良行为记录

不良行为记录是指建筑市场主体在工程建设过程中违反有关工程建设的法律、法规、规章或强制性标准和执业行为规范，经县级以上住建行政主管部门或者委托的执法监督机构查实和行政处罚所形成的不良行为记录。

2008 年 6 月国家发展和改革委员会等 10 部门发布的《招标投标违法行为记录公告暂行办法》中规定，招标投标违法行为记录是指有关行政主管部门在依法履行职责过程中，对招标投标当事人违法行为所做行政处理决定的记录。

1.4.2 建筑市场施工单位不良行为记录认定标准

2007 年 1 月建设部发布的《全国建筑市场各方主体不良行为记录认定标准》对施工单位等不良行为制定了具体认定标准。施工单位的不良行为记录认定标准分为如下 5 大类、41 条。

1. 资质不良行为认定标准

1）未取得资质证书承揽工程的，或超越本单位资质等级承揽工程的。

2）以欺骗手段取得资质证书承揽工程的。

3）允许其他单位或个人以本单位名义承揽工程的。

4）未在规定期限内办理资质变更手续的。

5）涂改、伪造、出借、转让建筑业企业资质证书的。

6）按照国家规定需要持证上岗的技术工种的作业人员未经培训、考核，未取得证书上岗，情节严重的。

2. 承揽业务不良行为认定标准

1）利用向发包单位及其工作人员行贿、提供回扣或者给予其他好处等不正当手段承揽业务的。

2）相互串通投标或与招标人串通投标的，以向招标人或评标委员会成员行贿的手段谋取中标的。

3）以他人名义投标或以其他方式弄虚作假，骗取中标的。

4）不按照与招标人订立的合同履行义务，情节严重的。

5）将承包的工程转包或违法分包的。

3. 工程质量不良行为认定标准

1）在施工中偷工减料的，使用不合格建筑材料、建筑构配件和设备的，或者有不按照工程设计图或施工技术标准施工的其他行为的。

2）未按照节能设计进行施工的。

3）未对建筑材料、建筑构配件、设备和商品混凝土进行检测，或未对涉及结构安全的试块、试件以及有关材料取样检测的。

4）工程竣工验收后，不向建设单位出具质量保修书的，或质量保修的内容、期限违反规定的。

5）不履行保修义务或者拖延履行保修义务的。

4. 工程安全不良行为认定标准

1）在本单位发生重大生产安全事故时，主要负责人不立即组织抢救或在事故调查处理期间擅离职守或逃匿的，主要负责人对生产安全事故隐瞒不报、谎报或拖延不报的。

2）对建筑安全事故隐患不采取措施予以消除的。

3）不设立安全生产管理机构、配备专职安全生产管理人员或分部分项工程施工时无专职安全生产管理人员现场监督的。

4）主要负责人、项目负责人、专职安全生产管理人员、作业人员或特种作业人员，未经安全教育培训或经考核不合格即从事相关工作的。

5）未在施工现场的危险部位设置明显的安全警示标志，或未按照国家有关规定在施工现场设置消防通道、消防水源、配备消防设施和灭火器材的。

6）未向作业人员提供安全防护用具和安全防护服装的。

7）未按照规定在施工起重机械和整体提升脚手架、模板等自升式架设设施验收合格后登记的。

8）使用国家明令淘汰、禁止使用的危及施工安全的工艺、设备、材料的。

9）违法挪用列入建设工程概算的安全生产作业环境及安全施工措施所需费用的。

10）施工前未对有关安全施工的技术要求做出详细说明的。

11）未根据不同施工阶段和周围环境及季节、气候的变化，在施工现场采取相应的安全施工措施，或在城市市区内的建设工程的施工现场未实行封闭围挡的。

12）在尚未竣工的建筑物内设置员工集体宿舍的。

13）施工现场临时搭建的建筑物不符合安全使用要求的。

14）未对因建设工程施工可能造成损害的毗邻建筑物、构筑物和地下管线等采取专项防护措施的。

15）安全防护用具、机械设备、施工机具及配件在进入施工现场前未经查验或查验不合格即投入使用的。

16）使用未经验收或验收不合格的施工起重机械和整体提升脚手架、模板等自升式架设设施的。

17）委托不具有相应资质的单位承担施工现场安装、拆卸施工起重机械和整体提升脚手架、模板等自升式架设设施的。

18）在施工组织设计中未编制安全技术措施、施工现场临时用电方案或专项施工方案的。

19）主要负责人、项目负责人未履行安全生产管理职责的，或不服管理、违反规章制度和操作规程冒险作业的。

20）施工单位取得资质证书后，降低安全生产条件的，或经整改仍未达到与其资质等级相适应的安全生产条件的。

21）取得安全生产许可证发生重大安全事故的。

22）未取得安全生产许可证擅自进行生产的。

23）安全生产许可证有效期满未办理延期手续，继续进行生产的，或逾期不办理延期手续，继续进行生产的。

24）转让安全生产许可证的，接受转让的、冒用或使用伪造的安全生产许可证的。

5. 拖欠工程款或工人工资不良行为认定标准

恶意拖欠或克扣劳动者工资的。

1.4.3　建筑市场诚信行为的公布和奖惩机制

1. 建筑市场诚信行为的公布

（1）公布的时限

《建筑市场诚信行为信息管理办法》规定，建筑市场诚信行为记录信息的公布时间为行政处罚决定做出后 7 日内，公布期限一般为 6 个月至 3 年；良好行为记录信息公布期限一般为 3 年。公布内容应与建筑市场监管信息系统中的企业、人员和项目管理数据库相结合，形成信用档案，内部长期保留。省、自治区和直辖市住建行政主管部门负责审查整改结果，对整改确有实效的，由企业提出申请，经批准，可缩短其不良行为记录信息公布期限，但公布期限最短不得少于 3 个月，同时将整改结果列于相应不良行为记录后，供有关部门和社会公众查询；对于拒不整改或整改不力的单位，信息发布部门可延长其不良行为记录信息公布期限。《招标投标违法行为记录公告暂行办法》规定，国务院有关行政主管部门和省级人民政府有关行政主管部门应自招标投标违法行为行政处理决定做出之日起 20 个工作日内对外进行记录公告。违法行为记录公告期限为 6 个月。依法限制招标投标当事人资质（资格）等方面的行政处理决定，所认定的限制期限长于 6 个月的，公告期限从其决定。

（2）公布的内容和范围

《建筑市场诚信行为信息管理办法》规定：属于《全国建筑市场各方主体不良行为记录认定标准》范围的不良行为记录除在当地发布外，还将由住建部统一在全国公布，公布期限与地方确定的公布期限相同；通过与工商、税务、纪检、监察、司法、银行等部门建立的信息共享机制，获取的有关建筑市场各方主体不良行为记录的信息，省、自治区、直辖市住建行政主管部门也应在本地区统一公布。

《招标投标违法行为记录公告暂行办法》规定，对招标投标违法行为所做出的以下行政处理决定应给予公告：

1）警告。

2）罚款。

3）没收违法所得。

4）暂停或者取消招标代理资格。

5）取消在一定时期内参加依法必须进行招标的项目的投标资格。

6）取消担任评标委员会成员的资格。

7）暂停项目执行或追回已拨付资金。

8）暂停安排国家建设资金。

9）暂停建设项目的审查批准。

10）行政主管部门依法做出的其他行政处理决定。

招标投标违法行为记录公告不得公开涉及国家秘密、商业秘密、个人隐私的记录。但是，经权利人同意公开或者行政机关认为不公开可能对公共利益造成重大影响的涉及商业秘密、个人隐私的违法行为记录，可以公开。

（3）公告的变更

《建筑市场诚信行为信息管理办法》规定，对发布有误的信息，由发布该信息的省、自治区和直辖市住建行政主管部门进行修正，根据被曝光单位对不良行为的整改情况，调整其信息公布期限，保证信息的准确和有效。

行政处罚决定经行政复议、行政诉讼以及行政执法监督被变更或被撤销，应及时变更或删除该不良记录，并在相应诚信信息平台上予以公布，同时应依法妥善处理相关事宜。《招标投标违法行为记录公告暂行办法》规定：

1）被公告的招标投标当事人认为公告记录与行政处理决定的相关内容不符的，可向公告部门提出书面更正申请，并提供相关证据。

2）公告部门接到书面申请后，应在 5 个工作日内进行核对。公告的记录与行政处理决定的相关内容不一致的，应当给予更正并告知申请人；公告的记录与行政处理决定的相关内容一致的，应当告知申请人。

3）公告部门在做出答复前不停止对违法行为记录的公告。

4）行政处理决定在被行政复议或行政诉讼期间，公告部门依法不停止对违法行为记录的公告，但行政处理决定被依法停止执行的除外。

5）原行政处理决定被依法变更或撤销的，公告部门应当及时对公告记录予以变更或撤销，并在公告平台上予以声明。

2. 建筑市场诚信行为的奖惩机制

《国务院办公厅关于全面治理拖欠农民工工资问题的意见》规定：建立健全企业失信联合惩戒机制；加强对企业失信行为的部门协同监管和联合惩戒，对拖欠工资的失信企业，由有关部门在政府资金支持、政府采购、招标投标、生产许可、履约担保、资质审核、融资贷款、市场准入、评优评先等方面依法依规予以限制，使失信企业在全国范围内"一处违法、处处受限"，提高企业失信违法成本。《建筑市场诚信行为信息管理办法》和 2005 年 8 月建设部发布的《关于加快推进建筑市场信用体系建设工作的意见》中规定，应当依据国家有关法律、法规和规章，按照诚信激励和失信惩戒的原则，逐步建立诚信奖惩机制，在行政许可、市场准入、招标投标、资质管理、工程担保和保险、表彰评优等工作中，充分利用已公布的建筑市场各方主体的诚信行为信息，依法对守信行为给予激励，对失信行为进行惩处。对于一般失信行为，要对相关单位和人员进行诚信法制教育，促使其知法、懂法、守法；对有严重失信行为的企业和人员，要会同有关部门，采取行政、经济、法律和社会舆论等综合惩治措施，对其依法公布、曝光或予以行政处罚、经济制裁；行为特别恶劣的，要坚决追究失信者的法律责任，提高失信成本，使失信者得不偿失。《招标投标违法行为记录公告暂行办法》中规定，公告的招标投标违法行为记录应当作为招标代理机构资格认定，依法必须招标项目资质审查、招标代理机构选择、中标人推荐和确定、评标委员会成员确定和评标专家考核等活动的重要参考。

《建筑业企业资质管理规定》中规定，企业未按照本规定要求提供企业信用档案信息的，由县级以上地方人民政府住房城乡建设主管部门或者其他有关部门给予警告，责令限期改正；逾期未改正的，可处以 1000 元以上 1 万元以下的罚款。

《关于加快推进建筑市场信用体系建设工作的意见》中提出，同步推进政府对市场主体的守法诚信评价和社会中介信用机构开展的综合信用评价。

（1）政府对市场主体的守法诚信评价

政府对市场主体的守法诚信评价是政府主导，以守法为基础，根据违法违规行为的行政处罚记录，对市场主体进行诚信评价。评价内容包括对市场主体违反各类行政法律规定强制义务的行政处罚记录以及其他不良失信行为记录。评价标准内容以建筑市场有关的法律责任为主要依据，对社会关注的焦点、热点问题可有所侧重，如拖欠工程款和农民工工资、转包、违法分包、挂靠、招标投标弄虚作假、质量安全问题、违反法定基本建设程序等。

（2）社会中介信用机构的综合信用评价

社会中介信用机构的综合信用评价是市场主导，以守法、守信（主要指经济信用，包括市场交易信用和合同履行信用）、守德（主要指道德、伦理信用）、综合实力（主要包括经营、资本、管理、技术等）为基础进行综合评价。综合评价中有关建筑市场各方责任主体的优良和不良行为记录等信息要以建筑市场信用信息平台的记录为基础。行业协会要协助政府部门做好诚信行为记录、信息发布和信用评价等工作，推进建筑市场动态监管；要完善行业内部监督和协调机制，建立以会员单位为基础的自律维权信息平台，加强行业自律，提高企业及其从业人员的诚信意识。

1.5 建设工程监理制度

建设工程监理是指具有相应资质的监理单位受工程项目业主的委托，依据国家有关法律、法规，经建设主管部门批准的工程项目建设文件，建设工程委托监理合同及其他建设工程合同，对工程建设实施的专业化监督管理。

实行建设工程监理制度是我国工程建设与国际惯例接轨的一项重要工作，也是我国建设领域中管理体制改革的重大举措。我国于 1988 年开始推行建设工程监理制度。经过十几年的摸索总结，我国《建筑法》以法律的形式正式确立了该项制度，《建设工程质量管理条例》还规定了工程业主的质量责任和义务。其他有关建设工程监理制度的规定包括建设部和国家计委发布的《工程建设监理规定》，以及《建设工程监理范围和规模标准规定》《工程监理企业资质管理规定》和《建设工程监理规范》（GB/T 50319—2013）等。

1.5.1 建设工程监理的作用与性质

1. 建设工程监理的作用

（1）有利于提高建设工程投资决策科学化水平

在建设单位委托工程监理实施全方位全过程监理的条件下，监理单位可以派出具备资质的监理工程师为建设单位提供全过程的咨询、监理工作，这样有利于提高投资项目决策的科学化水平，避免项目投资决策失误，也为实现建设工程投资综合效益最大化打下了良好的基础。

（2）有利于规范工程建设参与各方的建设活动

在建设工程实施过程中，工程监理企业可依据委托监理合同和有关的建设工程合同对承建单位的建设行为进行监督管理。由于这种约束机制贯穿于工程建设的全过程，因此可以最有效地规范各承建单位的建设行为，最大限度地避免不当建设行为的发生。要发挥相应的约束作用，需要工程监理企业规范自身的行为并接受政府的监督管理。

2. 建设工程监理的性质

（1）服务性

工程监理企业既不直接进行设计，也不直接进行施工，更不参与承包商的利润分成，而是利用自己的知识、技能、经验、信息以及必要的试验、检测手段为建设单位提供管理活动。建设工程监理的服务对象是建设单位。监理服务是按照委托监理合同的规定进行的，是受法律约束和保护的。

（2）科学性

工程监理企业应当由组织管理能力强、工程建设经验丰富的人员担任领导；应当有足够数量的、有丰富管理经验和应变能力的监理工程师组成的骨干队伍；要有一套健全的管理制度和现代化的管理手段；要掌握先进的管理理论、方法和手段；要积累足够的技术、经济资料和数据；要有科学的工作态度和严谨的工作作风，要实事求是、创造性地开展工作。这一切决定了监理工作的科学性。

（3）独立性

工程监理单位应当严格地按照有关法律、法规、规章、工程建设文件、工程建设技术标准、建设工程委托监理合同、有关的建设工程合同等规定实施监理。在监理过程中，监理单位与承建单位不得有隶属关系和其他利害关系。在开展监理的过程中，必须建立自己的组织，按照自己的工作计划、程序、流程、方法、手段独立开展工作。

（4）公正性

公正性是社会公认的职业道德准则，是监理工程师能够长期生存和发展的基本职业道德准则。在开展建设工程监理的过程中，工程监理应该客观公正地对待建设单位和承建单位。特别是当这两方发生利益冲突或者矛盾时，工程监理企业应该以事实为依据，以法律和有关合同为准绳，在维护建设单位合法权益时，不损害承建单位的合法权益。

1.5.2　我国实行强制监理的范围

《建设工程质量管理条例》第十二条对必须实行监理的建设工程做出了原则规定。建设部根据该条例，于2001年1月17日颁布了《建设工程监理范围和规模标准规定》，明确必须实行监理的建设工程项目具体范围和规模标准。必须实行监理的建设工程项目包括以下几方面工程：

（1）国家重点建设工程

国家重点建设工程是指依据《国家重点建设项目管理办法》所确定的对国民经济和社会发展有重大影响的骨干项目。

（2）大中型公用事业工程

大中型公用事业工程是指项目总投资额在3000万元以上的下列工程项目：

1）供水、供电、供气、供热等市政工程项目。

2）科技、教育、文化等项目。

3）体育、旅游、商业等项目。

4）卫生、社会福利等项目。

5）其他公用事业项目。

（3）成片开发建设的住宅小区工程

成片开发建设的住宅小区工程，其建筑面积在5万平方米以上的住宅建设工程必须实行监理；5万平方米以下的住宅建设工程，可以实行监理；具体范围和规模标准，由省、自治区、直辖市人民政府住建行政主管部门规定。为了保证住宅质量，对高层住宅及地基、结构复杂的多层住宅应当实行监理。

（4）利用外国政府或者国际组织贷款、援助资金的工程

1）使用世界银行、亚洲开发银行等国际组织贷款资金的项目。

2）使用国外政府及其机构贷款资金的项目。

3）使用国际组织或者国外政府援助资金的项目。

（5）国家规定必须实行监理的其他工程

1）项目总投资额在3000万元以上关系社会公共利益、公众安全的下列基础设施项目：

①煤炭、石油、化工、天然气、电力、新能源等项目。

②铁路、公路、管道、水运、民航以及其他交通运输业等项目。

③邮政、电信枢纽、通信、信息网络等项目。

④防洪、灌溉、排涝、发电、引（供）水、滩涂治理、水资源保护、水土保持等水利

建设项目。

⑤ 道路、桥梁、地铁和轻轨交通、污水排放及处理、垃圾处理、地下管道、公共停车场等城市基础设施项目。

⑥ 生态环境保护项目。

⑦ 其他基础设施项目。

2）学校、影剧院、体育场馆项目。

1.5.3 工程建设监理的内容和依据

1. 工程建设监理的内容

工程监理的主要内容可以概括为"三控制、两管理、一协调、安全监理"："三控制"是指建设工程监理对建设工程的投资、工期和质量进行控制；"两管理"是指建设工程监理对建设工程进行的合同管理、信息管理；"一协调"是指建设工程监理要协调好与有关单位的工作关系，并履行建设工程安全生产管理法定职责的服务活动；"安全监理"是指监理单位履行建设工程安全生产管理法定职责的服务活动。

2. 工程建设监理的依据

1）有关法律、行政法规、规章以及标准、规范。

2）有关工程建设文件。

3）建设单位委托监理合同以及有关的建设工程合同。

1.5.4 工程监理单位的资质许可制度

国家对工程监理单位实行资质许可制度。《建设工程质量管理条例》第三十四条第一款规定："工程监理单位应当依法取得相应等级的资质证书，并在其资质等级许可的范围内承担工程监理业务。"同时，该条还规定："禁止工程监理单位超越本单位资质等级许可的范围或者以其他工程监理单位的名义承担工程监理业务。禁止工程监理单位允许其他单位或者个人以本单位的名义承担工程监理业务。工程监理单位不得转让工程监理业务。"这与对勘察、设计、施工单位的规定是一样的。

根据《建筑法》《行政许可法》《建设工程质量管理条例》的规定，建设部于2007年8月1日起施行的《工程监理企业资质管理规定》规定：从事建设工程监理活动的企业，应当按照本规定取得工程监理企业资质，并在工程监理企业资质证书许可的范围内从事工程监理活动；工程监理企业资质分为综合资质、专业资质和事务所资质；综合资质、事务所资质不分级别；专业资质按照工程性质和技术特点划分为若干工程类别，专业资质分为甲级、乙级，其中，房屋建筑、水利水电、公路和市政公用专业资质可设立丙级。

1.5.5 建设工程监理合同

建设工程监理合同的订立，意味着委托关系的形成，委托人与监理人之间的关系将受到合同约束。为了规范建设工程监理合同，住房和城乡建设部和国家工商行政管理总局于2012年3月发布了《建设工程监理合同（示范文本）》（GF—2012—0202），该合同示范文本由"协议书""通用条件""专用条件"以及附录A和附录B组成。

1. 协议书

协议书是一份标准的格式文件，经当事人双方在空格处填写具体规定的内容并签字盖章后，即发生法律效力。建设工程监理合同的组成文件包括以下内容：

1）协议书。

2）中标通知书（适用于招标工程）或委托书（适用于非招标工程）。

3）投标文件（适用于招标工程）或监理与相关服务建议书（适用于非招标工程）。

4）专用条件。

5）通用条件。

6）附录：附录 A（相关服务的范围和内容），附录 B（委托人派遣的人员和提供的房屋、资料、设备）。

建设工程监理合同签订后，双方依法签订的补充协议也是建设工程监理合同文件的组成部分。

2. 通用条件

通用条件涵盖了建设工程监理合同中所用的词语定义与解释，监理人的义务，委托人的义务，签约双方的违约责任，酬金支付，合同的生效、变更、暂停、解除与终止，争议解决及其他诸如外出考察费用、检测费用、咨询费用、奖励、守法诚信、保密、通知、著作权等方面的约定。通用文件适用于各类建设工程监理，各委托人、监理人都应遵守通用条件中的规定。

3. 专用条件

由于通用条件适用于各行业、各专业建设工程监理，因此，其中的某些条款规定得比较笼统，需要在签订具体建设工程监理合同时，结合地域特点、专业特点和委托监理的工程特点，对通用条件中的某些条款进行补充、修改。就具体建设工程监理而言，委托人与监理人就需要根据工程的行业和地域特点，在专用条件中相同序号的条款中明确具体的监理依据。

所谓"修改"，是指通用条件中规定的程序方面的内容，如果双方认为不合适，可以协议修改。如通用条件 3.4 中规定："委托人应授权一名熟悉工程情况的代表，负责与监理人联系。委托人应在双方签订本合同后 7 天内，将委托人代表的姓名和职责书面告知监理人。当委托人更换委托人代表时，应提前 7 天通知监理人。"如果委托人或监理人认为 7 天的时间太短，经双方协商达成一致意见后，可在专用条件相同序号的条款中写明具体的延长时间，如改为 14 天等。

为了确保建设工程监理合同的合法、有效，工程监理单位应与建设单位按法定程序订立合同，明确对工程的有关理解和意图，进一步确认合同责任，将双方达成的一致意见写入专用条件或附录中。在签订合同时，应做到文字简洁、清晰、严密，以保证意思表达准确。

4. 附录

1）附录 A。如果委托人委托监理人完成相关服务时，应在附录 A 中明确约定委托的工作内容和范围。委托人根据工程建设管理需要，可以自主委托全部内容，也可以委托某个阶段的工作或部分服务内容。如果委托人仅委托建设工程监理，则不需要填写附录 A。

2）附录 B。委托人为监理人开展正常监理工作派遣的人员和无偿提供的房屋、资料、设备，应在附录 B 中明确约定派遣或提供的对象、数量和时间。

1.5.6 监理单位的职责和工作程序

1. 监理单位的职责

监理单位是建筑市场的主体之一，建设监理是一种高智能的有偿技术服务。监理单位与项目法人之间是委托与被委托的合同关系，与被监理单位是监理与被监理的关系。监理单位应当按照核准的经营范围承接工程建设监理业务。

监理单位应当按照"公正、独立、自主"的原则开展建设监理工作，公平维护项目法人和被监理单位的合法权益。监理单位不得转让监理业务。监理单位不得承包工程，不得经营建筑材料、构配件和建筑机械、设备。监理单位在监理过程中因过错造成重大经济损失的，应承担一定的经济和法律责任。

监理工程师试行注册制度。监理工程师不得在政府机构、设备制造、材料供应单位兼职，不得是施工、设备制造和材料、构配件供应单位的合伙经营者。

2. 建设工程监理工作程序

建设工程监理工作按照下列程序进行：

1）总监理工程师组织有关专业工程监理工程师编写监理规划。

2）根据需要和规定，在监理规划的基础上由相关的专业监理工程师编写监理细则。

3）根据监理规划和监理细则，规范化开展监理工作。

4）监理工作结束后，项目监理机构应向建设单位提交监理档案并做出监理工作总结。

1.6 案例分析

1.6.1 案例 1

1. 案情

2017 年 7 月，甲建筑公司（以下简称甲公司）中标某大厦工程，负责施工总承包。2018 年 5 月，甲公司将该大厦装饰工程施工分包给乙装饰公司（以下简称乙公司）。甲公司驻该项目的项目经理为李某，乙公司驻该项目的项目经理为王某。李某与王某是多年老友。2018 年 6 月，甲公司在该项目上需租赁部分架管、扣件，但资金紧张。

李某听说王某与丙材料租赁公司（以下简称丙租赁公司）关系密切，便找到王某帮忙赊租架管、扣件。王某答应了李某的请求。随后，李某将盖有甲公司合同专用章的空白合同书及该单位的空白介绍信交给王某。同年 7 月 10 日，王某找到丙租赁公司，出具了甲公司的介绍信（没有注明租赁的财产）和空白合同书，要求租赁脚手架。丙租赁公司经过审查，认为王某出具的介绍信与空白合同书均盖有公章，真实无误，确信其有授权，于是签订了租赁合同。丙租赁公司依约将脚手架交给王某，但王某将脚手架用到了由他负责的其他工程上。后丙租赁公司多次向甲公司催要价款无果后，将甲公司诉至人民法院。

2. 案例评析

王某的行为构成表见代理。因为，王某是乙公司的项目经理，向丙租赁公司租赁脚手架也超出了甲公司对其授权范围，但他向丙租赁公司出具了甲公司的介绍信及空白合同书，使丙租赁公司相信其有权代表甲公司租赁脚手架。

《合同法》第四十九条规定："行为人没有代理权、超越代理权或代理权终止后以被代理人名义订立合同，相对人有理由相信行为人有代理权的，该代理行为有效。"表见代理的后果是由被表见代理人来承担的。因此，甲公司对丙租赁公司请求的租赁费用应承担给付义务。当然，对于自己的损失，甲公司可以追究王某的侵权责任。

1.6.2 案例 2

1. 案情

2014 年 7 月 4 日，原告梁某借给被告刘某 25 万元，但针对这一笔借款，双方却拿出了两份不同的借款合同，一份约定借款期限为 1 个月（至 2014 年 8 月 3 日），另一份约定借款期限至 2014 年 12 月 31 日，近 6 个月。原告表示，借款期满后，她多次向被告催要钱款未果，直到 2017 年 10 月 12 日，梁某将刘某及其妻子作为共同债务人告上法庭。

被告辩称，原告的诉讼时效已过，应驳回其诉讼请求。原告当庭反驳道，2017 年 10 月 1 日起施行的《民法总则》已将普通民事案件的诉讼时效由 2 年变更为 3 年，本案起诉并未超过 3 年诉讼时效。

2. 案例评析

民事主体的权利受到损害的事实发生在《民法总则》施行之前，自权利人知道或者应当知道其权利受到损害以及义务人之日起至《民法总则》施行之日超过 2 年的，诉讼时效期间应遵照《民法通则》规定的 2 年，已经届满的，人民法院不予保护；尚未超过 2 年的，诉讼时效则直接适用《民法总则》，为 3 年。

第 2 章

土 地 制 度

2.1 建设用地概述

2.1.1 建设用地的概念

1. 建设用地的定义

建设用地是指建造建筑物、构筑物及其使用范围内的土地。它利用的是土地的承载力，把土地作为生产基地、生活场所。建设用地包括城镇、村庄、工矿、交通、水利工程、公用设施及军事、旅游等各项用地。其中，直接为农业生产服务的建设用地，如排灌沟渠、田间道路等，称为农业建设用地；其他则为非农业建设用地，也有称建筑用地。

2. 建设用地的内涵

建设用地有广义和狭义之分。广义的建设用地是指一切不以取得生物产品为主要目的的土地，是已利用土地中的一切非农业生产用地。例如采矿业中露天开采需要的土地、地下开采时采空区塌陷引起地面下沉不能继续耕种的土地、自然保护区用地等。狭义的建设用地是指通过工程的手段，为人类的生产、生活和一切社会经济活动等提供操作场地和建筑空间的土地。本书介绍的是狭义的建设用地。

3. 建设用地的特点

相对于其他类型的用地而言，建设用地主要具有以下特点：

（1）土地利用的集约性

土地利用集约度是指在生产过程中，单位面积土地上投放的资本和劳动的数量。在其他条件不变的情况下，单位面积土地上投放的资本和劳动的数量越多，则土地利用的集约度越高。建设用地单位面积上所投放的劳动力与资本比农用地高，具有高度集约性，可以产出更多的经济效益。

（2）土地利用逆转的困难性

一般来讲，农业用地变为建设用地较为容易，建设用地变为农业用地较为困难。农业用地可按照土地利用总体规划和国家规定的批准权限报批后，转为建设用地。但由于农业用地所需要的土地条件较多，一般建设用地很难满足，需要相当长的时间，且成本较高，因此建设用地变为农业用地较为困难。

（3）无限性与再生性

随着社会的发展、人口的增加和城镇化速度的加快，建设用地呈现出快速扩张的态势，而土地的供应却是有限的，建设用地占用农业用地的情况对农业用地构成了巨大的威胁，这就需要运用某种手段来控制对建设用地的无限需求。建设用地的再生性是指建设用地能够从现有的建设用地（即存量建设用地）中经过再开发重新获得。经过再开发的建设用地可获得更多的操作场地和操作空间，可以满足人们对于建设用地的需求，也提高了土地利用效率。

（4）位置的特殊性

建设用地的区位选择非常重要，例如商业用地大多选择在交通便捷、人口密集、地质条件良好的城市繁华地段。但是区位选择常具有相对性，例如临街的土地是商业用地较好的区位地段，但大多数情况下并不适合作为住宅用地。同时区位的优劣也不是固定不变的，例如地铁线路的开通可带动周围地块的价值上涨。

（5）承载性与非生态性

建设用地是以土地的承载功能建造建筑物和构筑物，把土地作为人的生产基地、生活场所，而不是利用土地的生产功能。这一特性也决定了建设用地的非生态性，也就是说，在选择土地时，将土地条件好的优先作为农业用地，以期产出更高产量的农作物，从而使得土地的配置得到最优化，发挥土地更大的效益。

（6）空间性与实体性

建设用地是整个建筑工程的一部分，其空间性能够实现土地的高效利用。建设用地形成的工程实体具有实体性，一旦形成就可为人类生产、生活服务。建设用地的实体性表现在可形成固定形状的实体，如建筑物、道路、机场等。

2.1.2　建设用地的来源

1. 国家建设所使用的国有土地的来源

国有土地包括：城市市区的土地；农村和城市郊区中已经依法没收、征收、征购为国有的土地；国家依法征用的土地；依法不属于集体所有的林地、草地、荒地、滩涂及其他土地；农村集体经济组织全部成员转为城镇居民的，原属于其他成员集体所有的土地；因国家组织移民、自然灾害等原因，农民成建制集体迁移后不再使用的原属于迁移农民集体所有的土地。国家建设所使用的国有土地的来源有两类：

1）原属于国家所有的土地，包括国有农业用地、国有建设用地和国有未利用土地。其中，已经确定为国有建设用地的国有土地，建设时可直接使用；其他国有土地，特别是农业用地，只有依法转为建设用地后，才可使用。

2）原属于农村集体所有的土地。对于农村集体土地，在依法转为建设用地后方可使用。对于农村集体农用土地，还必须经过转用审批程序方可征用为国有建设用地。

2. 国家非农建设所使用的农村集体土地的来源

农村集体土地包括：农村和城市郊区的土地，除由法律规定属于国家所有的以外，属于农民集体所有；宅基地和自留地、自留山，属于农民集体所有。农民集体所有的土地依法属于村农民集体所有的，由村集体经济组织或村民委员会经营管理。据《中华人民共和国土地管理法》（以下简称《土地管理法》）的规定，乡镇企业（经营性用地）、乡（镇）村公共设施和公益事业建设、农村村民住宅（宅基地）这三类乡（镇）村建设可使用农民集体所有土地。对这三类用地的范围，法律和政策都有准确界定，必须严格执行。

2.1.3 建设用地的分类

根据不同的划分标准，建设用地可分为不同的类型。

1. 建设用地附着物的性质不同

按附着物的性质分类，建设用地可分为：

（1）建筑物用地

建筑物，是指人们在内进行生产、生活或其他活动的房屋或场所。例如，工业建筑、民用建筑、农业建筑和园林建筑等。

（2）构筑物用地

构筑物，是指人们一般不直接在内进行生产、生活或其他活动的建筑物。例如，水塔、烟囱、栈桥、堤坝、挡土墙和囤仓等。

建筑物和构筑物统称建筑，因此有些国家将建设用地又称为建筑用地。

2. 建设用地的利用状况不同

按建设用地的利用状况分类，建设用地可分为：

（1）商业、服务业用地

商业、服务业用地是指含商业、服务业、金融、保险、办公等用途的用地。

（2）工矿用地

工矿用地是指用于仓储、矿山、堆场等的用地。

（3）住宅用地

住宅用地是指用于居民住宅、住宅配套的公共建设、路、电、水等的用地。

（4）交通水利用地

交通水利用地是指用于机场、铁路、公路、港口、航道、水电站、水库等的用地。

（5）旅游用地

旅游用地是指用于专供游览参观的设施用地，包括风景名胜、游乐场等的用地。

（6）科教文卫用地

科教文卫用地是指用于科研、教育、文化、医院等的用地。

（7）特殊用地

特殊用地是指除上述用地之外，用于监狱、军营、殡仪馆等用途的用地。

3. 建设用地土地所有权不同

按土地所有权分类，建设用地可分为：

（1）国有建设用地

国有建设用地是指城乡住宅和公共设施用地、工矿用地、交通水利设施用地、旅游用地和军事设施用地等所有权为国家的土地。

（2）集体所有建设用地

集体所有建设用地是指乡（镇）村集体经济组织和农村个人投资或集资，进行各项非农业建设所使用的土地，主要包括乡镇企业（经营性用地）用地、乡（镇）村公共设施和公益事业建设用地、农村村民住宅用地（宅基地）。

4. 建设用地服务的产业不同

按建设用地服务的产业类型，建设用地可分为：

（1）农业建设用地

农业建设用地是指直接为农业生产服务的建设工程占用的土地，如水利渠道、田间道路、打谷场、畜禽舍、扬水站、小水库等。

（2）非农业建设用地

非农业建设用地是指不为农业生产服务的建设工程占用的土地，如工矿、铁路、城镇、交通等的建设用地。

5. 建设用地的来源不同

按建设用地的来源分类，建设用地可分为：

（1）新增建设用地

新增建设用地是指新近某一时点以后由其他非建设用地转变而来的建设用地。增量部分主要通过农业用地转为建设用地的供应来获得。

（2）存量建设用地

存量建设用地是指新近某一时点以前已有的建设用地。存量部分主要通过现有土地使用者之间交易的供应来获得。

6. 建设用地的使用期限不同

按建设用地的使用期限分类，建设用地可分为：

（1）永久性建设用地

永久性建设用地是指建设用地一经使用后就不再恢复原来状态的土地。

（2）临时性建设用地

临时性建设用地是指在实施过程中，需要临时性使用的土地。

7. 按照工程投资规模和用地规模不同

按照工程投资和用地规模不同分类，建设用地可分为：

1）大型建设项目用地。

2）中型建设项目用地。

3）小型建设项目用地。

2.2 建设用地的征收与征用

2.2.1 土地征收制度

1. 土地征收的概念

土地征收一般是指国家出于公共利益的需要，按照法定程序强制将他人的土地所有权收归国有，并给予公正合理补偿的一项制度。

2004 年颁布的《中华人民共和国宪法修正案》将《宪法》第十条第三款内容修订为：国家为了公共利益的需要，可以依照法律规定对土地实行征收或者征用并给予补偿。同年，《土地管理法》将第二条第四款修改为：国家为了公共利益的需要，可以依法对土地实行征收或者征用并给予补偿。至此，我国在法律上已区分了征收和征用。

土地征收制度在世界各国都普遍存在，政府借助征收权力将许多土地集中在修建道路、机场、军事基地或其他重大项目，尤其是具有公共利益性质的项目，以避免私人交易中过高的价格。在我国实行土地公有制，私人并不拥有土地所有权，土地征收一般是指将农村集体经济组织和农户的农村集体土地征收为国有土地。我国土地征收与其他国家相比存在一定差异：首先是征收的对象不同，我国征收的对象是集体所有财产，而其他国家征收的对象大多是私有财产；其次是补偿对象的多元性，我国补偿对象包括农村经济组织和农户，其他国家的补偿对象大多是个人。

2. 土地征收的特征

（1）强制性

土地征收是国家凭借其公共权力进行的行政行为，并不需要征得土地所有者的同意。这主要是因为：

1）土地资源的稀缺性。人们所从事生产、生活的土地是有限的，土地不能凭空产生。不同用途的土地也是有限的，这就导致了有限的土地与人民日益增长的对各类土地需求的矛盾。因此，当项目基于公共利益的需要，只能从原土地所有权人中取得土地，以此得到城乡土地资源的重新分配。

2）土地资源的公共性。土地很难通过市场方式转换所有人，因为一般情况下，政府能支付的补偿款有限且交易的成本太高，最终会导致公共利益的损失。在这种情况下，就应该由政府来配置土地资源，通过强制征收可以减少交易成本。

（2）公益性

土地征收很多时候是为了公共秩序和社会管理的需求，因此只能够出于公共利益的需要才可实施。土地征收是对土地财产权的剥夺，土地的公益性就是为了平衡土地征收权和土地财产权。我国《宪法》第十条第三款规定："国家为了公共利益的需要，可以依照法律规定对土地实行征收或者征用并给予补偿。"因此，只有基于公共利益的需求，土地征收才是合法的。

（3）程序性

在我国，多部法律、法规规定了土地征收的决策、执行依据和步骤等重要内容。征收程序的必要性主要体现在：

1）防止权力滥用。合理的征收程序预先设定了征收权力的范围，规范了征收行为，保证了征收过程的公正合理性。

2）缓解土地征收矛盾。通过透明的土地征收程序，可以使被征收者了解土地征收的政策，有利于征收过程的顺利进行，缓解土地征收过程的矛盾。

3）提高土地征收效率。土地征收程序规定了每个征收过程的方法，同时提供一套指标、参照系、计算公式等，从而量化了征收目标，提高了土地征收的效率。

因此，在土地征收行为中遵循必要的土地征收程序，符合土地征收的目的，该征收行为才是合法有效的。

（4）补偿性

国家必须对被征地者给予一定的补偿。因为土地征收的目的是基于国家的公共利益，一般情况下会导致土地所有人的利益损失，这就需要国家对被征地者进行一定的补偿。我国采用适当补偿的原则对农村集体进行补偿，通常只有土地的直接损失，不包括间接损失。补偿以被征收土地单位的农民生活水平不被降低为原则。美国、德国、英国等国家采取了完全补偿的原则对被征地者进行补偿，包括经济上以及精神上的直接损失和间接损失。

（5）权属转移性

土地征收的表现是被征收后，土地所有权发生转移，同时，在原土地上的一些诸如抵押权、地役权、地上权等权利也随着土地的征收而消灭，国家征收土地后取得土地所有权，征收的土地并不带有其他附属权利。我国通常是集体土地所有权向国有土地所有权的转移，并且这种转移是单向的，即只能由集体土地向国有土地转化，不能由国有土地变为集体土地。长久来看，国家拥有的土地会越来越多，逐渐形成了国家对土地所有权的垄断。

（6）公开性

征地行为必须向社会公开，接受社会的监督。土地征收方案的公告和公开增强了土地征收的透明度。

（7）主体性

土地征收并不是民事行为，而是国家依据法律规定和程序所实施的行政行为，只有国家才可以行使征地权力。

2.2.2 土地征收程序

1. 土地征收前置程序

从我国现实出发，土地征收的前置程序包括公益性认定、征地调查、征地预公告和征收标的确认、协议价购四个步骤。

（1）公益性认定

公益性认定流程为用地人向土地管理部门申请公共利益的认定，由土地征收部门将结果提交至土地管理部门，土地管理部门做出认定意见后报至人民政府，最后由人民政府做出是否符合公共利益的认定。土地征收部门可以通过举行公共利益认定的听证会、听取和收集意见的事务性工作来获取调查结果、听证结果和意见。在公益性认定过程中应注意：①听证会等会议的结论应该应用到征地审批中去；②公共利益的认定过程应保持信息的公开性；③承担公共利益判定等事务性工作的工作人员不能与该征地事项有任何利害关系；④承担公共利益认定事务的机构不能是最后的认定机构。

（2）征地调查

征地调查可以全面摸清土地资源利用情况，掌握真实准确的土地基础数据，征收前土地调查需依据《土地调查条例》《土地调查条例实施办法》等条例和规范。征收前的土地调查属于一种行政调查，在土地征收部门行使这一职权时，必然会进入他人所有土地，应当有明确的法律授权。在征地调查过程中应注意：

1）事前报批。征地部门进入被征土地特别是要对地上建筑物进行调查和测量时，必须报请省级主管部门批准。

2）事先通知。征地部门进行调查时应提前通知被征地人，提前告知调查的依据、时间、目的以及对方享受的权利和义务。

3）障碍物移除及补偿。调查过程中对障碍物造成的损失，应由征地部门予以补偿。

4）设置标识。为方便调查，征地部门可在被征地设置标识注明需要固定的财物位置，尽量减少对土地所有人生产、生活的不便。

5）制作书面调查报告。书面调查报告应详细记录土地及其附着物的自然状况、权属状况、所有人的态度意见等，以供审批机关决策参考。

（3）征地预公告和征收标的确认

征地预公告是指在征地方案报批前公告征地方案草案，告知征收土地的范围、位置等基本情况。我国在 2004 年《关于完善征地补偿安置制度的指导意见》中规定："在征地依法报批前，当地国土资源部门应将拟征地的用途、位置、补偿安置、安置途径等，以书面形式告知被征地农村集体经济组织和农户。"在实践中，征地前期调查与征地批准公告后进行补偿登记阶段较长，不少农民通过"抢栽""抢种""抢建"等恶意寻求增加补偿的行为，给征地补偿和安置过程带来困难。通过征地预公告，可以实现征收标的确认制度，对经由征前调查所确认的征收标的现状予以保全，作为征收补偿的依据。

（4）协议价购

用地人不能只通过申请就以公权力强行剥夺他人的土地，应与土地所有权人通过协议价购或以其他方式取得土地。征收申请人在未经与土地所有权人沟通达成转让协议时，不得申请征收。一般情况下，应对协议价购有一个最长时限的要求，这是因为一方面可以加快谈判工作，促使征地者加紧协商；另一方面可以减少补偿标准对谈判的影响，例如，地价在 1 年后的变动可能导致补偿标准的变动，从而使谈判价格弹性加大。

2. 土地征收实施程序

土地征收是行政强制执行行为。土地征收的实施程序包括征收补偿款的预存、征收的通知与公告、补偿安置方法的协商确定、补偿安置方案的裁决、补偿安置方案的公告与实施五个步骤。

（1）征收补偿款的预存

征收补偿款包括土地补偿费和安置补助费等，由申请用地单位经过测算提前在征地补偿款专户缴纳预存征地补偿款，等到用地获得批准后，将补偿款及时交给被征地者。国土资源部 2010 年发布的《关于进一步做好征地管理工作的通知》规定："为防止拖欠征地补偿款，确保补偿费用及时足额到位，各地应探索和完善征地补偿款预存制度。在市县组织用地报批时，根据征地规模与补偿标准，测算征地补偿费用，由申请用地单位提前缴纳预存征地补偿款；对于城市建设用地和以出让方式供地的单独选址建设项目用地，由当地政府预存征地补偿款。用地经依法批准后，根据批准情况对预存的征地补偿款及时核算，多退少补。"

（2）征收的通知与公告

根据《土地管理法》第四十六条规定："国家征收土地的，依照法定程序批准后，由县级以上人民政府予以公告并组织实施。"由此可见，我国的征收事项公示只有"公告"一种形式。其他国家土地征收一般采取"通知"的形式，即直接针对特定人发出的告知。从现实操作上看，公告只是针对不特定群体发出的告知，因此为弥补这一缺陷，可通过以下手段改善：将征收事项明确通知到每一个被征收农户，同时在公告栏等明显位置张贴公告；适当延长公告时间，如至少三个月的公告期限；公告事项应尽量全面、明确，全面说明公告程序的一切事宜。

（3）补偿安置方法的协商确定

在补偿安置方案确定前，有必要引入公众参与，国家有关征收的法律法规都或多或少地提到了举行听证会、论证会等公众参与的方式，这是因为：

1）公众参与可以最直接地获取被征地人的意见，更好地进行征地补偿方面的决策。

2）通过听证会等互动手段，征地者与被征地者的沟通更有助于获得被征地者对于征地补偿方案的支持和理解，符合民主要求。

（4）补偿安置方案的裁决

在我国具有征地裁决权的只有国务院和省政府，它们也可以委托下级政府或土地主管部门进行裁决。《土地管理法》有关土地争议的规定主要包括以下内容：

1）土地所有权和使用权争议解决规定。该法第十六条规定："土地所有权和使用权争议，由当事人协商解决；协商不成的，由人民政府处理。单位之间的争议，由县级以上人民政府处理；个人之间、个人与单位之间的争议，由乡级人民政府或者县级以上人民政府处理。当事人对有关人民政府的处理决定不服的，可以自接到处理决定通知之日起三十日内，向人民法院起诉。在土地所有权和使用权争议解决前，任何一方不得改变土地利用现状。"

2）征用土地补偿标准争议解决规定。《土地管理法实施条例》第二十五条第三款规定："对补偿标准有争议的，由县级以上地方人民政府协调；协调不成的，由批准征收土地的人民政府裁决。征地补偿、安置争议不影响征收土地方案的实施。"

（5）补偿安置方案的公告与实施

《征用土地公告办法》相关条例严格规定了征地补偿安置、方案公告等内容，具体包括：①批准机关、批准文号、批准时间和批准用途；②土地的所有权人、位置、地类和面积；③补偿标准和农业人员安置途径；④征地补偿登记的期限、地点。

2.2.3 土地征收补偿

1. 土地征收补偿的原则

土地征收补偿原则是指在对被征地者进行损失弥补时需遵循的原则，主要有完全补偿、不完全补偿、相当补偿三种原则。

（1）完全补偿

完全补偿是指国家对土地所有人对因公共利益所受到的特别损失均应予以补偿，以期恢复到受损前的状况。这里的补偿包括一切附带损失，因此补偿对象不仅包括被征收人，还包括与其有直接或间接关系的一切经济和非经济利益关系人。

（2）不完全补偿

不完全补偿认为财产权不具有绝对性，基于公共利益可对财产权加以限制，如果超过这一范围，应给予补偿。这里的补偿应指被征收财产的价值，不应包括精神损失、生活权等间接损失。

（3）相当补偿

相当补偿又被称为公平补偿、合理补偿、相应补偿等，是指按照一般标准，算定相当的、合理的补偿，并不一定要完全补偿。

在对征收行为确定补偿时，要对公共利益和相关人员利益进行权衡，依据不同的情况采用不同的补偿原则。

2. 土地征收补偿的标准

目前有关土地征收补偿的标准主要有市场价值标准、重置成本标准、加成补偿标准、收益价值标准等。

（1）市场价值标准

市场价值标准是指土地在自由公开的市场上，买卖双方在自愿基础上期望得到或支付的价格。市场价值标准是基于客观的市场价值确定补偿数额的，任何因征收导致的个人损失都不予赔偿。这一标准无法服务于没有市价的土地征收。例如，我国农村集体土地征收并没有相应的市场，集体土地并没有对应的市价，国家通过征收来取得集体土地所有权是唯一的流转方式。

（2）重置成本标准

重置成本标准是指被补偿人所收到的补偿额能满足在其他地区内获得同等条件、同等价值的土地。相较于市场价值标准，重置成本标准具有完全补偿的特点，但同时也伴随着过度补偿的问题。因此，当市场价值标准不能使用时，应严格界定重置成本标准的适用范围。

（3）加成补偿标准

加成补偿标准是指在市价补偿基础上，额外给补偿人一些附随损失的补偿。例如，加拿大所采用的固定比例加成补偿模式，我国台湾省所采用的无固定比例加成补偿模式。加成补偿的结果要比市场价值补偿高，纠正、补充了市场价值补偿的不足，更符合完全补偿的标准。

（4）收益价值标准

收益价值标准是指根据被征收土地可能产生的经济效益作为补偿额的一种标准。收益价值标准具有统一、确定、操作性强等优点，但同时也具有静态性的缺点，它没有考虑土地价值的动态发展，也没有考虑土地用途的动态变化，以此标准所确定的补偿额是最低的。

在我国的补偿标准体系里，实行收益价值标准，计算依据为"产值倍数法（统一年产值标准）""区片综合地价法（区片综合地价标准）"。

3. 土地征收补偿的方式

征收补偿主要有货币补偿和安置补偿两种方式。

（1）货币补偿

补偿标准的确定都是以货币补偿为基础的。货币补偿的特点是补偿效果直接、快速，在短期内的效果比较突出。但是货币补偿存在几个明显的问题：不能体现土地的潜在使用价值，同一类型的土地在不同地区得到的征地补偿可能不同，这可能会导致农民的心理失衡；补偿标准时间节点的选取会影响补偿额，例如，我国"统一年产值标准"和"区片综合地价标准"每2~3年调整一次，因而土地补偿额时间节点的确定就没有了意义。

（2）安置补偿

安置补偿是赋予被征地人长期利益或者某种资格来进行补偿，安置补偿侧重于中长期效果，对保护被征地人的正当权益和维护社会发展是很有利的。

常见的安置补偿方式有留用地安置、社会保险安置、入股分红安置等方式。

1）留用地安置方式是货币补偿的，在被征地中留出一定的土地用于发展第二、第三产业，产生的经济收益和就业岗位返还给农民。在这一补偿方式中，土地的区位以及留用地的比例是两个很重要的因素，它们决定了经营留用地的收益。

2）社会保险安置方式是将被征地人的安置补助费部分或者全部用于支付失业和养老保险费，提供就业和养老保障，现已逐渐成为我国安置补偿的主要方式。一般包括两种情况：

对完全征地的农民执行"农转居"，即使其进入"社保"；使部分征地的农民进入"农保"。健全的社会保障体系可以实现失地失业农民的最低生活保障。

3）入股分红安置是在被征地人同意的前提下，将土地使用权入股或征地补偿费入股，一般仅适用于公益类经营类项目。这种补偿方式不同于一次性货币补偿，保护了农民的长期利益，更能长期保障农民的生产生活。

其他补偿安置方式有土地债券补偿安置方式、替代地补偿安置方式和就业补偿等。这些补偿方式有助于提高安置补偿的标准，对完善征地补偿有着重要的意义。

2.2.4　土地征用制度

1. 土地征用的概念

土地征用一般是指国家出于公共利益的需要，按照法定程序强制使用土地并给予公正合理的补偿，待使用完毕后将土地归还给土地所有者的一项制度。与土地征收后土地所有权的变化不同，土地征用只是土地使用权的临时改变，土地所有权并不发生改变。

2. 土地征用的特性

与土地征收类似，除强制性、公益性、程序性、补偿性等特性外，土地征用还具有临时性，即土地征用是临时性地使用被征用人的土地，大多时候是紧急状态或临时需要，用完后需归还被征用者，这是征用与征收显著的区别。

3. 土地征用的类型

我国现行的土地征用主要分为自然资源的平时征用、戒严时的征用、突发事件紧急征用、国防征用四大类。

（1）自然资源的平时征用

对自然资源的平时征用与土地征收基本相似，需要遵循《土地管理法》第二条第四款规定："国家为了公共利益的需要，可以依法对土地实行征收或者征用并给予补偿。"第五十七条规定："建设项目施工和地质勘查需要临时使用国有土地或者农民集体所有的土地的，由县级以上人民政府土地行政主管部门批准。其中，在城市规划区内的临时用地，在报批前，应当先经有关城市规划行政主管部门同意。土地使用者应当根据土地权属，与有关土地行政主管部门或者农村集体经济组织、村民委员会签订临时使用土地合同，并按照合同的约定支付临时使用土地补偿费。"

（2）戒严时的征用

《中华人民共和国戒严法》规定了戒严征用的主体、客体、程序以及赔偿事宜。该法第十七条规定："根据执行戒严任务的需要，戒严地区的县级以上人民政府可以临时征用国家机关、企业事业组织、社会团体以及公民个人的房屋、场所、设施、运输工具、工程机械等。在非常紧急的情况下，执行戒严任务的人民警察、人民武装警察、人民解放军的现场指挥员可以直接决定临时征用，地方人民政府应当给予协助。实施征用应当开具征用单据。前款规定的临时征用物，在使用完毕或者戒严解除后应当及时归还；因征用造成损坏的，由县级以上人民政府按照国家有关规定给予相应补偿。"

（3）突发事件紧急征用

《中华人民共和国突发事件应对法》第十二条规定："有关人民政府及其部门为应对突发事件，可以征用单位和个人的财产。被征用的财产在使用完毕或者突发事件应急处置工作结束后，应当及时返还。财产被征用或者征用后毁损、灭失的，应当给予补偿。"突发事件包括自然灾害、事故灾害、公共卫生事件和社会安全事件四类，土地征用也与此对应。

（4）国防征用

《中华人民共和国国防法》第四十八条规定："国家根据动员需要，可以依法征用组织和个人的设备设施、交通工具和其他物资。"国防征用可能是战时紧急征用，也可能是平时训练的征用。

4. 土地征用的程序

（1）一般情况下的土地征用程序

一般情况下，土地征用的程序可分为征用申请、征用审批、公告、开具征用单据、事先进行补偿、归还被征用土地六个程序。

在对土地征用之前，应向有关部门提出申请，申请内容包括征用的目的、可行性以及补偿方案等，这也是征用程序的首要步骤。

土地主管部门接到申请后，会对该征用行为进行认定，判定其合理性和必要性，对确实符合条件的申请，审批通过；对不符合条件的申请，不予通过。

批准征用的决定做出后，由征用标的所在的市县人民政府予以公告，公告内容包括批准征用机关信息、征用土地信息、期限、补偿标准等。

征用决定做出的同时，征用单位就应该向被征用土地的所有人开具征用单据，以作为其依法维权的证据。除此之外，还应通过办理相关使用权登记手续，取得征用土地的临时使用权。

由于平时征用不具备紧急性，可在事先与被征用土地的所有人达成协议，进行补偿。除非因无法计算征用时间等原因不能确定补偿额的情况，一般不进行事后补偿。

征用并没有改变土地的所有权，一旦征用完成后，应当将征用土地归还，并办理相应的使用权变更手续。

（2）紧急情况下的土地征用程序

紧急情况下的土地征用程序更为简化。由于紧急征用的紧急性，在征用需求提出后，立即开展征用，不需经过审批和公告，但仍需开具征用单据，在征用完毕后将征用财产返还，并对被征用人进行补偿。由于征用的紧急性，一般情况下允许在事后对土地征用进行补偿。

5. 土地征用的补偿

由于土地征用造成的损失不同，补偿方式也存在区别。对于被征用的标的存在的，需要在征用结束后予以返还，恢复原状。对于遭受毁损、灭失标的等情况，需给予补偿。常见的土地征用补偿主要有以下几种形式：

（1）返还土地

返还土地是指在土地征用后征用部门将征用的土地返还给被征用人的补偿方式。返还土地的一般情况是返还原土地，但也可以返还同种类型、同等条件的土地。征用完毕后，土地没有损失和毁损的，都应当返还。

（2）支付赔偿金

支付赔偿金是指征用部门以货币形式支付赔偿额，一般包括以下几种范围：①被征用财产毁灭、消失或者有严重损耗的；②被征用人因征用产生直接损失的。一般按照市价标准来确定赔偿金。

（3）恢复原状

恢复原状是指征用部门对被征用土地进行修复，使其恢复到受损害前的形状和功能。例如，将毁损的房屋予以修复、重建等。

对于紧急征用的补偿，原则上应以返还土地、支付赔偿金为主，恢复原状为辅。

2.3 建设用地的使用权

2.3.1 建设用地使用权的内容

1. 建设用地使用权的概念

依据《中华人民共和国物权法》（以下简称《物权法》）第一百三十五条、第一百三十六条、第一百五十一条的规定，建设用地使用权是指为建造建筑物、构筑物及其附属设施，并保有其所有权，而在国家或集体所有的土地上进行占有、使用和收益的用益物权。

2. 建设用地使用权的类型

根据不同的划分标准，建设用地使用权的类型也不同。

（1）客体不同

根据建设用地使用权的客体不同，建设用地使用权可分为国有土地建设用地使用权与集体土地建设用地使用权。我国执行"一元二分"公有制土地制度，"一元"即土地公有制，"二分"即公有土地分为国家和集体两个所有权主体。如果建设用地使用权设立于国有土地之上，则为国有土地建设用地使用权；如果设立于集体所有土地之上，则为集体土地建设用地使用权。根据《物权法》的规定，宅基地使用权与建设用地使用权并列为用益物权，因此宅基地使用权并不属于建设用地使用权。

（2）取得方式不同

根据建设用地使用权的取得方式不同，建设用地使用权可分为出让建设用地使用权和划拨建设用地使用权。该分类属于国有建设用地的一种具体分类，有关建设用地使用权的取得方式将在第 2.3.2 小节详细叙述。

（3）功能不同

根据建设用地使用权的功能不同，建设用地使用权可分为乡镇企业建设用地使用权和乡镇村公共设施、公益事业建设用地使用权。该分类属于集体建设用地使用权的一种具体分类。

（4）是否具有公益性

根据建设用地使用权的目的是否具有公益性，可分为公益性建设用地使用权和经营性建设用地使用权。一般来说，由划拨乡镇村公共设施、公益事业建设用地取得的建设用地使用权为公益性建设用地使用权，由出让乡镇企业建设用地取得的建设用地使用权为经营性建设用地使用权。

（5）是否提供居住使用

根据是否提供居住使用，可分为住宅建设用地使用权和非住宅建设用地使用权。在我国，城市居民一般通过购买商品房得到居住用房所有权，进而取得房屋占用面积内的建设用地使用权。

（6）土地范围

根据建设用地使用权所支配的土地范围，可分为普通建设用地使用权和空间建设用地使用权。在空间层次上，土地由地表、地上、地下三个部分组成。其中，以地表为客体的建设用地使用权为普通建设用地使用权，其余为空间建设用地使用权。

3. 建设用地使用权的性质

（1）广泛性

建设用地使用权的主体具有广泛性。不同类型的建设用地使用权，其主体不同且具有广泛性。例如，划拨的建设用地使用权的主体为国家机关、有关人民团体、军事部门、有关事业单位，集体土地上的建设用地使用权的主体为乡镇企业、乡村社区。

（2）限定性

建设用地使用权的客体具有限定性。建设用地使用权的客体原则上为国有土地，在兴办乡镇企业、乡镇公共设施和公益事业等情况下，经依法批准，可使用集体所有的土地。建设用地使用权的客体可以是地表，也可以是地上或者地下的一定空间。

（3）特定性

建设用地使用权的目的具有特定性。凡不以在土地上建造建筑物、构筑物及其附属设施为目的而利用他人土地的，均不属于建设用地使用权范畴。

（4）期限性

建设用地使用权具有期限性。依据建设用地使用权的不同，我国《城镇国有土地使用权出让和转让暂行条例》第十二条确认了不同建设用地的使用权期限，居住用地为 70 年，工业用地、教育、科技、文化、卫生、体育用地为 50 年，商业、旅游、娱乐用地为 40 年，综合或者其他用地为 50 年。

（5）有偿性

建设用地使用权的取得具有有偿性。建设用地使用权的设定原则一般情况下为有偿的，但国家机关、军事部门、有关人民团体、有关事业单位等可通过划拨的方式取得建设用地使用权。

2.3.2 建设用地使用权的取得

1. 建设用地使用权的取得方式

《物权法》第一百三十七条规定，设立建设用地使用权，可以采取出让或者划拨等方式。由此可见，我国建设用地使用权的取得方式有两种，即出让和划拨。

（1）出让

建设用地使用权出让是国家以土地所有人身份将建设用地使用权在一定期限内让与土地使用者，并由土地使用者向国家支付建设用地使用权出让金的行为。按照我国现行法律的规定，用地者需要和国土资源管理部门签订建设用地使用权出让合同，办理建设用地使用权转移登记，建设用地使用权才发生效力。

建设用地使用权的出让有四种形式：协议、招标、挂牌、拍卖。工业、商业、旅游、娱乐和商品住宅等经营性用地以及同一土地上有两个以上意向用地的，应当采取招标、挂牌、拍卖等公开竞价的方式出让。

（2）划拨

建设用地使用权划拨是土地使用者按照一定的程序提出申请，经县级以上地方人民政府审批通过即可得到土地使用权，无须支付租金及其他费用的行为。根据《土地管理法》的有关规定，可以通过划拨方式取得的建设用地包括：国家机关和军事用地；城市基础设施用地和公益事业用地；国家重点扶持的能源、交通、水利等基础设施用地；法律、行政法规规定的其他用地。

2. 建设用地使用权人的权利

根据《物权法》的规定，建设用地使用权人主要享有如下权利：

（1）土地利用权

土地利用权是指建设用地使用权人对建设用地有占有、使用的权利，这也是土地使用者最主要的权利。建设用地使用权的主要表现是建造某种建筑物、构筑物及其附属设施的行为，应当在设定建设用地使用权的行为所限定的范围内进行。例如，限定房屋的高度、限制房屋的用途等。

（2）权利处分权

权力处分权是指建设用地使用权人对其所拥有的建设用地使用权加以处分的权利。通过处分权利，权利人得到了相应的对价，实现了权利价值的交换，这也是我国二级土地市场形成的前提。对权利的处分主要有以下几种情景：

1）建设用地使用权人有权将建设用地使用权转让、互换、出资、赠与。建设用地使用权的转让，是典型的权利的买卖。既然建设用地使用权是以保存建筑物为目的，则其必须与建筑物共命运。建设用地使用权转让、互换、出资或者赠与的，附着于该土地上的建筑物、构筑物及其附属设施一并处分（房随地走）。建筑物、构筑物及其附属设施转让、互换、出资或者赠与的，该建筑物、构筑物及其附属设施占用范围内的建设用地使用权一并处分（地随房走）。但是，在设定建设用地使用权时，如果当事人对建设用地使用权的转让做了限制，则建设用地使用权人不得转让其建设用地使用权。

2）抵押。建设用地使用权可以为抵押权的标的物。此时，其地上的建筑物、构筑物及其附属设施也随之抵押，反之亦然。

3）出租。建设用地使用权人可以作为出租人将建设用地使用权连同地上的建筑物或其他工作物租赁给他人使用并收取租金。在建设用地使用权出租后，建设用地使用权人（出租人）仍须向土地所有人履行义务。

但是，通过土地划拨取得的建设用地使用权，只有在下列几种情况下，才可以转让、抵押、出租：①土地使用者为公司、企业、其他经济组织和个人；②领有国有建设用地使用权证；③具有地上建筑物、其他附着物合法的产权证明；④签订建设用地使用权出让合同，向当地市、县人民政府补交建设用地使用权出让金或者以转让、出租、抵押所获收益抵交建设用地使用权出让金。在其他情况下，通过划拨方式取得的建设用地不得转让、出租和抵押。

（3）物权请求权

建设用地使用权人取得建设用地使用权后，便对建设用地享有独占的使用权，任何组织和个人均不得非法干涉、擅自使用或剥夺建设用地使用权人对建设用地的使用。当建设用地使用权受到侵害时，建设用地使用权人享有物权请求权，如返还请求权、妨害排除请求权、妨害防止请求权等。

3. 建设用地使用权人的义务

（1）支付出让金的义务

建设用地使用权人应当按照法律和合同的约定，支付出让金等相关费用。在出让建设用地使用权中，相关费用主要包括建设用地使用权出让金、土地使用税、土地增值税；在划拨建设用地使用权中，相关费用主要包括补偿及安置费用、土地使用税，这种情况主要适用于支付征收集体所有土地。

（2）合理使用土地的义务

建设用地使用权人应当按照法律和合同的约定，合理开发、利用、经营土地。土地使用人未依法使用土地时，出让人有权予以纠正。

（3）返还土地的义务

建设用地使用权终止后，建设用地使用权人应当将建设用地交还给土地所有人。在返还土地时，原则上应对土地恢复原状。

2.3.3 建设用地使用权的变更

建设用地使用权的变更可分为三种情况。

1. 主体变更

建设用地使用权的主体变更是指作为受让方的土地使用人发生变化，通常来源于买卖、互换、赠与、继承、抵押、共有权分割、法人合并、法人分立等几种情况，实际上建设用地使用权的主体变更相当于建设用地使用权的流转，在第 2.3.4 小节将会进行详述。

2. 内容变更

建设用地使用权的内容变更是指占有、使用、收益等具体权能的范围和限制的变更，一般表现为土地用途的变更。我国实行土地用途管制，土地用途一经设立不得随意改变。确有必要改变的，要向土地主管部门申请批准，并办理相应的变更登记。

以出让方式获得的建设用地使用权用途的变更，应依据有关规定，征得出让方同意并经土地管理部门和城市规划部门批准，重新签订建设用地使用权出让合同，调整出让金，并办理登记。

以划拨方式取得的建设用地使用权用途的变更，则要经过更严格的审批。如果不符合划拨供地范围，要经政府批准，补办出让手续，并办理登记手续。

3. 其他变更

建设用地其他变更一般是指权利人名称、地址、附着物的变更，每次建设用地使用权其他事项的变更，都需要使用人向土地登记机关办理变更登记手续。

2.3.4 建设用地使用权的流转

在一定条件下，建设用地使用权可以进行流转，土地使用人可以对建设用地使用权进行转让、互换、赠与、出资、抵押、出租等行为。

1. 转让

建设用地使用权转让是指将建设用地的使用权出售给他人的行为。一般说的转让主要是指买卖方式。目前我国土地市场分为三级：建设用地使用权的出让市场为一级；建设用地使用权出让后的转让市场为二级；房地产交易市场为三级。建设用地使用权的转让有利于发挥市场规律配置土地资源，缓解一级市场供应不足，活跃三级房地产市场。

从我国现行的规定来看，出让建设用地使用权原则上允许自由转让，划拨建设用地使用权原则上禁止自由转让。因此这两类转让的条件是不同的。以出让方式取得的建设用地使用权，必须满足如下的条件才能转让：

1）已按照出让合同约定支付全部建设用地使用权出让金，并取得建设用地使用权证书。

2）按照出让合同约定进行投资开发，属于房屋建设工程的，完成开发投资总额的25%以上；属于成片开发土地的，依照规划对土地进行开发建设，完成供排水、供电、供热、道路交通、通信等市政基础设施、公用设施的建设，达到场地平整，形成工业用地或者其他建设用地条件。

3）转让房地产时，如果房屋已建成，还应有房屋所有权证书。

划拨建设用地原则上是不得转让的，只有在一定条件下，建设用地使用权才可转让：①建设用地使用权人为公司、企业、其他经济组织和个人；②领有建设用地使用权证；③具有地上建筑物、其他附着物合法的产权证明；④签订建设用地使用权出让合同，向当地市、县人民政府补交建设用地使用权出让金或者以转让所获收益抵交建设用地使用权出让金。此外，根据《城市房地产管理法》《城市房地产转让管理规定》等法规，划拨土地不能直接进入土地市场，只有转化为出让土地，才能间接实现土地使用权的转让。

2. 互换

建设用地使用权的互换是指拥有建设用地使用权的双方将各自拥有的建设用地使用权交换，以免除支付转让金的行为。建设用地使用权的互换，表现为"以权利易权利"，在交易的形式和实质上基本与建设用地使用权的转让是相同的。因此，可把互换视为建设用地使用权转让的一种特殊形式，两者在转让条件、方式、程序、期限及法律效力等方面并无区别。

3. 赠与

建设用地使用权的赠与就是使用人将建设用地使用权无偿给予他人的行为。建设用地使用权赠与的特点之一就是无偿性，受赠人无偿获得建设用地使用权。根据我国有关法律规定，建设用地使用权赠与属于广义转让的范围，除受赠人不需要支付转让金外，赠与和转让在转让条件、方式、程序、期限及法律效力等方面基本相同。

4. 出资

狭义的建设用地使用权的出资是指使用人以建设用地使用权出资的行为，广义的建设用地使用权出资还应包括国家以建设用地出资形成国家股的情况。其中，前者属于土地二级市场交易；后者属于土地一级市场交易，是国有土地所有人的一种权利。

5. 抵押

建设用地使用权的抵押是指使用人在不转移土地占有的情况下，以建设用地使用权作为债权担保，当债务人不履行义务时，债权人有权以建设用地使用权得到的价款受偿。应当注意的是，建设用地使用权抵押的标的是使用权，而不是土地。因此当债务人不履行债务时，建设用地的使用权会转移，因此抵押也是建设用地使用权流转的一种方式。

6. 出租

建设用地使用权的出租是指使用人作为出租人将建设用地使用权随同地上的建筑物、构筑物及其附属设施租赁给承租人使用，由承租人向出租人支付租金的行为。建设用地使用权的出租并不发生主体变更,承租人并没有取得建设用地的使用权。根据我国有关法律规定,建设用地使用权出租应当办理登记手续。

2.3.5 建设用地使用权的消灭

1. 消灭的原因

建设用地使用权的消灭又被称为收回。因此,收回的原因即是建设用地使用权消灭的原因。建设用地使用权消灭的原因主要有以下几种情况:

(1) 使用权存续期限届满

建设用地使用权属于有限物权,当期限届满时未续期或者申请续期未能获得批准,则建设用地使用权消灭。对于住宅建筑,在该住宅的存续期间,住宅所有人可以长期保存其建设用地使用权,自动续期的期限应是法律规定的最长期限(70 年),自动续期后权利人无须支付费用,但应当办理相应的变更登记手续。对于非住宅建筑使用权期间届满后的续期,依照法律规定办理。

(2) 使用权因公共利益而提前收回

《物权法》规定,建设用地使用权期间届满前,因公共利益需要,国家有权对建设用地使用权予以收回。

对于调整土地使用权的收回,只适用于划拨方式设立的建设用地使用权,出于取得的无偿性,国家可以随时收回,不予建设用地使用权方面的补偿,对其建筑物、构筑物、其他附属设施可在收回时予以适当补偿。

对于作为行政处罚的收回,可分为两种情况:一种是符合法定条件的收回,如使用权人未经批准更改用途;另一种是因土地使用者未履行建设用地使用权的合同,如未如期支付地价款、未按合同约定的期限和条件开发利用土地的,对于情节严重的,可以无偿收回土地使用权。

(3) 使用权人的放弃

只要不违反法律、法规,使用权人可以办理注销登记,放弃建设用地使用权。若未办理注销登记,对第三人不得主张建设用地使用权消灭。

(4) 土地灭失

建设用地使用权的存在要以土地或土地能满足某种需要为前提,由于自然原因造成的原土地性质或风貌的彻底改变,使用人将不能继续使用土地,建设用地使用权终止。对于划拨土地,国家可以另外划拨一块地给使用人;对于出让土地,使用人可以要求退还土地灭失部分剩余年限的出让金。

(5) 建设用地使用权的撤销

建设用地使用权的撤销,是由土地所有人向建设用地使用权人发起的,并不需要征得使用人的同意。建设用地使用权的撤销,需要办理注销登记。

2. 消灭的后果

建设用地使用权消灭的后果主要有以下几种:

(1) 及时办理注销登记

建设用地使用权无论以何种原因消灭,都应办理注销登记,登记机构应当收回建设用地使用权证书。

（2）返还土地

建设用地使用权消灭后，使用人应返还建设用地，取回地上建筑物、构筑物及其附属设施，恢复土地的原状。

（3）在建设用地使用权上设立的抵押权的消灭

由于在建设用地使用权上设立的抵押权的标的是建设用地使用权，那么建设用地使用权消灭后，抵押标的也就不复存在了，抵押权也相应消灭了。

2.4 案例分析

2.4.1 案例1

1. 案情

老家在农村的小王家境贫困，但小王勤奋刻苦，从小学习成绩优异，大学毕业后顺利签入了北京一家国企工作，公司承诺可以解决户口问题，小王于是在毕业那年就把户口转入了北京。

工作了四五年，小王发现仅凭自己的工资积蓄，依然负担不起北京的房价，而老家村里大力发展樱桃种植业，日子变好了，家家都盖上了小洋房。小王觉得，目前自己手里的积蓄买不起北京的房子，还不如在老家投资，说不定日后老家的发展潜力更大。于是，小王以父母的名义从老家村民于某那里承包了3亩的土地种植樱桃，并让自己的父母代为打理。过了3年，考虑到父母的身体，小王在附近镇上买了套房供父母居住，并将父母的户口迁到了镇上。

5年以后，村政府说要在村里建立全国性的樱桃种植基地，对村里的部分土地进行了征收，恰好小王所购买的3亩土地就在征收范围内。村委会对所有被征收的村民发放了补偿款，但未分给小王一家，村委会认为小王一家已经不属于该村村民，不应该有补偿款，小王觉得自己承包相应的地块，理应受到赔偿，为此产生了纠纷。

2. 案例评析

我国《土地管理法》第十四条规定：农民集体所有的土地由本集体经济组织的成员承包经营，从事种植业、林业、畜牧业、渔业生产；土地承包经营期限为30年；发包方和承包方应当订立承包合同，约定双方的权利和义务；承包经营土地的农民有保护和按照承包合同约定的用途合理利用土地的义务；农民的土地承包经营权受法律保护。

在本案中，村民于某是发包方，小王的父母是承包方。小王的父母享有30年的土地承包经营期限。由于小王已不是农业户口，并不享有土地承包经营的权利。

我国《农村土地承包法》第二十七条规定：承包期内，发包方不得收回承包地；国家保护进城农户的土地承包经营权；不得以退出土地承包经营权作为农户进城落户的条件；承包期内，承包农户进城落户的，引导支持其按照自愿有偿原则依法在本集体经济组织内转让土地承包经营权或者将承包地交回发包方，也可以鼓励其流转土地经营权；承包期内，承包方交回承包地或者发包方依法收回承包地时，承包方对其在承包地上投入而提高土地生产能力的，有权获得相应的补偿。

本案中，小王父母的户口发生了变动，虽然迁出原农村落户到了镇上但依法仍拥有土地承包经营权，而且仍在 30 年承包期内，因此，在此期间，小王的父母承包的 3 亩地，理应得到土地征收的补偿。

2.4.2 案例 2

1. 案情

A 市市中心峰尾路 289 号原是 A 市中医院旧址，随着城市的发展及居民就医需求量的增加，A 市中医院已于 2010 年整体迁往 A 市高新园区，并将之前获得的峰尾路 289 号医院旧址规划土地转让给李某进行经营使用，但未签订建设用地使用权合同，也未获得相关的部门审批。

在转让后，李某将该地块改造为大型商业广场，并一次性向中医院交纳了 10 年的土地使用权租金。2015 年，中医院出于整体发展考虑，决定收回峰尾路 289 号的土地。李某认为，自己已向中医院交纳租金，中医院无权回收；中医院认为，该地块的使用权不属于李某，中医院自身有权处置土地的使用权，只能返还剩余的租金价款，为此产生了纠纷。

2. 案例评析

我国《土地管理法》第十二条规定，依法改变土地权属和用途的，应当办理土地变更登记手续。该法第五十六条规定：

1）建设单位使用国有土地的，应当按照土地使用权出让等有偿使用合同的约定或者土地使用权划拨批准文件的规定使用土地；确需改变该幅土地建设用途的，应当经有关人民政府土地行政主管部门同意，报原批准用地的人民政府批准。

2）其中，在城市规划区内改变土地用途的，在报批前，应当先经有关城市规划行政主管部门同意。

本案中，A 市中医院与李某之间有关土地的使用权转让并未签订相应的转让合同，这个租赁关系是不成立的。即使签订了转让合同，由于土地建设用途的改变，应向城市行政主管部门报批同意后，李某才合法具有该地块的使用权。

本案中，由于转让关系不成立，中医院应返还李某支付的全部价款及利息，并且拆除新建的大型商业广场。

第 3 章

城乡规划法律制度

3.1 城乡规划概述

城乡建设是当今国家社会发展的重要任务，是各级政府统筹城乡建设、把握空间总体布局、合理利用资源、保护生态环境、维护社会公平的重要依据。政府通过城乡规划能够有效地保障城市和村镇建设健康有序地进行，城乡规划在当今城镇建设中的作用已不容忽视，我国城乡规划事业发展也正朝着逐步完善的方向发展。

城乡规划，简单的理解是对城市和村镇的规划，对其内涵则可以进行如下解读：作为一种综合性的专门活动，城乡规划以城乡的土地利用和空间布局为对象，对各项建设活动进行安排与部署，以期实现一定经济和社会发展目标。根据上述描述，城乡规划可以定义为：为实现一定时期内城乡经济和社会发展目标，确定城乡性质、规模和发展方向，合理利用土地，协调城乡空间布局和各项建设的综合部署和具体安排。作为一种政府规划，城乡规划具有公共政策的属性，也是我国唯一由专门的法律授权的政府规划。要保证城市稳步发展，就要先对其预期格局和规模进行合理的评定，明确其发展方向，通过城乡规划的引导和控制，逐步实现目标。

1. 城乡规划的特点

1）城乡规划是自然学科和社会学科融合的学科，兼备科学与艺术的特性

100 多年间，城乡规划在探索中逐渐形成了系统的理论和方法论。不仅如此，城乡规划一直强调空间艺术的表现，在塑造城市形象、展现区域特色中起到至关重要的作用，它也因此成为一门集自然学科和人文社会学科于一体的独特学科。

2）城乡规划是政府进行城乡发展管理的法律和行政手段

城乡规划是由各级人民政府负责执行的公共政策，政府通过组织编制城乡规划可以预测城乡未来发展格局，合理利用自然资源；通过审批的具有法律效力的城乡规划，把发展战略落实到空间布局上，行使对经济的引导和调控职能；通过城乡规划管理调控土地资源利用，部署和安排各项建设，实现经济社会和人口、资源、环境的协调发展；通过规划监察，规范土地开发和建设活动，维护公共利益和其他主体的合法权益。

3）城乡规划是一项社会活动

城乡规划关乎广大城乡居民的切身利益，并且规划结果会产生较为长期的影响，因此，规划的制定和实施不能离开公众的参与、支持与监督。公众在参与的过程中既维护了自身利益，同时也保障了规划的落实。城乡规划的编制、审批、管理和监督过程实质上是一项社会活动，是政府官员、研究人员、社会团体与个人共同谋划城乡发展的过程。

4）城乡规划具有唯一性

城乡的发展是动态发展的过程，世界上没有两个城市的情况是完全一致的。规划本身就是一种定制服务的体现。每一个城市在规划中均保持其独有的城市风貌和地域特色。

2. 城乡规划管理概述

城乡规划管理是国家政府机关为实现一定时期城乡经济、社会发展和建设目标，依据国家法律法规和运用国家法定的权力制定城乡规划并对城乡规划区、乡村规划区内的土地使用和各项建设进行组织、控制、协调、引导、决策和监督等行政管理活动的过程。其核心问题是城乡规划的组织编制和审批、城乡规划实施管理及城乡规划实施的监督检查。城乡规划管理是城市政府的一项行政职能，本着人本、民主、法治的原则对城乡规划区内土地使用和各项建设活动进行有效的组织、控制、引导和监督。为保证城乡规划管理决策的科学性，政府、研究人员、社会团体和公众共同构成城乡规划的管理主体，对管理活动的能动性起到主导作用。

通过科学完善的城乡规划管理，可以实现如下目标：保障城乡综合功能的发挥，寻找适合现状的城乡发展道路，促进城乡经济、社会和环境的协调与可持续发展；保障城乡各项建设顺利进行，并使各项建设遵循城乡规划的要求组织实施；保障公共利益，体现城乡规划的民主性；保障城乡规划和建设法律法规的有效落实。

3. 《城乡规划法》的立法目的及适用范围

城乡规划法律法规是城乡规划管理领域依法行政的直接依据，也是依法治国方略得以落实的具体方式。城乡规划法的立法经过了一个漫长的探索过程。经过近百年的发展，我国形成了适合当今国情的《城乡规划法》及其配套的法律体系。我国近代在学习西方城乡规划制度的基础上引进了城乡规划制度，这时的城乡规划是以行政制度的形式出现的，范围也仅限于大中城市的城乡规划编制。新中国成立后，为配合国民经济和城市建设的发展，中央政府在1951年颁布了《基本建设工作程序暂行办法》，用以保障建设活动的顺利开展，随后几年又相继推出了一些城市建设相关的行政法规。改革开放后，城乡规划立法工作进入高速发展阶段。1990年4月1日，我国第一部城乡规划专门法律《中华人民共和国城市规划法》施行，正式确立了城乡规划工作的法律地位。为了更好地落实城乡规划政策，确保城乡规划管理的有效进展，并使法律法规更加适合新时代发展的要求，2007年10月28日第十届全国人民代表大会常务委员会第三十次会议审议通过了《城乡规划法》。该法也成为我国城乡规划的基本法。《城乡规划法》自2008年1月1日起开始实施，属于行政法范畴，它为我国城乡科学合理的建设和发展提供了法律保障，有着深远和重大的意义。

《城乡规划法》正确处理了近期建设和长远发展、局部利益与整体利益、经济发展与环境保护、现代化建设与历史文化保护等关系，促进合理布局，节约资源，保护环境，突显特色，充分发挥城乡规划在引导城镇健康发展、促进城乡经济社会可持续发展中的统筹协调和综合调控作用。

《城乡规划法》第一条规定，"为了加强城乡规划管理，协调城乡空间布局，改善人居环境，集约高效合理利用城乡土地，促进城乡经济社会全面科学协调可持续发展，特制定本法。"法条从三个角度清晰阐述了《城乡规划法》的立法宗旨：

1）加强城乡管理规划，协调城乡空间布局。解决了城市建设过程中脱离实际、盲目扩大规模，以及农村规划薄弱、无序建设和土地浪费严重的问题。

2）保护和改善人民居住的社会环境和自然环境。有效维护了公共利益，强调空间战略和地方规划都应坚持可持续发展的原则。

3）促进城乡经济的全面协调可持续发展。改变了城乡规划分割、建设分治的状况；把城乡经济社会发展统一纳入政府的宏观规划；构建基础设施网络体系，改善了城乡发展不均衡的现状，促进城乡统筹建设。

《城乡规划法》中所提到的城乡规划，是由城镇体系规划、城市规划、镇规划、乡规划和村庄规划组成的一个规划体系，适用于调整城市、镇、村庄等居民点以及居民点间的相互关系，并不是覆盖全部国土面积的规划。

4. 我国城乡规划法律体系

城乡规划法律体系是指由国家依法制定和认可的，关系到城乡规划及具有不同调整对象、不同等级效力或不同表现形式的若干法律规范或其结合体组成的内在联系和相互统一的法律规范体系。由于相关法律法规的作用和适用范围有所差异，相关法律法规在相互补充、相互支持的基础之上共同构成了城乡规划的法律体系。

城乡规划法律体系根据其构成特点可分为纵向法律体系和横向法律体系两大类：

1）纵向法律体系反映了法律体系中各类法律规范文件之间的层级关系，体现了我国政府组织机构的层级制，即自上而下的组织方式。纵向法律体系的构成原则是：下一层次制定的法律规范必须符合上一层次制定的法律法规，不允许违背上一层次指定的法律法规的精神和原则。城乡规划纵向法律体系是以《宪法》为根本法，以《城乡规划法》为基本法，以贯彻实施《城乡规划法》的法规、规章以及技术标准为配套规范的统一体。

2）城乡规划理论界认为，城乡规划的横向体系由基本法、配套法和相关法组成，这反映了不同法律部门之间的相互关系。基本法是城乡规划法律体系的核心，其内容具有纲领性和原则性的特征，不可能对规划实施细节提出具体的要求。因此，需要相应的配套法来阐明基本法相关条款的实施细则。配套法是依据基本法的授权制定的，其作用对象和目标均以城乡规划为主体。相关法则是指城乡规划领域之外，与城乡规划密切相关的法规。具体而言，是指涉及城乡规划但是调整对象不以城乡规划为主体的法律规范或法律规范系统。完善我国的城乡规划体系，要以《城乡规划法》为核心，做到基本法与单项法相配套，国家立法与地方立法相配套，行政管理法规文件与技术管理法规文件相配套。城乡规划横向法律体系框架中包括自然资源管理、市政建设与管理、建设工程管理、房地产管理、军事设施管理、标准化管理、历史文化遗产、防空防灾、行政执法、法律责任等方面的相关内容。

我国城乡规划法律体系框架如图3-1所示。

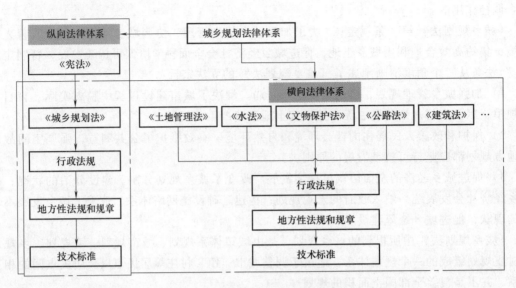

图 3-1 我国城乡规划法律体系框架

3.2 | 城乡规划的制定

城乡规划的制定是指有关主体依照法定的职权及授权编制和确定城乡规划的活动，分为编制和确定两个阶段。城乡规划的编制是由组织编制主体按照法定程序组织编制单位编制城乡规划草案，而城乡规划的确定包括城乡规划审查、审议、审批、备案、公布等过程，是由有关主体按照法定的职权和程序对编制完成的城乡规划草案进行审查，并决定是否通过的过程。要保证城乡规划制定的科学性与合理性，就必须加强对城乡规划编制和确定的管理。

3.2.1 城乡规划的编制

1. 城乡规划的编制程序

城乡规划编制一般按以下步骤进行：

（1）拟订编制计划

规划编制工作应当按计划开展，避免规划编制工作的重复性和随意性。特别是在城市控制性详细规划的编制中，更要强调编制工作的计划性。规划编制计划要适应城乡建设的发展和城乡规划实施管理的需要，还应考虑城市总体规划实施的要求。

（2）制定规划编制要求

城乡规划的编制要有明确的目标，应当体现政府的意志，这都需要通过规划编制要求来控制。城乡规划的编制要求一般包括：城乡规划的目标、指导思想、基本原则，以及技术要求，如编制内容深度、成果要求等。城乡规划组织编制部门应当根据上一层次规划对拟规划区域的各项要求，以及上级政府或上级城乡规划主管部门的具体指导意见，制定规划编制要求。

（3）确定编制单位

城乡规划组织编制机关应当委托具有相应资质等级的单位承担城乡规划的具体编制工作。组织编制单位应当根据城乡规划设计单位资质管理规定，对于不同层次的规划，委托具有相应资质的城乡规划设计单位进行编制。在社会主义市场经济条件下，对于较为重要的城市详细规划，为集思广益，可以用规划项目招标的方式来确定规划设计单位。

（4）协调城乡规划编制中的重大问题

城乡规划是一项综合性很强的工作，同时也是一项十分敏感的工作，涉及许多单位和个人的利益。对于城乡规划的编制过程中出现的非技术性的矛盾和问题，在城乡规划设计单位无法协调时，需要组织编制者（即政府或其城乡规划管理部门）进行综合协调和决策。

（5）评审规划中间成果

对于一些重要的城乡规划，一般在编制的中间阶段，由城乡规划组织编制部门召集有关部门及专家进行中间阶段的初步评审，并根据情况征求市民代表的意见，推进公众参与，促进城乡规划的科学、合理编制，及时修正规划初步成果中存在的问题，可以通过多方案的比较论证确定最优方案。

（6）验收规划成果

城乡规划由规划设计单位编制完成以后，组织编制单位依照规划编制的要求对规划成果进行验收。指导思想的正确性、内容的完备性、深度的适宜性是规划成果的重要审核依据。

（7）申报规划成果

验收合格后，应该由组织编制单位依照法定程序，向法定的城乡规划审批机关提出审批该城乡规划的申请。对审批过程中审批机关对规划提出的修改意见，组织编制单位应责成承担该规划项目的规划设计单位进行相应的修改。

2. 城乡规划的编制依据

城乡规划的编制需要遵照以下依据：

（1）党和国家的方针政策和地方政府的规范性文件

制定城乡规划关系到国民经济发展和社会生活的方方面面，制定城乡规划必须从实际出发，并遵循党和国家及城乡政府根据现阶段国民经济和社会发展制定的有关方针政策，同时城乡规划行政主管部门应根据政府行政要求提出有关意见。特别是一些重大规划问题的解决必须以国家有关方针政策为依据。城乡政府制定的城乡社会、经济发展的长远计划已经充分体现了政府对城乡长远发展的指导意见，应当作为规划制定的依据。此外，上级人民政府有责任对下级政府制定的城乡规划提出指导性意见。上级政府的城乡规划主管部门也可根据城乡规划编制情况的需要，对规划的边界条件、规划的内容深度、技术要求等提出具体的指导意见，这些都应作为规划制定的依据。

（2）城乡规划法律法规、技术标准和技术规范

《城乡规划法》第二十四条规定："编制城乡规划必须遵守国家有关标准。"城乡规划是一项涉及面广、综合性强的工作，城乡规划应当以与城乡规划有关的法律、法规、技术标准为依据进行依法编制。我国城乡规划法律体系中相关法律、法规都是城乡规划编制的法律依据，包括《城乡规划法》《城市规划编制办法》及其实施细则、《省域城镇体系规划编制审批办法》以及与城市规划有关的国家和部级标准和规范。各省、自治区、直辖市颁布的地方性城乡规划法规及其有关的城乡规划编制技术规定，也是城乡规划组织编制的依据。

（3）上一层依法制定和批准的城乡规划

我国城乡规划是由不同层次的具体规划组成的，一般以上一层次的城市规划为依据制定下一层的规划。举例来说，城市详细规划必须以所在城市的总体规划和分区规划为依据。另

外，规划必须是依法批准并有效的，未经依法批准的规划没有法律效力，不能指导规划编制；因超过规划期限或因现实情况已经发生了变化，上一层次规划必须做调整的，也不能指导下一层次规划的编制。

（4）城乡地区的现状条件

以城乡或地区的现状条件和自然、地理、历史特点等为依据进行编制。城乡规划编制的重点是对城乡规划区域内的各种资源要素进行统筹安排，使其保持合理的结构和布局，但不能脱离该城乡的自然、地理、历史特点等。应对这些情况进行充分调查研究和分析。同时，一个城市不是孤立存在的，城市中的一个地区更不能孤立存在。城乡和地区的周边条件对拟规划城乡和地区会发生联系，产生影响，这些应作为编制规划的依据。

3.2.2 城乡规划的确定

城乡规划的审批是城乡规划确定的重要内容。城乡规划的审批管理，是指在城乡规划编制完成之后，城乡规划组织编制单位按照法定程序向法定的规划审批机关提出规划报批申请，法定的审批机关按照法定的程序审核并批准城乡规划的行政管理工作。编制完成的城乡规划，只有按照法定程序报经批准之后，才具有法定约束力。

1. 确定主体

我国城乡规划的审批主体是国务院和省、自治区、直辖市和其他城乡人民政府或其城乡规划行政主管部门。根据我国城乡规划的体系，我国城乡规划的确定按照法定的确定权限执行，具体内容如下：

（1）城镇体系规划的审批主体

全国城镇体系规划由国务院城乡规划主管部门报国务院审批；省、自治区人民政府组织编制省域城镇体系规划，先经本级人民代表大会常务委员会审议，审议意见交由本级人民政府研究处理后报国务院审批；市、县域城镇体系规划纳入城市和县级人民政府驻地镇的总体规划，依据《城乡规划法》实行分级审批；跨行政区的城镇体系规划，报有关地区的共同上一级人民政府审批。

（2）城市总体规划的审批主体

省、自治区人民政府所在地的城市、直辖市以及国务院确定的城市总体规划，由省、自治区、直辖市人民政府审查同意后，报国务院审批；上述城市之外的设市城市和县级人民政府所在地镇的总体规划由省、自治区、直辖市人民政府审批；市管辖的县级人民政府所在地镇的总体规划由市人民政府审批；其他建制镇的总体规划由县级人民政府审批。

（3）城镇详细规划的审批主体

城市人民政府城市规划主管部门组织编制城市的控制性详细规划，经本级人民政府批准后，报本级人民代表大会常务委员会和上一级人民政府备案；县人民政府所在地镇的控制性详细规划，由县人民政府批准后，报本级人民代表大会常务委员会和上一级人民政府备案；镇人民政府编制镇控制性详细规划，报上一级人民政府审批；城市、县人民政府城乡规划主管部门审批修建性详细规划。

（4）乡村规划的审批主体

乡、镇人民政府组织编制乡规划、村庄规划，报上一级人民政府审批。村庄规划在报送审批前，应当经村民会议或者村民代表会议讨论同意。

2. 审批程序

（1）城乡规划审查

城乡规划审查程序是指在审批前法定审查主体根据职权对城乡规划编制组织主体报送的城乡规划草案进行审查的阶段和步骤。城乡规划的审查保证了确定过程的科学性和严谨性，《城乡规划法》对大多数的规划规定了审查制度，但是并没有具体规定审查程序。

（2）城乡规划审议

城乡规划的审议程序是指国家权力机关依法对城乡规划的草案按权力机关的议事规则进行审议的阶段和步骤。

（3）城乡规划审批

城乡规划审批是指法定审批机关依法对城乡规划草案及有关公众意见、审议意见进行审查，决定其最终效力的程序。

（4）城乡规划备案

备案制度是指依照法定程序报送有关机关备案，对符合法定条件的，有关机关应当予以登记的法律性要求。

（5）城乡规划公布

《城乡规划法》第八条规定："城乡规划组织编制机关应当及时公布经依法批准的城乡规划。但是，法律、行政法规规定不得公开的内容除外。"法条明确规定了我国城乡规划的公示制度。其中，城乡规划公布的主体是组织编制机关，需要在城乡规划批准后及时公布，内容是除法律、行政法规规定不得公开内容之外的全部内容。

3.2.3　我国城乡规划体系的制定

城乡规划是一项十分复杂的社会系统工程，它蕴含了自然、政治、经济、文化等不同层面的意义。我国在探索中形成了以城镇体系规划、城市规划和镇规划、乡规划和村庄规划为主体的城乡规划体系。城镇体系规划分为区域性城镇体系规划和省城城镇体系规划，城市规划包括总体规划和详细规划，详细规划又是控制性详细规划和修建性详细规划的统称，我国城乡规划体系中各部分的关系如图 3-2 所示。

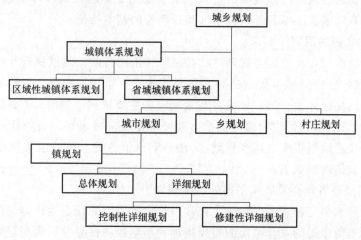

图 3-2　我国城乡规划体系中各部分的关系

城镇体系规划能够实现城镇发展条件的综合评价，制定区域城镇发展战略，拟定体系内各城镇的发展方向和规模，协调城镇发展与产业配置的时空关系，统筹安排区域基础设施和社会设施建设，引导和控制区域城镇的合理发展与布局，保护区域生态环境，指导城市总体规划的编制。

城市和镇的总体规划由城市人民政府编制，期限一般为 20 年，其内容应该包括城市和镇的发展布局，功能分区，用地布局，综合交通体系，禁止、限制和适宜建设的地域范围及各类专项活动等。而城市和镇的详细规划是在总体规划的基础上编制的，详细规划是以总体规划为依据，详细规定建设用地的各项控制指标和其他管理的要求，或者直接对建设做出具体的安排和规划设计。其中，控制性详细规划是城市规划管理的依据，它以城市总体规划或分区规划为依据，控制建设用地的性质、使用强度和空间环境，并指导修建性详细规划的编制；修建性详细规划是针对当前进行建设的区域的各项建筑和工程设施的设计和施工进行指导。

与城市规划相比，乡村规划管理较为薄弱，导致农民生产生活需求难以满足，无序建设现象和土地浪费等问题比较明显。为使城乡统筹协调发展，改善农村生产和生活条件，《城乡规划法》第十八条做出如下规定："乡规划、村庄规划应当从农村实际出发，尊重村民意愿，体现地方和农村特色。"充分发挥村民的主观能动性，引导村民遵循因地制宜、节约用地的理念进行合理建设。

3.3 城乡规划的实施和修改

3.3.1 城乡规划实施的概述

1. 城乡规划实施的概念

城乡规划的实施指的是城乡规划行政主管部门根据国家和地方人民政府颁发的城乡规划法律规范和已经批准的城乡规划，通过行政的、社会的、法制的、经济的、科学的管理方法，对城乡规划区内各项建设用地和建设活动进行规划审查，并核发规划许可的行政行为。因此，城乡规划的实施力求引导和调节城乡的各项建设事业有计划、有秩序、有步骤地协调发展，是将城乡规划的内容付诸现实的过程。城乡规划实施以规划许可证制度为基本制度。城乡规划实施具有区域性、综合性、科学性和长期性的基本特征。

2. 城乡规划实施的原则和要求

城乡规划主管部门在实施城乡规划时，必须坚持依法行政，贯彻执行与城乡规划法律规范，坚持先规划后建设。《城乡规划法》自颁布实施后，与相关法律、行政法规和部门规章等构成了城乡规划法律体系，形成了城乡规划实施的主要依据。同时，《城乡规划法》第二十八条规定："地方各级人民政府应当依据当地经济社会发展水平，量力而行，尊重群众意愿，有计划、分步骤地组织实施城乡规划。"法条明确了各级人民政府实施城乡规划应当遵守的基本原则。具体内容如下：

（1）根据当地经济社会发展水平实施城乡规划

经济社会发展水平是衡量地方各级人民政府管辖范围内的社会生产力发展水平、产业结构的基本情况和当地市场的发育情况的重要指标。当地经济社会发展水平是确保城乡规划得以全面实施的重要条件。城乡建设的实施只有在遵循经济社会发展水平的前提下，才能充分发挥城乡规划的作用。本原则是城乡规划实施的总体原则。

（2）量力而行

各地在制定城乡规划的过程中应统筹考虑城市、镇、乡和村庄发展方向和规模，根据各类规划的内容要求和特点，编制好相关规划。实施城乡规划时，要根据城乡特点，以当前经济条件为基础，实事求是，不盲目扩大规模。

（3）尊重群众意愿

尊重群众意愿是我党群众路线的重要体现，是构建社会主义和谐社会的重要保障。地方各级人民政府实施城乡规划时要摆正姿态、端正态度，充分听取人民群众的意见，虚心接受人民监督，要有民主作风，不能按照政府意愿专断独行。

地方各级人民政府应坚持把维护公共利益、促进社会公平、关注和改善民生作为实施城乡规划的重要目标。为落实加快推进以改善民生为重点的社会建设的重要战略部署，使维护社会公正和改善民生真正在城乡规划实施中有所体现，应当有效配置公共资源，合理安排城市基础设施和公共服务设施，改善人居环境，方便群众生活。要关注中低收入阶层的住房问题，做好住房建设规划。要加强对公共安全的研究，提高城乡居民点的综合防灾减灾能力。

（4）有计划、分步骤地组织实施

实施城乡规划时要根据当地经济社会发展水平，制定城乡规划实施的细则和配套保障措施，通过确定不同阶段的工作重点，分阶段地给予逐步落实，以期通过科学管理实现高效的城乡规划实施。

城乡规划实施的具体过程，应当满足以下基本要求：

（1）合理建设和发展（公共设施优先发展）

《城乡规划法》第二十九条规定："城市的建设和发展，应当优先安排基础设施以及公共服务设施的建设，妥善处理新区开发与旧区改建的关系，统筹兼顾进城务工人员生活和周边农村经济社会发展、村民生产与生活的需要。镇的建设和发展，应当结合农村经济社会发展和产业结构调整，优先安排供水、排水、供电、供气、道路、通信、广播电视等基础设施和学校、卫生院、文化站、幼儿园、福利院等公共服务设施的建设，为周边农村提供服务。乡、村庄的建设和发展，应当因地制宜、节约用地，发挥村民自治组织的作用，引导村民合理进行建设，改善农村生产、生活条件。"

法条中体现出优先安排基础设施以及公共服务设施的建设，妥善处理新区开发与旧区改建的关系，统筹兼顾进城务工人员生活和周边农村经济社会发展、村民生产与生活的要求。

（2）新城区与旧城区协调发展

大到新区开发和旧区改建，小到某个具体建设项目，都是为了确保城乡规划的实施。因此，城市新区开发和旧区改建必须坚持统一规划、合理布局、因地制宜、综合开发、配套建设的原则。各项建设工程的选址、定点，不得妨碍城市的发展、危害城市的安全、污染和破坏城市环境、影响城市各项功能的协调。

（3）保护风景名胜资源

根据《城乡规划法》第三十二条的规定：城乡建设和发展，应当严格保护和合理利用风景名胜资源；统筹安排风景名胜区及周边镇、乡、村庄的建设；风景名胜区的规划、建设和管理，应当遵守有关法律、行政法规和国务院的规定。

（4）合理利用城市地下空间

随着我国城镇化步伐的加快，城市地上空间寸土寸金。城市规划区内地表以下空间的开发利用逐渐活跃，并承担了部分城市公共服务职能。为了加强对城市地下空间开发利用的管理，应合理开发城市地下空间资源，以适应城市现代化和城市可持续发展建设的需要。

（5）保护公共设施用地

城乡规划管理工作作为政府的一项职能，其目标是为创造良好的生活生产环境和投资环境，为实现国家的现代化服务。而土地是城乡一切经济活动和职能的载体，是城市经济发展的最基本要素。土地本身所具有的资源功能也为城市经济的发展提供了基础支持和物质来源。土地的供应状况直接关系到城乡的发展空间、发展潜力和发展方向。因此，城乡规划管理和土地利用应当结合到一起。《城乡规划法》第三十五条中也规定了城乡规划中特定设施专用土地保护的相关内容。

（6）近期建设按规划进行

近期建设规划是落实城镇总体规划的必要和重要步骤，是城镇近期建设项目安排的依据。根据《城乡规划法》第三十四条的规定：城市、县、镇人民政府应当根据城市总体规划、镇总体规划、土地利用总体规划和年度计划以及国民经济和社会发展规划，制定近期建设规划，报总体规划审批机关备案；近期建设规划应当以重要基础设施、公共服务设施和中低收入居民住房建设以及生态环境保护为重点内容，明确近期建设的时序、发展方向和空间布局。

3.3.2 城乡规划的实施管理制度

1. 城乡规划的实施管理概述

城乡规划的实施管理是保障城乡规划执行的基础。因此，城乡规划主管部门应当依法加强城乡规划的实施管理，并提高依法行政的能力和水平。我国城乡规划实施管理的形式主要体现为行政许可和监督检查，其中"三证一书"制度是城乡规划实施管理行政许可的主要表现，也是构建城乡规划实施管理制度的重要基础。

城乡规划实施管理以《城乡规划法》为依据，其内容主要包括以下四个部分：

（1）建设项目选址规划管理

《城乡规划法》第三十六条规定："按照国家规定需要有关部门批准或者核准的建设项目，以划拨方式提供国有土地使用权的，建设单位在报送有关部门批准或者核准前，应当向城乡规划主管部门申请核发选址意见书。"建设项目选址规划管理是城乡规划行政主管部门依法核发的有关建设项目的选址和布局的法律凭证。

（2）建设用地规划管理

建设用地规划管理能够对城乡建设用地进行更为严格的控制，保障城乡规划的实施，节约建设用地，协调生态环境，是对建设项目选址规划管理的具体化。《城乡规划法》第三十七条和第三十八条规定：在城市、镇规划区内以划拨方式提供国有土地使用权的建设项目，经有关部门批准、核准、备案后，建设单位应当向城市、县人民政府城乡规划主管部门提出建设用地规划许可申请，由城市、县人民政府城乡规划主管部门核发建设用地规划许可证；以出让方式取得国有土地使用权的建设项目，在签订国有土地使用权出让合同后，建设单位应当持建设项目的批准、核准、备案文件以及国有土地使用权出让合同，向城市、县人民政府规划主管部门领取建设用地规划许可证。

（3）建设工程规划管理

建设工程规划管理是城乡规划行政主管部门根据有关法律规范、技术规范和已制定的城乡规划，对各类建设工程进行组织、控制、引导和协调，并核发建设工程规划许可证的行政管理工作。根据《城乡规划法》第四十条的规定，在城市、镇规划区内进行建筑物、构筑物、道路、管线和其他工程建设的，建设单位或者个人应当向城市、县人民政府城乡规划主管部门或者省、自治区、直辖市人民政府确定的镇人民政府申请办理建设工程规划许可证。对符合控制性详细规划和规划条件的，由城市、县人民政府城乡规划主管部门或者省、自治区、直辖市人民政府确定的镇人民政府核发建设工程规划许可证。

（4）乡村建设规划管理

《城乡规划法》第四十一条规定："在乡、村庄规划区内进行乡镇企业、乡村公共设施和公益事业建设的，建设单位或者个人应当向乡、镇人民政府提出申请，由乡、镇人民政府报城市、县人民政府城乡规划主管部门核发乡村建设规划许可证。"进行乡镇企业、乡村公共设施和公益事业建设以及农村村民住宅建设，确需占用农用地的，应当在办理农用地转用审批手续后，由城市、县人民政府城乡规划主管部门核发乡村建设规划许可证。建设单位或者个人在取得乡村建设许可证后，方可办理用地审批手续。

2. "三证一书"制度

"三证一书"制度是城乡规划实施管理行政许可的主要法定手段和形式，该制度由"两证一书"发展而来，即在选址意见书、建设用地规划许可证、建设工程规划许可证的基础上补充了针对乡村规划实施管理的"乡村建设规划许可证"。"三证一书"制度保证了各类建设活动符合城乡规划要求，是城乡规划实施的有效保障。

（1）选址意见书制度

选址意见书是指建设工程在立项过程中，上报的可行性研究报告中必须有由城市规划行政主管部门依据已经被批准的城市规划对工程选址和布局做出要求的具有法律效力的文件。按照国家规定需要有关部门批准或者核准的建设项目、通过划拨方式取得土地使用权的建设项目均需要核发选址意见书。

1991 年，国家颁布《建设项目选址规划管理办法》，该文件对建设项目选址意见书的内容及审批做出了详细规定。其主要内容如下：

1）建设项目的基本情况。包括建设项目的名称、性质，用地与建设规模，供水与能源的需求量、采取的运输方式与运输量，废水、废气、废渣的排放方式和排放量。

2）建设项目规划选址的依据。项目规划选址主要依据包括：经批准的项目建议书；建设项目与城市规划及配套设施协调；建设项目对城市环境的影响；建设项目对名胜古迹的保护规划协调等。

3）建设项目选址、用地范围和具体规划要求。特别注意，对于有特殊要求的建设项目选址，必须考虑其独特的自身特点进行选址。

4）选址意见书的审批。建设项目选址意见书的审批实行分级规划管理，城乡规划主管部门审批的建设项目，由本级人民政府城乡规划主管部门核发选址意见书。

选址意见书制度能够保证各项工程的建设有计划地按规划进行，实现经济、社会、环境的共赢。

（2）建设用地规划许可证制度

建设用地规划许可证是建设单位在向土地管理行政主管部门申请征用、划拨土地前，经城乡规划行政主管部门确认建设项目位置和范围是否符合城乡规划的法定凭证。建设用地规划许可证简称"地规证"，主要对地块的开发建设强度、指标数据做出许可，是城市规划实施的核心。通俗地说，是规定在什么区域建造何种类型建筑的许可性证件，比如在城市的繁华地区就不允许建造影响环境的工业厂房（造纸厂、污水处理厂等），只能建设公共建筑（办公楼、商场、学校等）和民用建筑。建设项目如果不具备城乡规划行政主管部门核发的建设用地规划许可证，则属非法用地，在该地块上检核的项目属非法建设，不能领取房地产权属证件。按照有关规定，业主即使取得建设用地的批准文件，但若未取得建设用地规划许可证，其建设用地批准文件无效。

建设用地规划许可证制度确保了土地利用按照城乡规划进行，协调用地矛盾，促进国家城乡建设协调发展，维护建设单位按照规划使用土地的合法权益，为土地管理部门在城市规划区内行使权属管理职能提供必要的法律依据。

建设用地规划许可证的申请坚持保护耕地和节约集约用地原则，鼓励和引导优先开发利用空闲、废弃、闲置和低效利用土地，严格执行相关用地标准，促进提高建设用地利用效率；提倡建造村民公寓式住宅；安排建设用地必须符合土地利用总体规划和城乡规划；严格按照规定的供地方式提供土地。

（3）建设工程规划许可证制度

建设用地获得规划主管部门的规划许可后，该建设用地上的拟建项目仍需要建设规划许可，并且，建设用地规划许可证不能取代建设工程规划许可证。建设工程规划许可证是对建设项目的建筑方案的规划许可。通俗来讲，建设工程规划许可证是通过审查多项指标（例如控制标高、建筑密度、建筑层数、建筑立面、与周围环境协调程度等）确定建造怎样的建筑（例如：平面尺寸、层数、总高度等）的许可性证件。例如，建设用地规划允许建造一栋公共建筑，该建筑具体的特征就需要建设工程规划来审批。

建设工程规划许可证是有关建设工程符合城乡规划的法律凭证。它可以确认有关建设活动的合法地位，保证建设单位和个人的合法权益；作为建设活动进行过程中接受监督检查时的法定依据；作为规划主管部门有关城市建设活动的重要历史资料和城市建设档案的重要内容。

（4）乡村建设规划许可证制度

我国农村建设存在没有规划、无序建设和土地资源浪费的现象，要建设好社会主义新农村，就必须以城乡规划为根本依据，统筹各方面利益，避免盲目建设。实行乡村建设规划许可证制度是《城乡规划法》对乡村建设的新要求，乡村建设规划许可证制度充分体现了农村特点，体现便民利民和以人为本，满足农民生产和生活需要，遏制农村无序建设和浪费土地现象，是完善我国城乡规划实施管理的重要环节。

3.3.3 城乡规划的修改

1. 城乡规划修改的概述

所谓城乡规划的修改，是指城乡人民政府根据城乡经济建设和社会发展所产生的新情况和新问题，根据实际需要，对已经审批的城乡规划所规定的空间布局和各项内容进行局部的或重大的变更。

城乡规划是对未来一定时期内城乡的经济和社会发展、土地利用、空间布局以及各项建设所做出的综合部署、具体安排和实施管理。随着社会主义经济的蓬勃发展，我国的城镇化水平快速提升，城乡发展状况不断发生变化，各个发展阶段的具体要求也有所不同，因此，城乡规划必须满足发展的要求，着眼未来，促进城乡的全面、协调、可持续发展。当前，我国的城乡发展建设面临着巨大的保护资源和环境的压力，然而，有些地方仅考虑局部利益和眼前利益，导致了不少违反法律法规随意修改法定规划的现象，这不仅破坏了环境、浪费了资源，也侵犯了公众的合法权益，给城乡有序发展带来很大障碍。城乡规划编制过程是一个技术过程而非立法过程，这就使规划成果缺少法律法规的刚性约束，进而导致地方政府，尤其是不同届的政府在规划实施以及修改的随意性。针对上述情况，《城乡规划法》将"城乡规划的修改"作为单独的章节进行约束，从立法上明确严格的规划修改制度，防止随意修改法定规划，促进城乡建设的可持续发展。

在"城乡规划的修改"一章中，《城乡规划法》规定了修改规划的前提条件和审批、备案等法定程序；明确了因规划修改给当事人合法权益造成损失的补偿原则；明确了未按法定程序随意修改规划的政府和相关责任人的法律责任。完善关于规划修改的法律制度，对于保障规划的严肃性、权威性和科学性，确保法定规划严格依法执行，具有十分重要的意义。

随着城乡规划工作地位的日益凸显，其公共政策的属性越来越强，这就给城乡规划的修改提出了新的要求。《城乡规划法》确立的城乡规划的公开化与公众参与制度，充分遵循了城乡规划修改中的公开、民主的原则，广泛征求各行各业和广大人民群众的意见，真正增强了规划修改的民主性，保证了城乡规划工作的科学性和权威性，有助于不断提高公众的规划意识、参与意识和监督意识。

2. 城乡规划修改的程序

《城乡规划法》第七条明确规定："经依法批准的城乡规划，是城乡建设和规划管理的依据，未经法定程序不得修改。"城乡规划修改程序是典型的行政程序，它的设立有利于提高城乡规划修改的效率，保证城乡规划修改的公正性、准确性和可接受性，防止地方政府官员随意干预和变更规划，维护城乡规划的严肃性和稳定性。其修改应当遵循如下程序：

（1）判断是否符合《城乡规划法》的修改条件

《城乡规划法》第四十七条规定，有下列情形之一的，组织编制机关方可按照规定的权限和程序修改省域城镇体系规划、城市总体规划、镇总体规划：上级人民政府制定的城乡规划发生变更，提出修改规划要求的；行政区划调整确需修改规划的；因国务院批准重大建设工程确需修改规划的；经评估确需修改规划的；城乡规划的审批机关认为应当修改规划的其他情形。

（2）向原审批机关提交报告

《城乡规划法》第四十七条规定：修改省域城镇体系规划、城市总体规划、镇总体规划前，组织编制机关应当对原规划的实施情况进行总结，并向原审批机关报告；修改涉及城市总体规划、镇总体规划强制性内容的，应当先向原审批机关提出专题报告，经同意后，方可编制修改方案。

《城乡规划法》第四十八条规定：修改控制性详细规划的，组织编制机关应当对修改的必要性进行论证，征求规划地段内利害关系人的意见，并向原审批机关提出专题报告，经原审批机关同意后，方可编制修改方案；其中，控制性详细规划修改涉及城市总体规划、镇总体规划的强制性内容的，应当先修改总体规划。

《城乡规划法》第五十条规定：经依法审定的修建性详细规划、建设工程设计方案的总平面图不得随意修改；需要修改的，城乡规划主管部门应当采取听证会等形式，听取利害关系人的意见。

（3）按审批程序报批或提交审批机关备案

修改后的省域城镇体系规划、城市总体规划、镇总体规划，应当依照《城乡规划法》第十三至十六条规定的审批程序报批。修改后的控制性详细规划，应当依照《城乡规划法》第十九、二十条规定的审批程序报批。修改乡规划、村庄规划的，应当按照《城乡规划法》第二十二条规定的审批程序报批。

城市、县、镇人民政府修改近期建设规划的，应当将修改后的近期建设规划报总体规划审批机关备案。

（4）对利害关系人造成的损失给予赔偿

在选址意见书、建设用地规划许可证、建设工程规划许可证或者乡村建设规划许可证发放后，因依法修改城乡规划给被许可人合法权益造成损失的，应当依法给予补偿。

经依法审定的修建性详细规划、建设工程设计方案的总平面图不得随意修改；确需要修改的，城乡规划主管部门应当采取听证会等形式，听取利害关系人的意见；因修改给利害关系人合法权益造成损失的，应当依法给予补偿。

为了强化法律责任，《城乡规划法》规定：未按法定程序修改城乡规划的，由上级人民政府责令改正，通报批评；因修改给利害关系人的合法权益造成损失的，应当依法予以补偿。

3.4 城乡规划的监督检查和法律责任

3.4.1 城乡规划监督检查制度

近年来，我国城乡建设发展势头迅猛，城乡面貌焕然一新。但城乡规划和建设却中出现了一些不容忽视的问题：一些地方不顾当地经济发展水平和实际需要，盲目扩大城市建设规模；在城市建设中急功近利，不切实际，出现了一批所谓的"政绩工程"；对历史文化名城和风景名胜区重开发、轻保护；在建设管理方面违反城乡规划管理有关规定，擅自批准开发建设等。这些问题阻碍了城乡建设的健康发展，进而影响到国民经济的健康快速发展。为强化城乡规划对城乡建设的引导和调控作用，避免上述情况的发生，应进一步健全城乡建设的监督管理制度，促进城乡建设健康有序发展。

1. 监督检查制度概述

城乡规划监督检查是指对城乡规划法律法规以及城乡规划执行情况进行例行检查，通过检查，发现违反城乡规划法律法规以及城乡规划的情况，应当及时进行纠正，并追究当事人法律责任的过程。城乡规划的监督检查是针对违反城乡规划法律法规的行为而言的。城乡规划监督检查贯穿于城乡规划制定和实施的全过程，在《城乡规划法》中占据单独的章节，表明了其重要地位。2002年，国务院下发了《国务院关于加强城乡规划监督管理的通知》

（以下简称《通知》），《通知》提出了六个发展城乡规划监督管理的具体目标：端正城乡建设指导思想，明确城乡建设和发展重点；大力加强对城乡规划的综合调控；严格控制建设项目的建设规模和占地规模；严格执行城乡规划和风景名胜区规划编制和调整程序；健全机构，加强培训，明确责任；加强城乡规划管理监督检查。因此，开展城乡规划监督检查，是深入贯彻落实《通知》精神，是加强城乡规划监督管理工作的重要举措，是保证城乡规划工作有序进行的重要基础，要充分认识这项工作开展的重要性，切实抓好城乡规划的监督检查工作。

城乡规划实施监督检查的主要内容如下：

1）明确县级以上人民政府及其城乡规划主管部门负责城乡规划制定、实施、修改的监督检查工作。

2）各级人民政府应向本级人民代表大会或者人民代表大会常务委员会报告城乡规划的实施情况，接受监督。

3）明确县级以上人民政府城乡规划主管部门对城乡规划的实施情况进行监督检查时有权采取的措施以及对执法人员的行为规范要求。

4）规定了政府以及城乡规划主管部门开展的监督检查情况和处理结果应当依法公开，供公众查阅和监督。

5）对城乡规划主管部门及其工作人员不依法履行职责或者其他国家工作人员存在违法行为时的处理，做出明确规定。

城乡规划实施监督检查的主要任务包括：城乡土地使用情况进行监督检查，对建设活动全过程进行行政检查，查处违法用地和违法建设，对建设用地规划及工程规划许可证的合法性进行监督，对建筑物、构筑物使用性质进行监督检查。

根据宪法规定，我国的监督体制由国家监督和社会监督两部分构成，国家监督根据监督主体和监督方式不同，可以分为立法监督、司法监督和行政监督。由此，城乡规划的监督检查被分为立法监督、行政监督和公众监督三部分。

2. 城乡规划的立法监督概述

（1）立法监督的含义

立法监督是指国家的立法机关对行政实行的监督。在我国，立法监督是指各级人民代表大会及其常务委员会对国家行政机关及其工作人员的行政管理活动实施的监督。因此，立法监督也可以称为人民代表大会的监督。立法监督是一项保护人民合法权益、保证国家长治久安的权力，在我国监督体系中处于最高层次。立法监督不直接对具体工作进行干预和纠正，而是侧重于对监督对象起威慑、督导、指导作用。立法监督的依据来自《宪法》中的规定：人民行使国家权力的机关是全国人民代表大会和地方各级人民代表大会；国家行政机关由人民代表大会产生，对它负责，受它监督。

（2）城乡规划的立法监督

从 2000 年开始，国家先后出台了有关城乡规划立法监督的规定。国务院发布的《国务院关于加强城乡规划监督管理的通知》中明确要求："城市人民政府应当每年向同级人民代表大会或其常务委员会报告城乡规划实施情况。"《城乡规划法》第五十二条规定："地方各级人民政府应当向本级人民代表大会常务委员会或者乡、镇人民代表大会报告城乡规划的实施情况，并接受监督。"

3. 城乡规划的行政监督概述

行政监督是指多种政治力量和社会力量（例如：立法机关、行政机关、司法机关、政党、社会团体、新闻舆论等）对政府以及公务员的行政行为施行的监察和督导。我国城乡规划行政监督的主体是县级以上人民政府及其城乡规划主管部门，包括国务院和各级人民政府以及国务院建设行政主管部门、县级以上地方人民政府城乡规划行政主管部门。其依据来自《城乡规划法》第五十一条，"县级以上人民政府及其城乡规划主管部门应当加强对城乡规划编制、审批、实施、修改的监督检查。"

根据监督部门和监督任务的不同，行政监督有不同的分类方法和监督检查侧重点，对城乡规划管理主体行政监督检查的内容涉及以下两个层面：

（1）政府层级的监督检查

政府层级的监督检查是指县级以上人民政府及其城乡规划主管部门对县级人民政府及其城乡规划主管部门执行城乡规划编制、审批、实施、修改的情况的监督检查。为保证政府层级监督检查的顺利进行，《城乡规划法》在第二章"城乡规划的制定"（第十二至十五条）和第四章"城乡规划的修改"（第四十七至四十九条）中都规定了城乡规划制定和修改的审批制度。

（2）对管理相对人的监督检查

对管理相对人的监督检查是指县级以上人民政府城乡规划主管部门对城乡规划实施情况进行的监督检查。此种监督检查分为两个方面：对城乡规划行政许可证落实情况进行检查；对建设工程竣工规划验收和竣工档案资料报送的检查。

4. 城乡规划的公众监督概述

按照《城乡规划法》的规定，县级以上人民政府及其城乡规划主管部门的监督检查，县级以上地方各级人民代表大会常务委员会或者乡、镇人民代表大会对城乡规划工作的行政监督的监督检查，其基本情况和处理结果都应当依法公开，供公众查阅和监督。如有按照相关法律规定涉及国家秘密的或者商业秘密的不得公开的情形，则不能公开。

将监督检查的情况和处理结果公开，引导公众参与和监督城乡规划，能够保障行政相对人、利害关系人和公众的知情权，有利于取得共识，减少矛盾，有利于增强规划管理的科学性和民主性，加强对行政机关的监督，有利于提高规划的实施效率。

3.4.2 城乡规划的法律责任

《城乡规划法》第六十九条规定："违反本法规定，构成犯罪的，依法追究刑事责任。"制定和实施城乡规划，在规划区内进行建设活动，城乡规划各主体必须遵守《城乡规划法》，否则应承担相应的法律责任。《城乡规划法》单独设"法律责任"一章，其中的12条法条分别明确了不同主体的违法行为所需要承担的法律责任，城乡规划的法律责任主要表现为行政责任、民事责任和刑事责任。

1. 人民政府或行政主管部门的法律责任

1）对依法应当编制城乡规划而未组织编制，或者未按法定程序编制、审批、修改的城乡规划，由上级人民政府责令改正，通报批评；对有关人民政府负责人和其他直接责任人员依法给予处分。

2）城乡规划组织编制机关委托不具有相应资质等级的单位编制城乡规划的，由上级人民政府责令改正，通报批评；对有关人民政府负责人和其他直接责任人员依法给予处分。

3）镇人民政府或者县级以上人民政府城乡规划主管部门有下列行为之一的，由本级人民政府、上级人民政府城乡规划主管部门或者监察机关依据职权责令改正，通报批评；对直接负责的主管人员和其他直接责任人员依法给予处分：

① 未依法组织编制城市的控制性详细规划、县人民政府所在地镇的控制性详细规划的。

② 超越职权或者对不符合法定条件的申请人核发选址意见书、建设用地规划许可证、建设工程规划许可证、乡村建设规划许可证的。

③ 对符合法定条件的申请人未在法定期限内核发选址意见书、建设用地规划许可证、建设工程规划许可证、乡村建设规划许可证的。

④ 未依法对经审定的修建性详细规划、建设工程设计方案的总平面图予以公布的。

⑤ 同意修改修建性详细规划、建设工程设计方案的总平面图前未采取听证会等形式听取利害关系人的意见的。

⑥ 发现未依法取得规划许可证或者违反规划许可的规定在规划区内进行建设的行为，而不予查处或者接到举报后不依法处理的。

4）县级以上人民政府有关部门有下列行为之一的，由本级人民政府或者上级人民政府有关部门责令改正，通报批评；对直接负责的主管人员和其他直接负责人员依法给予处分：

① 对未依法取得选址意见书的建设项目核发建设项目批准文件的。

② 对未依法在国有土地使用权出让合同中确定规划条件或者改变国有土地使用权出让合同中依法确定的规划条件的。

③ 对未依法取得建设用地规划许可证的建设单位划拨国有土地使用权的。

2. 城乡规划编制单位的法律责任

1）城乡规划编制单位有下列行为之一的，由所在地城市、县人民政府城乡规划主管部门责令限期改正，处合同约定的规划编制费1倍以上2倍以下的罚款；情节严重的，责令停业整顿，由原发证机关降低资质等级或者吊销资质证书；造成损失的，依法承担赔偿责任：

① 超越资质等级许可的范围承揽城乡规划编制工作的。

② 违反国家有关标准编制城乡规划的。

2）未依法取得资质证书承揽策划城乡规划编制工作的，由县级以上地方人民政府城乡规划主管部门责令停止违法行为，依照上述规定处以罚款；造成损失的，依法承担赔偿责任。以欺骗手段取得资质证书承揽城乡规划编制工作的，由原发证机关吊销资质证书，处合同约定的规划编制费1倍以上2倍以下的罚款；造成损失的，依法承担赔偿责任。

3）城乡规划编制单位取得资质证书后，不再符合相应的资质条件的，由原发证机关责令限期改正；逾期不改正的，降低资质等级或者吊销资质证书。

3. 违法建设的法律责任

1）未取得建设工程规划许可证或者未按照建设工程规划许可证的规定进行建设的，由县级以上地方人民政府城乡规划主管部门责令停止建设；尚可采取改正措施取消对规划实施的影响的，限期改正，处建设工程造价5%以上10%以下的罚款；无法采取改正措施消除影响的，限期拆除，不能拆除的，没收实物或者违法收入，可以并处建设工程造价10%以下的罚款。

2）在乡、村庄规划区内未依法取得乡村建设规划许可证或者未按照乡村建设规划许可证的规定进行的建设，由乡、镇人民政府责令停止建设、限期整改；逾期不改正的可以拆除。

3）建设单位或者个人有下列行为之一的，由所在地城市、县人民政府城乡规划主管部门责令限期拆除，可以并处临时建设工程造价 1 倍以下的罚款：

① 未经批准进行临时建设的。

② 未按照批准内容进行临时建设的。

③ 临时建筑物、构筑物超过批准期限不拆除的。

4）建设单位未在建设工程竣工验收后六个月内向城乡规划主管部门报送有关竣工验收资料的，由所在地城市、县人民政府城乡规划主管部门责令限期补报；预期不补报的，处 1 万元以上 5 万元以下的罚款。

5）城乡规划主管部门做出责令停止建设或者限期拆除的决定后，当事人不停止建设或者逾期不拆除的，建设工程所在地县级以上地方人民政府可以责成有关部门采取查封施工场地、强制拆除等措施。

3.5 案例分析

3.5.1 案例1

1. 案情

2015 年，某市通过招商引入一商业综合体项目，投资方选中一处 2 万 m^2 的城市公园作为该项目的建设用地，该地块性质为公共绿地。当地政府为了项目能够顺利开展，违反城市总体规划强制性内容，对控制性详细规划进行了修改，擅自将该城市公园绿地变更为商业和金融用地。该市城乡规划局则对该地块办理了规划条件，并在投资方取得了土地权属后核发了建设用地规划许可证，审批了该商业项目的规划方案，并依据方案核发了建设工程规划许可证，随后，投资方按照建设工程规划许可证的要求开展了该商业项目的建设。

试分析该市政府城乡规划主管部门的做法中存在的错误，找出相应的法律依据。

2. 案例评析

该市城乡规划主管部门为了经济利益违反城市总体规划强制性内容，擅自修改控制性详细规划，并违法核发建设用地规划许可证与建设工程规划许可证。以上做法均违反了《城乡规划法》中的相关规定。

《城乡规划法》第三十五条规定，城乡规划确定的铁路、公路、港口、机场、道路、绿地等和公共服务设施的用地以及其他需要依法保护的用地，禁止擅自改变用途。《城乡规划法》第三十八条规定：在城市、镇规划区内以出让方式提供国有土地使用权的，在国有土地使用权出让前，城市、县人民政府城乡规划主管部门应当依据控制性详细规划，提出出让地块的位置、使用性质、开发强度等规划条件，作为国有土地使用权出让合同的组成部分；未确定规划条件的地块，不得出让国有土地使用权。《城乡规划法》第四十八条规定：修改控制性详细规划的，组织编制机关应当对修改的必要性进行论证，征求规划地段内利害关系人的意见，并向原审批机关提出专题报告，经原审批机关同意后，方可编制修改方案；控制性详细规划修改涉及城市总体规划、镇总体规划的强制性内容的，应当先修改总体规划。

上述有关法条中明确表示城市绿地不能被占用，该市政府擅自更改绿地的用途，因此该商业项目不属于合法规划，该地块也不能作为该商业项目的建设用地。本案例中，投资方应当按照规划要求重新进行选址，在依法签订土地出让合同后，核发建设用地规划许可证，凭土地权属证书和法定文件依法实施工程许可。

3.5.2　案例2

1. 案情

某市乡镇有一造纸厂，占据50亩划拨的工业用地。考虑到对周边环境的严重污染和对地区规划发展的要求，市政府决定对该厂进行搬迁。通过依法修改控制性详细规划，该地块拟改为居住用地。造纸厂根据控制性详细规划组织编制修规方案并报市城乡规划主管部门初审之后，找到了住宅项目的投资方，与其签订了土地出让协议。投资方未取得规划许可证手续即依据初审的方案开工建设。在项目开发过程中，投资方认为周边基础设施不够完善，会影响后续销售，便与周边村民和乡镇政府协商将周边部分耕地纳入开发范围。在进行基础施工时，受到该市城乡规划主管部门的查处。

试分析该市城乡规划主管部门查处该项目的法律依据以及当事人如何处理违规问题。

2. 案例评析

按照《城乡规划法》第六十四条的规定，城乡规划主管部门先责令投资方停止违法建设，要求投资方和厂方依法办理规划和国土相关手续，取得建设工程规划许可证后再依法进行建设。造纸厂应当申请变更土地性质，经规划主管部门批准后，由国土资源部门对土地类型进行变更，并依法公开处理土地；土地竞得人（投资方）向城乡规划主管部门领取建设用地规划许可证，并在国土资源部门办理土地转让手续；按法定程序申办建设工程规划许可证。

《城乡规划法》第六十五条规定：在乡、村庄规划区内未依法取得乡村建设规划许可证或者未按照乡村建设规划许可证的规定进行建设的，由乡、镇人民政府责令停止建设、限期改正；逾期不改正的，可以拆除。投资方通过私下变更乡村土地的使用性质，不经过审批手续便开工建设的行为是违法的。投资方竞得的原造纸厂土地的建设用地规划许可证不能作为住宅配套设施的审批证件。可以将周边耕地通过征用形式变为国有土地，以国有土地形式进行合法开发。

第 4 章

房地产开发法律制度

4.1 房地产开发概述

4.1.1 房地产开发的概念

房地产开发是指在依法取得国有土地使用权的土地上进行基础设施、房屋建设的行为（《城市房地产管理法》第二条）。房地产开发企业是房地产开发活动的主体，在其进行房地产开发时必须遵循两个前提：①首先需要依法取得所开发土地的国有土地使用权；②房地产开发必须符合城市规划的要求。

房地产开发包含了土地开发和房屋开发两方面内容。土地开发，其广义概念为通过对未利用土地或者利用不充分的土地投入一定的资金、技术和劳动力，调整用地结构，完善基础设施建设，从而提高土地的利用率，实现土地的集约利用。对于房地产开发活动来讲，土地开发主要包括规划设计、征地拆迁、土地平整（如"七通一平"），使被开发地块满足后续房屋建设条件。

房屋开发包括新建、扩建以及改建各类房屋。房屋开发的类型包括：居住建筑（如住宅、宿舍、公寓等）、公共建筑（如学校、办公楼、体育馆等）、工业建筑（如厂房、仓库、变电站等）和其他专用建筑。

4.1.2 房地产开发的特点

1. 房地产开发投资额巨大

由于房地产开发活动包含了国有土地使用权的获取、基础设施（包括地下设施和地面设施）建设以及房屋建设等活动，且建筑物体量庞大，所消耗的资源种类多、数量大，若是进行小区开发或者成片开发项目，所消耗的资源更是成倍增加，因此，房地产开发活动所需要的投资金额巨大。一般情况下，房地产开发企业很难独自承担所开发项目的全部投资。绝大部分房地产开发投资是通过自有资金、银行贷款、吸收投资、发行股票等融资方式筹集的。

2. 房地产开发周期长

房地产开发的程序繁多复杂，一般包含了工程立项、勘察、规划设计、征地拆迁、土地平整、组织施工、竣工验收、交付使用、管理维护等环节。一般的小型项目至少需要一两年的时间，中型项目需要三四年的时间，而大型乃至特大型项目则需要更长时间才能够完成。

3. 房地产开发需要多方协作

房地产开发是一种综合性的生产活动，需要不同的部门之间相互协调配合才能顺利完成。所涉及的行业和部门包括土地管理、城市规划、建筑设计、施工、测量、市政、通信、供水、供电、环保等。任何一方出现问题都会给房地产开发活动带来影响。因此，需要多方密切协作。

4.1.3　房地产开发的基本原则

房地产开发的基本原则是从事以及管理房地产开发活动所要遵循的基本行为准则。它是我国房地产发展趋势的集中体现。严格遵守房地产开发的基本原则是确保房地产行业健康稳定发展的必要条件。根据《城市房地产管理法》以及相关法律法规的规定，房地产开发的基本原则主要有以下几项。

1. 在获取国有土地使用权的土地上开发的原则

根据《城市房地产管理法》第二条、第九条的规定，进行房地产开发的前提是必须在我国的国有土地范围内获取开发用地的土地使用权；集体所有的土地需要经依法征收转为国有土地后，才可将土地使用权出让，用于房地产开发。

2. 严格执行城市规划的原则

城市规划是城市人民政府对城市建设进行宏观调控和微观管理的重要措施，是保证城市空间资源有效配置、土地资源合理利用的前提和基础，是实现城市经济和社会发展目标的重要手段。城市规划的制定，不仅要符合国家长期发展战略的要求，还需要综合考虑城市的经济、社会、环境等因素，确保城市能够满足不断发展和变化的社会环境与人民需求。建筑作为城市的重要组成部分，其规模、用途、造型等因素必须符合城市规划，才能够促进城市健康发展。《城乡规划法》第三条规定：城市、镇规划区内的建设活动应当符合规划要求。《城市房地产管理法》第二十五条也明确指出：房地产开发必须严格执行城市规划。因此，遵守城市规划要求也是房地产开发活动顺利开展的前提条件。

为确保房地产开发项目严格执行城市规划，建设活动需要执行"一书两证"制度。依据《城乡规划法》第三十六条、三十七条、三十八条和四十条，按照国家规定需要有关部门批准或者核准且以划拨方式取得国有土地使用权的建设项目，建设单位应当在报送有关部门批准或核准前向城乡规划主管部门申请核发建设项目选址意见书；在城市、镇规划区内，以出让或划拨方式取得国有土地使用权的建设项目，建设单位均须向城市、县人民政府城乡规划主管部门申领建设用地规划许可证；在城市、镇规划区内进行建筑物、构筑物、道路、管线和其他工程建设的，建设单位或者个人应当向城市、县人民政府城乡规划主管部门或者省、自治区、直辖市人民政府确定的镇人民政府申请办理建设工程规划许可证。

3. 保证开发项目质量合格的原则

房地产开发项目的产品质量和人民的生命和财产安全有着重要联系。房地产产品如果出现质量问题，轻则为用户带来一定的财产损失以及工作和生活的不便，重则危及用户的生命。因此，进行房地产开发，必须绝对保证产品质量符合国家、地区和行业所提出的标准和规范。《城市房地产管理法》第二十七条规定：房地产开发项目的设计、施工，必须符合国家的有关标准和规范；房地产开发项目竣工，经验收合格后，方可交付使用。《城市房地产开发经营管理条例》第十六条、第十七条也要求：房地产开发企业开发建设的房地产项目，应当符合有关法律、法规的规定和建筑工程质量、安全标准、建筑工程勘察、设计、施工的技术规范以及合同的约定；房地产开发项目竣工，依照《建设工程质量管理条例》的规定验收合格后，方可交付使用。

4. 综合开发、配套建设的原则

所谓"综合开发、配套建设"，是指按照城市规划的功能分区，将某一区域内土地开发、房屋及基础设施与配套设施建设进行统一规划、同步建设。《城市房地产管理法》和《城市房地产开发经营管理条例》都明确指出了房地产开发要实行"全面规划、合理布局、综合开发、配套建设"。近年来，越来越多的消费者在进行房地产购置时关注房地产的基础设施和配套设施的完善程度。例如，购置住宅时，消费者会重视住宅周边环境绿化、商业网点、医疗设施、教育条件以及交通便利程度等因素。如果房地产开发过程中没有遵循综合开发这一原则，缺少配套建设，一方面房地产购买者会因此放弃购买该项目，造成房地产开发效果不理想；另一方面，会为居民生活带来极大的不便，也会为项目的后续开发以及周边开发带来困难。

5. 经济效益、社会效益、环境效益相统一的原则

《城市房地产管理法》第二十五条明确规定，房地产开发必须遵从经济效益、社会效益、环境效益相统一的原则。经济效益是房地产开发企业进行房地产开发活动的主要目的和动力。社会效益是房地产开发活动给社会带来的积极影响。只有为社会带来利益的房地产开发活动才会受到公众的欢迎与支持。环境效益指的是房地产开发项目为环境带来的效果和收益。由于人类活动的参与，房地产开发活动必然会给环境带来一定的影响。房地产开发企业应该通过各种途径减少对环境的负面影响，使建筑与自然环境和谐共生。社会效益和环境效益的增加可以提高房地产项目的经济效益；为了保证项目的经济效益，则必须重视其社会效益和环境效益；三者之间相互协调、相互促进，任何一方都不能忽视。

6. 鼓励开发建设居民住宅的原则

《城市房地产管理法》第四条规定：国家根据社会、经济发展水平，扶持发展居民住宅建设，逐步改善居民的居住条件；第二十九条规定：国家采取税收等方面的优惠措施鼓励和扶持房地产开发企业开发建设居民住宅。居民住宅建筑是房地产开发内容的重要组成部分。为居民提供优质的居住条件和居住环境，有利于提高人民的物质生活水平和维护社会安定和谐。因此，国家应采取税收优惠、降低贷款利息等多种手段激励房地产开发企业建设居民住宅。

4.2 房地产开发企业

4.2.1 房地产开发企业的类型

房地产开发企业是依法设立，具有企业法人资格的，以营利为目的，从事房地产开发经营的企业。房地产开发企业的种类较多，依据不同的标准，所划分的种类也不同。

按照公司所有权性质划分，房地产开发企业包括全民所有制企业、集体所有制企业、私营企业、中外合营企业和外商独资企业。其中，全民所有制房地产开发企业主要是在房屋统建的基础上发展起来的或政府各部门组建的房地产开发公司。近年来，为了去除一些全民所有制企业当中存在的发展动力不足、人浮于事等弊端，激发企业发展的活力，国务院从中央企业着手，将全民所有制房地产开发企业改制为公司制企业。集体所有制房地产开发企业是指由劳动群众集体出资开办且资产属于集体所有的房地产开发企业。这类企业的经营和发展遵循着自筹资金、独立核算、自负盈亏、自主经营、按劳分配的原则。一般集体所有制房地产开发企业的规模较小，管理水平不高。

按照公司经营性质划分，房地产开发企业包括房地产专营企业、房地产兼营企业和房地产项目企业。房地产专营企业是指依法注册成立、专门从事房地产开发、租售、中介服务及物业管理等业务的房地产综合开发企业。房地产兼营企业是指主营其他行业的业务，也兼营房地产开发业务的企业。根据《房地产开发企业资质管理规定》第三条，房地产开发企业必须申请核定企业资质等级，不具备房地产开发资质等级证书的企业不得从事房地产开发经营业务。因此，即使是房地产兼营企业，也必须取得开发资质，这与房地产专营企业并无区别。房地产项目企业是针对某一个特定的房地产开发项目而设立的。房地产项目企业同样需要在工商管理部门注册，在取得营业执照之日起的 30 日内到房地产开发主管部门备案，领取暂定资质证书。当被批准的开发项目完成以后，应向工商行政管理机关办理核减经营范围的变更登记。通过这种方式可以有效地控制房地产项目开发的财务风险。

4.2.2 房地产开发企业的设立条件

房地产开发是一项具有高风险的活动，它所需投资额巨大，且生产周期较长。因此，要求房地产开发企业必须具备一定的抗风险能力才能够长期稳定经营。而且建筑工程项目对技术的要求较高，建筑产品的质量必须完全符合标准。一旦在建设过程中或建筑使用期间出现质量问题便会威胁到居民的生命安全和社会安定。所以，房地产开发企业必须具备开发出高品质房地产产品的能力。为了保障业主的财产与安全，维护房地产市场的健康发展，加强对房地产开发企业设立和经营活动的管理，国务院、住房和城乡建设部出台了多项管理房地产开发企业的法规和政策性文件。《城市房地产管理法》中第三十条规定了房地产开发企业设立必须具备的条件。

1. 有自己的名称和组织机构

房地产开发企业是一个法人组织，必须且只能有一个自己的名称。根据《中华人民共和国公司法》（以下简称《公司法》）的规定，房地产开发企业以公司形式经营时，组织形式为有限责任公司的，企业名称中必须含有"有限责任公司"或者"有限公司"字样；组织形式为股份有限公司的，企业名称中必须含有"股份有限公司"或"股份公司"字样。企业名称必须在企业设立时提交至工商行政主管部门核准。

2. 有固定的经营场所

固定的经营场所指的是企业的主要办事机构所在地，是房地产开发企业对外经营和联系的主要场所。设立房地产企业必须有固定的经营场所，这也是国家对房地产企业实施监督管理所必需的条件。在申请设立房地产企业时，须将固定的经营场所的所有权或者使用权的合法证明提交给登记机关审核。申请批准后，如果该场所发生变更，必须到登记机关办理变更手续。

3. 有符合国务院规定的注册资本

房地产开发企业的设立必须具备一定的注册资本，这是企业得以正常经营的必要经济基础。由于房地产开发活动具有投资量大、资金占用期长的特点，因此房地产开发企业属于资金密集型企业。国家对于资金密集型企业的注册资金要求要高于一般企业。《城市房地产开发经营管理条例》第五条中规定：设立房地产开发企业应当有 100 万元以上的注册资本；省、自治区、直辖市人民政府可以根据本地方的实际情况，对设立房地产开发企业的注册资本做出更高的要求。房地产开发企业的注册资本要与企业自身规模相匹配，且决不能低于最低限额。

4. 有足够的专业技术人员

房地产开发是一项对专业要求较高的经济活动。房地产开发企业的运营需要经济、法律、会计、营销等经营管理方面的专业人士和规划、设计、施工等工程技术专业人员的通力协作来完成。具备充足的专业技术人员是房地产开发企业设立的必要条件。《城市房地产开发经营管理条例》第五条规定：设立房地产开发企业应当具备 4 名以上持有资格证书的房地产专业、建筑工程专业的专职技术人员，2 名以上持有资格证书的专职会计人员；省、自治区、直辖市人民政府可以根据本地方的实际情况，对设立房地产开发企业的专业技术人员的条件提出更高的要求。

5. 法律、行政法规规定的其他条件

房地产开发企业的设立，除了需要遵守《城市房地产管理法》等针对房地产行业的专门法律法规外，还需要满足其他相关法律、行政法规的要求，如《公司法》《中华人民共和国企业法人登记管理条例》等。

4.2.3 房地产开发企业的设立程序

根据《城市房地产管理法》和《城市房地产开发经营管理条例》，设立房地产开发企业需要经过两个步骤：登记和备案。

首先，设立房地产开发企业，应当向县级以上人民政府工商行政管理部门申请登记。工商行政管理部门对符合设立条件的，应当自收到申请之日起 30 日内予以登记，发给营业执照；对不符合设立条件不予登记的，应当说明理由。工商行政管理部门在对设立房地产开发企业申请登记进行审查时，应当听取同级房地产开发主管部门的意见。

当房地产开发企业领取营业执照后，应当自领取之日起 30 日内，到登记机关所在地的县级以上人民政府的房地产开发主管部门备案。所需提交的材料有：营业执照复印件，企业章程，验资证明，企业法定代表人的身份证明和专业技术人员的资格证书和聘用合同。

通过登记和备案，国家才能够掌握房地产开发企业的详细信息，便于对其进行监督和管理，保障房地产行业的稳定与发展。

4.2.4 房地产开发企业的资质管理

房地产项目根据其规模、技术难度、房屋性质等的不同，需要具有不同资质的房地产开发企业负责开发和经营。我国房地产行业对房地产开发企业的各类资质等级条件有明确的要求，并进行严格管理。《城市房地产开发经营管理条例》第九条规定：房地产开发主管部门应当根据房地产开发企业的资产、专业技术人员和开发经营业绩等，对备案的房地产开发企业核定资质等级。房地产开发企业应当按照核定的资质等级，承担相应的房地产开发项目。《房地产开发企业资质管理规定》中，将房地产开发公司划分为四个资质等级，具体资质等级条件及业务范围见表4-1。

表 4-1 房地产开发企业资质等级条件及业务范围

资质等级	资质等级条件	业务范围
一级资质企业	（1）从事房地产开发经营 5 年以上 （2）近 3 年房屋建筑面积累计竣工 30 万 m² 以上，或者累计完成与此相当的房地产开发投资额 （3）连续 5 年建筑工程质量合格率达 100% （4）上一年房屋建筑施工面积 15 万 m² 以上，或者完成与此相当的房地产开发投资额 （5）有职称的建筑、结构、财务、房地产及有关经济类的专业管理人员不少于 40 人，其中具有中级以上职称的管理人员不少于 20 人，持有资格证书的专职会计人员不少于 4 人 （6）工程技术、财务、统计等业务负责人具有相应专业中级以上职称 （7）具有完善的质量保证体系，商品住宅销售中实行了住宅质量保证书和住宅使用说明书制度 （8）未发生过重大工程质量事故	一级资质企业承担房地产项目的建设规模不受限制，可以在全国范围承揽房地产开发项目
二级资质企业	（1）从事房地产开发经营 3 年以上 （2）近 3 年房屋建筑面积累计竣工 15 万 m² 以上，或者累计完成与此相当的房地产开发投资额 （3）连续 3 年建筑工程质量合格率达 100% （4）上一年房屋建筑施工面积 10 万 m² 以上，或者完成与此相当的房地产开发投资额 （5）有职称的建筑、结构、财务、房地产及有关经济类的专业管理人员不少于 20 人，其中具有中级以上职称的管理人员不少于 10 人，持有资格证书的专职会计人员不少于 3 人 （6）工程技术、财务、统计等业务负责人具有相应专业中级以上职称 （7）具有完善的质量保证体系，商品住宅销售中实行了住宅质量保证书和住宅使用说明书制度 （8）未发生过重大工程质量事故	二级资质及二级资质以下的企业可以承担建筑面积 25 万 m² 以下的开发建设项目，承担业务的具体范围由省、自治区、直辖市人民政府建设行政主管部门确定
三级资质企业	（1）从事房地产开发经营 2 年以上 （2）房屋建筑面积累计竣工 5 万 m² 以上，或者累计完成与此相当的房地产开发投资额 （3）连续 2 年建筑工程质量合格率达 100% （4）有职称的建筑、结构、财务、房地产及有关经济类的专业管理人员不少于 10 人，其中具有中级以上职称的管理人员不少于 5 人，持有资格证书的专职会计人员不少于 2 人 （5）工程技术、财务等业务负责人具有相应专业中级以上职称，统计等其他业务负责人具有相应专业初级以上职称 （6）具有完善的质量保证体系，商品住宅销售中实行了住宅质量保证书和住宅使用说明书制度 （7）未发生过重大工程质量事故	

（续）

资质等级	资质等级条件	业务范围
四级资质企业	（1）从事房地产开发经营 1 年以上 （2）已竣工的建筑工程质量合格率达 100% （3）有职称的建筑、结构、财务、房地产及有关经济类的专业管理人员不少于 5 人，持有资格证书的专职会计人员不少于 2 人 （4）工程技术负责人具有相应专业中级以上职称，财务负责人具有相应专业初级以上职称，配有专业统计人员 （5）商品住宅销售中实行了住宅质量保证书和住宅使用说明书制度 （6）未发生过重大工程质量事故	二级资质及二级资质以下的企业可以承担建筑面积 25 万 m² 以下的开发建设项目，承担业务的具体范围由省、自治区、直辖市人民政府建设行政主管部门确定

《城市房地产开发经营管理条例》和《房地产开发企业资质管理规定》中明确规定：新设立的房地产开发企业应自领取营业执照之日起 30 日内，到房地产开发主管部门备案。

房地产开发主管部门则应在收到备案申请后的 30 日内向符合条件的企业核发暂定资质证书。申请暂定资质证书的条件不得低于四级资质企业的条件。证书有效期为 1 年，延长期限不得超过 2 年。如果房地产开发企业自领取暂定资质证书之日起 1 年内无开发项目，则暂定资质证书不得延长。在暂定资质证书有效期满前 1 个月内，房地产开发企业需要向房地产开发主管部门申请核定资质等级。

房地产开发主管部门根据企业经营业绩核定相应的资质等级。

房地产开发企业的资质证书实行年检制度。对于不符合原定资质条件或者有不良经营行为的企业，由原资质审批部门予以降级或者注销资质证书。如果房地产开发企业在无正当理由的情况下不参加资质年检，则视其为资质年检不合格，将由原资质审批部门注销其资质证书。

4.3 房地产开发的类型和程序

4.3.1 房地产开发的类型

房地产开发是一项兼具复杂性和综合性的生产活动。按照不同的角度，可以划分成不同的类型。

1. 根据房地产开发项目的规模划分

根据房地产开发项目的规模大小，可以分为单项开发、小区开发和成片开发。

单项开发指的是规模较小、占地面积不大、项目功能单一、配套设施简单的开发形式。这类开发项目一般在整个开发区域中相对独立，但是其整体风格、造型以及设施功能等都与整个开发区域相协调。单项开发项目的完成时间一般相对较短。

小区开发有两种形式：新城区开发中的一个独立小区的综合开发和旧城区改造中的一个相对独立的局部区域的更新改造。一般小区开发需要做到开发区域内的基础设施完备和配套项目齐全。从小区的功能性来看，还可以划分为两类。一类是综合性小区开发，例如金融贸易区、高新技术园区等。这类小区除了支持贸易、科技等方面开发项目外，还具备了文化、居住、休闲等功能。另一类是单一性小区开发，即居住小区。小区开发和单项开发相比，规模、占地面积、投资量都更大，建设周期更长，需要分批、分期建设完成。

成片开发是指开发范围广阔、投资量巨大、包含项目多、建设周期长的综合性开发。这类开发的规模可以媲美开辟一个新城区，例如目前正在建设的雄安新区。

2. 根据开发目的划分

根据开发目的不同，可以分为经营性房地产开发和自用性房地产开发。

经营性房地产开发是指由专门的房地产开发公司投资开发，并将建成的产品（包含房屋、基础设施及土地使用权）在市场上进行交易，最终获得收益。这种类型的房地产开发活动的最终目的是获取较高的利润。

自用性房地产开发是指开发者为了满足自身使用需求而投资开发房地产项目。所建成的产品并不会投放市场进行商品流通。这种类型的房地产开发活动最终目的是为开发者提供能满足其生产、经营等方面需求的建筑和环境。

3. 根据房地产开发区域划分

根据房地产开发区域的不同，可以分为新区开发和旧区改建。

新区开发是指按照城市总体规划的部署，在城市现有建成区以外的一定区域进行集中成片、综合配套的开发建设活动。随着社会经济的发展，城市的规模也在不断扩张，当现有城市区域无法满足城市生产、居民生活不断增长的需求时，便可以通过新区开发的形式来逐步实现城市规划所预期的发展目标。因此，新区开发是城市建设和发展的重要组成部分。《城乡规划法》第三十条规定：城市新区的开发和建设，应当合理确定建设规模和时序，充分利用现有市政基础设施和公共服务设施，严格保护自然资源和生态环境，体现地方特色；在城市总体规划、镇总体规划确定的建设用地范围以外，不得设立各类开发区和城市新区。

旧区改建是指对城市中陈旧、衰退的区域进行改造，主要包含旧区的结构调整、布局优化以及基础设施更新等。旧区改建的目的在于将无法满足社会生产生活、城市发展需求的地区进行治理，从而提升该区域的环境和功能，促进城市按照规划中确定的预期目标发展。《城乡规划法》第三十一条规定：旧城区的改建，应当保护历史文化遗产和传统风貌，合理确定拆迁和建设规模，有计划地对危房集中、基础设施落后等地段进行改建。

4. 根据房地产开发内容划分

根据房地产开发内容的不同，可以分为单纯的土地开发和再开发、单纯的房屋开发和再开发、土地房屋一体化开发。

土地开发是指土地从自然状态达到"三通一平"或者"七通一平"的活动过程。土地的再开发指的是将原有旧建筑拆迁，重新调整用地结构，完善基础设施，以提高土地使用效能的改建活动。新区开发活动即属于土地开发，而旧区改建则属于土地再开发。

房屋开发即建筑物和构筑物的建设活动，是指在已经具备建设条件的土地上进行各类建筑的建设活动。而房屋再开发则是指对既有建筑的改建和扩建活动。

土地房屋一体化开发是当前最为广泛的开发活动，就是对土地和土地上的建筑进行全过程的开发或者再开发的复合行为。

5. 根据房地产开发主体划分

根据房地产开发主体不同，可以分为政府开发和非政府开发。

政府开发通常是政府组织人力物力进行房地产开发。首先进行土地开发，然后在此基础上进行房屋开发，比如政府为自身建设公用房等。

非政府开发是指由房地产开发企业进行的房地产开发。这是我国房地产开发的最主要方式。除此以外，非政府开发还包括私人房地产机构的开发或者半官方半民间的法人团体的开发。

4.3.2 房地产开发的程序

房地产开发活动周期长、综合性强，需要多方协作共同完成。因此，在开发过程中必须遵循一定的程序，才能够最大限度地节省人力、物力和财力，确保房地产开发项目顺利完成。房地产开发的程序具体介绍如下。

1. 房地产开发项目可行性研究和决策

在房地产开发企业确定开发项目初步立项之后，便开始进行可行性研究。房地产开发企业通过对与项目相关的资源、技术、经济、社会环境等方面条件进行全面和详细的分析评价，来判断该项目在技术上是否可行，经济上是否合理，从而帮助企业减少和避免决策失误。

可行性研究的主要内容包括：①项目总论；②项目建设背景和必要性；③市场分析和预测；④建设条件和建设规模；⑤总体规划方案和工程技术方案；⑥环境影响和环境保护、安全、节能；⑦项目组织机构、资源配置；⑧项目进度计划；⑨投资估算和资金筹措；⑩财务评价；⑪风险分析；⑫社会效益分析；⑬结论与建议。

可行性研究的实施按照五个步骤进行。

（1）组织准备

首先房地产开发企业需要建立一个可行性研究团队，负责可行性研究的构想、筹备、研究计划制订与实施等工作。该团队的成员需要包含熟悉城市规划管理的专家、熟悉房地产市场的专家、经济师、建筑工程专家、会计师和律师等。

（2）现场调查与资料收集

现场调查的主要内容包括：拟开发现场的现状（例如场地上建筑数量与分布、居民数量、人口结构等），场地周边环境，开发区域的自然、经济和社会环境等。需要收集的资料主要有：城市规划信息，该地区房地产开发相关政策，当地房地产市场分析相关资料，以及当地的地质、交通、水文、气象、经济方面的技术资料等。

（3）方案的评价、选择与优化

基于前期调查和整理的信息，综合考虑房地产开发企业自身的经济技术条件和当前政策等，设计拟开发项目的开发方案，并进行评价、对比，选定最优方案。同时，对所选方案进行有针对性的优化，力求获得最佳的经济和社会效益。

（4）财务评价和综合评价

基于所确定的方案，估算项目的成本、收入等情况，对方案进行财务评价和综合评价，从而评价项目的可行性。在论证了该项目在经济上的合理性以及盈利能力后，提出实施该项目的进度计划。

（5）编制可行性研究报告

根据以上资料和分析，编制出详细的可行性研究报告。为该项目提供实施方案和进度计划，并给出科学的结论和意见，提出合理的建议，供决策者参考。

以项目可行性研究报告为参考依据，房地产开发企业的决策者批准正式立项，开发项目便进入建设前期准备阶段。

2. 建设前期准备

房地产开发项目前期准备阶段工作的主要内容有以下几方面：

（1）获取土地使用权

房地产开发企业获取土地使用权可以通过三种途径：出让、划拨和转让。土地使用权出让是目前房地产市场上使用最广泛的一种，具体获取方式包括招标、拍卖、挂牌和协议四种。根据《城市房地产管理法》第十五条和第十六条，房地产开发企业需要与市、县人民政府土地管理部门签订国有土地使用权出让合同，并按照合同约定支付土地使用权出让金才能够取得土地使用权。

（2）办理建设用地规划许可证

建设用地规划许可证是建设单位在向土地管理部门申请征用、划拨土地前，经城市规划行政主管部门确认建设项目位置和范围符合城市规划的法定凭证，是建设单位用地的法律凭证。

通过划拨方式取得国有土地使用权的房地产开发企业，需要遵照《城乡规划法》第三十七条的规定，经过有关部门批准、核准、备案后，向城市、县人民政府城乡规划主管部门提出建设用地规划许可申请，由城市、县人民政府城乡规划主管部门依据控制性详细规划核定建设用地位置、面积、允许建设的范围，核发建设用地规划许可证。

通过出让方式取得国有土地使用权的房地产开发企业，需要依据《城乡规划法》第三十八条，在签订国有土地使用权出让合同后，持建设项目批准、核准、备案文件和国有土地使用权出让合同，向城市、县人民政府城乡规划主管部门领取建设用地规划许可证。

（3）办理建设工程规划许可证

建设工程规划许可证是工程项目合法地位的凭证，作用在于保障建设单位和个人的合法权益，证明该项目符合城市规划要求。《城乡规划法》第四十条规定：在城市、镇规划区内进行建筑物、构筑物、道路、管线和其他工程建设的，建设单位或者个人应当向城市、县人民政府城乡规划主管部门或者省、自治区、直辖市人民政府确定的镇人民政府申请办理建设工程规划许可证。因此，没有此证私自开工，皆属于违法行为。

在办理建设工程规划许可证之前，需要完成开发项目的规划设计、方案设计和施工图设计。房地产开发企业应提交使用土地的有关证明文件和建设工程设计方案（需要建设单位编制修建性详细规划的建设项目，还应当提交修建性详细规划）等材料向市、县人民政府城乡规划主管部门或者省、自治区、直辖市人民政府确定的镇人民政府申请核发建设工程规划许可证。

（4）开发项目的建设招标

房地产开发企业可以自行组织招标，也可以委托代理机构进行招标。整个招标程序为：①招标资格审查与备案；②确定招标方式；③发表招标公告或招标邀请书；④编制、发放资格预审文件和递交资格预审申请书；⑤资格预审，确定合格的投标申请人；⑥编制、发出招标文件；⑦踏勘现场；⑧编制、递交投标文件；⑨组建评标委员会；⑩开标；⑪评标；⑫定标；⑬公示中标结果；⑭发出中标通知书；⑮签署合同。

（5）办理建筑工程施工许可证

根据《建筑工程施工许可管理办法》第二条规定：在中华人民共和国境内从事各类

房屋建筑及其附属设施的建造、装修装饰和与其配套的线路、管道、设备的安装，以及城镇市政基础设施工程的施工，建设单位在开工前应当向工程所在地的县级以上地方人民政府住房城乡建设主管部门申请领取施工许可证；工程投资额在30万元以下或者建筑面积在300平方米以下的建筑工程，可以不申请办理施工许可证。省、自治区、直辖市人民政府住房城乡建设主管部门可以根据当地的实际情况，对限额进行调整，并报国务院住房城乡建设主管部门备案；按照国务院规定的权限和程序批准开工报告的建筑工程，不再领取施工许可证。

3. 项目建设

前期准备完成后，施工单位便可以进场开始建设活动。这一阶段，主要由施工单位根据合同要求对规划设计方案实施。房地产开发企业的主要工作为密切关注工程进展情况，定期到现场视察，保证施工进度，并进行成本控制。

4. 销售

为了快速回收投资，降低风险，房地产开发企业通常会在项目施工阶段便开始进行商品房预售。依据《城市房地产开发经营管理条例》第二十二条，预售商品房必须符合以下条件：①已交付全部土地使用权出让金，取得土地使用权证书；②持有建设工程规划许可证和施工许可证；③按提供的预售商品房计算，投入开发建设的资金达到工程建设总投资的25%以上，并已确定施工进度和竣工交付日期；④已办理预售登记，取得商品房预售许可证明。

在进行商品房预售过程中，房地产开发企业不得进行虚假宣传以迷惑和欺骗消费者。广告中宣传内容必须与实际产品相符合，并且载明商品房预售许可证明的文号。

5. 交付使用

在开发项目交付使用时，房地产开发企业需要向购房者签订购房合同，并提供住宅质量保证书和住宅使用说明书。在保修期内，房地产开发企业应承担质量保证书内约定的保修责任。自商品房交付使用之日起90日内，房地产开发企业应协助购房者办理土地使用权变更和房屋所有权登记手续，并提供必要的证明文件。

4.4 案例分析

1. 案情

某学校凭借其通过政府划拨方式获得的用于办公、教学和居住的土地中的一部分，与某房地产公司签订了一份联建合同。合同中约定：房地产公司在学校的划拨土地上全额投资建设两座大楼（1号楼和2号楼）；学校则协助房地产公司办理建设施工土地基建审批手续。大楼建成后，由学校为房地产公司办理房屋使用证。期满后，产权归学校所有。房地产公司对两栋大楼使用权的期限限定为1号楼20年、2号楼15年。1号楼建成后7层将无偿交付学校使用，并且房地产公司每年向学校支付资助金35万元。任何一方违约，则需要向守约方支付总投资5%～10%的违约金，并有权要求他方继续履约。学校所在地的A市城市规划管理局为学校和施工单位颁发了建设1号楼的建设工程规划许可证和施工许可证。施工期间，A市建设委员会因该工程项目违法建设而向学校发出行政处罚决定，责令立即停止违法建设，待办理完建设手续且得到市建设行政主管部门批复后方可复工。城市规划管理局也因

1号楼的加层属于违法建设，向学校和房地产公司发出"关于停止违法建设的通知"，要求立即停止施工，并接受处罚。学校以"为了配合政府有关部门纠正房地产公司的违法建设行为、行使学校的法定权利"为由，对施工现场采取停水、停电措施，导致1号楼工程停建。当时，1号楼为已封顶状态，2号楼因未办理相关手续，尚未开始施工。学校将房地产公司诉至法院，请求解除合同并由房地产公司承担违约责任。

法院经审理认为，学校与房地产公司所签订的联建合同中约定两栋大楼投资建成后，除了部分房屋产权无偿交付学校使用外，每年还要向学校支付资助金，其余房屋的使用权只有在一定年限内归属房地产公司所有，房屋产权仍旧归学校所有，因此，虽然合同名为联建，实际上是投资建房，属房屋使用权纠纷。由于该合同系双方当事人真实意思的表示，且不违反法律禁止性规定，因此该合同合法有效。学校将通过划拨方式取得的土地委托房地产公司投资建房，并在房屋建成后收取资助金，该资助金具有房屋土地租金性质。依据《城市房地产管理法》第五十六条的规定，学校在房屋建成投入使用后，应将该房屋收益部分上缴国家。至于房屋加层问题，有待政府有关部门依据行政法规进行处理，加之当事人对加层面积如何使用并无诉讼请求，故对加层问题本院不予处理。政府有关部门做出所建大楼擅自加层应停工接受处罚的决定，该项工程在政府有关部门责令停工通知下达后就应停止施工，学校应执行政府的决定，如继续施工则是违法的。学校将停工通知书告知房地产公司后，采取停水、停电的措施不应视为违约行为。据此判决：①学校与房地产公司所签订的联建合同合法有效，按合同内容继续履行；②驳回学校其他诉讼请求。

2. 案例评析

学校和房地产企业签订的联建合同到底是否有效，是这起诉讼中的一个关键问题。

首先来分析该联建合同的性质。本案中，进行开发的土地是通过划拨方式取得的。学校以该土地的使用权作为联建的一方，由房地产公司投资建房。房屋建成后，除了一部分房屋无偿交付给学校外，其余房屋在一定期限内由房地产公司使用，房屋产权仍旧属于学校，并且房地产公司每年还需向学校支付资助金35万元。可以看出，房屋的产权一直没有变更，属于学校，而改变的是房屋在一定期限内的使用权。也就是说，实际上是房地产公司以每年交付资助金的形式租用了这两栋大楼，资助金实际上具有房屋土地租金的性质。《城市房地产管理法》第五十六条规定：以营利为目的，房屋所有权人将以划拨方式取得使用权的国有土地上建成的房屋出租的，应当将租金中所含土地收益上缴国家。由于诉讼期间房屋并未建成，也就没有产生租金收益。因此，待房屋建成投入使用以后，学校需将收益部分上缴国家。目前，法律、法规中并没有对投资建房、有期限房屋使用权的法律地位和法律特征做出明确的规定，法院的判决是着眼于客观事实，本着实事求是的原则，合情合理地处理该纠纷。

再来分析合同效力。合同效力是本案的关键问题，它决定了当事人双方在合同中约定的权利和义务是否能够收到法律保护。本案中的联建合同，从合同主体、内容方面来讲都没有无效的情节出现。而法律上也允许划拨土地上建成的房产用作出租。因此，无论是当事人哪一方将房屋出租都不影响土地使用权的性质。唯一要注意的就是，土地使用权出租收入中的土地收益部分需要上缴国家。由此看来，合同的内容不含有法律所禁止的情节，只要该合同是当事人双方真实意愿的表示，该合同就应当被认定为有效。

另外，对于本案中学校对施工现场进行停水、停电处理的问题，应理解为：由于该工程项目的建设方是学校，因此城市规划管理局和建设委员会所要管理的对象也是学校，所以针对 1 号楼加层的问题，虽然是房地产公司违法加层，但受处罚的是学校；而学校在收到处罚通知后，有停工义务，所以在通知房地产企业停工未果后，采取停水、停电措施是合理合法的。由于加层建设属于违法行为，且该行为是房地产公司的私自行为，因此在合同法律关系中，可认定为违约行为，因此由于加层所造成的一切法律后果，应由房地产公司承担。

第 5 章

建设工程许可制度

5.1 施工许可制度

施工许可制度是由国家授权的有关行政主管部门，在建设工程开工之前对其是否符合法定的开工条件进行审核，对符合条件的建设工程允许其开工建设的法定制度。建立施工许可制度，有利于保证建设工程的开工符合必要条件，避免不具备条件的建设工程盲目开工而给当事人造成损失或导致国家财产的浪费，从而使建设工程在开工后能够顺利实施，也便于有关行政主管部门了解和掌握所辖范围内有关建设工程的数量、规模以及施工队伍等基本情况，依法进行指导和监督，保证建设工程活动依法有序进行。

5.1.1 施工许可证的适用范围

1. 需要办理施工许可证的建设工程

《建筑法》规定：建筑工程开工前，建设单位应当按照国家有关规定向工程所在地县级以上人民政府住建行政主管部门申请领取施工许可证；但是，国务院住建行政主管部门确定的限额以下的小型工程除外；按照国务院规定的权限和程序批准开工报告的建筑工程，不再领取施工许可证。2014 年 6 月住房和城乡建设部发布的《建筑工程施工许可管理办法》规定，在中华人民共和国境内从事各类房屋建筑及其附属设施的建造、装修装饰和与其配套的线路、管道、设备的安装，以及城镇市政基础设施工程的施工，建设单位在开工前应当依照本办法的规定，向工程所在地的县级以上地方人民政府住房城乡建设主管部门申请领取施工许可证。

2017 年 7 月颁布的《住房城乡建设部办公厅关于工程总承包项目和政府采购工程建设项目办理施工许可手续有关事项的通知》中规定：各级住房城乡建设主管部门可以根据工程总承包合同及分包合同确定设计、施工单位，依法办理施工许可证；对在工程总承包项目中承担分包工作，且已与工程总承包单位签订分包合同的设计单位或施工单位，各级住房城乡建设主管部门不得要求其与建设单位签订设计合同或施工合同，也不得将上述要求作为申请领取施工许可证的前置条件；对依法通过竞争性谈判或单一来源方式确定供应商的政府采购工程建设项目，应严格执行《建筑法》《建筑工程施工许可管理办法》等规定，对符合申请条件的，应当颁发施工许可证。

2. 不需要办理施工许可证的建设工程

（1）限额以下的小型工程

按照《建筑法》的规定，国务院住建行政主管部门确定的限额以下的小型工程，可以不申请办理施工许可证。《建筑工程施工许可管理办法》规定：工程投资额在 30 万元以下或者建筑面积在 300 平方米以下的建筑工程，可以不申请办理施工许可证；省、自治区、直辖市人民政府住房城乡建设主管部门可以根据当地的实际情况，对限额进行调整，并报国务院住房城乡建设主管部门备案。

（2）抢险救灾等工程

《建筑法》规定，抢险救灾及其他临时性房屋建筑和农民自建低层住宅的建筑活动，不适用本法。这几类工程，不适合办理施工许可证。

（3）另行规定的建设工程

军用房屋建筑工程有其特殊性，所以，《建筑法》规定，军用房屋建筑工程建筑活动的具体管理办法，由国务院、中央军事委员会依据本法制定。

3. 批准开工报告制度的建设工程

《建筑法》规定，按照国务院规定的权限和程序批准开工报告的建筑工程，不再领取施工许可证。为避免同一建设工程的开工由不同行政主管部门重复审批的现象，实行开工报告批准制度的建设工程，不需要再重复办理施工许可证。

开工报告审查的内容主要包括：①资金到位情况；②投资项目市场预测；③设计图是否满足施工要求；④现场条件是否具备"三通一平"等的要求。

国务院规定的开工报告制度，不同于建设监理中的开工报告工作。根据《建设工程监理规范》（GB/T 50319—2013）的规定，施工单位在工程开工前应按合同约定向监理工程师提交开工报告，经总监理工程师审定通过后，即可开工。虽然在字面上都是"开工报告"，但二者之间有着诸多不同：①性质不同，前者是政府主管部门的一种行政许可制度，后者则是建设监理过程中的监理单位对施工单位开工准备工作的认可；②主体不同，前者是建设单位向政府主管部门申报，后者则是施工单位向监理单位提出；③内容不同，前者主要是建设单位应具备的开工条件，后者则是施工单位应具备的开工条件。

5.1.2 施工许可的条件

《建筑法》规定，申请领取施工许可证，应当具备下列条件：①已经办理该建筑工程用地批准手续；②在城市规划区的建筑工程，已经取得规划许可证；③需要拆迁的，其拆迁进度符合施工要求；④已经确定建筑施工企业；⑤有满足施工需要的施工图及技术资料；⑥有保证工程质量和安全的具体措施；⑦建设资金已经落实；⑧法律、行政法规规定的其他条件。

依据 2014 年 10 月 25 日起施行的《建筑工程施工许可管理办法》、2018 年 9 月 28 日自发布并施行《住房城乡建设部关于修改〈建筑工程施工许可管理办法〉的决定》、《住房城乡建设部办公厅关于进一步加强建筑工程施工许可管理工作的通知》（建办市〔2014〕34号）以及 2018 年 9 月 30 日对《住房城乡建设部办公厅关于进一步加强建筑工程施工许可管理工作的通知》修改的决定，建设单位申请领取施工许可证，应当具备下列条件，并提交相应的证明文件：

（1）依法应当办理用地批准手续的，已经办理该建筑工程用地批准手续

2004 年 8 月经修改后公布的《土地管理法》规定：任何单位和个人进行建设，需要使用土地的，必须依法申请使用国有土地；依法申请使用的国有土地包括国家所有的土地和国家征收的原属于农民集体所有的土地。

经批准的建设项目需要使用国有建设用地的，建设单位应当持法律、行政法规规定的有关文件，向有批准权的县级以上人民政府土地行政主管部门提出建设用地申请，经土地行政主管部门审查，报本级人民政府批准。办理用地批准手续是建设工程依法取得土地使用权的必经程序，也是建设工程取得施工许可的必要条件。

（2）在城市、镇规划区的建筑工程，已经取得规划许可证

在城市、镇规划区，规划许可证包括建设用地规划许可证和建设工程规划许可证。在乡、村庄规划区内进行乡镇企业、乡村公共设施和公益事业建设的，须核发乡村建设规划许可证。

（3）施工场地已经基本具备施工条件，需要征收房屋的，其进度符合施工要求

施工场地应该具备的基本施工条件，通常要根据建设工程项目的具体情况决定。例如：已进行场区的施工测量，设置永久性经纬坐标桩、水准基桩和工程测量控制网；搞好"三通一平""五通一平"或"七通一平"；施工使用的生产基地和生活基地，包括附属企业、加工厂站、仓库堆场，以及办公、生活、福利用房等；强化安全管理和安全教育，在施工现场要设安全纪律牌、施工公告牌、安全标志牌等。

《物权法》规定，为了公共利益的需要，依照法律规定的权限和程序可以征收集体所有的土地和单位、个人的房屋及其他不动产。因此，房屋征收是物权变动的一种特殊情形，是国家取得房屋所有权的一种方式。房屋征收要根据城乡规划和国家专项工程的迁建计划以及当地政府的用地文件，拆除和迁移建设用地范围内的房屋及其附属物，并对原房屋及其附属物的所有人或使用人进行补偿和安置。房屋征收是一项复杂的综合性工作，必须按照计划和施工进度进行，过早或过迟都会造成损失和浪费。需要先期进行征收的，征收进度必须能满足建设工程开始施工和连续施工的要求。

（4）已经确定建筑施工企业

在建设工程开工前，建设单位必须依法通过招标或直接发包的方式确定承包该建设工程的施工企业，并签订建设工程承包合同，明确双方的责任、权利和义务。否则，建设工程的施工将无法进行。

（5）有满足施工需要的技术资料，施工图设计文件已按规定审查合格

依据 2017 年经修改后颁布的《建设工程勘察设计管理条例》，编制施工图设计文件，应当满足设备材料采购、非标准设备制作和施工的需要，并注明建设工程合理使用年限。施工图设计文件不仅要满足施工需要，还应当按照规定对其涉及公共利益、公众安全、工程建设强制性标准的内容进行审查。2000 年 1 月颁布的《建设工程质量管理条例》规定，施工图设计文件未经审查批准的，不得使用。

（6）有保证工程质量和安全的具体措施

《建设工程质量管理条例》规定，建设单位在领取施工许可证或者开工报告前，应当按

照国家有关规定办理工程质量监督手续。2003 年 11 月颁布的《建设工程安全生产管理条例》规定，建设单位在申请领取施工许可证时，应当提供建设工程有关安全施工措施的资料；住建行政主管部门在审核发放施工许可证时，应当对建设工程是否有安全施工措施进行审查，对没有安全施工措施的，不得颁发施工许可证。

《建筑工程施工许可管理办法》规定：施工企业编制的施工组织设计中有根据建筑工程特点制定的相应质量、安全技术措施；建立工程质量安全责任制并落实到人；专业性较强的工程项目编制了专项质量、安全施工组织设计，并按照规定办理了工程质量、安全监督手续。

（7）建设资金已经落实

在建设工程开工前，建设资金必须足额落实。

依据 2018 年 9 月 28 日发布的《建筑工程施工许可管理办法》，建设单位应当提供建设资金已经落实承诺书。

依据 2018 年 9 月 30 日生效的修改后的《住房城乡建设部办公厅关于进一步加强建筑工程施工许可管理工作的通知》（建办市〔2014〕34 号），各级住房城乡建设主管部门要加强对建设资金落实情况的监督检查，要求建设单位申请领取施工许可证时，提供建设资金已经落实承诺书。建设单位要确保建设资金落实到位，不得提供虚假承诺。关于建设资金落实情况，实行建设资金已经落实承诺制，发证机关应当在施工许可证核发后一个月内对申请人履行承诺的情况进行检查，对申请人未履行承诺的，撤销施工许可决定并追究申请人的相应责任。同时，建立黑名单制度，将申请人不履行承诺的不良行为向社会公开，构建"一处失信、处处受限"的联合惩戒机制。

（8）法律、行政法规规定的其他条件

全国人大及其常委会制定的法律和国务院制定的行政法规，有权增加施工许可证条件，其他如部门规章、地方性法规、地方规章等都不得规定增加施工许可证的申领条件。《建筑工程施工许可管理办法》明确规定，县级以上地方人民政府住房城乡建设主管部门不得违反法律法规规定，增设办理施工许可证的其他条件。例如，《中华人民共和国消防法》（以下简称《消防法》）规定，特殊建设工程未经消防设计审查或者审查不合格的，建设单位、施工单位不得施工；其他建设工程，建设单位未提供满足施工需要的消防设计图纸及技术资料的，有关部门不得发放施工许可证或者批准开工报告。

以上施工许可的法定条件必须同时具备，发证机关应当自收到申请之日起 7 日内，对符合条件的申请颁发施工许可证。对于证明文件不齐全或者失效的，应当当场或者 5 日内一次告知建设单位需要补正的全部内容，审批时间可以自证明文件补正齐全后做相应顺延；对于不符合条件的，应当自收到申请之日起 7 日内书面通知建设单位，并说明理由。应当申请领取施工许可证的建筑工程未取得施工许可证的，一律不得开工。任何单位和个人不得将应当申请领取施工许可证的工程项目分解为若干限额以下的工程项目，规避申请领取施工许可证。

5.1.3　施工许可的程序规定

1. 申请延期的规定

《建筑法》规定，建设单位应当自领取施工许可证之日起三个月内开工。

因故不能按期开工的,应当向发证机关申请延期;延期以两次为限,每次不超过三个月。既不开工又不申请延期或者超过延期时限的,施工许可证自行废止。

由于施工活动不同于一般的生产活动,其受气候、经济、环境等外部因素的影响较大,根据客观条件的变化,允许适当延期还是必要的,但是不能无限制地延期。

2. 核验施工许可证的规定

《建筑法》规定:在建的建筑工程因故中止施工的,建设单位应当自中止施工之日起一个月内,向发证机关报告,并按照规定做好建筑工程的维护管理工作;建筑工程恢复施工时,应当向发证机关报告;中止施工满一年的工程恢复施工前,建设单位应当报发证机关核验施工许可证。

中止施工是指建设工程开工后,在施工过程中途停止施工的情形。中止施工的原因很复杂,如地震、洪水等不可抗力,或政府政策调整等导致项目停建缓建等。

对于因故中止施工的,建设单位应当按照规定的时限履行相关义务或责任,以防止建设工程在中止施工期间遭受不必要的损失,保证在恢复施工时可以尽快启动。建设单位与施工单位应当确定合理的停工部位,并协商提出善后处理的具体方案,明确双方的职责、权利和义务等。在恢复施工时,建设单位应当向发证机关报告恢复施工的有关情况。

中止施工满一年的,在建设工程恢复施工前,建设单位还应当报发证机关核验施工许可证,看是否仍具备组织施工的条件。经核验符合条件的,应允许恢复施工,施工许可证继续有效;经核验不符合条件的,应当收回其施工许可证,不允许恢复施工,待条件具备后,由建设单位重新申领施工许可证。

3. 重新办理批准手续的规定

对于实行开工报告制度的建设工程,《建筑法》规定:按照国务院有关规定批准开工报告的建筑工程,因故不能按期开工或者中止施工的,应当及时向批准机关报告情况;因故不能按期开工超过六个月的,应当重新办理开工报告的批准手续。按照国务院有关规定批准开工报告的建筑工程,一般都属于大中型建设项目。对于这类工程因故不能按期开工或者中止施工的,在审查和管理上应该更严格。

5.1.4 施工许可的法律责任

1. 未经许可擅自开工应承担的法律责任

《建筑法》规定,违反本法规定,未取得施工许可证或者开工报告未经批准擅自施工的,责令改正,对不符合开工条件的责令停止施工,可以处以罚款。《建设工程质量管理条例》规定,建设单位未取得施工许可证或者开工报告未经批准,擅自施工的,责令停止施工,限期改正,处工程合同价款1%以上2%以下的罚款。

2. 规避办理施工许可证应承担的法律责任

《建筑工程施工许可管理办法》规定,对于未取得施工许可证或者为规避办理施工许可证将工程项目分解后擅自施工的,由有管辖权的发证机关责令停止施工,限期改正,对建设单位处工程合同价款1%以上2%以下罚款;对施工单位处3万元以下罚款。

3. 骗取和伪造施工许可证应承担的法律责任

《建筑工程施工许可管理办法》规定:建设单位采用欺骗、贿赂等不正当手段取得施工许可证的,由原发证机关撤销施工许可证,责令停止施工,并处1万元以上3万元以下罚款；构成犯罪的，依法追究刑事责任。

建设单位隐瞒有关情况或者提供虚假材料申请施工许可证的，发证机关不予受理或者不予许可，并处 1 万元以上 3 万元以下罚款；构成犯罪的，依法追究刑事责任。建设单位伪造或者涂改施工许可证的，由发证机关责令停止施工，并处 1 万元以上 3 万元以下罚款；构成犯罪的，依法追究刑事责任。

4. 对单位主管人员等处罚的规定

给予单位罚款处罚的，对单位直接负责的主管人员和其他直接责任人员处单位罚款数额 5% 以上 10% 以下罚款。单位及相关责任人受到处罚的，作为不良行为记录予以通报。

5.2 │ 企业资质

5.2.1 施工企业从业资格制度

《建筑法》规定，从事建筑活动的建筑施工企业、勘察单位、设计单位和工程监理单位，应当具备下列条件：

1）有符合国家规定的注册资本。

2）有与其从事的建筑活动相适应的具有法定执业资格的专业技术人员。

3）有从事相关建筑活动所应有的技术装备。

4）法律、行政法规规定的其他条件。

该法还规定，本法关于施工许可、建筑施工企业资质审查和建筑工程发包、承包、禁止转包，以及建筑工程监理、建筑工程安全和质量管理的规定，适用于其他专业建筑工程的建筑活动，具体办法由国务院规定。

《建设工程质量管理条例》进一步规定，施工单位应当依法取得相应等级的资质证书，并在其资质等级许可的范围内承揽工程。该条例所称建设工程，是指土木工程、建筑工程、线路管道和设备安装工程及装修工程。

《建筑业企业资质管理规定》规定，建筑业企业是指从事土木工程、建筑工程、线路管道设备安装工程的新建、扩建、改建等施工活动的企业。

5.2.2 企业资质的法定条件和等级

工程建设活动不同于一般的经济活动，其从业单位所具备条件的高低直接影响到建设工程质量和安全生产。因此，从事工程建设活动的单位必须符合相应的资质条件。

1. 施工企业资质的法定条件

根据《建筑法》《行政许可法》《建设工程质量管理条例》《建设工程安全生产管理条例》等法律、行政法规，《建筑业企业资质管理规定》中规定，企业应当按照其拥有的资产、主要人员、已完成的工程业绩和技术装备等条件申请建筑业企业资质，经审查合格，取得建筑业企业资质证书后，方可在资质许可的范围内从事建筑施工活动。

（1）有符合规定的净资产

企业资产是指企业拥有或控制的能以货币计量的经济资源，包括各种财产、债权和其他权利。企业净资产是指企业的资产总额减去负债以后的净额。净资产是属于企业所有并可以自由支配的资产，即所有者权益。相对于注册资本而言，它能够更准确地体现企业的经济实力。所有建筑业企业都必须具备基本的责任承担能力。这是法律上权利与义务相一致、利益与风险相一致原则的体现，是维护债权人利益的需要。

以建筑工程施工总承包企业为例，2014 年 11 月住房和城乡建设部经修改后发布的《建筑业企业资质标准》中规定：一级企业净资产 1 亿元以上；二级企业净资产 4000 万元以上；三级企业净资产 800 万元以上。

（2）有符合规定的主要人员

工程建设施工活动是一种专业性、技术性很强的活动。因此，建筑业企业应当拥有注册建造师及其他注册人员、工程技术人员、施工现场管理人员和技术工人。但是，为了简化企业资质考核指标，2016 年 10 月住房和城乡建设部颁发的《关于简化建筑业企业资质标准部分指标的通知》要求，除各类别最低等级资质外，取消关于注册建造师、中级以上职称人员、持有岗位证书的现场管理人员、技术工人的指标考核，取消通信工程施工总承包三级资质标准中关于注册建造师的指标考核。

（3）有符合规定的已完成工程业绩

工程建设施工活动是一项重要的实践活动。有无承担过相应工程的经验及其业绩好坏，是衡量其实际能力和水平的一项重要标准。《关于简化建筑业企业资质标准部分指标的通知》要求，调整建筑工程施工总承包一级及以下资质的建筑面积考核指标。

按照调整后的企业工程业绩考核指标，建筑工程施工总承包的一级企业，近 5 年承担过下列 4 类中的 2 类工程的施工总承包或主体工程承包，工程质量合格：

1）地上 25 层以上的民用建筑工程 1 项或地上 18～24 层的民用建筑工程 2 项。

2）高度 100 米以上的构筑物工程 1 项或高度 80～100m（不含）的构筑物工程 2 项。

3）建筑面积 12 万 m^2 以上的建筑工程 1 项或建筑面积 10 万 m^2 以上的建筑工程 2 项。

4）钢筋混凝土结构单跨 30m 以上（或钢结构单跨 36m 以上）的建筑工程 1 项或钢筋混凝土结构单跨 27～30m（不含）（或钢结构单跨 30～36m（不含））的建筑工程 2 项。

建筑工程施工总承包的二级企业，近 5 年承担过下列 4 类中的 2 类工程的施工总承包或主体工程承包，工程质量合格：

1）地上 12 层以上的民用建筑工程 1 项或地上 8～11 层的民用建筑工程 2 项。

2）高度 50m 以上的构筑物工程 1 项或高度 35～50m（不含）的构筑物工程 2 项。

3）建筑面积 6 万 m^2 以上的建筑工程 1 项或建筑面积 5 万 m^2 以上的建筑工程 2 项。

4）钢筋混凝土结构单跨 21m 以上（或钢结构单跨 24m 以上）的建筑工程 1 项或钢筋混凝土结构单跨 18～21m（不含）（或钢结构单跨 21～24m（不含））的建筑工程 2 项。

建筑工程施工总承包的三级企业不再要求已完成的工程业绩。同时，《关于简化建筑业企业资质标准部分指标的通知》进一步规定，对申请建筑工程、市政公用工程施工总承包特级、一级资质的企业，未进入全国建筑市场监管与诚信信息发布平台的企业业绩，不作为有效业绩认定。

（4）有符合规定的技术装备

随着工程建设机械化程度的不断提高，大跨度、超高层、结构复杂的建设工程越来越多，施工单位必须拥有与其从事施工活动相适应的技术装备。同时，为提高机械设备的使用率和降低施工成本，我国的机械租赁市场发展也很快，许多大中型机械设备都可以采用租赁或融资租赁的方式取得。因此，目前的企业资质标准对技术装备的要求并不多，主要是企业应具有与承包工程范围相适应的施工机械和质量检测设备。

2. 施工企业的资质序列、类别和等级

（1）施工企业的资质序列

《建筑业企业资质管理规定》规定，建筑业企业资质分为施工总承包资质、专业承包资质、施工劳务资质三个序列。

（2）施工企业的资质类别和等级

施工总承包资质、专业承包资质按照工程性质和技术特点分别划分为若干资质类别，各资质类别按照规定的条件划分为若干资质等级。施工劳务资质不分类别与等级。按照《建筑业企业资质标准》的规定，施工总承包资质序列设有12个类别，分别是：建筑工程施工总承包、公路工程施工总承包、铁路工程施工总承包、港口与航道工程施工总承包、水利水电工程施工总承包、电力工程施工总承包、矿山工程施工总承包、冶金工程施工总承包、石油化工工程施工总承包、市政公用工程施工总承包、通信工程施工总承包、机电工程施工总承包。施工总承包资质一般分为4个等级，即特级、一级、二级和三级。

专业承包序列设有36个类别，分别是：地基基础工程专业承包、起重设备安装工程专业承包、预拌混凝土专业承包、电子与智能化工程专业承包、消防设施工程专业承包、防水防腐保温工程专业承包、桥梁工程专业承包、隧道工程专业承包、钢结构工程专业承包、模板脚手架专业承包、建筑装修装饰工程专业承包、建筑机电安装工程专业承包、建筑幕墙工程专业承包、古建筑工程专业承包、城市及道路照明工程专业承包、公路路面工程专业承包、公路路基工程专业承包、公路交通工程专业承包、铁路电务工程专业承包、铁路铺轨架梁工程专业承包、铁路电气化工程专业承包、机场场道工程专业承包、民航空管工程及机场弱电系统工程专业承包、机场目视助航工程专业承包、港口与海岸工程专业承包、航道工程专业承包、通航建筑物工程专业承包、港航设备安装及水上交管工程专业承包、水工金属结构制作与安装工程专业承包、水利水电机电安装工程专业承包、河湖整治工程专业承包、输变电工程专业承包、核工程专业承包、海洋石油工程专业承包、环保工程专业承包、特种工程专业承包。

3. 施工企业的资质许可

（1）施工企业资质管理体制

《建筑业企业资质管理规定》规定：国务院住房城乡建设主管部门负责全国建筑业企业资质的统一监督管理；国务院交通运输、水利、工业信息化等有关部门配合国务院住房城乡建设主管部门实施相关资质类别建筑业企业资质的管理工作；省、自治区、直辖市人民政府住房城乡建设主管部门负责本行政区域内建筑业企业资质的统一监督管理；省、自治区、直辖市人民政府交通运输、水利、通信等有关部门配合同级住房城乡建设主管部门实施本行政区域内相关资质类别建筑业企业资质的管理工作。

企业违法从事建筑活动的，违法行为发生地的县级以上地方人民政府住房城乡建设主管部门或者其他有关部门应当依法查处，并将违法事实、处理结果或者处理建议及时告知该建筑业企业资质的许可机关。

（2）施工企业资质的许可权限

由国务院住房城乡建设主管部门许可的情形包括：

1）施工总承包资质序列特级资质、一级资质及铁路工程施工总承包二级资质。

2）专业承包资质序列公路、水运、水利、铁路、民航方面的专业承包一级资质及铁路、民航方面的专业承包二级资质；涉及多个专业的专业承包一级资质。

建筑业企业资质，由企业工商注册所在地省、自治区、直辖市人民政府住房城乡建设主管部门许可的情形包括：

1）施工总承包资质序列二级资质及铁路、通信工程施工总承包三级资质。

2）专业承包资质序列一级资质（不含公路、水运、水利、铁路、民航方面的专业承包一级资质及涉及多个专业的专业承包一级资质）。

3）专业承包资质序列二级资质（不含铁路、民航方面的专业承包二级资质）；铁路方面专业承包三级资质；特种工程专业承包资质。

下列建筑业企业资质，由企业工商注册所在地设区的市人民政府住房城乡建设主管部门许可：

1）施工总承包资质序列三级资质（不含铁路、通信工程施工总承包三级资质）。

2）专业承包资质序列三级资质（不含铁路方面专业承包资质）及预拌混凝土、模板脚手架专业承包资质。

3）施工劳务资质。

4）燃气燃烧器具安装、维修企业资质。

4. 施工企业资质证书的申请、延续和变更

（1）企业资质的申请

《建筑业企业资质管理规定》规定，企业可以申请一项或多项建筑业企业资质。企业首次申请或增项申请资质，应当申请最低等级资质。

企业申请建筑业企业资质，应当提交以下材料：

1）建筑业企业资质申请表及相应的电子文档。

2）企业营业执照正副本复印件。

3）企业章程复印件。

4）企业资产证明文件复印件。

5）企业主要人员证明文件复印件。

6）企业资质标准要求的技术装备的相应证明文件复印件。

7）企业安全生产条件有关材料复印件。

8）按照国家有关规定应提交的其他材料。

（2）企业资质证书的延续

资质证书有效期为5年。建筑业企业资质证书有效期届满，企业继续从事建筑施工活动的，应当于资质证书有效期届满3个月前，向原资质许可机关提出延续申请。资质许可机关应当在建筑业企业资质证书有效期届满前做出是否准予延续的决定；逾期未做出决定，视为准予延续。

（3）企业资质证书的变更

企业在建筑业资质证书有效期内名称、地址、注册资本、法定代表人等发生变更的，应当在工商部门办理变更手续后1个月内办理资质证书变更手续。由国务院住房城乡建设主管部门颁发的建筑业企业资质证书的变更，企业应当向企业工商注册所在地省、自治区、直辖市人民政府住房城乡建设主管部门提出变更申请，省、自治区、直辖市人民政府住房城乡建设主管部门应当自受理申请之日起2日内将有关变更证明材料报国务院住房城乡建设主管部门，由国务院住房城乡建设主管部门在2日内办理变更手续。

前款规定以外的资质证书的变更，由企业工商注册所在地的省、自治区、直辖市人民政府住房城乡建设主管部门或者设区的市人民政府住房城乡建设主管部门依法另行规定。变更结果应当在资质证书变更后15日内，报国务院住房城乡建设主管部门备案。涉及公路、水运、水利、通信、铁路、民航等方面的建筑业企业资质证书的变更，办理变更手续的住房城乡建设主管部门应当将建筑业企业资质证书变更情况告知同级有关部门。

企业需更换、遗失补办建筑业企业资质证书的，应当持建筑业企业资质证书更换、遗失补办申请等材料向资质许可机关申请办理。资质许可机关应当在2个工作日内办理完毕。企业遗失建筑业企业资质证书的，在申请补办前应当在公众媒体上刊登遗失声明。

企业发生合并、分立、重组以及改制等事项，需承继原建筑业企业资质的，应当申请重新核定建筑业企业资质等级。

（4）不予批准企业资质升级申请和增项申请的规定

企业申请建筑业企业资质升级、资质增项，在申请之日起前1年至资质许可决定做出前，有下列情形之一的，资质许可机关不予批准其建筑业企业资质升级申请和增项申请：

1）超越本企业资质等级或以其他企业的名义承揽工程，或允许其他企业或个人以本企业的名义承揽工程的。

2）与建设单位或企业之间相互串通投标，或以行贿等不正当手段谋取中标的。

3）未取得施工许可证擅自施工的。

4）将承包的工程转包或违法分包的。

5）违反国家工程建设强制性标准施工的。

6）恶意拖欠分包企业工程款或者劳务人员工资的。

7）隐瞒或谎报、拖延报告工程质量安全事故，破坏事故现场、阻碍对事故调查的。

8）按照国家法律、法规和标准规定需要持证上岗的现场管理人员和技术工种作业人员未取得证书上岗的。

9）未依法履行工程质量保修义务或拖延履行保修义务的。

10）伪造、变造、倒卖、出租、出借或者以其他形式非法转让建筑业企业资质证书的。

11）发生过较大以上质量安全事故或者发生过两起以上一般质量安全事故的。

12）其他违反法律、法规的行为。

5. 企业资质证书的撤回、撤销和注销

（1）撤回

取得建筑业企业资质证书的企业，应当保持资产、主要人员、技术装备等方面满足相应建筑业企业资质标准要求的条件。企业不再符合相应建筑业企业资质标准要求条件的，县级以上地方人民政府住房城乡建设主管部门、其他有关部门，应当责令其限期改正并向社会公告，整改期限最长不超过3个月；企业整改期间不得申请建筑业企业资质的升级、增项，不能承揽新的工程；逾期仍未达到建筑业企业资质标准要求条件的，资质许可机关可以撤回其建筑业企业资质证书。

被撤回建筑业企业资质证书的企业，可以在资质被撤回后3个月内，向资质许可机关提出核定低于原等级同类别资质的申请。

（2）撤销

有下列情形之一的，资质许可机关应当撤销建筑业企业资质：

1）资质许可机关工作人员滥用职权、玩忽职守准予资质许可的。

2）超越法定职权准予资质许可的。

3）违反法定程序准予资质许可的。

4）对不符合资质标准条件的申请企业准予资质许可的。

5）依法可以撤销资质许可的其他情形。以欺骗、贿赂等不正当手段取得资质许可的，应当予以撤销。

（3）注销

有下列情形之一的，资质许可机关应当依法注销建筑业企业资质，并向社会公布其建筑业企业资质证书作废，企业应当及时将建筑业企业资质证书交回资质许可机关：

1）资质证书有效期届满，未依法申请延续的。

2）企业依法终止的。

3）资质证书依法被撤回、撤销或吊销的。

4）企业提出注销申请的。

5）法律、法规规定的应当注销建筑业企业资质的其他情形。

5.2.3　企业资质管理的规定

施工单位的资质等级是施工单位人员素质、资金数量、技术装备、管理水平、工程业绩等综合能力的休现，反映了该施工单位从事某项施工活动的资格和能力，是国家对建设市场准入管理的重要手段。为此，我国的法律规定施工单位除应具备企业法人营业执照外，还应取得相应的资质证书，并严格在其资质等级许可的经营范围内从事施工活动。

《建筑法》规定：承包建筑工程的单位应当持有依法取得的资质证书，并在其资质等级许可的业务范围内承揽工程，禁止建筑施工企业超越本企业资质等级许可的业务范围或者以任何形式用其他建筑施工企业的名义承揽工程；禁止建筑施工企业以任何形式允许其他单位或者个人使用本企业的资质证书、营业执照，以本企业的名义承揽工程。

《建设工程质量管理条例》也规定：施工单位应当依法取得相应等级的资质证书，并在其资质等级许可的范围内承揽工程；禁止施工单位超越本单位资质等级许可的业务范围或者以其他施工单位的名义承揽工程；禁止施工单位允许其他单位或者个人以本单位的名义承揽工程。

《建设工程安全生产管理条例》规定，施工单位从事建设工程的新建、扩建、改建和拆除等活动，应当具备国家规定的注册资本、专业技术人员、技术装备和安全生产等条件，依法取得相应等级的资质证书，并在其资质等级许可的范围内承揽工程。

5.2.4　挂靠行为的界定

依据《建筑工程施工转包违法分包等违法行为认定查处管理办法（试行）》的规定，存在下列情形之一的，属于挂靠：

1）没有资质的单位或个人借用其他施工单位的资质承揽工程的。

2）有资质的施工单位相互借用资质承揽工程的，包括资质等级低的借用资质等级高的，资质等级高的借用资质等级低的，相同资质等级相互借用的。

3）专业分包的发包单位不是该工程的施工总承包或专业承包单位的，但建设单位依约作为发包单位的除外。

4）劳务分包的发包单位不是该工程的施工总承包、专业承包单位或专业分包单位的。

5）施工单位在施工现场派驻的项目负责人、技术负责人、质量管理负责人、安全管理负责人中一人以上与施工单位没有订立劳动合同，或没有建立劳动工资或社会养老保险关系的。

6）实际施工总承包单位或专业承包单位与建设单位之间没有工程款收付关系，或者工程款支付凭证上载明的单位与施工合同中载明的承包单位不一致，又不能进行合理解释并提供材料证明的。

7）合同约定由施工总承包单位或专业承包单位负责采购或租赁的主要建筑材料、构配件及工程设备或租赁的施工机械设备，由其他单位或个人采购、租赁，或者施工单位不能提供有关采购、租赁合同及发票等证明，又不能进行合理解释并提供材料证明的。

8）法律法规规定的其他挂靠行为。

5.2.5 违法行为应承担的法律责任

1. 企业申请办理资质违法行为应承担的法律责任

《建筑法》规定，以欺骗手段取得资质证书的，吊销资质证书，处以罚款；构成犯罪的，依法追究刑事责任。《建筑业企业资质管理规定》规定：申请人隐瞒有关情况或者提供虚假材料申请建筑业企业资质的，不予受理或者不予行政许可，并给予警告，申请人在1年内不得再次申请建筑业企业资质；以欺骗、贿赂等不正当手段取得建筑业企业资质证书的，由县级以上地方人民政府建设主管部门或者有关部门给予警告，并依法处以罚款，申请人3年内不得再次申请建筑业企业资质；建筑业企业未按照规定及时办理资质证书变更手续的，由县级以上地方人民政府建设主管部门责令限期办理；逾期不办理的，可处以1000元以上1万元以下的罚款。

2. 无资质承揽工程应承担的法律责任

《建筑法》规定：发包单位将工程发包给不具有相应资质条件的承包单位的，或者违反本法规定将建筑工程肢解发包的，责令改正，处以罚款；未取得资质证书承揽工程的，予以取缔，并处罚款，有违法所得的，予以没收。

《建设工程质量管理条例》进一步规定：建设单位将建设工程发包给不具有相应资质等级的勘察、设计、施工单位或者委托给不具有相应资质等级的工程监理单位的，责令改正，处50万元以上100万元以下的罚款；未取得资质证书承揽工程的，予以取缔，对施工单位处工程合同价款2%以上4%以下的罚款，有违法所得的，予以没收。

《住宅室内装饰装修管理办法》规定，装修人违反本办法规定，将住宅室内装饰装修工程委托给不具有相应资质等级企业的，由城市房地产行政主管部门责令改正，处500元以上1000元以下的罚款。

3. 超越资质等级承揽工程应承担的法律责任

《建筑法》规定：超越本单位资质等级承揽工程的，责令停止违法行为，处以罚款，可以责令停业整顿，降低资质等级；情节严重的，吊销资质证书；有违法所得的，予以没收。《建设工程质量管理条例》进一步规定：勘察、设计、施工、工程监理单位超越本单位资质等级承揽工程的，责令停止违法行为；对施工单位处工程合同价款2%以上4%以下的罚款，可以责令停业整顿，降低资质等级；情节严重的，吊销资质证书；有违法所得的，予以没收。

5.3 执业资格制度

执业资格制度是指对具有一定专业学历和资历并从事特定专业技术活动的专业技术人员，通过考试和注册确定其执业的技术资格，获得相应文件签字权的一种制度。

5.3.1 建设工程专业人员执业资格的准入管理

《建筑法》规定，从事建筑活动的专业技术人员，应当依法取得相应的执业资格证书，并在执业资格证书许可的范围内从事建筑活动。因为建设工程的技术要求比较复杂，建设工程的质量和安全生产直接关系到人身安全及公共财产安全，责任极为重大。因此，对从事建设工程活动的专业技术人员，应当建立起必要的个人执业资格制度；只有依法取得相应执业资格证书的专业技术人员，才能在其执业资格证书许可的范围内从事建设工程活动。

我国对从事建设工程活动的单位实行资质管理制度比较早，较好地从整体上把住了单位的建设市场准入关，但建设工程专业技术人员（即在勘察、设计、施工、监理等专业技术岗位上工作的人员）的个人执业资格的准入制度起步较晚，导致出现了一些高资质的单位承接建设工程，却由低水平人员甚至非专业技术人员来完成的现象，不仅影响了建设工程质量和安全，还影响到投资效益的发挥。因此，实行专业技术人员的执业资格制度，严格执行建设工程相关活动的准入与清出，有利于避免出现上述种种问题，并明确专业技术人员的责、权、利，保证建设工程确实由具有相应资格的专业技术人员主持完成设计、施工、监理等任务。

当前，对从事建筑活动的专业技术人员实行执业资格制度非常必要，主要体现于以下几个方面：

（1）是推进深化我国建筑工程管理体制改革的需要

我国较早就对从事建筑活动的单位实行资质审查制度。这种管理制度虽然从整体上管住了单位的资格，但对专业技术人员的个人技术资格缺乏定量的评定，专业技术人员的责、权、利不明确，常常出现高资质单位承接的任务，由低水平的专业技术人员来完成的现象，影响了建设工程质量和投资效益的提高。实行专业技术人员执业资格制度有利于保证建筑工程由具有相应资格的专业技术人员主持完成设计、施工、监理任务。

（2）是促使我国工程建设领域与国际惯例接轨、适应对外开放的需要

当前，世界大多数发达国家对从事涉及公众生命和财产安全的建筑活动的专业技术人员都制定了严格的执业资格制度，如美国、英国、日本、加拿大等国。建造师执业资格制度1834年起源于英国，迄今已有近180余年的历史。许多发达国家也较早建立了这项制度。随着我国对外开放的不断扩大，我国的专业技术人员走向世界，其他国家和地区的专业技术人员希望进入中国建筑市场，建筑专业技术人员执业资格制度有利于对等互承和管理。

（3）是加速人才培养、提高专业技术人员业务水平和队伍素质的需要

执业资格制度有一套严格的考试、注册办法和继续教育的要求，这种激励机制有利于促进建设工程质量、专业技术人员水平和从业能力的不断提高。

5.3.2 建造师执业资格制度

注册建造师是指通过考核认定或考试合格取得中华人民共和国建造师资格证书，并按照规定注册，取得中华人民共和国建造师注册证书和执业印章，担任施工单位项目负责人及从事相关活动的专业技术人员。未取得注册证书和执业印章的，不得担任大中型建设工程项目的施工单位项目负责人，不得以注册建造师的名义从事相关活动。

《建造师执业资格制度暂行规定》中规定，建造师分为一级建造师和二级建造师。经国务院有关部门同意，获准在中华人民共和国境内从事建设工程项目施工管理的外籍及港、澳、台地区的专业人员，符合本规定要求的，也可报名参加建造师执业资格考试以及申请注册。

一级建造师执业资格考试设"建设工程经济""建设工程法规及相关知识""建设工程项目管理"和"专业工程管理与实务"4个科目。"专业工程管理与实务"科目设置10个专业类别：建筑工程、公路工程、铁路工程、民航机场工程、港口与航道工程、水利水电工程、市政公用工程、通信与广电工程、矿业工程、机电工程。二级建造师执业资格考试设"建设工程施工管理""建设工程法规及相关知识""专业工程管理与实务"3个科目。二级建造师执业资格考试合格者，由省、自治区、直辖市人事部门颁发由人社部、住建部统一格式的"中华人民共和国二级建造师执业资格证书"。按照原人事部办公厅、原建设部办公厅《关于建造师资格考试相关科目专业类别调整有关问题的通知》的规定，二级建造师资格考试"专业工程管理与实务"科目设置6个专业类别：建筑工程、公路工程、水利水电工程、市政公用工程、矿业工程和机电工程。

1. 建造师的注册

2016年9月经修改后颁布的《注册建造师管理规定》中规定：注册建造师实行注册执业管理制度，注册建造师分为一级注册建造师和二级注册建造师；取得资格证书的人员，经过注册方能以注册建造师的名义执业。

（1）申请初始注册、延续注册

住房和城乡建设部或其授权的机构为一级建造师执业资格的注册管理机构。人力资源和社会保障部和各级地方人事部门对建造师执业资格注册和使用情况有检查、监督的责任。取得建造师资格证书的人员申请注册，由省、自治区、直辖市人民政府建设主管部门负责受理和审批，具体审批程序由省、自治区、直辖市人民政府建设主管部门依法确定。

《注册建造师管理规定》规定，取得一级建造师资格证书并受聘于一个建设工程勘察、设计、施工、监理、招标代理、造价咨询等单位的人员，应当通过聘用单位向单位工商注册所在地的省、自治区、直辖市人民政府建设主管部门提出注册申请。

申请初始注册时应当具备以下条件：

1）经考核认定或考试合格取得资格证书。

2）受聘于一个相关单位。

3）达到继续教育要求。

4）没有《注册建造师管理规定》中规定不予注册的情形。

初始注册者，可自资格证书签发之日起 3 年内提出申请；逾期未申请者，须符合本专业继续教育的要求后方可申请初始注册。

申请初始注册需要提交下列材料：

1）注册建造师初始注册申请表。

2）资格证书、学历证书和身份证明复印件。

3）申请人与聘用单位签订的聘用劳动合同复印件或其他有效证明文件。

4）逾期申请初始注册的，应当提供达到继续教育要求的证明材料。

注册证书和执业印章是注册建造师的执业凭证，由注册建造师本人保管、使用。注册证书与执业印章有效期为 3 年。注册有效期满需继续执业的，应当在注册有效期届满 30 日前，按照规定申请延续注册。延续注册的，有效期为 3 年。申请延续注册的，应当提交下列材料：

1）注册建造师延续注册申请表。

2）原注册证书。

3）申请人与聘用单位签订的聘用劳动合同复印件或其他有效证明文件。

4）申请人注册有效期内达到继续教育要求的证明材料。

2008 年 2 月建设部发布的《注册建造师执业管理办法（试行）》规定，注册建造师应当通过企业按规定及时申请办理变更注册、续期注册等相关手续；多专业注册的注册建造师，其中一个专业注册期满仍需以该专业继续执业和以其他专业执业的，应当及时办理续期注册。

（2）变更注册和增加执业专业

《注册建造师管理规定》规定，在注册有效期内，注册建造师变更执业单位，应当与原聘用单位解除劳动关系，并按照规定办理变更注册手续，变更注册后仍延续原注册有效期。申请变更注册的，应当提交下列材料：

1）注册建造师变更注册申请表。

2）注册证书和执业印章。

3）申请人与新聘用单位签订的聘用合同复印件或有效证明文件。

4）工作调动证明（与原聘用单位解除聘用合同或聘用合同到期的证明文件、退休人员的退休证明）。

注册建造师需要增加执业专业的，应当按照规定申请专业增项注册，并提供相应的资格证明。

《注册建造师执业管理办法（试行）》规定：注册建造师变更聘用企业的，应当在与新聘用企业签订聘用合同后的 1 个月内，通过新聘用企业申请办理变更手续；因变更注册申报不及时影响注册建造师执业、导致工程项目出现损失的，由注册建造师所在聘用企业承担责任，并作为不良行为记入企业信用档案。

聘用企业与注册建造师解除劳动关系的，应当及时申请办理注销注册或变更注册。聘用企业与注册建造师解除劳动合同关系后无故不办理注销注册或变更注册的，注册建造师可向省级建设主管部门申请注销注册证书和执业印章。注册建造师要求注销注册或变更注册的，应当提供与原聘用企业解除劳动关系的有效证明材料。建设主管部门经向原聘用企业核实，聘用企业在 7 日内没有提供书面反对意见和相关证明材料的，应予办理注销注册或变更注册。

（3）不予注册和注册证书、执业印章失效及注销

《注册建造师管理规定》规定，申请人有下列情形之一的，不予注册：

1）不具有完全民事行为能力的。

2）申请在两个或者两个以上单位注册的。

3）未达到注册建造师继续教育要求的。

4）受到刑事处罚，刑事处罚尚未执行完毕的。

5）因执业活动受到刑事处罚，自刑事处罚执行完毕之日起至申请注册之日止不满 5 年的。

6）因前项规定以外的原因受到刑事处罚，自处罚决定之日起至申请注册之日止不满 3 年的。

7）被吊销注册证书，自处罚决定之日起至申请注册之日止不满 2 年的。

8）在申请注册之日前 3 年内担任项目经理期间，所负责项目发生过重大质量和安全事故的。

9）申请人的聘用单位不符合注册单位要求的。

10）年龄超过 65 周岁的。

11）法律、法规规定不予注册的其他情形。

注册建造师有下列情形之一的，其注册证书和执业印章失效：

1）聘用单位破产的。

2）聘用单位被吊销营业执照的。

3）聘用单位被吊销或者撤回资质证书的。

4）已与聘用单位解除聘用合同关系的。

5）注册有效期满且未延续注册的。

6）年龄超过 65 周岁的。

7）死亡或不具有完全民事行为能力的。

8）其他导致注册失效的情形。

注册建造师有下列情形之一的，由注册机关办理注销手续，收回注册证书和执业印章或者公告其注册证书和执业印章作废：

1）有以上规定的注册证书和执业印章失效情形发生的。

2）依法被撤销注册的。

3）依法被吊销注册证书的。

4）受到刑事处罚的。

5）法律、法规规定应当注销注册的其他情形。

2. 建造师的继续教育

注册建造师应通过继续教育，掌握工程建设有关法律法规、标准规范，增强职业道德和诚信守法意识，熟悉工程建设项目管理新方法、新技术，总结工作中的经验教训，不断提高综合素质和执业能力。注册建造师按规定参加继续教育，是申请初始注册、延续注册、增项注册和重新注册（以下统称注册）的必要条件。

（1）必修课、选修课的学时和内容

注册一个专业的建造师在每一注册有效期内应参加继续教育不少于 120 学时，其中必修课 60 学时，选修课 60 学时。注册两个及以上专业的，每增加一个专业还应参加所增加专业 60 学时的继续教育，其中必修课 30 学时，选修课 30 学时。

必修课内容包括：①工程建设相关的法律法规和有关政策；②注册建造师职业道德和诚信制度；③建设工程项目管理的新理论、新方法、新技术和新工艺；④建设工程项目管理案例分析。选修课内容包括各省级住房城乡建设主管部门认为二级建造师需要补充的与建设工程项目管理有关的知识。

（2）继续教育的培训单位选择与测试

注册建造师应在企业注册所在地选择中国建造师网公布的培训单位接受继续教育。注册建造师在每一注册有效期内可根据工作需要集中或分年度安排继续教育的学时。培训单位必须确保教学质量，并负责记录学习情况，对学习情况进行测试。测试可采取考试、考核、案例分析、撰写论文、提交报告或参加实际操作等方式。对于完成规定学时并测试合格的，培训单位报各省级住房城乡建设主管部门确认后，发放统一式样的"注册建造师继续教育证书"，加盖培训单位印章。完成规定学时并测试合格后取得的"注册建造师继续教育证书"是建造师申请注册的重要依据。

（3）可充抵继续教育选修课部分学时的规定

注册建造师在每一注册有效期内从事以下工作并取得相应证明的，可充抵继续教育选修课部分学时：

1）参加全国建造师执业资格考试大纲编写及命题工作，每次计 20 学时。

2）从事注册建造师继续教育教材编写工作，每次计 20 学时。

3）在公开发行的省部级期刊上发表有关建设工程项目管理的学术论文的，第一作者每篇计 10 学时；公开出版 5 万字以上专著、教材的，第一、二作者每人计 20 学时。

4）参加建造师继续教育授课工作的按授课学时计算。

每一注册有效期内，充抵继续教育选修课学时累计不得超过 60 学时。

（4）继续教育的方式及参加继续教育的保障

注册建造师继续教育以集中面授为主，同时探索网络教育方式。注册建造师在参加继续教育期间享有国家规定的工资、保险、福利待遇。建筑业企业及勘察、设计、监理、招标代理、造价咨询等用人单位应重视注册建造师继续教育工作，督促其按期接受继续教育。其中，建筑业企业应为从事在建工程项目管理工作的注册建造师提供经费和时间支持。

5.3.3　建造师的执业

1. 建造师的受聘单位

《注册建造师管理规定》中规定：取得资格证书的人员应当受聘于一个具有建设工程勘察、设计、施工、监理、招标代理、造价咨询等一项或者多项资质的单位，经注册后方可从事相应的执业活动；担任施工单位项目负责人的，应当受聘并注册于一个具有施工资质的企业。

2. 建造师执业岗位范围

《建造师执业资格制度暂行规定》中规定，建造师的执业范围包括：①担任建设工程项目施工的项目经理；②从事其他施工活动的管理工作；③法律、行政法规或国务院住建行政主管部门规定的其他业务。

《注册建造师管理规定》规定，注册建造师可以从事建设工程项目总承包管理或施工管理，建设工程项目管理服务，建设工程技术经济咨询，以及法律、行政法规和国务院建设主管部门规定的其他业务。

注册建造师不得同时担任两个及以上建设工程施工项目负责人。发生下列情形之一的除外：

1）同一工程相邻分段发包或分期施工的。

2）合同约定的工程验收合格的。

3）因非承包方原因致使工程项目停工超过 120 天（含），经建设单位同意的。

注册建造师担任施工项目负责人期间原则上不得更换。如发生下列情形之一的，应当办理书面交接手续后更换施工项目负责人：

1）发包方与注册建造师受聘企业已解除承包合同的。

2）发包方同意更换项目负责人的。

3）因不可抗力等特殊情况必须更换项目负责人的。

建设工程合同履行期间变更项目负责人的，企业应当于项目负责人变更 5 个工作日内报住建行政主管部门和有关部门及时进行网上变更。注册建造师担任施工项目负责人，在其承建的建设工程项目竣工验收或移交项目手续办结前，除以上规定的情形外，不得变更注册至另一企业。

5.3.4 建造师的基本权利和义务

1. 建造师的基本权利

《建造师执业资格制度暂行规定》规定，建造师经注册后，有权以建造师名义担任建设工程项目施工的项目经理及从事其他施工活动的管理。

《注册建造师管理规定》进一步规定，注册建造师享有下列权利：

1）使用注册建造师名称。

2）在规定范围内从事执业活动。

3）在本人执业活动中形成的文件上签字并加盖执业印章。

4）保管和使用本人注册证书、执业印章。

5）对本人执业活动进行解释和辩护。

6）接受继续教育。

7）获得相应的劳动报酬。

8）对侵犯本人权利的行为进行申述。

建设工程施工活动中形成的有关工程施工管理文件，应当由注册建造师签字并加盖执业印章。施工单位签署质量合格的文件上，必须有注册建造师的签字盖章。

《注册建造师管理规定》规定，担任建设工程施工项目负责人的注册建造师，应当按《关于印发〈注册建造师施工管理签章文件目录（试行）〉的通知》和配套表格要求，在建设工程施工管理相关文件上签字并加盖执业印章，签章文件作为工程竣工备案的依据。注册建造师签章完整的工程施工管理文件方为有效。注册建造师有权拒绝在不合格或者有弄虚作假内容的建设工程施工管理文件上签字并加盖执业印章。

　　建设工程合同包含多个专业工程的，担任施工项目负责人的注册建造师，负责该工程施工管理文件签章。专业工程独立发包时，注册建造师执业范围涵盖该专业工程的，可担任该专业工程施工项目负责人。分包工程施工管理文件应当由分包企业注册建造师签章。分包企业签署质量合格的文件上，必须由担任总包项目负责人的注册建造师签章。修改注册建造师签字并加盖执业印章的工程施工管理文件，应当征得所在企业同意。

　　2. 建造师的基本义务

　　《建造师执业资格制度暂行规定》规定：建造师在工作中，必须严格遵守法律、法规和行业管理的各项规定，恪守职业道德；建造师必须接受继续教育，更新知识，不断提高业务水平。《注册建造师管理规定》规定，注册建造师应当履行下列义务：

　　1）遵守法律、法规和有关管理规定，恪守职业道德。

　　2）执行技术标准、规范和规程。

　　3）保证执业成果的质量，并承担相应责任。

　　4）接受继续教育，努力提高执业水准。

　　5）保守在执业中知悉的国家秘密和他人的商业、技术等秘密。

　　6）与当事人有利害关系的，应当主动回避。

　　7）协助注册管理机关完成相关工作。

　　担任建设工程施工项目负责人的注册建造师在执业过程中，应当及时、独立完成建设工程施工管理文件签章，无正当理由不得拒绝在文件上签字并加盖执业印章。担任施工项目负责人的注册建造师应当按照国家法律法规、工程建设强制性标准组织施工，保证工程施工符合国家有关质量、安全、环保、节能等有关规定。担任施工项目负责人的注册建造师，应当按照国家劳动用工有关规定，规范项目劳动用主管理，切实保障劳务人员合法权益。担任建设工程施工项目负责人的注册建造师对其签署的工程管理文件承担相应责任。建设工程发生质量、安全、环境事故时，担任该施工项目负责人的注册建造师应当按照有关法律、法规规定的事故处理程序及时向企业报告，并保护事故现场，不得隐瞒。

5.3.5　注册建造师不良行为记录的认定标准

　　《注册建造师执业管理办法（试行）》规定，注册建造师有下列行为之一，经有关监督部门确认后由工程所在地建设主管部门或有关部门记入注册建造师执业信用档案：

　　1）《注册建造师执业管理办法（试行）》第二十二条规定的建造师不得有的行为。

　　2）未履行注册建造师职责造成质量、安全、环境事故的。

　　3）泄露商业秘密的。

　　4）无正当理由拒绝或未及时签字盖章的。

　　5）未按要求提供注册建造师信用档案信息的。

　　6）未履行注册建造师职责造成不良社会影响的。

　　7）未履行注册建造师职责导致项目未能及时交付使用的。

　　8）不配合办理交接手续的。

　　9）不积极配合有关部门监督检查的。

　　注册建造师不得有下列行为：

1）不按设计图施工。

2）使用不合格建筑材料。

3）使用不合格设备、建筑构配件。

4）违反工程质量、安全、环保和用工方面的规定。

5）在执业过程中，索贿、行贿、受贿或者谋取合同约定费用外的其他不法利益。

6）签署弄虚作假或在不合格文件上签章的。

7）以他人名义或允许他人以自己的名义从事执业活动。

8）同时在两个或者两个以上企业受聘并执业。

9）超出执业范围和聘用企业业务范围从事执业活动。

10）未变更注册单位，而在另一家企业从事执业活动。

11）所负责工程未办理竣工验收或移交手续前，变更注册到另一企业。

12）伪造、涂改、倒卖、出租、出借或以其他形式非法转让资格证书、注册证书和执业印章。

13）不履行注册建造师义务和法律、法规、规章禁止的其他行为。

《注册建造师管理规定》规定，注册建造师或者其聘用单位未按照要求提供注册建造师信用档案信息的，由县级以上地方人民政府建设主管部门或者其他有关部门责令限期改正；逾期未改正的，可处以 1000 元以上 1 万元以下的罚款。

5.3.6 法律责任

1. 注册违法行为的法律责任

《注册建造师管理规定》规定，隐瞒有关情况或者提供虚假材料申请注册的，建设主管部门不予受理或者不予注册，并给予警告，申请人 1 年内不得再次申请注册。

以欺骗、贿赂等不正当手段取得注册证书的，由注册机关撤销其注册，3 年内不得再次申请注册，并由县级以上地方人民政府建设主管部门处以罚款。其中没有违法所得的，处以 1 万元以下的罚款；有违法所得的，处以违法所得 3 倍以下且不超过 3 万元的罚款。

聘用单位为申请人提供虚假注册材料的，由县级以上地方人民政府建设主管部门或者其他有关部门给予警告，责令限期改正；逾期未改正的，可处以 1 万元以上 3 万元以下的罚款。

2. 建造师继续教育违法行为的法律责任

注册建造师应按规定参加继续教育，接受培训测试，不参加继续教育或继续教育不合格的不予注册。

对于采取弄虚作假等手段取得"注册建造师继续教育证书"的，一经发现，立即取消其继续教育记录，并记入不良信用记录，对社会公布。

3. 无证或未办理变更注册执业的法律责任

《注册建造师管理规定》规定，未取得注册证书和执业印章，担任大中型建设工程项目施工单位项目负责人，或者以注册建造师的名义从事相关活动的，其所签署的工程文件无效，由县级以上地方人民政府建设主管部门或者其他有关部门给予警告，责令停止违法活动，并可处以 1 万元以上 3 万元以下的罚款。

未办理变更注册而继续执业的，由县级以上地方人民政府建设主管部门或者其他有关部门责令限期改正，逾期不改正的，可处以 5000 元以下的罚款。

4. 建造师执业活动中违法行为的法律责任

《注册建造师管理规定》规定，注册建造师在执业活动中有下列行为之一的，由县级以上地方人民政府建设主管部门或者其他有关部门给予警告，责令改正，没有违法所得的，处以 1 万元以下的罚款；有违法所得的，处以违法所得 3 倍以下且不超过 3 万元的罚款：

1）不履行注册建造师义务。

2）在执业过程中，索贿、受贿或者谋取合同约定费用外的其他利益。

3）在执业过程中实施商业贿赂。

4）签署有虚假记载等不合格的文件。

5）允许他人以自己名义从事执业活动。

6）同时在两个或者两个以上单位受聘或者执业。

7）涂改、倒卖、出租、出借或以其他形式非法转让资格证书、注册证书和执业印章。

8）超出执业范围和聘用单位业务范围内从事执业活动。

9）法律、法规、规章禁止的其他行为。

5. 未提供注册建造师信用档案信息应承担的法律责任

《注册建造师管理规定》规定，注册建造师或者其聘用单位未按照要求提供注册建造师信用档案信息的，由县级以上地方人民政府建设主管部门或者其他有关部门责令限期改正；逾期未改正的，可处以 1000 元以上 1 万元以下的罚款。

6. 注册执业人员质量责任

对注册执业人员未执行法律法规的，依据《建设工程安全生产管理条例》第五十八条规定，责令其停止执业 3 个月以上 1 年以下；情节严重的，吊销执业资格证书，5 年内不予注册；造成重大安全事故的，终身不予注册；构成犯罪的，依照刑法有关规定追究刑事责任。对注册执业人员违反法律法规规定，因过错造成质量事故的，依据《建设工程质量管理条例》第七十二条规定，责令停止执业 1 年；造成重大质量事故的，吊销执业资格证书，5 年内不予注册；情节特别恶劣的，终身不予注册。

依据《建筑工程施工转包违法分包等违法行为认定查处管理办法（试行）》，注册执业人员未执行法律法规，在认定有转包行为的项目中担任施工单位项目负责人的，吊销其执业资格证书，5 年内不予注册，且不得再担任施工单位项目负责人。对认定有挂靠行为的个人，不得再担任该项目施工单位项目负责人；有执业资格证书的吊销其执业资格证书，5 年内不予执业资格注册；造成重大质量安全事故的，吊销其执业资格证书，终身不予注册。

5.4 案例分析

5.4.1 案例 1

1. 案情

杨某以建设劳务公司的名义与 A 公司签订合同，从 A 公司处分包取得某工程劳务部分。签订合同后，由杨某等人组织人员进行实际施工，段某为涉案工程劳务人员。工程结束后，

A 公司与建设劳务公司曾因工程款的问题发生争议并诉至法院。后因劳务费问题，段某将建设劳务公司诉至法院。建设劳务公司辩称，其与段某之间不存在劳务合同关系。

法院经审理认为，杨某为涉案工程实际施工人，他借用建设劳务公司资质承揽涉案工程，建设劳务公司与实际施工人杨某之间形成挂靠关系。段某在涉案工程中提供劳务，建设劳务公司作为被挂靠人，应对段某的劳务费承担连带给付责任。法院判处建设劳务公司给付段某劳务费 1.78 万元。

2. 案例评析

承揽建设工程的过程中，存在不具有资质的组织或个人以有资质公司的名义承揽工程的情形。此时，除实际施工人外，劳动者还可要求被挂靠公司支付劳动报酬。我国法律明确禁止将建设工程转包和向不具备资质的单位分包，但非法转包等现象在现实中屡禁不绝，劳动者要注意保留证据，用法律的武器维护自身权益。

5.4.2 案例 2

1. 案情

某商品住宅工程建筑面积 96953m²，由 A 开发公司开发，施工总承包单位为 B 工程公司，施工合同价款为 12768 万元。该工程于 2015 年 6 月 5 日开工。

当地住房城乡建设主管部门接到上级住房城乡建设主管部门转来举报人反映该工程涉嫌存在违法违规问题的转办材料，随即进行了调查。经调查发现：B 公司授权委托的第五分公司经理甲承认，乙于春节后主动找上门，以交 1.5% 管理费的名义由乙承揽该工程，乙是实际施工人；B 公司未与乙签订劳务合同，未帮其缴纳社保。甲提供了内部承包合同、B 公司转账给乙的凭证、乙支付有关设备材料的租赁采购费用的明细。当地住房城乡建设主管部门责令 B 公司改正出借资质行为，并处以已完工的工程合同价款 3078 万元的 2% 的罚款，共计 615600 元。

2. 案例评析

B 公司的行为适用《建筑工程施工转包违法分包等违法行为认定查处管理办法（试行）》第十一条第（一）项"没有资质的单位或个人借用其他施工单位的资质承揽工程的"和第（七）项"合同约定由施工总承包单位或专业承包单位负责采购或租赁的主要建筑材料、构配件及工程设备或租赁的施工机械设备，由其他单位或个人采购、租赁，或者施工单位不能提供有关采购、租赁合同及发票等证明，又不能进行合理解释并提供材料证明的"情形。

依据《建筑法》第六十六条，建筑施工企业转让、出借资质证书或者以其他方式允许他人以本企业的名义承揽工程的，责令改正，没收违法所得，并处罚款，可以责令停业整顿，降低资质等级；情节严重的，吊销资质证书。

依据《建设工程质量管理条例》第六十一条，勘察、设计、施工、工程监理单位允许其他单位或者个人以本单位名义承揽工程的，责令改正，没收违法所得，对施工单位处工程合同价款 2% 以上 4% 以下的罚款；可以责令停业整顿，降低资质等级；情节严重的，吊销资质证书。

5.4.3 案例 3

1. 案情

某商品住宅工程建筑面积 31870m²，由 A 开发公司开发，工程合同款 2966 万元，施工总承包单位为 B 工程公司，项目经理甲。因该项目施工过程中存在设计变更，B 公司多次要求追加工程款，但 A 公司认为已超付，由此产生结算纠纷。2014 年 9 月 17 日，当地住房城乡建设主管部门在协调处理该工程的结算纠纷时发现，B 公司涉嫌将工程转包给乙，随即开始立案调查。此时工程已竣工验收合格。

经调查：B 公司授权委托的项目经理甲承认，B 公司于 2009 年 11 月 26 日与乙签订了工程施工内部承包管理责任合同，以包工包料、包工期、包质量、包安全的方式承包工程。转包当事人乙承认，交纳履约保证金 200 万元、农民工工资保证金 60 万元，以包工包料、包工期、包质量、包安全的方式承包工程，建筑面积 31870m²，合同价款约 2966 万元；乙承认与 B 公司没有签订劳动合同，B 公司没有为乙缴纳社会劳动保险；乙承认 B 公司把工人工资款和材料款等转到乙个人账户后，再由乙全部转到工程项目部财务管理员丙的个人账户上，最后由丙支付工人工资和材料款。行政主管部门对 B 公司转包行为，处以工程合同价款 0.5% 的罚款，共计 148300 元。

2. 案例评析

B 公司的行为适用《建筑工程施工转包违法分包等违法行为认定查处管理办法（试行）》第七条第（一）项"施工单位将其承包的全部工程转给其他单位或个人施工的"情形。依据《建筑法》第六十七条，承包单位将承包的工程转包的，或者违反本法规定进行分包的，责令改正，没收违法所得，并处罚款，可以责令停业整顿，降低资质等级；情节严重的，吊销资质证书。依据《建设工程质量管理条例》第六十二条，承包单位将承包的工程转包或者违法分包的，责令改正，没收违法所得，对施工单位处合同价款 0.5% 以上 1%以下的罚款；可以责令停业整顿，降低资质等级；情节严重的，吊销资质证书。

第 6 章

建设工程发包承包制度

6.1 建设工程招标投标制度

6.1.1 招标投标的概念与特点

招标投标是指业主事先提供工程发包、货物或服务采购的条件和要求（即提出标的），邀请众多投标人参加投标并按照规定程序从中选择交易对象的一种市场交易行为。买方设定以功能、质量、期限、价格为主的标的，约请若干卖方通过投标进行竞争，买方从中选择优胜者并与其达成交易协议，随后按合同实现标的。建筑产品也是商品，工程项目的建设以招标投标的方式选择实施单位，运用竞争机制来体现价值规律的科学管理模式。

工程招标是指招标人用招标文件将委托的工作内容和要求告之投标人，让他们按规定条件提出实施计划和价格，然后通过评审比较选出信誉可靠、技术能力强、管理水平高、报价合理的可信赖单位（设计单位、监理单位、施工单位、供货单位），以合同形式委托其完成。工程投标是指各投标人依据自身能力和管理水平，按照招标文件规定的统一要求递交投标文件，争取获得实施资格。属于要约和承诺特殊表现形式的招标与投标是合同的形成过程，招标人与中标人签订明确双方权利义务的合同。

从采购交易过程来看，招标投标必然包括招标和投标两个最基本的环节，前者是招标人以一定的方式邀请不特定或一定数量的自然人、法人其他组织投标，后者是投标人响应招标人的要求参加投标竞争。没有招标就不会有供应商、承包商、设计单位、监理单位、施工单位的投标；没有投标，采购人的招标就无法得到响应，也就没有开标、评标、定标和合同签订及履行等。在世界各国和有关国际组织的招标采购法律规则中，尽管大都只称招标，但无不对投标做出相应的规定和约束。因此，招标与投标是一对相互对应范畴，无论叫招标投标还是招标，都是内涵和外延一致的概念。

招标投标具有以下特点。

1. 程序规范

按照 2017 年 12 月修正的《招标投标法》与 2011 年 12 月公布的《招标投标法实施条

例》的规定，招标投标双方之间具有法律效力的规则一般不能随意改变。当事人双方必须严格按既定程序和条件进行招标活动。招标投标程序由招标人和招标机构组织实施。

2. 透明度高

招标是在尽可能大的范围内寻找合乎要求的中标者，一般情况下，邀请供应商或承包商的参与是无限制的。为此，公开招标时，招标人要在指定或选定的报刊或其他媒体上刊登招标通告，让所有潜在的投标人参加投标；提供给供应商或承包商的招标文件必须对拟采购的货物、工程或服务做出详细的说明，使投标人有共同的依据来编写投标文件；招标人事先在招标文件中规定评标标准；在提交投标文件的最后截止日公开地开标；严格禁止招标人与投标人就投标文件的实质内容单独谈判。这样，招标投标活动完全置于公开的社会监督之下，可以防止不正当的交易行为。

3. 公平、客观

招标投标全过程自始至终按照事先程序和条件，本着公平竞争的原则进行。在招标公告或投标邀请书发出后，任何有能力或资格的投标者均可参加投标。招标人不得有任何歧视某一个投标人的行为。同样，评标委员会在组织评标时也必须公平客观地对待每一个投标人。

4. 交易双方一次报价成交

一般交易往往在进行多次谈判之后才能成交。招标采购则不同，禁止交易双方面对面地讨价还价。贸易主动权掌握在招标人手中，投标人只能应邀进行一次性报价，并以合理的价格定标。

基于以上特点，招标投标对于获取最大限度的竞争，使参与投标的供应商和承包商获得公平、公正的待遇，以及提高公共采购的透明度和客观性，促进采购资金的节约和采购效益的最大化，杜绝腐败和滥用职权，都具有至为重要的作用。

6.1.2 有关招标投标的法律规定

1. 建设工程必须招标的范围

《招标投标法》规定，在中华人民共和国境内进行下列工程建设项目包括项目的勘察、设计、施工、监理以及与工程建设有关的重要设备、材料等的采购，必须进行招标：

1）大型基础设施、公用事业等关系社会公共利益、公众安全的项目。

2）全部或者部分使用国有资金投资或者国家融资的项目。

3）使用国际组织或者外国政府贷款、援助资金的项目。

《招标投标法实施条例》规定，工程建设项目，是指工程以及与工程建设有关的货物、服务。

工程是指建设工程，包括建筑物和构筑物的新建、改建、扩建及其相关的装修、拆除、修缮等；与工程建设有关的货物是指构成工程不可分割的组成部分，且为实现工程基本功能所必需的设备、材料等；与工程建设有关的服务是指为完成工程所需的勘察、设计、监理等服务。

任何单位和个人不得将必须进行招标的项目化整为零或者以其他任何方式规避招标。如果发生此类情况，有权责令改正，可以暂停项目执行或者暂停资金拨付，并对单位负责人或其他直接责任人依法给予行政处分或纪律处分。

2018 年 3 月发布的《必须招标的工程项目规定》（国家发展改革委令第 16 号）在工程

项目招标方面有以下两方面作用：

1）缩小了必须招标项目的范围。从使用资金性质看，将《招标投标法》第三条中规定的"全部或者部分使用国有资金或者国家融资的项目"，明确为使用预算资金200万元人民币以上，并且该资金占投资额10%以上的项目，以及使用国有企业事业单位资金，并且该资金占控股或者主导地位的项目。从具体项目范围看，授权国务院发展改革部门会同国务院有关部门按照确有必要、严格限定的原则，制定必须招标的大型基础设施、公用事业等关系社会公共利益、公众安全的项目的具体范围，报国务院批准。

2）提高了必须招标项目的规模标准。根据经济社会发展水平，将施工的招标限额提高到400万元人民币，将重要设备、材料等货物采购的招标限额提高到200万元人民币，将勘察、设计、监理等服务采购的招标限额提高到100万元人民币。明确全国执行统一的规模标准，全国适用统一规则，各地不得另行调整。

涉及国家安全、国家秘密、抢险救灾或者属于利用扶贫资金实行以工代赈、需要使用农民工等特殊情况，不适宜进行招标的项目，按照国家有关规定可以不进行招标。此外，有下列情形之一的，可以不进行招标：

1）需要采用不可替代的专利或者专有技术。

2）采购人依法能够自行建设、生产或者提供。

3）已通过招标方式选定的特许经营项目投资人依法能够自行建设、生产或者提供。

4）需要向原中标人采购工程、货物或者服务，否则将影响施工或者功能配套要求。

5）国家规定的其他特殊情形。

2014年8月经修改后公布的《中华人民共和国政府采购法》（以下简称《政府采购法》）规定，政府采购工程进行招标投标的，适用《招标投标法》。2015年1月颁布的《政府采购法实施条例》规定，政府采购工程依法不进行招标的，应当依照《政府采购法》和该条例规定的竞争性谈判或者单一来源采购方式采购。2013年12月财政部颁发的《政府采购非招标采购方式管理办法》规定：竞争性谈判是指谈判小组与符合资格条件的供应商就采购货物、工程和服务事宜进行谈判，供应商按照谈判文件的要求提交响应文件和最后报价，采购人从谈判小组提出的成交候选人中确定成交供应商的采购方式；单一来源采购是指采购人从某一特定供应商处采购货物、工程和服务的采购方式。《国务院办公厅关于促进建筑业持续健康发展的意见》（国办发〔2017〕19号）中规定：在民间投资的房屋建筑工程中，探索由建设单位自主决定发包方式；对依法通过竞争性谈判或单一来源方式确定供应商的政府采购工程建设项目，符合相应条件的应当颁发施工许可证。

2. 对招标项目的要求

工程项目的建设应当按照建设管理程序进行。招标项目按照国家有关规定需要履行项目审批手续的，应当先履行审批手续取得批准。当工程项目的准备情况满足招标条件时，招标单位应向建设行政主管部门提出申请。为了保证工程项目的建设符合国家或地方总体发展规划，以及能使招标后工作顺利进行，不同标的的招标均需满足相应的条件。依据2018年9月28日住房和城乡建设部修改发布的《房屋建筑和市政基础设施工程施工招标投标管理办法》的规定，工程施工招标应当具备下列条件：

1）按照国家有关规定需要履行项目审批手续的，已经履行审批手续。

2）工程资金或者资金来源已经落实。

3）有满足施工招标需要的设计文件及其他技术资料。

4）法律、法规、规章规定的其他条件。

利用招标方式选择承包单位属于招标单位自主的市场行为，因此，招标人具有编制招标文件和组织评标能力的，可以自行办理招标事宜，向有关行政监督部门进行备案即可，任何单位和个人不得强制其委托招标代理机构办理招标事宜。

3. 对招标有关文件的要求

招标人有权依据工程项目特点编写与招标有关的各类文件，但内容不得违反法律规范的相关规定。建设行政主管部门核查的内容主要包括：

（1）对投标人资格审查文件的核查

1）不得以不合理条件限制或排斥潜在投标人。为了使招标人能在较广泛范围内优选最佳投标人，以及维护投标人进行平等竞争的合法权益，不允许在资格审查文件中以任何方式限制或排斥本地区、本系统以外的法人或其他组织参与投标。

2）不得对潜在投标人实行歧视待遇。为了维护招标投标的公平、公正，不允许在资格审查标准中针对外地区或外系统投标人设立压低分数的条件。

3）不得强制投标人组成联合体投标。以何种方式参与投标竞争是投标人的自主行为，他可以选择单独投标，也可以作为联合体成员与其他人共同投标，但不允许既参加联合体又单独投标。

招标人有下列行为之一的，属于以不合理条件限制、排斥潜在投标人或者投标人。

1）就同一招标项目向潜在投标人或者投标人提供有差别的项目信息。

2）设定的资格、技术、商务条件与招标项目的具体特点和实际需要不相适应或者与合同履行无关。

3）依法必须进行招标的项目以特定行政区域或者特定行业的业绩、奖项作为加分条件或者中标条件。

4）对潜在投标人或者投标人采取不同的资格审查或者评标标准。

5）限定或者指定特定的专利、商标、品牌、原产地或者供应商。

6）依法必须进行招标的项目非法限定潜在投标人或者投标人的所有制形式或者组织形式。

7）以其他不合理条件限制、排斥潜在投标人或者投标人。招标人不得组织单个或者部分潜在投标人踏勘项目现场。

（2）对开标、评标和定标活动的监督

建设行政主管部门派员参加开标、评标、定标的活动，监督招标人按法定程序选择中标人。所派人员不作为评标委员会的成员，也不得以任何形式影响或干涉招标人依法选择中标人的活动。

（3）查处招标投标活动中的违法行为

《招标投标法》明确规定，有关行政监督部门依法查处招标投标活动中的违法行为。视情节和对招标的影响程度，承担后果责任的形式可以为：判定招标无效，责令改正后重新招标；对单位负责人或其他直接责任者给予行政或纪律处分；没收非法所得，并处以罚款；构成犯罪的，依法追究刑事责任。

6.1.3 投标要求

1. 投标人的规定

投标人应当具备承担招标项目的能力；国家有关规定对投标人资格条件或者招标文件对投标人资格条件有规定的，投标人应当具备规定的资格条件。投标人参加依法必须进行招标的项目的投标，不受地区或者部门的限制，任何单位和个人不得非法干涉。与招标人存在利害关系可能影响招标公正性的法人、其他组织或者个人，不得参加投标。单位负责人为同一人或者存在控股、管理关系的不同单位，不得参加同一标段投标或者未划分标段的同一招标项目投标。

投标人发生合并、分立、破产等重大变化的，应当及时书面告知招标人。投标人不再具备资格预审文件、招标文件规定的资格条件或者其投标影响招标公正性的，其投标无效。

2. 投标文件的修改与撤回

投标人在招标文件要求提交投标文件的截止时间前，可以补充、修改或者撤回已提交的投标文件，并书面通知招标人。补充、修改的内容为投标文件的组成部分。投标人撤回已提交的投标文件，应当在投标截止时间前书面通知招标人。

3. 投标文件的送达与签收

投标人应当在招标文件要求提交投标文件的截止时间前，将投标文件送达投标地点。招标人收到投标文件后，应当签收保存，不得开启。投标人少于3个的，招标人应当依法重新招标。在招标文件要求提交投标文件的截止时间后送达的投标文件，招标人应当拒收。

未通过资格预审的申请人提交的投标文件，以及逾期送达或者不按照招标文件要求密封的投标文件，招标人应当拒收。招标人应当如实记载投标文件的送达时间和密封情况，并存档备查。

4. 投标保证金

招标人在招标文件中要求投标人提交投标保证金的，投标保证金不得超过招标项目估算价的2%。投标保证金有效期应当与投标有效期一致。

投标人撤回已提交的投标文件，应当在投标截止时间前书面通知招标人。招标人已收取投标保证金的，应当自收到投标人书面撤回通知之日起5日内退还。投标截止后投标人撤销投标文件的，招标人可以不退还投标保证金。招标人最迟应当在书面合同签订后5日内向中标人和未中标的投标人退还投标保证金及银行同期存款利息。

5. 串通投标的规定

禁止投标人相互串通投标。有下列情形之一的，属于投标人相互串通投标：

1）投标人之间协商投标报价等投标文件的实质性内容。
2）投标人之间约定中标人。
3）投标人之间约定部分投标人放弃投标或者中标。
4）属于同一集团、协会、商会等组织成员的投标人按照该组织要求协同投标。
5）投标人之间为谋取中标或者排斥特定投标人而采取的其他联合行动。

有下列情形之一的，视为投标人相互串通投标：

1）不同投标人的投标文件由同一单位或者个人编制。
2）不同投标人委托同一单位或者个人办理投标事宜。

3）不同投标人的投标文件载明的项目管理成员为同一人。

4）不同投标人的投标文件异常一致或者投标报价呈规律性差异。

5）不同投标人的投标文件相互混装。

6）不同投标人的投标保证金从同一单位或者个人的账户转出。

禁止招标人与投标人串通投标。有下列情形之一的，属于招标人与投标人串通投标：

1）招标人在开标前开启投标文件并将有关信息泄露给其他投标人。

2）招标人直接或者间接向投标人泄露标底、评标委员会成员等信息。

3）招标人明示或者暗示投标人压低或者抬高投标报价。

4）招标人授意投标人撤换、修改投标文件。

5）招标人明示或者暗示投标人为特定投标人中标提供方便。

6）招标人与投标人为谋求特定投标人中标而采取的其他串通行为。

6. 联合体投标的规定

两个及以上法人或者其他组织可以组成一个联合体，以一个投标人的身份共同投标。联合体各方均应当具备承担招标项目的相应能力；国家有关规定或者招标文件对投标人资格条件有规定的，联合体各方均应当具备规定的相应资格条件。

由同一专业的单位组成的联合体，按照资质等级较低的单位确定资质等级。联合体各方应当签订共同投标协议，明确约定各方拟承担的工作和责任，并将共同投标协议连同投标文件一并提交招标人。联合体中标的，联合体各方应当共同与招标人签订合同，就中标项目向招标人承担连带责任。

招标人接受联合体投标并进行资格预审的，联合体应当在提交资格预审申请文件前组成。资格预审后联合体增减、更换成员的，其投标无效。联合体各方在同一招标项目中以自己名义单独投标或者参加其他联合体投标的，相关投标均无效。

7. 中标的法定要求

依法必须进行招标的项目，招标人应当自收到评标报告之日起 3 日内公示中标候选人，公示期不得少于 3 日。投标人或者其他利害关系人对依法必须进行招标的项目的评标结果有异议的，应当在中标候选人公示期间提出。招标人应当自收到异议之日起 3 日内做出答复；做出答复前，应当暂停招标投标活动。

招标人根据评标委员会提出的书面评标报告和推荐的中标候选人确定中标人。招标人也可以授权评标委员会直接确定中标人。中标人的投标应当符合下列条件之一：

1）能够最大限度地满足招标文件中规定的各项综合评价标准。

2）能够满足招标文件的实质性要求，并且经评审的投标价格最低，但是投标价格低于成本的除外。

在确定中标人前，招标人不得与投标人就投标价格、投标方案等实质性内容进行谈判。

国有资金占控股或者主导地位的依法必须进行招标的项目，招标人应当确定排名第一的中标候选人为中标人。

8. 履约保证金

《招标投标法》规定，招标文件要求中标人提交履约保证金的，中标人应当提交。《招标投标法实施条例》规定：履约保证金不得超过中标合同金额的 10% ；中标人应当按照合同约定履行义务，完成中标项目。

9. 招标投标投诉与处理

投标人或者其他利害关系人认为招标投标活动不符合法律、行政法规规定的，可以自知道或者应当知道之日起 10 日内向有关行政监督部门投诉。投诉应当有明确的请求和必要的证明材料。但是，对资格预审文件、招标文件、开标以及对依法必须进行招标项目的评标结果有异议的，应当依法先向招标人提出异议，异议答复期间不计算在以上规定的期限内。

投诉人就同一事项向两个以上有权受理的行政监督部门投诉的，由最先收到投诉的行政监督部门负责处理。行政监督部门应当自收到投诉之日起 3 个工作日内决定是否受理投诉，并自受理投诉之日起 30 个工作日内做出书面处理决定；需要检验、检测、鉴定、专家评审的，所需时间不计算在内。投诉人捏造事实、伪造材料或者以非法手段取得证明材料进行投诉的，行政监督部门应当予以驳回。

6.1.4 招标方式与形式

1. 招标方式

为了规范招标投标活动，保护国家利益和社会公共利益以及招标投标活动当事人的合法权益，《招标投标法》规定招标方式分为公开招标和邀请招标两类。只有不属于法规规定必须招标的项目才可以采用直接委托方式，如涉及国家安全、国家秘密、抢险救灾，利用扶贫资金以工代赈、需要使用农民工的特殊情况，以及低于国家规定必须招标标准的小型工程或标的较小的改扩建工程。

（1）公开招标

招标人通过报刊、信息网络或其他媒介等新闻媒体发布招标公告，凡具备相应资质符合招标条件的法人或其他组织不受地域和行业限制均可申请投标。公开招标的优点是，招标人可以在较广的范围内选择中标人，投标竞争激烈有利于将工程项目的建设交予可靠的中标人实施并取得有竞争性的报价。但其难点是，由于申请投标人数量较多，一般要设置资格预审程序，而且评标的工作量也较大，所需招标时间长、费用高。

（2）邀请招标

招标人向预先选择的若干家具备承担招标项目能力、资信良好的特定法人或其他组织发出投标邀请，邀请对象的数目以 5 ~ 7 家为宜，不应少于 3 家。被邀请人同意参加投标后，从招标人处获取招标文件，按规定要求进行投标报价。邀请招标的优点是，不需要发布招标公告和设置资格预审程序，节约招标费用和节省时间；由于对投标人以往的业绩和履约能力比较了解，减小了合同履行过程中承包方违约的风险。为了体现公平竞争和便于招标人选择综合能力最强的投标人中标，仍要求在投标书内报送表明投标人资质能力的有关证明材料，作为评标时的评审内容之一（通常称为资格后审）。邀请招标的缺点是，由于邀请范围较小选择面窄，可能失去了某些在技术或报价上有竞争实力的潜在投标人，因此投标竞争的激烈程度相对较差。《招标投标法》规定，国务院发展计划部门确定的国家重点项目和省、自治区、直辖市人民政府确定的地方重点项目不适宜公开招标时，经国务院发展计划部门或省、自治区、直辖市人民政府批准可以进行邀请招标。

《招标投标法实施条例》规定，国有资金占控股或者主导地位的依法必须进行招标的项目，应当公开招标；但有下列情形之一的，可以邀请招标：

1）技术复杂、有特殊要求或者受自然环境限制，只有少量潜在投标人可供选择。

2）采用公开招标方式的费用占项目合同金额的比例过大。

2. 总承包招标

《招标投标法实施条例》规定：招标人可以依法对工程以及与工程建设有关的货物、服务全部或者部分实行总承包招标；以暂估价形式包括在总承包范围内的工程、货物、服务属于依法必须进行招标的项目范围且达到国家规定规模标准的，应当依法进行招标；以上所称暂估价，是指总承包招标时不能确定价格而由招标人在招标文件中暂时估定的工程、货物、服务的金额。

3. 两阶段招标

《招标投标法实施条例》规定，对技术复杂或者无法精确拟定技术规格的项目，招标人可以分两阶段进行招标：

1）第一阶段，投标人按照招标公告或者投标邀请书的要求提交不带报价的技术建议，招标人根据投标人提交的技术建议确定技术标准和要求，编制招标文件。

2）第二阶段，招标人向在第一阶段提交技术建议的投标人提供招标文件，投标人按照招标文件的要求提交包括最终技术方案和投标报价的投标文件。

4. 电子招标投标的规定

《招标投标法实施条例》规定：设区的市级以上地方人民政府可以根据实际需要，建立统一规范的招标投标交易场所，为招标投标活动提供服务。招标投标交易场所不得与行政监督部门存在隶属关系，不得以营利为目的；国家鼓励利用信息网络进行电子招标投标。《国务院办公厅关于促进建筑业持续健康发展的意见》中指出，进一步简化招标投标程序，尽快实现招标投标交易全过程电子化，推行网上异地评标。

2013 年 2 月国家发展和改革委员会、工业和信息化部、监察部、住房和城乡建设部、交通运输部、铁道部、水利部、商务部联合颁布的《电子招标投标办法》规定：电子招标投标活动是指以数据电文形式，依托电子招标投标系统完成的全部或者部分招标投标交易、公共服务和行政监督活动；数据电文形式与纸质形式的招标投标活动具有同等法律效力；国家鼓励电子招标投标交易平台平等竞争；电子招标投标交易平台运营机构不得以任何手段限制或者排斥潜在投标人，不得泄露依法应当保密的信息，不得弄虚作假、串通投标或者为弄虚作假、串通投标提供便利。

招标人或者其委托的招标代理机构应当在资格预审公告、招标公告或者投标邀请书中载明潜在投标人访问电子招标投标交易平台的网络地址和方法。依法必须进行公开招标项目的上述相关公告应当在电子招标投标交易平台和国家指定的招标公告媒介同步发布。投标人应当在投标截止时间前完成投标文件的传输递交，并可以补充、修改或者撤回投标文件。投标截止时间前未完成投标文件传输的，视为撤回投标文件。投标截止时间后送达的投标文件，电子招标投标交易平台应当拒收。

电子招标投标活动及相关主体应当自觉接受行政监督部门、监察机关依法实施的监督、监察。投标人或者其他利害关系人认为电子招标投标活动不符合有关规定的，通过相关行政监督平台进行投诉。

6.1.5 招标程序

招标是招标人选择中标人并与其签订合同的过程，而投标则是投标人力争获得实施合同的竞争过程，招标人和投标人均须遵循招标投标法律和法规的规定进行招标投标活动。按照招标人和投标人参与程序，可将招标过程概括划分成招标准备阶段、招标投标阶段和决标成交阶段。

1. 招标准备阶段主要工作

招标准备阶段的工作由招标人单独完成，投标人不参与。主要工作包括以下几个方面。

（1）工程报建

建设项目的立项文件获得批准后，招标人需向建设行政主管部门履行建设项目报建手续。只有报建申请批准后，才可以开始项目的建设。报建时应交验的文件资料包括：立项批准文件或年度投资计划；固定资产投资许可证；建设工程规划许可证和资金证明文件。

（2）选择招标方式

根据工程特点和招标人的管理能力确定发包范围，依据工程项目的特点、招标前准备工作的完成情况、合同类型等因素的影响程序，最终确定招标方式。

（3）申请招标

招标人向建设行政主管部门办理申请招标手续。申请招标文件应说明：招标工作范围；招标方式；计划工期；对投标人的资质要求；招标项目的前期准备工作的完成情况；自行招标还是委托代理招标等内容。

（4）编制招标有关文件

招标准备阶段应编制好招标过程中可能涉及的有关文件，保证招标活动的正常进行。这些文件大致包括招标广告、资格预审文件、招标文件、合同协议书以及资格预审和评标的方法。

2. 招标投标阶段的主要工作内容

公开招标时，从发布招标公告开始，若为邀请招标，则从发出投标邀请函开始，到投标截止日期为止的期间称为招标投标阶段。在此阶段，招标人应做好招标的组织工作，投标人则按招标有关文件的规定程序和具体要求进行投标报价竞争。招标人应当合理确定投标人编制投标文件所需的时间，自招标文件开始发出之日起到投标截止日止，最短不得少于20天。

（1）公布招标公告

招标公告的作用是让潜在投标人获得招标信息，以便进行项目筛选，确定是否参与竞争。招标公告或投标邀请函的具体格式可由招标人自定，内容一般包括：招标单位名称；建设项目资金来源；工程项目概况和本次招标工作范围的简要介绍；购买资格预审文件的地点、时间和价格等有关事项。

（2）资格预审

1）资格预审的目的。对潜在投标人进行资格审查，主要考察该企业总体能力是否具备完成招标工作所要求的条件。公开招标时设置资格预审程序：一是保证参与投标的法人或其他组织在资质和能力等方面能够满足完成招标工作的要求；二是通过评审优选出综合实力较强的一批申请投标人，再请他们参加投标竞争，以减小评标的工作量。

招标人应当按照资格预审公告、招标公告或者投标邀请书规定的时间、地点发售资格预审文件或者招标文件。资格预审文件或者招标文件的发售期不得少于5日。招标人发售资格预审文件、招标文件收取的费用应当限于补偿印刷、邮寄的成本支出，不得以营利为目的。

招标人采用资格预审办法对潜在投标人进行资格审查的，应当发布资格预审公告、编制资格预审文件。招标人应当合理确定提交资格预审申请文件的时间。依法必须进行招标的项目提交资格预审申请文件的时间，自资格预审文件停止发售之日起不得少于 5 日。

2）资格预审程序。具体如下：

① 招标人依据项目的特点编写资格预审文件。资格预审文件分为资格预审须知和资格预审表两大部分。资格预审须知内容包括招标工程概况和工作范围介绍、对投标人的基本要求和指导投标人填写资格预审文件的有关说明。资格预审表列出对潜在投标人资质条件、实施能力、技术水平、商业信誉等方面需要了解的内容，是以应答形式给出的调查文件。资格预审表开列的内容要完整，能全面反映潜在投标人的综合素质，因为资格预审中评定过的条件在评标时一般不再重复评定，避免不具备条件的投标人承担项目的建设任务。

② 所有申请参加投标竞争的潜在投标人都可以购买资格预审文件，由其按要求填报后作为投标人的资格预审文件。

③ 招标人依据工程项目特点和发包工作性质划分评审的几大方面，如资质条件、人员能力、设备和技术能力、财务状况、工程经验、企业信誉等，并分别给予不同权重。对其中的各方面再细化评定内容和分项评分标准。通过对各投标人的评定和打分，确定各投标人的综合素质得分。

④ 资格预审合格的条件。首先投标人必须满足资格预审文件规定的一般资格条件和强制性条件，其次评定分必须在预先确定的最低分数线以上。目前采用的合格标准有两种方式：一种是限制合格者数量，以便减小评标的工作量（如 5 家），招标人按得分高低次序向预定数量的投标人发出邀请投标函并请他予以确认，如果某一家放弃投标则由下一家替补维护预定数量；另一种是不限制合格者的数量，凡满足 80% 以上的潜在投标人均视为合格，保证投标的公平性和竞争性。后一种原则的缺点是，合格者数量较多时会增加评标的工作量。不论采用哪种方法，招标人都不得向他人透露有权参与竞争的潜在投标人的名称、人数以及与招标投标有关的其他情况。

3）投标人必须满足的基本资格条件。资格预审须知中明确列出投标人必须满足的最基本条件，可分为一般资格条件和强制性条件两类。

① 一般资格条件的内容通常包括法人地位、资质等级、财务状况、企业信誉、分包计划等具体要求，是潜在投标人应满足的最低标准。

② 强制性条件视招标项目是否对潜在投标人有特殊要求决定有无。普通工程项目一般承包人均可完成，可不设置强制性条件。对于大型复杂项目尤其是需要有专门技术、设备或经验的投标人才能完成时，则应设置此类条件。强制性条件是为了保证承包工作能够保质、保量、按期完成，按照项目特点设定而不是针对外地区或外系统投标人，因此不违背《招标投标法》的有关规定。强制性条件一般以潜在投标人是否完成过与招标工程同类型和同容量工程作为衡量标准。标准不应定得过高，否则会使合格投标人过少影响竞争；也不应定得过低，否则可能让实际不具备能力的投标人获得合同而导致不能按预期目的完成，只要实施能力、工程经验与招标项目相符即可。

（3）招标文件

招标人根据招标项目特点和需要编制招标文件，它是投标人编制投标文件和报价的依据，因此应当包括招标项目的技术要求、对投标人资格审查的标准（邀请招标的招标文件内需写明）、投标报价要求和评标标准等所有实质性要求和条件，以及拟签订合同的主要条款。国家对招标项目的技术、标准有规定的，应在招标文件中提出相应要求。招标项目如果需要划分标段、有工期要求时，也需在招标文件中载明。招标文件通常分为投标须知、合同条件、技术规范、设计图和技术资料、工程量清单几大部分内容。

招标人可以对已发出的资格预审文件或者招标文件进行必要的澄清或者修改。澄清或者修改的内容可能影响资格预审申请文件或者投标文件编制的，招标人应当在提交资格预审申请文件截止时间至少 3 日前，或者投标截止时间至少 15 日前，以书面形式通知所有获取资格预审文件或者招标文件的潜在投标人；不足 3 日或者 15 日的，招标人应当顺延提交资格预审申请文件或者投标文件的截止时间。

依法必须进行招标的项目的招标人不得利用划分标段规避招标。招标人应当在招标文件中载明投标有效期。投标有效期从提交投标文件的截止之日起算。

潜在投标人或者其他利害关系人对招标文件有异议的，应当在投标截止时间 10 日前提出。招标人应当自收到异议之日起 3 日内做出答复；做出答复前，应当暂停招标投标活动。

（4）现场考察

招标人在投标须知规定的时间组织投标人自费进行现场考察。设置此程序的目的，一方面是让投标人了解工程项目的现场情况、自然条件、施工条件以及周围环境条件，以便于编制投标书；另一方面也是要求投标人通过自己的实地考察确定投标的原则和策略，避免合同履行过程中投标人以不了解现场情况为理由推卸应承担的合同责任。

（5）标前会议

投标人研究招标文件和现场考察后会以书面形式提出某些质疑问题，招标人可以及时给予书面解答，也可以留待标前会议上解答。如果对某一投标人提出的问题给予书面解答，所回答的问题必须发送给每一位投标人以保证招标的公开和公平。回答函件作为招标文件的组成部分，如果书面解答的问题与招标文件中的规定不一致，以函件的解答为准。

标前会议是投标截止日期以前，按投标须知规定时间和地点召开的会议，又称交底会。标前会议上招标单位负责人除了介绍工程概况外，还可对招标文件中的某些内容加以修改（需报经招标投标管理机构核准）或予以补充说明，以及对投标人书面提出的问题和会议上即席提出的问题给予解答。会议结束后，招标人应将会议记录用书面通知的形式发给每一位投标人。补充文件作为招标文件的组成部分，具有同等的法律效力。《招标投标法》规定，招标人对已发出的招标文件进行必要的澄清或修改时，应在投标截止日期至少 15 天以前以书面形式发送给所有投标人，以便于他们修改投标书。

3. 决标成交阶段的主要工作内容

从开标日到签订合同这一期间称为决标成交阶段，是对各投标书进行评审比较，最终确定中标人的过程。

（1）开标

公开招标和邀请招标均应举行开标会议，体现招标的公平、公正和公开原则。开标应当在招标文件确定的提交投标文件截止时间的同一时间公开进行，开标地点应当为招标文件中预先确定的地点。所有投标人均应参加开标会议，并邀请项目有关主管部门、经办银行等代表出席，招标投标管理机构派人监督开标活动。开标时，由投标人或其推选的代表检验投标文件的密封情况。确认无误后，如果有标底应首先公布，然后由工作人员当众拆封，宣读投标人名称、投标价格和标投文件的其他主要内容。所有在投标致函中提出的附加条件、补充声明、优惠条件、替代方案等均应宣读。开标过程应当记录，并存档备查。开标后，任何投标人都不允许更改投标书的内容和报价，也不允许再增加优惠条件。如果招标文件中没有说明评标、定标的原则和方法，则在开标会议上应予说明，投标书经启封后不得再更改评标、定标办法。

如果在开标会议上发现有下列情况之一，应宣布投标书为废标：

1）投标书未按招标文件的要求密封。

2）逾期送达的标书。

3）未加盖法人或委托授权人印鉴的标书。

4）未按招标文件的内容和要求编写、内容不全或字迹无法辨认的标书。

5）投标人不参加开标会议的标书。

招标人应当按照招标文件规定的时间、地点开标。投标人少于3个的，不得开标；招标人应当重新招标。投标人对开标有异议的，应当在开标现场提出，招标人应当当场做出答复，并制作记录。

（2）评标

评标是对各投标书优劣的比较，以便最终确定中标人，由评标委员会负责评标工作。

1）评标委员会。评标委员会由招标人的代表和有关技术、经济等方面的专家组成，成员人数为5人及以上单数，其中招标人以外的专家不得少于成员总数的2/3。专家人选应来自于国务院有关部门或省、自治区、直辖市政府有关部门提供的专家名册，或从招标代理机构的专家库中以随机抽取方式确定。与投标人有利害关系的人不得进入评标委员会，保证评标的公平和公正。

2）评标工作程序。小型工程由于承包工作内容较为简单、合同金额不大，可以采用即开、即评、即定的方式由评标委员会及时确定中标人。大型工程项目的评标因评审内容复杂、涉及面宽，通常需分成初评和详评两个阶段进行。

评标委员会以招标文件为依据，审查各投标书是否为响应性投标，确定投标书的有效性。检查内容包括：投标人的资格、投标保证有效性、报送资料的完整性、投标书与招标文件的要求有无实质性背离、报价计算的正确性等。若投标书存在计算或统计错误，由评标委员会予以改正后请投标人签字确认。

投标文件中有含义不明确的内容、明显文字或者计算错误，评标委员会认为需要投标人做出必要澄清、说明的，应当书面通知该投标人。投标人的澄清、说明应当采用书面形式，并不得超出投标文件的范围或者改变投标文件的实质性内容。评标委员会不得暗示或者诱导投标人做出澄清、说明，不得接受投标人主动提出的澄清、说明。

有下列情形之一的，评标委员会应当否决其投标：

① 投标文件未经投标单位盖章和单位负责人签字。

② 投标联合体没有提交共同投标协议。

③ 投标人不符合国家或者招标文件规定的资格条件。

④ 同一投标人提交两个以上不同的投标文件或者投标报价，但招标文件要求提交备选投标的除外。

⑤ 投标报价低于成本或者高于招标文件设定的最高投标限价。

⑥ 投标文件没有对招标文件的实质性要求和条件做出响应。

⑦ 投标人有串通投标、弄虚作假、行贿等违法行为。

评标委员会对各投标书实施方案和计划进行实质性评价与比较。评审时不应再采用招标文件中要求投标人考虑因素以外的任何条件作为标准。设有标底的，评标时应参考标底。详评通常分为两个步骤进行。首先对各投标书进行技术和商务方面的审查，评定其合理性，以及若将合同授予该投标人在履行过程中可能给招标人带来的风险。评标委员会认为必要时可以单独约请投标人对标书中含义不明确的内容做必要的澄清或说明，但澄清或说明不得超出投标文件的范围或改变投标文件的实质性内容。澄清内容也要整理成文字材料，作为投标书的组成部分。在对标书审查的基础上，评标委员会比较各投标书的优劣，并编写评标报告。

（3）评标报告

评标完成后，评标委员会应当向招标人提交书面评标报告和中标候选人名单。评标报告是评标委员会经过对各投标书评审后向招标人提出的结论性报告，作为定标的主要依据。评标报告应包括评标情况说明、对各个合格投标书的评价、推荐合格的中标候选人等内容。如果评标委员会经过评审，认为所有投标都不符合招标文件的要求，可以否决所有投标。出现这种情况后，招标人应认真分析招标文件的有关要求以及招标过程，对招标工作范围或招标文件的有关内容做出实质性修改后重新进行招标。中标候选人应当不超过 3 个，并标明排序。评标报告应当由评标委员会全体成员签字。对评标结果有不同意见的评标委员会成员应当以书面形式说明其不同意见和理由，评标报告应当注明该不同意见。评标委员会成员拒绝在评标报告上签字又不书面说明其不同意见和理由的，视为同意评标结果。

（4）定标

确定中标人前，招标人不得与投标人就投标价格、投标方案等实质性内容进行谈判。招标人应该根据评标委员会提出的评标报告和推荐的中标候选人确定中标人，也可以授权评标委员会直接确定中标人。中标人确定后，招标人向中标人发出中标通知书，同时将中标结果通知所有未中标的投标人并退还他们的投标保证金或保函。中标通知书对招标人和中标人具有法律效力，招标人改变中标结果或中标人拒绝签订合同均要承担相应的法律责任。

《招标投标法》规定：招标人根据评标委员会提出的书面评标报告和推荐的中标候选人确定中标人，招标人也可以授权评标委员会直接确定中标人；招标人和中标人应当自中标通知书发出之日起30日内，按照招标文件和中标人的投标文件订立书面合同，招标人和中标人不得再行订立背离合同实质性内容的其他协议。

《招标投标法实施条例》规定，招标人和中标人应当依照《招标投标法》和该条例的规定签订书面合同，合同的标的、价款、质量、履行期限等主要条款应当与招标文件和中标人的投标文件的内容一致。《最高人民法院关于审理建设工程施工合同纠纷案件适用法律问题的解释》第二十一条规定："当事人就同一建设工程另行订立的建设工程施工合同与经过备案的中标合同实质性内容不一致的，应当以备案的中标合同作为结算工程价款的根据。"因此，招标人与中标人另行签订合同的行为属违法行为，所签订的合同是无效合同。

6.1.6　招标投标中的法律责任

1. 招标人违法行为的法律责任

《招标投标法》规定，必须进行招标的项目而不招标的，将必须进行招标的项目化整为零或者以其他任何方式规避招标的，责令限期改正，可以处项目合同金额5‰以上10‰以下的罚款；对全部或者部分使用国有资金的项目，可以暂停项目执行或者暂停资金拨付；对单位直接负责的主管人员和其他直接责任人员依法给予处分。

招标人以不合理的条件限制或者排斥潜在投标人的，对潜在投标人实行歧视待遇的，强制要求投标人组成联合体共同投标的，或者限制投标人之间竞争的，责令改正，可以处1万元以上5万元以下的罚款。

依法必须进行招标的项目的招标人向他人透露已获取招标文件的潜在投标人的名称、数量或者可能影响公平竞争的有关招标投标的其他情况的，或者泄露标底的，给予警告，可以并处1万元以上10万元以下的罚款；对单位直接负责的主管人员和其他直接责任人员依法给予处分；构成犯罪的，依法追究刑事责任。影响中标结果的，中标无效。依法必须进行招标的项目，招标人违反规定，与投标人就投标价格、投标方案等实质性内容进行谈判的，给予警告，对单位直接负责的主管人员和其他直接责任人员依法给予处分。影响中标结果的，中标无效。

招标人在评标委员会依法推荐的中标候选人以外确定中标人的，依法必须进行招标的项目在所有投标被评标委员会否决后自行确定中标人的，中标无效。责令改正，可以处中标项目金额5‰以上10‰以下的罚款；对单位直接负责的主管人员和其他直接责任人员依法给予处分。

招标人与中标人不按照招标文件和中标人的投标文件订立合同的，或者招标人、中标人订立背离合同实质性内容的协议的，责令改正；可以处中标项目金额5‰以上10‰以下的罚款。

《招标投标法实施条例》规定，招标人有下列限制或者排斥潜在投标人行为之一的，由有关行政监督部门依照《招标投标法》第五十一条的规定处罚（即责令改正，可以处1万以上5万元以下的罚款）：

1）依法应当公开招标的项目不按照规定在指定媒介发布资格预审公告或者招标公告。

2）在不同媒介发布的同一招标项目的资格预审公告或者招标公告的内容不一致，影响潜在投标人申请资格预审或者投标。

依法必须进行招标的项目的招标人不按照规定发布资格预审公告或者招标公告，构成规避招标的，依照《招标投标法》第四十九条的规定处罚（即责令限期改正，可以处项目合同金额5‰以上10‰以下的罚款；对全部或者部分使用国有资金的项目，可以暂停项目执行或者暂停资金拨付；对单位直接负责的主管人员和其他直接责任人员依法给予处分）。

招标人有下列情形之一的，由有关行政监督部门责令改正，可以处10万元以下的罚款：

1）依法应当公开招标而采用邀请招标。

2）招标文件、资格预审文件的发售、澄清、修改的时限，或者确定的提交资格预审申请文件、投标文件的时限不符合《招标投标法》和《招标投标法实施条例》规定。

3）接受未通过资格预审的单位或者个人参加投标。

4）接受应当拒收的投标文件。

招标人有以上第1）、3）、4）项所列行为之一的，对单位直接负责的主管人员和其他直接责任人员依法给予处分。

依法必须进行招标的项目的招标人不按照规定组建评标委员会，或者确定、更换评标委员会成员违反《招标投标法》和本条例规定的，由有关行政监督部门责令改正，可以处10

万元以下的罚款，对单位直接负责的主管人员和其他直接责任人员依法给予处分；违法确定或者更换的评标委员会成员做出的评审结论无效，依法重新进行评审。招标人超过本条例规定的比例收取投标保证金、履约保证金或者不按照规定退还投标保证金及银行同期存款利息的，由有关行政监督部门责令改正，可以处 5 万元以下的罚款；给他人造成损失的，依法承担赔偿责任。

依法必须进行招标的项目的招标人有下列情形之一的，由有关行政监督部门责令改正，可以处中标项目金额 10‰以下的罚款；给他人造成损失的，依法承担赔偿责任；对单位直接负责的主管人员和其他直接责任人员依法给予处分：

1）无正当理由不发出中标通知书。

2）不按照规定确定中标人。

3）中标通知书发出后无正当理由改变中标结果。

4）无正当理由不与中标人订立合同。

5）在订立合同时向中标人提出附加条件。

招标人和中标人不按照招标文件和中标人的投标文件订立合同，合同的主要条款与招标文件、中标人的投标文件的内容不一致，或者招标人、中标人订立背离合同实质性内容的协议的，由有关行政监督部门责令改正，可以处中标项目金额 5‰以上 10‰以下的罚款。

招标人不按照规定对异议做出答复，继续进行招标投标活动的，由有关行政监督部门责令改正，拒不改正或者不能改正并影响中标结果的，依照规定处理（即招标、投标、中标无效，应当依法重新招标或者评标）。

2. 评标委员会成员违法行为的法律责任

依据《招标投标法》，评标委员会成员收受投标人的财物或者其他好处的，评标委员会成员或者参加评标的有关工作人员向他人透露对投标文件的评审和比较、中标候选人的推荐以及与评标有关的其他情况的，给予警告，没收收受的财物，可以并处 3000 元以上 5 万元以下的罚款，对有所列违法行为的评标委员会成员取消担任评标委员会成员的资格，不得再参加任何依法必须进行招标的项目的评标；构成犯罪的，依法追究刑事责任。

依据《招标投标法实施条例》，评标委员会成员有下列行为之一的，由有关行政监督部门责令改正；情节严重的，禁止其在一定期限内参加依法必须进行招标的项目的评标；情节特别严重的，取消其担任评标委员会成员的资格：

1）应当回避而不回避。

2）擅离职守。

3）不按照招标文件规定的评标标准和方法评标。

4）私下接触投标人。

5）向招标人征询确定中标人的意向或者接受任何单位或者个人明示或者暗示提出的倾向或者排斥特定投标人的要求。

6）对依法应当否决的投标不提出否决意见。

7）暗示或者诱导投标人做出澄清、说明或者接受投标人主动提出的澄清、说明。

8）其他不客观、不公正履行职务的行为。

《招标投标法实施条例》还规定：评标委员会成员收受投标人的财物或者其他好处的，没收收受的财物，处 3000 元以上 5 万元以下的罚款，取消担任评标委员会成员的资格，不得再参加依法必须进行招标的项目的评标；构成犯罪的，依法追究刑事责任。

《最高人民法院、最高人民检察院关于办理商业贿赂刑事案件适用法律若干问题的意见》规定：依法组建的评标委员会的组成人员，在招标等事项的评标活动中，索取他人财物或者非法收受他人财物，为他人谋取利益，数额较大的，依照《中华人民共和国刑法》（以下简称《刑法》）第一百六十三条的规定，以非国家工作人员受贿罪定罪处罚；依法组建的评标委员会中国家机关或者其他国有单位的代表有以上行为的，依照《刑法》第三百八十五条的规定，以受贿罪定罪处罚。

3. 投标人违法行为的法律责任

《招标投标法》规定：投标人相互串通投标或者与招标人串通投标的，投标人以向招标人或者评标委员会成员行贿的手段谋取中标的，中标无效，处中标项目金额5‰以上10‰以下的罚款，对单位直接负责的主管人员和其他直接责任人员处单位罚款数额5%以上10%以下的罚款；有违法所得的，并处没收违法所得；情节严重的，取消其1年至2年内参加依法必须进行招标的项目的投标资格并予以公告，直至由工商行政管理机关吊销营业执照；构成犯罪的，依法追究刑事责任。给他人造成损失的，依法承担赔偿责任。

投标人以他人名义投标或者以其他方式弄虚作假，骗取中标的，中标无效，给招标人造成损失的，依法承担赔偿责任；构成犯罪的，依法追究刑事责任。依法必须进行招标的项目的投标人有以上所列行为尚未构成犯罪的，处中标项目金额5‰以上10‰以下的罚款，对单位直接负责的主管人员和其他直接责任人员处单位罚款数额5%以上10%以下的罚款；有违法所得的，并处没收违法所得；情节严重的，取消其1年至3年内参加依法必须进行招标的项目的投标资格并予以公告，直至由工商行政管理机关吊销营业执照。

《招标投标法实施条例》规定：

1）投标人相互串通投标或者与招标人串通投标的，投标人向招标人或者评标委员会成员行贿谋取中标的，中标无效；构成犯罪的，依法追究刑事责任；尚不构成犯罪的，依照《招标投标法》第五十三条的规定处罚。

2）投标人未中标的，对单位的罚款金额按照招标项目合同金额依照《招标投标法》规定的比例计算。

投标人有下列行为之一的，属于《招标投标法》第五十三条规定的情节严重行为，由有关行政监督部门取消其1年至2年内参加依法必须进行招标的项目的投标资格：

1）以行贿谋取中标。

2）3年内2次以上串通投标。

3）串通投标行为损害招标人、其他投标人或者国家、集体、公民的合法利益，造成直接经济损失30万元以上。

4）其他串通投标情节严重的行为。

投标人自以上规定的处罚执行期限届满之日起3年内又有以上所列违法行为之一的，或者串通投标、以行贿谋取中标情节特别严重的，由工商行政管理机关吊销营业执照。

投标人以他人名义投标或者以其他方式弄虚作假骗取中标的，中标无效；构成犯罪的，依法追究刑事责任；尚不构成犯罪的，依照《招标投标法》第五十四条的规定处罚（即中标无效，给招标人造成损失的，依法承担赔偿责任；构成犯罪的，依法追究刑事责任。依法必须进行招标的项目的投标人有以上所列行为尚未构成犯罪的，处中标项目金额5‰以上

10‰以下的罚款，对单位直接负责的主管人员和其他直接责任人员处单位罚款数额 5% 以上 10% 以下的罚款；有违法所得的，并处没收违法所得；情节严重的，取消其 1 年至 3 年内参加依法必须进行招标的项目的投标资格并予以公告，直至由工商行政管理机关吊销营业执照）。依法必须进行招标的项目的投标人未中标的，对单位的罚款金额按照招标项目合同金额依照《招标投标法》规定的比例计算。投标人有下列行为之一的，属于《招标投标法》第五十四条规定的情节严重行为，由有关行政监督部门取消其 1 年至 3 年内参加依法必须进行招标的项目的投标资格：

1）伪造、变造资格、资质证书或者其他许可证件骗取中标。

2）3 年内 2 次以上使用他人名义投标。

3）弄虚作假骗取中标给招标人造成直接经济损失 30 万元以上。

4）其他弄虚作假骗取中标情节严重的行为。

投标人自以上规定的处罚执行期限届满之日起 3 年内又有以上所列违法行为之一的，或者弄虚作假骗取中标情节特别严重的，由工商行政管理机关吊销营业执照。

出让或者出租资格、资质证书供他人投标的，依照法律、行政法规的规定给予行政处罚；构成犯罪的，依法追究刑事责任。

投标人或者其他利害关系人捏造事实、伪造材料或者以非法手段取得证明材料进行投诉，给他人造成损失的，依法承担赔偿责任。

4. 中标人违法行为应承担的法律责任

《招标投标法》和《招标投标法实施条例》规定：中标人将中标项目转让给他人的，将中标项目肢解后分别转让给他人的，违反规定将中标项目的部分主体、关键性工作分包给他人的，或者分包人再次分包的，转让、分包无效，处转让、分包项目金额 5‰以上 10‰以下的罚款；有违法所得的，并处没收违法所得；可以责令停业整顿；情节严重的，由工商行政管理机关吊销营业执照。

《招标投标法》规定：中标人不履行与招标人订立的合同的，履约保证金不予退还，给招标人造成的损失超过履约保证金数额的，还应当对超过部分予以赔偿；没有提交履约保证金的，应当对招标人的损失承担赔偿责任；中标人不按照与招标人订立的合同履行义务，情节严重的，取消其 2 年至 5 年内参加依法必须进行招标的项目的投标资格并予以公告，直至由工商行政管理机关吊销营业执照；因不可抗力不能履行合同的，不适用以上规定。

《招标投标法实施条例》规定，中标人无正当理由不与招标人订立合同，在签订合同时向招标人提出附加条件，或者不按照招标文件要求提交履约保证金的，取消其中标资格，投标保证金不予退还。对依法必须进行招标的项目的中标人，由有关行政监督部门责令改正，可以处中标项目金额 10‰以下的罚款。

6.2 建设工程承包制度

6.2.1 工程发包的规定

《建筑法》规定：建筑工程实行招标发包的，发包单位应当将建筑工程发包给依法中标的承包单位；建筑工程实行直接发包的，发包单位应当将建筑工程发包给具有相应资质条件的承包单位。

承包建筑工程的单位应当持有依法取得的资质证书，并在其资质等级许可的业务范围内承揽工程。禁止建筑施工企业超越本企业资质等级许可的业务范围或者以任何形式用其他建筑施工企业的名义承揽工程。禁止建筑施工企业以任何形式允许其他单位或者个人使用本企业的资质证书、营业执照，以本企业的名义承揽工程。按照合同约定，建筑材料、建筑构配件和设备由工程承包单位采购的，发包单位不得指定承包单位购入用于工程的建筑材料、建筑构配件和设备或者指定生产厂、供应商。

2014 年 8 月住房和城乡建设部发布的《建筑工程施工转包违法分包等违法行为认定查处管理办法（试行）》进一步规定，存在下列情形之一的，属于违法发包：

1）建设单位将工程发包给个人的。

2）建设单位将工程发包给不具有相应资质或安全生产许可的施工单位的。

3）未履行法定发包程序，包括应当依法进行招标未招标，应当申请直接发包未申请或申请未核准的。

4）建设单位设置不合理的招标投标条件，限制、排斥潜在投标人或者投标人的。

5）建设单位将一个单位工程的施工分解成若干部分发包给不同的施工总承包或专业承包单位的。

6）建设单位将施工合同范围内的单位工程或分部分项工程又另行发包的。

7）建设单位违反施工合同约定，通过各种形式要求承包单位选择其指定分包单位的。

8）法律法规规定的其他违法发包行为。

6.2.2   建设工程总承包的规定

《建筑法》规定，建筑工程的发包单位可以将建筑工程的勘察、设计、施工、设备采购一并发包给一个工程总承包单位，也可以将建筑工程勘察、设计、施工、设备采购的一项或者多项发包给一个工程总承包单位。

工程总承包是国际通行的建设项目组织实施方式。大力推进工程总承包，有利于提升项目可行性研究和初步设计深度，实现设计、采购、施工等各阶段工作的深度融合，提高工程建设水平；有利于发挥工程总承包企业的技术和管理优势，促进企业做优做强，推动产业转型升级。

1. 工程总承包及主要模式

工程总承包是指从事工程总承包的企业按照与建设单位签订的合同，对工程项目的设计、采购、施工等实行全过程的承包，并对工程的质量、安全、工期和造价等全面负责的承包方式。

《住房城乡建设部关于进一步推进工程总承包发展的若干意见》（建市〔2016〕93 号）规定：工程总承包一般采用设计-采购-施工总承包或者设计-施工总承包模式；建设单位也可以根据项目特点和实际需要，按照风险合理分担原则和承包工作内容采用其他工程总承包模式。建设单位在选择建设项目组织实施方式时，应当本着质量可靠、效率优先的原则，优先采用工程总承包模式。政府投资项目和装配式建筑应当积极采用工程总承包模式。

《国务院办公厅关于促进建筑业持续健康发展的意见》（国办发〔2017〕19 号）中指

出，装配式建筑原则上应采用工程总承包模式。政府投资工程应完善建设管理模式，带头推行工程总承包。加快完善工程总承包相关的招标投标、施工许可、竣工验收等制度规定。按照总承包负总责的原则，落实工程总承包单位在工程质量安全、进度控制、成本管理等方面的责任。除以暂估价形式包括在工程总承包范围内且依法必须进行招标的项目外，工程总承包单位可以直接发包总承包合同中涵盖的其他专业业务。

2. 工程总承包管理

在工程总承包项目的发包阶段，建设单位可以根据项目特点，在可行性研究、方案设计或者初步设计完成后，按照确定的建设规模、建设标准、投资限额、工程质量和进度要求等进行工程总承包项目发包。建设单位根据自身资源和能力，可以自行对工程总承包项目进行管理，也可以委托项目管理单位，依照合同对工程总承包项目进行管理。项目管理单位可以是本项目的可行性研究、方案设计或者初步设计单位，也可以是其他工程设计、施工或者监理等单位，但项目管理单位不得与工程总承包企业具有利害关系。

建设单位可以依法采用招标或者直接发包的方式选择工程总承包企业。工程总承包评标可以采用综合评估法，评审的主要因素包括工程总承包报价、项目管理组织方案、设计方案、设备采购方案、施工计划、工程业绩等。工程总承包项目可以采用总价合同或者成本加酬金合同。

《国务院办公厅关于促进建筑业持续健康发展的意见》（国办发〔2017〕19号）中指出，培育全过程工程咨询。鼓励投资咨询、勘察、设计、监理、招标代理、造价等企业采取联合经营、并购重组等方式发展全过程工程咨询，培育一批具有国际水平的全过程工程咨询企业。制定全过程工程咨询服务技术标准和合同范本。政府投资工程应带头推行全过程工程咨询，鼓励非政府投资工程委托全过程工程咨询服务。在民用建筑项目中，充分发挥建筑师的主导作用，鼓励提供全过程工程咨询服务。

3. 工程总承包企业的规定

工程总承包企业应当具有与工程规模相适应的工程设计资质或者施工资质，相应的财务、风险承担能力，同时具有相应的组织机构、项目管理体系、项目管理专业人员和工程业绩。

工程总承包项目经理应当取得工程建设类注册执业资格或者高级专业技术职称，担任过工程总承包项目经理、设计项目负责人或者施工项目经理，熟悉工程建设相关法律法规和标准，同时具有相应工程业绩。

工程总承包企业可以在其资质证书许可的工程项目范围内自行实施设计和施工，也可以根据合同约定或者经建设单位同意，直接将工程项目的设计或者施工业务择优分包给具有相应资质的企业。

仅具有设计资质的企业承接工程总承包项目时，应当将工程总承包项目中的施工业务依法分包给具有相应施工资质的企业；仅具有施工资质的企业承接工程总承包项目时，应当将工程总承包项目中的设计业务依法分包给具有相应设计资质的企业。工程总承包企业应当加强对分包的管理，不得将工程总承包项目转包，也不得将工程总承包项目中设计和施工业务一并或者分别分包给其他单位。

工程总承包企业自行实施设计的，不得将工程总承包项目工程主体部分的设计业务分包给其他单位。工程总承包企业自行实施施工的，不得将工程总承包项目工程主体结构的施工业务分包给其他单位。

4. 工程总承包企业的责任

《建筑法》规定：建筑工程总承包单位按照总承包合同的约定对建设单位负责，分包单位按照分包合同的约定对总承包单位负责；总承包单位和分包单位就分包工程对建设单位承担连带责任。《建设工程质量管理条例》规定，建设工程实行总承包的，总承包单位应当对全部建设工程质量负责；建设工程勘察、设计、施工、设备采购的一项或者多项实行总承包的，总承包单位应当对其承包的建设工程或者采购的设备的质量负责。工程总承包企业对工程总承包项目的质量和安全全面负责。工程分包不能免除工程总承包企业的合同义务和法律责任，工程总承包企业和分包企业就分包工程对建设单位承担连带责任。

工程总承包企业按照合同约定向建设单位出具履约担保，建设单位向工程总承包企业出具支付担保。工程总承包企业自行实施工程总承包项目施工的，应当依法取得安全生产许可证；将工程总承包项目中的施工业务依法分包给具有相应资质的施工企业完成的，施工企业应当依法取得安全生产许可证。工程总承包企业应当组织分包企业配合建设单位完成工程竣工验收，签署工程质量保修书。

6.2.3　建设工程联合体承包的规定

联合体承包是指由两个及以上具备承包资格的单位共同组成非法人的联合体，以共同的名义对工程进行承包的行为。这是在国际工程发承包活动中较为通行的一种做法，可有效地规避工程承包风险。

1. 联合体承包的适用范围

《建筑法》规定，大型建筑工程或者结构复杂的建筑工程，可以由两个及以上的承包单位联合共同承包。作为大型的建筑工程或结构复杂的建筑工程，一般是投资额大、技术要求复杂和建设周期长，潜在风险较大，如果采取联合共同承包的方式，有利于更好地发挥各承包单位在资金、技术、管理等方面的优势，增强抗风险能力，保证工程质量和工期，提高投资效益。至于中小型或结构不复杂的工程，则无须采用共同承包方式，完全可由一家承包单位独立完成。

2. 联合体承包的资质要求

《建筑法》规定，两个及以上不同资质等级的单位实行联合共同承包的，应当按照资质等级低的单位的业务许可范围承揽工程。这主要是为防止以联合共同承包为名而进行"资质挂靠"的不规范行为。

3. 联合体承包的责任

《招标投标法》规定，联合体中标的，联合体各方应当共同与招标人签订合同，就中标项目向招标人承担连带责任。《建筑法》规定，共同承包的各方对承包合同的履行承担连带责任。联合体承包各方应签订联合承包协议，明确约定各方的权利、义务以及相互合作、违约责任承担等条款。各承包方就承包合同的履行对建设单位承担连带责任。如果出现赔偿责任，建设单位有权向共同承包的任何一方请求赔偿，而被请求方不得拒绝，在其支付赔偿后可依据联合承包协议及有关各方过错大小，有权对超过自己应赔偿的那部分份额向其他方进行追偿。

6.2.4 建设工程分包的规定

建设工程施工分包可分为专业工程分包与劳务作业分包。

1）专业工程分包是指施工总承包企业将其所承包工程中的专业工程发包给具有相应资质的其他建筑业企业完成的活动。

2）劳务作业分包是指施工总承包企业或者专业承包企业将其承包工程中的劳务作业发包给劳务分包企业完成的活动。

1. 分包工程的范围

《建筑法》规定：建筑工程总承包单位可以将承包工程中的部分工程发包给具有相应资质条件的分包单位；禁止承包单位将其承包的全部建筑工程转包给他人，禁止承包单位将其承包的全部建筑工程肢解以后以分包的名义分别转包给他人；施工总承包的，建筑工程主体结构的施工必须由总承包单位自行完成。

《招标投标法》也规定：中标人按照合同约定或者经招标人同意，可以将中标项目的部分非主体、非关键性工作分包给他人完成；中标人不得向他人转让中标项目，也不得将中标项目肢解后分别向他人转让；《招标投标法实施条例》进一步规定：中标人不得向他人转让中标项目，也不得将中标项目肢解后分别向他人转让；中标人按照合同约定或者经招标人同意，可以将中标项目的部分非主体、非关键性工作分包给他人完成；接受分包的人应当具备相应的资格条件，并不得再次分包；中标人应当就分包项目向招标人负责，接受分包的人就分包项目承担连带责任。

因此，总承包单位承包工程后可以全部自行完成，也可以将其中的部分工程分包给其他承包单位完成，但只能依法分包部分工程，并且是非主体、非关键性工作；如果是施工总承包，其主体结构的施工则须由总承包单位自行完成。这主要是防止以分包为名而发生转包行为。

2014 年 8 月住房和城乡建设部经修改后发布的《房屋建筑和市政基础设施工程施工分包管理办法》还规定：分包工程发包人可以就分包合同的履行，要求分包工程承包人提供分包工程履约担保；分包工程承包人在提供担保后，要求分包工程发包人同时提供分包工程付款担保的，分包工程发包人应当提供。

2. 分包单位的限制

《建筑法》规定：建筑工程总承包单位可以将承包工程中的部分工程发包给具有相应资质条件的分包单位；但是，除总承包合同中约定的分包外，必须经建设单位认可；禁止总承包单位将工程分包给不具备相应资质条件的单位。《招标投标法》也规定，接受分包的人应当具备相应的资格条件。承包工程的单位须持有依法取得的资质证书，并在资质等级许可的业务范围内承揽工程。这一规定同样适用于工程分包单位。不具备资质条件的单位不允许承包建设工程，也不得承接分包工程。《房屋建筑和市政基础设施工程施工分包管理办法》规定："分包工程承包人必须具有相应的资质，并在其资质等级许可的范围内承揽业务。严禁个人承揽分包工程业务。"

总承包单位如果要将所承包的工程再分包给他人，应当依法告知建设单位并取得认可。这种认可应当依法通过以下两种方式：

1）在总承包合同中规定分包的内容。

2）在总承包合同中没有规定分包内容的，应当事先征得建设单位的同意。

但是，劳务作业分包由劳务作业发包人与劳务作业承包人通过劳务合同约定，可不经建设单位认可。分包工程须经建设单位认可，并不等于建设单位可以直接指定分包人。《房屋建筑和市政基础设施工程施工分包管理办法》规定，"建设单位不得直接指定分包工程承包人。"对于建设单位推荐的分包单位，总承包单位有权做出拒绝或者采用的选择。

在专业工程分包或者劳务作业分包中存在着无资质承揽工程的现象。无资质承揽劳务分包工程，常见的是作为自然人的"包工头"，带领一部分农民工组成的施工队，与总承包企业或者专业承包企业签订劳务合同，或者是通过层层转包、层层分包"垫底"获签劳务合同。2004 年 10 月发布的《最高人民法院关于审理建设工程施工合同纠纷案件适用法律问题的解释》第二十六条规定："实际施工人以转包人、违法分包人为被告起诉的，人民法院应当依法受理。实际施工人以发包人为被告主张权利的，人民法院可以追加转包人或者违法分包人为本案当事人，发包人只在欠付工程价款范围内对实际施工人承担责任。"无资质承包主体签订的专业分包合同或者劳务分包合同都是无效合同。但是，当作为无资质的"实际施工人"的利益受到侵害时，他可以向合同相对方（即转包方或违法分包方）主张权利，甚至可以向建设工程项目的发包方主张权利。这样规定是在依法查处违法承揽工程的同时，也能使实际施工人的合法权益得到保障。

3. 分包单位不得再分包

《建筑法》规定，禁止分包单位将其承包的工程再分包。《招标投标法》也规定，接受分包的人不得再次分包。《房屋建筑和市政基础设施工程施工分包管理办法》中规定，除专业承包企业可以将其承包工程中的劳务作业发包给劳务分包企业外，专业分包工程承包人和劳务作业承包人都必须自行完成所承包的任务。

4. 违法分包的界定

《建设工程质量管理条例》规定，违法分包是指下列行为：

1）总承包单位将建设工程分包给不具备相应资质条件的单位的。

2）建设工程总承包合同中未有约定，又未经建设单位认可，承包单位将其承包的部分建设工程交由其他单位完成的。

3）施工总承包单位将建设工程主体结构的施工分包给其他单位的。

4）分包单位将其承包的建设工程再分包的。

《建筑工程施工转包违法分包等违法行为认定查处管理办法（试行）》规定，存在下列情形之一的，属于违法分包：

1）施工单位将工程分包给个人的。

2）施工单位将工程分包给不具备相应资质或安全生产许可的单位的。

3）施工合同中没有约定，又未经建设单位认可，施工单位将其承包的部分工程交由其他单位施工的。

4）施工总承包单位将房屋建筑工程的主体结构的施工分包给其他单位的，钢结构工程除外。

5）专业分包单位将其承包的专业工程中非劳务作业部分再分包的。

6）劳务分包单位将其承包的劳务再分包的。

7）劳务分包单位除计取劳务作业费用外，还计取主要建筑材料款、周转材料款和大中型施工机械设备费用的。

8）法律法规规定的其他违法分包行为。

5. 转包行为的界定

依据《建筑工程施工转包违法分包等违法行为认定查处管理办法（试行）》的规定，存在下列情形之一的，属于转包：

1）施工单位将其承包的全部工程转给其他单位或个人施工的。

2）施工总承包单位或专业承包单位将其承包的全部工程肢解以后，以分包的名义分别转给其他单位或个人施工的。

3）施工总承包单位或专业承包单位未在施工现场设立项目管理机构或未派驻项目负责人、技术负责人、质量管理负责人、安全管理负责人等主要管理人员，不履行管理义务，未对该工程的施工活动进行组织管理的。

4）施工总承包单位或专业承包单位不履行管理义务，只向实际施工单位收取费用，主要建筑材料、构配件及工程设备的采购由其他单位或个人实施的。

5）劳务分包单位承包的范围是施工总承包单位或专业承包单位承包的全部工程，劳务分包单位计取的是除上缴给施工总承包单位或专业承包单位"管理费"之外的全部工程价款的。

6）施工总承包单位或专业承包单位通过采取合作、联营、个人承包等形式或名义，直接或变相地将其承包的全部工程转给其他单位或个人施工的。

7）法律法规规定的其他转包行为。

6.2.5 法律责任

1. 发包单位违法行为应承担的法律责任

《建筑法》规定，发包单位将工程发包给不具有相应资质条件的承包单位的，或者违反本法规定将建筑工程肢解发包的，责令改正，处以罚款。

《建设工程质量管理条例》规定：建设单位将建设工程发包给不具有相应资质等级的勘察、设计、施工单位或者委托给不具有相应资质等级的工程监理单位的，责令改正，处50万元以上100万元以下的罚款；建设单位将建设工程肢解发包的，责令改正，处工程合同价款0.5%以上1%以下的罚款；对全部或者部分使用国有资金的项目，并可以暂停项目执行或者暂停资金拨付。

《建筑工程施工转包违法分包等违法行为认定查处管理办法（试行）》规定：建设单位违法发包，拒不整改或者整改仍达不到要求的，致使施工合同无效的，不予办理质量监督、施工许可等手续；对全部或部分使用国有资金的项目，同时将建设单位违法发包的行为告知其上级主管部门及纪检监察部门，并建议对建设单位直接负责的主管人员和其他直接责任人员给予相应的行政处分。

2. 承包单位违法行为应承担的法律责任

《建筑法》规定：超越本单位资质等级承揽工程的，责令停止违法行为，处以罚款，可以责令停业整顿，降低资质等级；情节严重的，吊销资质证书；有违法所得的，予以没收。

未取得资质证书承揽工程的，予以取缔，并处罚款，有违法所得的，予以没收。

建筑施工企业转让、出借资质证书或者以其他方式允许他人以本企业的名义承揽工程的，责令改正，没收违法所得，并处罚款，可以责令停业整顿，降低资质等级，情节严重的，吊销资质证书；对因该项承揽工程不符合规定的质量标准造成的损失，建筑施工企业与使用本企业名义的单位或者个人承担连带赔偿责任。

承包单位将承包的工程转包的，或者违反本法规定进行分包的，责令改正，没收违法所得，并处罚款，可以责令停业整顿，降低资质等级，情节严重的，吊销资质证书。

承包单位有以上规定的违法行为的，对因转包工程或者违法分包的工程不符合规定的质量标准造成的损失，与接受转包或者分包的单位承担连带赔偿责任。

《建设工程质量管理条例》规定：

勘察、设计、施工、工程监理单位超越本单位资质等级承揽工程的，责令停止违法行为，对勘察、设计单位或者工程监理单位处合同约定的勘察费、设计费或者监理酬金1倍以上2倍以下的罚款；对施工单位处工程合同价款2%以上4%以下的罚款，可以责令停业整顿，降低资质等级；情节严重的，吊销资质证书；有违法所得的，予以没收。

未取得资质证书承揽工程的，予以取缔，依照以上规定处以罚款；有违法所得的，予以没收。

勘察、设计、施工、工程监理单位允许其他单位或者个人以本单位名义承揽工程的，责令改正，没收违法所得，对勘察、设计单位和工程监理单位处合同约定的勘察费、设计费和监理酬金1倍以上2倍以下的罚款；对施工单位处工程合同价款2%以上4%以下的罚款；可以责令停业整顿，降低资质等级；情节严重的，吊销资质证书。

承包单位将承包的工程转包或者违法分包的，责令改正，没收违法所得，对勘察、设计单位处合同约定的勘察费、设计费25%以上50%以下的罚款；对施工单位处工程合同价款0.5%以上1%以下的罚款；可以责令停业整顿，降低资质等级；情节严重的，吊销资质证书。

《建筑工程施工转包违法分包等违法行为认定查处管理办法（试行）》规定：对认定有转包、违法分包、挂靠、转让出借资质证书或者以其他方式允许他人以本单位的名义承揽工程等违法行为的施工单位，可依法限制其在3个月内不得参加违法行为发生地的招标投标活动、承揽新的工程项目，并对其企业资质是否满足资质标准条件进行核查，对达不到资质标准要求的限期整改，整改仍达不到要求的，资质审批机关撤回其资质证书；对2年内发生2次转包、违法分包、挂靠、转让出借资质证书或者以其他方式允许他人以本单位的名义承揽工程的施工单位，责令其停业整顿6个月以上，停业整顿期间，不得承揽新的工程项目；对2年内发生3次以上转包、违法分包、挂靠、转让出借资质证书或者以其他方式允许他人以本单位的名义承揽工程的施工单位，资质审批机关降低其资质等级。

6.3　建设工程合同制度

6.3.1　合同的概念

合同是平等主体的自然人、法人、其他组织之间设立、变更、终止民事权利义务关系的协议。合同在人们的社会生活中是普遍存在的。在市场经济条件下，合同又是用来维系社会各类经济组织或商品经营者之间的经济关系的重要纽带。如果没有合同，就无法维护当事人的合法权益，也就无法维护社会正常的经济秩序。

由于合同所调整的社会生活是多方面的，因此就形成多种多样的合同。从不同的角度可以对合同做出不同的分类。

1.《合同法》的基本分类

1999 年 3 月 15 日第九届全国人民代表大会第三次全体会议通过了《合同法》（1999 年 10 月 1 日起施行）。《合同法》分则部分将合同分为 15 类：买卖合同，供用电、水、气、热力合同，赠与合同，借款合同，租赁合同，融资租赁合同，承揽合同，建设工程合同，运输合同，技术合同，保管合同，仓储合同，委托合同，行纪合同，居间合同。在《合同法》中对每一类合同都做了较为详细的规定。

建设工程合同是承包人进行工程建设、发包人支付价款的合同。建设工程合同实质上是一种特殊的承揽合同。《合同法》第十六章"建设工程合同"中规定，建设工程合同包括工程勘察、设计、施工合同。本章没有规定的，适用承揽合同的有关规定。建设工程施工合同是建设工程合同中的重要部分，是指施工人（承包人）根据发包人的委托，完成建设工程项目的施工工作，发包人接受工作成果并支付报酬的合同。施工合同的内容包括工程范围、建设工期、中间交工工程的开工和竣工时间、工程质量、工程造价、技术资料交付时间、材料和设备供应责任、拨款和结算、竣工验收、质量保修范围和质量保证期、双方相互协作等条款。

2. 合同的其他分类

（1）双务合同与单务合同

双务合同是指双方当事人互相享有权利并承担义务的合同，如买卖合同、租赁合同、承揽合同、施工合同等；单务合同是指一方当事人享有权利，另一方当事人承担义务的合同，如赠与合同。区分双务合同与单务合同的法律意义在于：首先，双务合同适用同时履行抗辩规则，即当事人在合同中未约定履行义务的先后顺序时，应推定为同时履行，双方当事人都享有同时履行抗辩权，而单务合同当事人则没有此项权利；其次，双务合同履行过程中发生不可抗力而导致当事人不能履行时，则存在风险负担问题，风险的负担按法律规定的不同，可能由债权人承担，也可能由债务人承担，而单务合同履行过程中发生的风险一律由债务人承担；最后，在双务合同中，当事人一方已按约定履行，而另一方违约时，履约方可以主张违约方继续履行或承担违约责任，必要时还可以解除合同，而单务合同不发生这种后果。

（2）诺成合同与实践合同

诺成合同是指仅有当事人意思表示一致即可订立的合同，如买卖合同等；实践合同是指在当事人意思表示一致的前提下，还需交付标的物或者其他给付的合同，如货物运输合同、保管合同等。区分诺成合同与实践合同的法律意义在于：首先，诺成合同仅以双方当事人意思表示一致为合同成立的要件，而实践合同以双方合意和标的物交付为合同成立的要件；其次，诺成合同中交付标的物是当事人的义务，若违反就产生违约责任，而实践合同中交付标的物不是当事人的义务，违反它不产生违约责任，但可构成缔约过失责任。

（3）主合同与从合同

主合同是指不依附于其他合同而独立存在的合同，如买卖合同、施工合同等；从合同是指不能独立存在，而以主合同存在为存在的前提条件，如担保合同。主合同有效，从合同就有效，主合同无效，从合同自然无效，但是，从合同是否有效不会影响主合同的效力。

（4）有偿合同与无偿合同

有偿合同是指合同当事人双方任何一方均需给予另一方相应权益方能取得自己利益的合同。无偿合同是指当事人一方无须给与相应权益即可从另一方取得利益。在市场经济中，绝大部分合同都是有偿合同。区分有偿合同与无偿合同的法律意义在于：

1）承担责任轻重不同。在有偿合同，债务人所负的注意义务程度较高；在无偿合同，则较低。例如在保管合同中，因保管人的过失导致保管物毁损灭失时，如果是有偿保管，因保管人收取了保管费，就应负全部赔偿责任；如果是无偿保管，保管人的责任就应适当减轻。

2）合同主体要求不同。签订有偿合同的当事人原则上应是完全行为能力人，限制民事行为能力人签合同须经其法定代理人同意。而无偿合同的签订无须取得法定代理人的同意。

3）当事人可否行使撤销权不同。有偿合同的债务人将其财产无偿转让给第三人损害到债权人利益时，债权人有权请求撤销此转让行为；而无偿合同则不发生此项权利。

（5）要式合同与不要式合同

要式合同是指法律规定必须采用某种特定形式或具备特定手续订立的合同。例如《合同法》规定，建设工程合同应当采用书面形式；又如，法律规定，当事人签订房屋买卖合同需办理房屋过户登记手续等。不要式合同是指法律对合同订立的形式和应具备的手续未做规定的合同，如买卖合同等。

3. 合同的基本原则

合同法是调整平等主体的自然人、法人、其他组织之间设立、变更、终止民事权利义务关系的法律规范的总称。《合同法》总则第一章对《合同法》的基本原则做了明确的规定。这既是合同当事人在合同的订立、履行、变更、解除、转让、承担违约责任时应遵守的基本原则，又是人民法院、仲裁机构在审理、仲裁合同纠纷时应当遵循的原则。

（1）合同当事人法律地位平等原则

《合同法》规定："合同当事人的法律地位平等"，也就是说，无论当事人在事实上有什么身份上的不同，如大型国有企业和小型私营企业，但只要他们签订合同，则在合同关系中，他们的法律地位就是平等的、独立的，享有平等的主体资格，不能以大欺小，以强欺弱。

（2）自愿原则

这是《合同法》重要的原则之一。合同当事人依法享有自愿订立合同的权利，任何一方不得将自己的意志强加给另一方。自愿原则通常也称意思自治原则，即作为合同当事人在法律规定的范围之内，可以按照自己的意愿订立合同，自主地选择合同的另一当事人，自主地决定合同内容。自愿原则是市场经济的客观要求，随着市场经济的不断发展和日益完善，合同自愿原则的重要性将会更加突出。

（3）公平、诚实信用原则

《合同法》规定："当事人应当遵循公平原则确定各方的权利和义务"；"当事人行使权利、履行义务应当遵循诚实信用原则"。公平、诚实信用原则是《合同法》的重要原则。公平、诚实信用原则，就是要求合同当事人在订立合同和履行合同，以至合同终止后的全过程中，都要讲诚实，重信用，相互协作，不滥用权利。首先，在合同订立时，应当遵循公平原则确定双方当事人的权利和义务，不得采取欺诈、胁迫手段订立合同，不得假借订立合同恶意进行磋商或有其他违背诚实信用原则的行为；其次，在履行合同时，当事人应当遵循诚实信用原则，根据合同约定、合同的性质、目的和交易习惯履行自己的义务；最后，在合同关系终止后，当事人也应当遵循诚实信用的原则履行通知、协助和保密等义务。

6.3.2 合同的订立

1. 合同的形式

合同的形式是指合同双方当事人对合同的内容、条款，经过协商，做出共同的意思表示的具体方式。《合同法》规定，合同的形式有书面形式、口头形式和其他形式。

（1）口头形式

口头形式是指当事人以对话方式所订立的合同。例如当面交谈、电话联系等。其优点是简单、快捷，有益于商品流转，因而这种形式在民事活动中被大量采用。例如集贸市场的现货交易、商店里的零售买卖都是采用口头形式进行的。但口头形式的缺点是发生争议后很难举证，不易分清当事人的责任。所以那些合同标的额较大的、履行期较长的、合同关系较复杂的合同不宜采用这种形式。

（2）书面形式

书面形式是指合同书、信件和数据电文（包括电报、电传、传真、电子数据交换和电子邮件）等可以有形地表现当事人之间所订合同内容的形式。书面形式的优点是当事人之间产生纠纷时举证方便，同时也便于法院或仲裁机构审判或裁决。因此对于价款或者酬金数额较大的合同，或者履行期间较长的合同，或者合同当事人关系比较复杂的合同，当事人应当采用书面合同形式。

书面形式有一般书面形式和特殊书面形式。一般书面形式即用文字表述合同内容的合同形式。特殊书面形式是指当事人除了用文字方式表现合同内容外，还必须按法律规定或当事人约定办理特定手续的合同，如进行公证、审批、登记特殊程序。当事人采用合同书形式订立合同的，应当签字或者盖章。当事人在合同书上摁手印的，人民法院应当认定其具有与签字或者盖章同等的法律效力。法律、行政法规规定采用书面形式的，应当采用书面形式。当事人约定采用书面形式的，应当采用书面形式。对于那些法律、行政法规未做规定、当事人也未约定采用书面形式订立的合同，采用任何一种形式订立都允许的。由于《合同法》对绝大多数合同的形式未做规定，因此可以认为，《合同法》在合同形式上的要求是以不要式为原则的。

（3）其他形式

其他形式是指用除书面形式、口头形式以外的方式来表现合同内容的形式，一般包括推定和默示进行意思表示。当事人未以书面形式或者口头形式订立合同，但从双方从事的民事行为能够推定双方有订立合同意愿的，人民法院可以认定是以《合同法》规定的"其他形式"订立的合同。

推定是指当事人用语言以外的有目的有法律意义的积极活动来表达他的意志。例如，供应合同期满后，供方依然按照原合同规定的数量供货，需方没表示异议且接受货物并付款，这就可以推定双方已经取得关于延长原有合同的协议，或者可以推定在当事人之间形成了一个不定期的供应合同。

默示是指当事人没有进行任何积极行为，而以沉默表示自己的意思。但在这里需要注意的是，默示只有在法律有明文规定或在习惯上已为大家所承认的情况下，才具有法律意义，才能看作合同订立的一种方式。例如在施工合同的索赔程序中，法律规定，工程师在收到当事人的索赔报告后 28 天之内应做出答复，如未做答复，视为该项索赔已经认可。

2. 合同订立的程序

合同的订立需要经过要约和承诺两个阶段。实际上就是当事人对合同内容进行协商、达成意见一致的过程。

（1）要约

要约是希望和对方订立合同的意思表示。提出要约的一方为要约人，接受要约的一方为受要约人。

要约应当符合两项规定：

1）要约的内容必须具体确定。即应该在要约中提出准备与对方签订合同的主要条件，以便使受要约人能够确切地了解要约的内容，一旦受要约人表示接受，双方当事人就可以成立合同。因此要约应具备合同的主要条款。

2）应表明经受要约人承诺，要约人即受该意思表示约束。

要约与没有主要条款的要约邀请不同，有些合同在要约之前还会有要约邀请行为。要约邀请是希望他人向自己发出要约的意思表示。要约邀请并不是合同成立过程中的必经过程，它是当事人订立合同的预备行为，在发出要约邀请以后撤回其邀请，只要没有给善意相对人造成损失，要约邀请人在法律上无须承担责任。这种意思表示的内容往往不确定，不含有合同得以成立的主要内容，也不含相对人同意后受其约束的表示。比如价目表的寄送、招标公告、商业广告（如果商业广告符合要约规定的，视为要约）、招股说明书等，即是要约邀请。要约是合同成立的必经过程，只要受要约人承诺，要约人就不得反悔，就要受到自己要约的约束。

要约可以撤回。要约撤回是指要约尚未生效时，要约人欲使其不发生法律效力而取消要约的意思表示。《合同法》规定：要约人撤回要约的通知应当在要约到达受要约人之前或同时到达受要约人；要约可以撤销。要约撤销是指要约生效后，要约人欲使其丧失法律效力的意思表示。《合同法》规定，要约人撤销要约的通知应当在受要约人发出承诺通知之前到达受要约人。但有下列情形之一的，要约不得撤销：

1）要约人确定承诺期限或者以其他形式明示要约不可撤销。这里所讲的以其他形式明示要约不可撤销指的是要约人虽然没有确定承诺期限，但明确写明了只有在收到对方拒绝承诺的书面通知时才失效，这就等于明确表示要约是不可以撤销的。

2）受要约人有理由认为要约是不可撤销，并已经为履行合同做了准备工作。比如向银行贷款、购买原材料、租赁运输工具等。

《合同法》规定，在合同订立过程中有下列情形之一的，要约失效：①拒绝要约的通知到达要约人；②要约人依法撤销要约；③承诺期限届满，受要约人未做出承诺；④受要约人对要约的内容做出实质性变更。

（2）承诺

承诺是受要约人做出的同意要约的意思表示，承诺意味着合同成立，意味着在当事人之间形成了合同关系。承诺的有效成立必须具备以下条件：

1）承诺必须由受要约人做出。即只有受要约人才能做出承诺。第三人不是受要约人，不能接受承诺，第三人向要约人做出承诺，视为发出要约。

2）承诺只能向要约人做出。因为承诺是受要约人愿意按照要约人的要约的全部内容与要约人订立合同的意思表示，所以承诺只能向要约人做出。

3）承诺的内容应当与要约的内容一致。承诺的内容应当与要约的内容一致是指受要约人对要约的内容不得做实质性变更。所谓实质性变更，包括有关合同标的、数量、质量、价款或者报酬、履行期限、履行地点和方式、违约责任和解决争议方法的变更。受要约人对要约的内容做出实质性变更的，应视为新要约，而不是承诺。受要约人对要约的内容做出非实质性变更的，除要约人及时表示反对或者要约表明承诺不得对要约的内容做出任何变更的以外，该承诺有效，合同的内容以承诺的内容为准。

4）承诺必须在承诺期限内发出。如果要约规定了承诺期限，则应该在规定的承诺期限内做出；如果没有规定期限，则应当在合理期限内做出。受要约人超过承诺期限发出承诺的，除要约人及时通知受要约人该承诺有效的以外，视为新要约。如果受要约人在承诺期限内发出承诺，按照通常情形能够及时到达要约人，但因其他原因承诺到达要约人时超过承诺期限的，除要约人及时通知受要约人承诺超过期限不接受该承诺的以外，该承诺有效。如果要约已经失效，对失效的要约做出的承诺，视为向要约人发出要约，不能产生承诺的法律效力。

承诺应当以通知的方式做出，根据交易习惯或者要约表明可以通过行为做出承诺的除外。承诺可以撤回，承诺的撤回是承诺人阻止或者消灭承诺发生法律效力的意思表示。法律规定撤回承诺的通知应当在承诺通知到达要约人之前或者与承诺通知同时到达要约人。

（3）要约和承诺的生效

要约和承诺的生效指的是要约和承诺开始受法律保护，具有法律效力。对于要约和承诺的生效，有两种不同的做法：①发信主义，即要约人发出要约以后，只要要约已处于要约人控制范围之外，要约即生效；②到达主义，是指要约必须到达受要约人的时候才能生效。我国采用了到达主义原则。我国《合同法》规定，要约到达受要约人时生效，承诺到达要约人时生效。采用数据电文形式订立合同，收件人指定特定系统接收数据电文的，该数据电文进入该特定系统的时间，视为到达时间；未指定特定系统的，该数据电文进入收件人任何系统的首次时间，视为到达时间。

3. 合同订立的时间和地点

当事人采用合同书形式订立合同的，自双方当事人签字或者盖章时合同成立。当事人采用信件、数据电文等形式订立合同的，可以在合同成立之前要求签订确认书。签订确认书时合同成立。

采用书面形式订立合同，合同约定的签订地与实际签字或者盖章地点不符的，人民法院应当认定约定的签订地为合同签订地；合同没有约定签订地，双方当事人签字或者盖章不在同一地点的，人民法院应当认定最后签字或者盖章的地点为合同签订地。

承诺生效的地点为合同成立的地点。采用数据电文形式订立合同的，收件人的主营业地为合同成立的地点；没有主营业地的，其经常居住地为合同成立的地点。当事人另有约定的，按照其约定。当事人采用合同书形式订立合同的，双方当事人签字或者盖章的地点为合同成立的地点。

法律、行政法规规定或者当事人约定采用书面形式订立合同，当事人未采用书面形式但一方已经履行主要义务，对方接受的，该合同成立。采用合同书形式订立合同，在签字或者盖章之前，当事人一方已经履行主要义务，对方接受的，该合同成立。国家根据需要下达指令性任务或者国家订货任务的，有关法人、其他组织之间应当依照有关法律、行政法规规定的权利和义务订立合同。

4. 合同的内容

合同的内容即当事人的权利和义务。合同的内容由当事人约定，这是合同自由的重要体现。《合同法》规定了合同一般应当包括的条款，但具备这些条款不是合同成立的必备条件：

（1）当事人的名称或者姓名和住所

合同当事人包括自然人、法人和其他组织。名称是指法人或其他组织在登记机关登记的正式称谓；姓名是指自然人在身份证或者户籍登记表上的正式称谓。住所对自然人而言，是指其长久居住的地方；对法人和其他组织而言，是其主要办事机构所在地。在合同中明确当事人的基本情况，有利于合同的顺利履行，也有利于确定诉讼管辖。

（2）标的

标的是合同当事人权利义务所共同指向的对象，即合同法律关系的客体。合同的标的必须明确、具体、合法。没有约定标的，合同就不可能成立。合同的标的可以是物，也可以是劳务、智力成果、工程项目等，只要不是法律禁止的，都可以成为合同标的。

（3）数量

数量是衡量合同标的多少的尺度，是以数字和其他计量单位表示的尺度。数量是确定合同当事人权利义务范围、大小的标准。如果当事人在合同中未约定数量，这样的合同无法履行。

（4）质量

质量是标的的内在品质和外观形态的综合指标，如产品的品种、型号、规格和工程项目的标准等。在签订合同时，当事人应当准确而具体地约定标的的质量，对于技术上较为复杂的和容易引起争议的词语、标准，应当加以说明和解释。如果标的有不同的质量标准，如国家标准、部颁标准、省级标准、专业标准、厂级标准等，当事人则应在合同中写明合同执行的是什么标准，必要时应写明是什么年代的质量标准。如果某种标的有国家强制性标准或者行业性标准，当事人必须执行，合同约定的质量不得低于该强制性标准。

（5）价款或者报酬

价款或者报酬是指当事人一方履行义务时另一方当事人以货币形式支付的代价。价款或者报酬一般由当事人在订立合同时自由约定，但是如果属于政府定价的，必须执行政府定价。如果有政府指导价的，当事人必须在政府指导价规定的幅度范围内确定价格。

（6）履行期限、地点和方式

履行期限是指当事人履行合同义务的起止时间。履行期限既是一方当事人请求对方当事人履行合同义务的依据，又是判断合同是否已经得到履行的标准，是确定当事人是否违约的一个重要因素。因此当事人在订立合同时，应尽可能将履行期限约定得明确和具体。履行期限通常表现为合同的签订期、有效期和履行期。

履行地点是指当事人交付标的和支付价款或酬金的地点。包括标的的交付、提取地点；服务、劳务或工程项目建设的地点；价款或劳务的结算地点。当事人订立合同时应明确规定履行地点，它是判断合同是否已经得到履行的一个标准。

履行方式是指当事人采取什么样的方式履行自己在合同中的义务。履行的方式包括很多方面的内容，如标的的交付方式、价款或酬金的结算方式、货物的运输方式等。

（7）违约责任

违约责任是指当事人任何一方不履行或者不适当履行合同规定的义务而应当承担的法律责任。当事人违约时一般承担的违约责任是由违约方向对方支付违约金或赔偿金。

（8）解决争议的方法

解决争议的方法是指当事人在订立合同时约定，在合同履行过程中产生争议以后，通过什么方式来解决。在我国合同争议的解决方式通常有：协商、调解、仲裁、司法诉讼。其中，协商和调解不具有法律上的强制性，只有仲裁和司法诉讼才具有法律上的强制性。但由于仲裁、司法诉讼分属两种不同的解决争议的方法，如果当事人选择了仲裁，就不能再向人民法院起诉。因此，当事人双方在订立合同时应约定解决争议的方法。

5. 建设工程施工合同的内容

施工合同的内容包括工程范围、建设工期、中间交工工程的开工和竣工时间、工程质量、工程价款、技术资料交付时间、材料和设备供应责任、支付和结算、竣工验收、质量保修范围和质量保证期、双方相互协作等条款。

（1）工程范围

工程范围是指施工的界区，是施工人进行施工的工作范围。

（2）建设工期

建设工期是指施工人完成施工任务的期限。在实践中，有的发包人常常要求缩短工期，施工人为了赶进度，往往导致严重的工程质量问题。因此，为了保证工程质量，双方当事人应当在施工合同中确定合理的建设工期。

（3）中间交工工程的开工和竣工时间

中间交工工程是指施工过程中的阶段性工程。为了保证工程各阶段的交接，顺利完成工程建设，当事人应当明确中间交工工程的开工和竣工时间。

（4）工程质量

工程质量条款是明确施工人施工要求，确定施工人责任的依据。施工人必须按照工程设计图和施工技术标准施工，不得擅自修改工程设计，不得偷工减料。发包人也不得明示或者暗示施工人违反工程建设强制性标准，降低建设工程质量。

（5）工程价款

招标工程的合同价款由发包人、承包人依据中标通知书中的中标价格在协议书内约定。非招标工程的合同价款由发包人、承包人依据工程预算书在协议书内约定。合同价款在协议书内约定后，任何一方不得擅自改变。

合同价款的确定方式有固定价格合同、可调价格合同、成本加酬金合同，双方可在专用条款内约定采用其中一种。

住房和城乡建设部2013年12月发布的《建筑工程施工发包与承包计价管理办法》规定：招标人与中标人应当根据中标价订立合同；不实行招标投标的工程由发承包双方协商订立合同；合同价款的有关事项由发承包双方约定，一般包括合同价款约定方式，预付工程款、工程进度款、工程竣工价款的支付和结算方式，以及合同价款的调整情形等。发承包双方在确定合同价款时，应当考虑市场环境和生产要素价格变化对合同价款的影响。实行工程量清单计价的建筑工程，鼓励发承包双方采用单价方式确定合同价款；建设规模较小、技术难度较低、工期较短的建筑工程，发承包双方可以采用总价方式确定合同价款；紧急抢险、救灾以及施工技术特别复杂的建筑工程，发承包双方可以采用成本加酬金方式确定合同价款。

《最高人民法院关于审理建设工程施工合同纠纷案件适用法律问题的解释》第二十一条规定，当事人就同一建设工程另行订立的建设工程施工合同与经过备案的中标合同实质性内容不一致的，应当以备案的中标合同作为结算工程价款的根据。

（6）技术资料交付时间

技术资料主要是指勘察、设计文件以及其他施工人据以施工所必需的基础资料。当事人应当在施工合同中明确技术资料的交付时间。

（7）材料和设备供应责任

材料和设备供应责任是指由哪一方当事人提供工程所需材料设备及其应承担的责任。材料和设备可以由发包人负责提供，也可以由施工人负责采购。如果按照合同约定由发包人负责采购建筑材料、构配件和设备的，发包人应当保证建筑材料、构配件和设备符合设计文件和合同要求。施工人则须按照工程设计要求、施工技术标准和合同约定，对建筑材料、构配件和设备进行检验。

（8）支付和结算

《合同法》规定，验收合格的，发包人应当按照约定支付价款，并接收该建设工程。《建筑工程施工发包与承包计价管理办法》进一步规定：预付工程款按照合同价款或者年度工程计划额度的一定比例确定和支付，并在工程进度款中予以抵扣；承包方应当按照合同约定向发包方提交已完成工程量报告，发包方收到工程量报告后，应当按照合同约定及时核对并确认；发承包双方应当按照合同约定，定期或者按照工程进度分段进行工程款结算和支付。工程完工后，应当按照下列规定进行竣工结算：

1）承包方应当在工程完工后的约定期限内提交竣工结算文件。

2）国有资金投资建筑工程的发包方，应当委托具有相应资质的工程造价咨询企业对竣工结算文件进行审核，并在收到竣工结算文件后的约定期限内向承包方提出由工程造价咨询企业出具的竣工结算文件审核意见；逾期未答复的，按照合同约定处理，合同没有约定的，竣工结算文件视为已被认可。非国有资金投资的建筑工程发包方，应当在收到竣工结算文件后的约定期限内予以答复，逾期未答复的，按照合同约定处理，合同没有约定的，竣工结算文件视为已被认可；发包方对竣工结算文件有异议的，应当在答复期内向承包方提出，并可以在提出异议之日起的约定期限内与承包方协商；发包方在协商期内未与承包方协商或者经协商未能与承包方达成协议的，应当委托工程造价咨询企业进行竣工结算审核，并在协商期满后的约定期限内向承包方提出由工程造价咨询企业出具的竣工结算文件审核意见。

3）承包方对发包方提出的工程造价咨询企业竣工结算审核意见有异议的，在接到该审核意见后 1 个月内，可以向有关工程造价管理机构或者有关行业组织申请调解，调解不成的，可以依法申请仲裁或者向人民法院提起诉讼。发承包双方在合同中对本条第 1）项、第 2）项的期限没有明确约定的，应当按照国家有关规定执行；国家没有规定的，可认为其约定期限均为 28 日。

工程竣工结算文件经发承包双方签字确认的，应当作为工程决算的依据，未经对方同意，另一方不得就已生效的竣工结算文件委托工程造价咨询企业重复审核。发包方应当按照竣工结算文件及时支付竣工结算款。

（9）竣工验收

竣工验收条款一般应当包括验收范围与内容、验收标准与依据、验收人员组成、验收方式和日期等内容。

（10）质量保修范围和质量保证期

建设工程质量保修范围和质量保证期，应当按照《建设工程质量管理条例》的规定执行。

（11）双方相互协作条款

双方相互协作条款一般包括双方当事人在施工前的准备工作，施工人及时向发包人提出开工通知书、施工进度报告书、对发包人的监督检查提供必要协助等。

6. 建设工程施工合同发承包双方的主要义务

（1）发包人的主要义务

1）不得违法发包。《合同法》规定，发包人不得将应当由一个承包人完成的建设工程肢解成若干部分发包给几个承包人。

2）提供必要施工条件。发包人未按照约定的时间和要求提供原材料、设备、场地、资金、技术资料的，承包人可以顺延工程日期，并有权要求赔偿停工、窝工等损失。

3）及时检查隐蔽工程。隐蔽工程在隐蔽以前，承包人应当通知发包人检查。发包人没有及时检查的，承包人可以顺延工程日期，并有权要求赔偿停工、窝工等损失。

4）及时验收工程。建设工程竣工后，发包人应当根据施工图及说明书、国家颁发的施工验收规范和质量检验标准及时进行验收。

5）支付工程价款。发包人应当按照合同约定的时间、地点和方式等，向承包人支付工程价款。

（2）承包人的主要义务

1）不得转包和违法分包工程。承包人不得将其承包的全部建设工程转包给第三人，不得将其承包的全部建设工程肢解以后以分包的名义分别转包给第三人。禁止承包人将工程分包给不具备相应资质条件的单位。禁止分包单位将其承包的工程再分包。

2）自行完成建设工程主体结构施工。建设工程主体结构的施工必须由承包人自行完成。承包人将建设工程主体结构的施工分包给第三人的，该分包合同无效。

3）接受发包人有关检查。发包人在不妨碍承包人正常作业的情况下，可以随时对作业进度、质量进行检查。隐蔽工程在隐蔽以前，承包人应当通知发包人检查。

4）交付竣工验收合格的建设工程。建设工程竣工经验收合格后，方可交付使用；未经验收或者验收不合格的，不得交付使用。

5）建设工程质量不符合约定的无偿修理。因施工人的原因致使建设工程质量不符合约定的，发包人有权要求施工人在合理期限内无偿修理或者返工、改建。经过修理或者返工、改建后，造成逾期交付的，施工人应当承担违约责任。

6.3.3 合同的效力

合同的效力是指合同所具有的法律约束力。《合同法》对合同的效力，不仅规定了合同生效、无效合同，而且还对可撤销或变更合同进行了规定。

1. 合同生效条件

合同生效即合同发生法律约束力。合同生效后，当事人必须按约定履行合同，《合同法》对合同生效规定了三种情形：

（1）成立生效

对一般合同而言，只要当事人在合同主体资格、合同形式及合同内容等方面均符合法律、行政法规的要求，经协商达成一致意见，合同成立即可生效。正如《合同法》规定的那样：依法成立的合同，自成立时生效。

（2）批准登记生效

批准登记的合同是指法律、行政法规规定应当办理批准登记手续的合同。按照我国现有的法律和行政法规的规定，有的将批准登记作为合同成立的条件，有的将批准登记作为合同生效的条件。例如，中外合资经营企业合同必须经过批准后才能成立。《合同法》对此规定："法律、行政法规规定应当办理批准、登记等手续生效的，依照其规定。"

（3）约定生效

约定生效是指合同当事人在订立合同时，约定以将来某种事实的发生作为合同生效或合同失效的条件，合同成立后，当约定的某种事实发生后，合同才能生效或合同即告失效。

当事人约定以不确定的将来事实的成就，限制合同生效或失效的，称为附条件的合同。《合同法》规定：附生效条件的合同，自条件成就时生效；附解除条件的合同，自条件成就时失效。同时规定："当事人为自己的利益不正当地阻止条件成就的，视为条件已成就；不正当地促成条件成就的，视为条件不成就。"

当事人约定以确定的将来事实的成就，限制合同生效或失效的，即是附期限的合同。《合同法》规定："附生效期限的合同，自期限届至时生效。附终止期限的合同，自期限届满时失效"。

2. 效力待定合同

效力待定合同是指行为人未经权利人同意而订立的合同，因其不完全符合合同生效的要件，合同有效与否，需要由权利人确定。根据《合同法》的规定，效力待定合同有以下几种：

（1）限制民事行为能力人订立的合同

限制民事行为能力人订立的合同，经法定代理人追认后，该合同有效。

（2）无效代理合同

代理合同是指行为人以他人名义，在代理权限范围内与第三人订立的合同。而无效代理合同则是行为人不具有代理权而以他人名义订立的合同。这种合同具体又有三种情况：

1）行为人没有代理权，即行为人事先并没有取得代理权却以代理人自居而代理他人订立的合同。

2）无权代理人超越代理权，即代理人虽然获得了被代理人的代理权，但他在代订合同时，超越了代理权限的范围。

3）代理权终止后以被代理人的名义订立合同，即行为人曾经是被代理人的代理人，但在以被代理人的名义订立合同时，代理权已终止。对于无权代理合同，《合同法》规定：未经被代理人追认，对被代理人不发生效力，由行为人承担责任；相对人有理由相信行为人有代理权的，该代理行为有效。

（3）无处分权的人处分他人财产的合同

这类合同是指无处分权的人以自己的名义对他人的财产进行处分而订立的合同。根据法律规定，财产处分权只能由享有处分权的人行使，但《合同法》对无财产处分权人订立的合同生效情况做出了规定："无处分权的人处分他人财产，经权利人追认或者无处分权的人订立合同后取得处分权的，该合同有效"。

3. 无效合同

无效合同是指虽经当事人协商订立，但因其不具备合同生效条件，不能产生法律约束力的合同。无效合同从订立时起就不具有法律约束力。《合同法》规定了五种无效合同：

1）一方以欺诈、胁迫的手段订立合同，损害国家利益。

2）恶意串通，损害国家、集体或者第三人利益。

3）以合法形式掩盖非法目的。

4）损害社会公共利益。

5）违反法律、行政法规的强制性规定。

此外，《合同法》还对合同中的免责条款及争议解决条款的效力做出了规定。合同的免责条款是指当事人在合同中约定的免除或限制其未来责任的条款。免责条款是由当事人协商一致的合同的组成部分，具有约定性。如果需要，当事人应当以明示的方式依法对免责事项及免责的范围进行约定。但对那些具有社会危害性的侵权责任，当事人不能通过合同免除其法律责任，即使约定了，也不承认其有法律约束力。因此，《合同法》明确规定了两种无效免责条款：

1）造成对方人身伤害的。

2）因故意或者重大过失造成对方财产损失的。

合同中的解决争议条款具有相对独立性，当合同无效、被撤销或者终止时，解决争议条款的效力不受影响。

依据 2009 年 4 月发布的《合同法解释（二）》第十四条的规定，《合同法》第五十二条第（五）项规定的"强制性规定"，是指效力性强制性规定。依据 2009 年 7 月最高人民法院印发的《关于当前形势下审理民商事合同纠纷案件若干问题的指导意见》的要求，正确理解、识别和适用《合同法》第五十二条第（五）项中的"违反法律、行政法规的强制性规定"，关系到民商事合同的效力维护以及市场交易的安全和稳定。人民法院应当注意根据《合同法解释（二）》第十四条的规定，注意区分效力性强制性规定和管理性强制性规定。违反效力性强制性规定的，人民法院应当认定合同无效；违反管理性强制性规定的，人民法院应当根据具体情形认定其效力。人民法院应当综合法律法规的意旨，权衡相互冲突的权益，诸如权益的种类、交易安全以及其所规制的对象等，综合认定强制性规定的类型。如果强制性规定规制的是合同行为本身，即只要该合同行为发生即绝对地损害国家利益或者社会公共利益的，人民法院应当认定合同无效。如果强制性规定规制的是当事人的"市场准入"资格而非某种类型的合同行为，或者规制的是某种合同的履行行为而非某类合同行为，人民法院对于此类合同效力的认定，应当慎重把握，必要时应当征求相关立法部门的意见或者请示上级人民法院。

《最高人民法院关于审理建设工程施工合同纠纷案件适用法律问题的解释》规定，建设工程施工合同具有下列情形之一的，应当根据《合同法》第五十二条第（五）项的规定，认定无效：

1）承包人未取得建筑施工企业资质或者超越资质等级的。

2）没有资质的实际施工人借用有资质的建筑施工企业名义的。

3）建设工程必须进行招标而未招标或者中标无效的。

建设工程施工合同无效，但建设工程经竣工验收合格，承包人请求参照合同约定支付工程价款的，应予支持。建设工程施工合同无效，且建设工程经竣工验收不合格的，按照以下情形分别处理：

1）修复后的建设工程经竣工验收合格，发包人请求承包人承担修复费用的，应予支持。

2）修复后的建设工程经竣工验收不合格，承包人请求支付工程价款的，不予支持。

因建设工程不合格造成的损失，发包人有过错的，也应承担相应的民事责任。承包人非法转包、违法分包建设工程或者没有资质的实际施工人借用有资质的建筑施工企业名义与他人签订建设工程施工合同的行为无效。人民法院可以根据规定，收缴当事人已经取得的非法所得。承包人超越资质等级许可的业务范围签订建设工程施工合同，在建设工程竣工前取得相应资质等级，当事人请求按照无效合同处理的，不予支持。

4. 可变更或可撤销合同

可变更合同是指合同部分内容违背当事人的真实意思表示，当事人可以要求对该部分内容的效力予以撤销的合同。可撤销合同是指虽经当事人协商一致，但因非对方的过错而导致一方当事人意思表示不真实，允许当事人依照自己的意思，使合同效力归于消灭的合同。《合同法》规定了下列合同当事人一方有权请求人民法院或者仲裁机构变更或者撤销：

1）因重大误解订立的合同。行为人对行为的性质、对方当事人、标的物的品种、质量、规格和数量等的错误认识，使行为的后果与自己的意思相悖，并造成较大损失的，可以认定为重大误解。

2）在订立合同时显失公平的合同。一方当事人利用优势或者利用对方没有经验，致使双方的权利义务明显违反公平、等价有偿原则的，可以认定为显失公平。

此外，《合同法》对于一方采用欺诈、胁迫手段或乘人之危订立的合同，也做出了规定：一方以欺诈、胁迫的手段或者乘人之危，使对方在违背真实意思的情况下订立的合同，受损害方有权请求人民法院或者仲裁机构变更或者撤销。

合同经法院或仲裁机构变更，被变更的部分即属无效，而变更后的合同则为有效合同，对当事人有法律约束力。合同经人民法院或仲裁机构撤销，被撤销的合同即属无效合同，自始不具有法律约束力。因此，对于上述合同，如果当事人请求变更的，人民法院或者仲裁机构不得撤销。同时，为了维护社会经济秩序的稳定，保护当事人的合法权益，《合同法》对当事人的撤销权也做出了限制。《合同法》规定，有下列情形之一的，撤销权消灭：

1）具有撤销权的当事人自知道或者应当知道撤销事由之日起一年内没有行使撤销权。

2）具有撤销权的当事人知道撤销事由后明确表示或者以自己的行为放弃撤销权。

5. 情势变更制度

依据《合同法解释（二）》的规定，合同成立以后客观情况发生了当事人在订立合同时无法预见的、非不可抗力造成的不属于商业风险的重大变化，继续履行合同对于一方当事人明显不公平或者不能实现合同目的，当事人请求人民法院变更或者解除合同的，人民法院应当根据公平原则，并结合案件的实际情况确定是否变更或者解除。

所谓"情势"，是指客观情况，具体泛指一切与合同有关的客观事实，如战争、经济危机、政策调整等。情势变更原则主要针对经济形势、经济政策的巨大变化，与国家对经济生活的干预有直接关系，如价格调整、经济危机、通货膨胀等，以下情形一般可以认定为情势变更：

1）物价飞涨（需要量化）。

2）合同基础丧失（如合同标的物灭失）。

3）汇率大幅度变化。

4）国际经济贸易政策变化。

5）国家出台新规定进行管制，造成涨价。

《关于当前形势下审理民商事合同纠纷案件若干问题的指导意见》要求：

当前市场主体之间的产品交易、资金流转因原料价格剧烈波动、市场需求关系的变化、流动资金不足等诸多因素的影响而产生大量纠纷，对于部分当事人在诉讼中提出适用情势变更原则变更或者解除合同的请求，人民法院应当依据公平原则和情势变更原则严格审查。

人民法院在适用情势变更原则时，应当充分注意到全球性金融危机和国内宏观经济形势变化并非完全是一个令所有市场主体猝不及防的突变过程，而是一个逐步演变的过程。在演变过程中，市场主体应当对于市场风险存在一定程度的预见和判断。人民法院应当依法把握情势变更原则的适用条件，严格审查当事人提出的"无法预见"的主张，对于涉及石油、焦炭、有色金属等市场属性活泼、长期以来价格波动较大的大宗商品标的物以及股票、期货等风险投资型金融产品标的物的合同，更要慎重适用情势变更原则。

人民法院要合理区分情势变更与商业风险。商业风险属于从事商业活动的固有风险，诸如尚未达到异常变动程度的供求关系变化、价格涨跌等。情势变更是当事人在缔约时无法预见的非市场系统固有的风险。人民法院在判断某种重大客观变化是否属于情势变更时，应当注意衡量风险类型是否属于社会一般观念上的事先无法预见、风险程度是否远远超出正常人的合理预期、风险是否可以防范和控制、交易性质是否属于通常的"高风险高收益"范围等因素，并结合市场的具体情况，在个案中识别情势变更和商业风险。

在调整尺度的价值取向把握上，人民法院仍应遵循侧重于保护守约方的原则。适用情势变更原则并非简单地豁免债务人的义务而使债权人承受不利后果，而是要充分注意利益均衡，公平合理地调整双方利益关系。在诉讼过程中，人民法院要积极引导当事人重新协商、改订合同；重新协商不成的，争取调解解决。为防止情势变更原则被滥用而影响市场正常的交易秩序，人民法院决定适用情势变更原则做出判决的，应当按照最高人民法院的要求，严格履行适用情势变更的相关审核程序。如果根据案件的特殊情况，确需在个案中适用的，应当由高级人民法院审核，必要时应报请最高人民法院审核。

6. 合同效力的法律责任

无效合同是一种自始没有法律约束力的合同，而可撤销的合同，其效力并不稳定，只有在有撤销权的当事人提出请求，并被人民法院或者仲裁机构予以撤销，才成为被撤销的合同。被撤销的合同也是自始没有法律约束力的合同。但是，如果当事人没有请求撤销，则可撤销的合同对当事人就具有法律约束力。因此，可撤销合同的效力取决于当事人是否依法行使了撤销权。既然无效合同和被撤销合同自始没有法律约束力，如果当事人一方或双方已对合同进行了履行，就应对因无效合同和被撤销合同的履行而引起的财产后果进行处理，以追究当事人的法律责任。《合同法》对此做出了如下规定：

（1）返还财产

返还财产是指合同当事人应将因履行无效合同或者被撤销合同而取得的对方财产归还给对方。如果只有一方当事人取得对方的财产，则单方返还给对方；如果双方当事人均取得了对方的财产，则应双方返还给对方。通过返还财产，使合同当事人的财产状况恢复到订立合同时的状态，从而消除了无效合同或者被撤销合同的财产后果。但返还财产不一定返还原物，如果不能返还财产或者没有必要返还财产的，也可通过折价补偿的方式，达到恢复当事人的财产状况目的。

（2）赔偿损失

当事人对因合同无效或者被撤销而给对方造成的损失，并不能因返还财产而被补偿，因此，还应承担赔偿责任。但当事人承担赔偿损失责任时，应以过错为原则。如果一方有过错给对方造成损失，则有过错一方应赔偿对方因此而受到的损失；如果双方都有过错，则双方均应承担各自相应的责任。

（3）追缴财产

对于当事人恶意串通，损害国家、集体或者第三人利益的合同，由于其有着明显的违法性，应追缴当事人因合同而取得的财产，以示对其违法行为的制裁，对损害国家利益的合同，当事人因此取得的财产应收归国家所有；对损害集体利益的合同，应将当事人因此而取得的财产返还给集体；对损害第三人利益的合同，应将当事人因此而取得的财产返还给第三人。

6.3.4 合同的履行

1. 合同履行的概念

合同履行是指合同各方当事人按照合同的规定，全面履行各自的义务，实现各自的权利，使各方的目的得以实现的行为。合同的履行是合同当事人订立合同的根本目的。

2. 合同履行的原则

依据《合同法》的规定，合同当事人履行合同时，应当遵循以下原则：

（1）全面履行的原则

全面履行是指当事人应当按照合同约定的标的、价款、数量、质量、地点、期限、方式等全面履行各自的义务。合同生效后，当事人就质量、价款或者报酬、履行地点等内容没有约定或者约定不明的，可以协议补充，不能达成补充协议的，按照合同有关条款或者交易习惯确定。如果按照上述办法仍不能确定合同如何履行的，适用《合同法》有关规定进行履行。

（2）诚实信用原则

诚实信用原则是我国《民法总则》的基本原则，也是《合同法》的一项十分重要的原则，它贯穿于合同的订立、履行、变更、解除、终止等全过程。因此当事人在订立合同时要讲诚实，守信用，要善意，当事人双方要互相协作，应根据合同性质、目的和交易习惯履行通知、协助和保密的义务，只有这样，合同才能圆满地履行。

3. 合同条款空缺的法律适用

在订立合同时，由于某些当事人缺乏相应的法律知识及疏忽大意等原因，往往造成合同条款约定不明确，致使合同无法履行的情形。为了保障合同当事人的合法权益，法律规定允许当事人之间另行约定，采取必要的措施，补救合同条款空缺的问题。

《合同法》规定，合同生效后，当事人就质量、价款或者报酬、履行地点等内容没有约定或者约定不明的，可以协议补充，不能达成补充协议的，按照合同有关条款或者交易习惯确定。按照合同有关条款或者交易习惯确定，一般只能适用于部分常见条款欠缺或者不明确的情况，因为只有这些内容才能形成一定的交易习惯。如果按照上述办法仍不能确定合同如何履行的，适用下列规定进行履行：

1）质量要求不明的，按国家标准、行业标准履行，没有国家、行业标准的，按通常标准或者符合合同目的的特定标准履行。

2）价款或报酬不明的，按订立合同时履行地的市场价格履行；依法应当执行政府定价或政府指导价的，按规定履行。

合同在履行中既可能是按照市场行情约定价格，也可能执行政府定价或政府指导价。如果是按照市场行情约定价格履行，则市场行情的波动不应影响合同价，合同仍执行原价格。如果执行政府定价或政府指导价的，在合同约定的交付期限内政府价格调整时，按照交付时的价格计价。逾期交付标的物的，遇价格上涨时按照原价格执行；遇价格下降时，按新价格执行。逾期提取标的物或者逾期付款的，遇价格上涨时，按新价格执行；价格下降时，按原价格执行。

3）履行地点不明确的，给付货币的，在接收货币一方所在地履行；交付不动产的，在不动产所在地履行；其他标的在履行义务一方所在地履行。

4）履行期限不明确的，债务人可以随时履行，债权人也可以随时要求履行，但应当给对方必要的准备时间。

5）履行方式不明确的，按照有利于实现合同目的的方式履行。

6）履行费用的负担不明确的，由履行义务一方承担。

4. 建设工程合同价款的履行

（1）合同价款的调整

《建筑工程施工发包与承包计价管理办法》中规定，发承包双方应当在合同中约定，发生下列情形时合同价款的调整方法：

1）法律、法规、规章或者国家有关政策变化影响合同价款的。

2）工程造价管理机构发布价格调整信息的。

3）经批准变更设计的。

4）发包方改变经审定批准的施工组织设计造成费用增加的。

5）双方约定的其他因素。

（2）解决工程价款结算争议的规定

《最高人民法院关于审理建设工程施工合同纠纷案件适用法律问题的解释》规定：当事人约定，发包人收到竣工结算文件后，在约定期限内不予答复，视为认可竣工结算文件的，按照约定处理；承包人请求按照竣工结算文件结算工程价款的，应予支持；当事人对工程量有争议的，按照施工过程中形成的签证等书面文件确认；承包人能够证明发包人同意其施工，但未能提供签证文件证明工程量发生的，可以按照当事人提供的其他证据确认实际发生的工程量。

发包人拖欠承包人工程款，不仅应当支付工程款本金，还应当支付工程款利息。《最高人民法院关于审理建设工程施工合同纠纷案件适用法律问题的解释》规定，当事人对欠付工程价款利息计付标准有约定的，按照约定处理；没有约定的，按照中国人民银行发布的同期同类贷款利率计息。

利息从应付工程价款之日计付。当事人对付款时间没有约定或者约定不明的，下列时间视为应付款时间：

1）建设工程已实际交付的，为交付之日。

2）建设工程没有交付的，为提交竣工结算文件之日。

3）建设工程未交付，工程价款也未结算的，为当事人起诉之日。

（3）工程垫资的处理

《最高人民法院关于审理建设工程施工合同纠纷案件适用法律问题的解释》规定：当事人对垫资和垫资利息有约定，承包人请求按照约定返还垫资及其利息的，应予支持，但是约定的利息计算标准高于中间人民银行发布的同期同类贷款利率的部分除外。

当事人对垫资没有约定的，按照工程欠款处理；当事人对垫资利息没有约定，承包人请求支付利息的，不予支持。

（4）承包人工程价款的优先受偿权

《合同法》第二百八十六条规定：发包人未按照约定支付价款的，承包人可以催告发包人在合理期限内支付价款；发包人逾期不支付的，除按照建设工程的性质不宜折价、拍卖的以外，承包人可以与发包人协议将该工程折价，也可以申请人民法院将该工程依法拍卖；建设工程的价款就该工程折价或者拍卖的价款优先受偿。

2002 年 6 月发布的《最高人民法院关于建设工程价款优先受偿权问题的批复》规定：

1）人民法院在审理房地产纠纷案件和办理执行案件中，应当依照《合同法》第二百八十六条的规定，认定建筑工程的承包人的优先受偿权优于抵押权和其他债权。

2）消费者交付购买商品房的全部或者大部分款项后，承包人就该商品房享有的工程价款优先受偿权不得对抗买受人。

3）建筑工程价款包括承包人为建设工程应当支付的工作人员报酬、材料款等实际支出的费用，不包括承包人因发包人违约所造成的损失。

4）建设工程承包人行使优先权的期限为 6 个月，自建设工程竣工之日或者建设工程合同约定的竣工之日起计算。

5. 合同履行中的债务履行变更

在合同履行过程中，由于客观情况的变化，有可能会导致合同债务履行的变更。法律规定债权人或债务人可以变更债务履行，不会影响当事人的合法权益。一般说来，这种债务履行的变更包括债务人向第三人履行债务和第三人向债权人履行债务两种情况。

（1）债务人向第三人履行债务

债务人向第三人履行债务，是指债务人本应向债权人履行义务，但债权人与债务人约定由债务人向第三人履行债务，原债权人的地位不变。这类合同往往被称为第三人利益订立的合同。债务人虽向第三人履行债务，但第三人仍不是合同的当事人。合同当事人需协商同意由第三人接受履行，向第三人的履行原则上不能增加履行难度和履行费用。当事人约定由债务人向第三人履行债务，债务人未向第三人履行债务或者履行债务不符合约定，应当向债权人承担违约责任。

（2）第三人向债权人履行债务

第三人向债权人履行债务，是指经当事人约定由第三人代债务人履行债务。当事人约定由第三人向债权人履行债务的，第三人不履行债务或者履行合同不符合约定的，债务人应当向债权人承担违约责任。第三人向债权人履行债务，第三人也不是合同的当事人。但这种代替履行的行为必须征求债权人的同意，并且对债权人没有不利的影响。

6. 合同履行中当事人的抗辩权

抗辩权是指在双务合同中，当事人一方有依法对抗对方权利主张的权利。

（1）同时履行抗辩权

当事人互负债务，没有先后履行顺序的，应当同时履行。同时履行抗辩权包括：一方在对方履行之前有权拒绝其履行要求；一方在对方履行债务不符合约定时有权拒绝其相应的履行要求。

同时履行抗辩权的适用条件是：

1）必须是双务合同。

2）合同中未约定履行的先后顺序。

3）对方当事人没有履行债务或者没有正确履行债务。

4）对方的义务是可能履行的义务。

（2）先履行抗辩权

先履行抗辩权也包括两种情况：当事人互负债务，有先后履行顺序的，先履行的一方未履行的，后履行的一方有权拒绝其履行要求；先履行的一方履行债务不符合规定的，后履行的一方有权拒绝其相应的履行要求。

先履行抗辩权的适用条件为：

1）必须是双务合同。

2）合同中约定了履行的先后顺序。

3）应当先履行的合同当事人没有履行债务或者没有正确履行债务。

4）对方的义务是可能履行的义务。

（3）不安抗辩权

不安抗辩权是指在双务合同中，当事人互负债务，合同中约定了履行的顺序，先履行债务的当事人一方应当先履行其债务，但是，合同成立后发生了应当后履行合同一方财务状况恶化的情况，应当先履行合同一方在掌握确切证据的前提下可以中止合同的履行。设立不安抗辩权的目的在于，预防合同成立后因情况发生变化而损害合同另一方的利益。

应当先履行合同的一方有确切证据证明对方有下列情形之一的，可以中止履行：

1）经营状况严重恶化。

2）转移财产、抽逃资金，以逃避债务的。

3）丧失商业信誉。

4）有丧失或者可能丧失履行债务能力的其他情形。

当事人中止履行合同的，应当及时通知对方。对方提供适当的担保时应当恢复履行。中止履行后，对方在合理的期限内未恢复履行能力并且未提供适当的担保，中止履行一方可以解除合同。当事人没有确切证据就中止履行合同的应承担违约责任。

根据《合同法》，合同当事人行使不安抗辩权时应当承担以下两项义务：首先是通知义务，即行使不安抗辩权的当事人应及时将中止履行的事实、理由以及恢复履行的条件及时通知对方；其次是当对方当事人提供担保时，行使不安抗辩权的当事人应当恢复履行合同。

7. 合同的保全

在合同履行过程中，为了防止债务人的财产不适当减少而给债权人带来危害，《合同法》规定允许债权人为保全其债权的实现采取保全措施。保全措施包括代位权和撤销权。

（1）代位权

代位权是指因债务人怠于行使其到期债权，对债权人造成损害，债权人可以向人民法院请求以自己的名义代位行使债务人的债权。从原则上讲，债权人只能向债务人请求履行，不涉及第三人，但当债务人与第三人的行为危害到债权人的利益时，法律规定债权人对债务人与第三人的行为行使一定权利，以排除对债权的危害。例如，甲乙之间订有买卖合同，按合同约定，当甲交付货物之后，乙就应支付货款给甲。同时，乙与丙的借款合同已到还款期，即丙应向乙返还借款和利息。此时如果丙不履行其债务，或乙怠于行使其到期债权，都将会影响到甲乙之间买卖合同的履行，对甲造成损害。在这种情况下，甲可以向人民法院请求以自己的名义代位行使乙的债权。

法律规定代位权的成立应具备以下条件：①债权人与债务人之间须有合法的债权债务关系存在；②债务人须有权利存在；③债务人怠于行使其到期债权；④债务人怠于行使其到期债权的行为对债权人造成损害；⑤债权人有保全债权的必要。

代位权的行使主体是债权人。由于代位权是一种法定的权利，即无论当事人是否约定，债权人都享有此项权利，故而，债务人的各个债权人在符合法律规定的条件下均可以行使代位权。债权人在行使代位权时应以自己的名义而不能以债务人的名义。同时，代位权的行使以债权人的债权为限。债权人行使代位权的必要费用由债务人负担。

（2）撤销权

撤销权是指当债务人放弃其到期债权或无偿转让财产，或者以明显不合理低价处分其财产，对债权人造成损害的，债权人可以依法请求法院撤销债务人所实施的行为。例如，债务人对债权人的债务已到期，债务人为避免还债，就与第三人协商，以低价将自己的财产转让给第三人，致使债务人的财产不当减少并且危及债权人的利益时，债权人可以请求法院撤销债务人与第三人订立的合同，从而恢复债务人的财产。

债权人行使撤销权必须向法院起诉，由法院依照法定程序做出撤销债务人行为的判决，才能发生撤销的效果。而债务人的行为一旦被撤销，则该行为自始无效。撤销权的行使范围以债权人的债权为限，债权人行使撤销权的必要费用如诉讼费用等，由债务人负担。此外《合同法》规定：撤销权自从债权人知道或者应当知道撤销事由之日起1年内行使；自债务人的行为发生之日起5年内没有行使撤销权的，该撤销权消灭。

6.3.5　合同的变更、转让

1. 合同的变更

合同的变更是指当事人对已经发生法律效力，但尚未履行或者尚未完全履行的合同，进行修改或补充所达成的协议。《合同法》规定，当事人协商一致可以变更合同。合同的变更有广义和狭义之分。广义的合同的变更是指合同内容和合同主体发生变化；而狭义的合同的变更仅指合同内容的变更，不包括合同主体的变更。通常所说的合同的变更是从狭义角度来讲的。

合同的变更一般不涉及已履行的内容。合同的变更必须由双方当事人协商一致，并在原来合同的基础上达成新的协议。如果当事人对合同的变更约定不明确，视为没有变更。合同的变更一般是指合同关系的局部变更，即对原合同内容做局部修改或补充，而不是对合同内容的全部变更。合同变更后，当事人不得再按原合同履行，而须按变更后的合同内容来履行。

2. 合同的转让

合同的转让是指合同当事人一方依法将其合同的权利和义务全部或部分地转让给第三人。依照转让的权利义务的不同，合同的转让可分为合同权利转让和合同义务转让及可将权利义务一并转让三种情形。

（1）合同权利转让

合同权利转让是指合同债权人通过协议将其债权全部或者部分转让给第三人的行为。合同权利转让从本质上讲是一种交易行为，为了鼓励交易，增加社会财富，无论是单务合同中的权利，还是双务合同中的权利，只要不违反法律和社会公共利益，均应允许转让。但各国法律都从保护社会公共利益、维护正常的交易秩序的角度出发，对合同权利的转让范围做了相应的限制。我国也不例外，《合同法》规定下列情形债权不得转让：

1）根据合同性质不得转让。所谓根据合同性质不得转让的权利，是指根据合同权利的性质，只能在特定当事人之间生效，如果转让给第三人，将会使合同的内容发生变更，从而违反当事人订立合同的目的。例如根据个人信任关系而发生的委托人对受托人的债权，雇佣人对受雇人的债权等。

2）按照当事人的特别约定不得转让。合同当事人可以在合同中约定禁止任何一方当事人转让合同权利，只要此项约定不违反法律的禁止性规定和社会公共利益，就应具有法律效力。在合同履行过程中任何一方违反此约定都将构成违约。

3）法律规定禁止转让。例如《中华人民共和国担保法》（以下简称《担保法》）第六十一条规定，最高额抵押的主合同债权不得转让。

债权人转让权利的，应当通知债务人。未经通知的，该转让对债务人不发生效力。且转让权利的通知不得撤销，除经受让人同意。

合同权利依法转让后，就在让与人、受让人和债务人之间发生一定的法律效力。此种效力包括对内效力和对外效力。

① 合同权利转让的对内效力。合同权利转让的对内效力是指权利转让在让与人（原债权人）和受让人（第三人）之间发生的法律效力。具体体现在以下四个方面：

A. 债权人法律地位的改变。债权人将其债权全部转让时，债权即由原债权人（让与人）转移给受让人，让与人从原合同关系中脱离出来，受让人取代原债权人而成为合同关系的新债权人。如果是部分债权转让，则受让人将加入合同关系，与让与人共同享有债权。

B. 从权利随主债权的转让而转让。《合同法》规定，债权人转让权利的，受让人取得与债权有关的从权利，但该从权利专属于债权人自身的除外。这里所讲的从权利包括担保物权、保证债权、定金债权、利息债权、形成权、违约金债权等。

C. 让与人应使受让人能够完全行使债权。即让与人应将债权证明文件，如债权证书、票据、来往电报书信等全部交付受让人，并将受让人行使合同权利所必要的一切情况告知受让人，如债务人的住所、债务的履行方式、债权的担保方式等。

D. 债权人不得重复转让债权。债权人将权利转让给受让人后，不得就该项权利再做出转让。

② 合同权利转让的对外效力。合同权利转让的对外效力是指权利转让在债务人及第三人之间发生的法律效力。具体体现在以下三个方面：

A. 债务人不得再向原债权人履行债务。如果债务人仍然向原债权人履行合同，造成受让人损害，债务人应负损害赔偿的责任，同时因原债权人接受此种履行，已构成不当得利，则受让人和债务人均可请求其返还。

B. 债务人应负有向受让人履行的义务。如果债务人向受让人履行以后，即使债权转让合同因各种原因被宣告无效或被撤销，债务人向受让人做出的履行也仍然有效。

C. 债务人在合同权利转让时就已经享有的抗辩权，如同时履行抗辩、时效完成的抗辩、债权已经消灭的抗辩、债权从未发生的抗辩、债权无效的抗辩等，在合同权利转让之后，仍然可以对抗新债权人。

（2）合同义务转让

合同义务转让是指在不改变合同内容的前提下，债权人、债务人通过与第三人订立转让债务的协议，将合同的义务全部或者部分转移给第三人的情况。债务人将合同的义务全部或部分转移给第三人必须经债权人的同意，否则，这种转移不发生法律效力。

（3）权利和义务同时转让

当事人一方将自己的权利和义务一并转让给第三人。权利和义务同时转让包括两种情形：一是基于合同转让，一是基于企业的合并。

1）基于合同的转让是指当事人一方将其在合同中的权利义务全部转移与第三人，第三人承受其在合同中的地位，享受权利和承担义务。《合同法》规定，当事人一方经对方同意，可以将自己在合同中的权利和义务一并转让给第三人。

2）基于企业的合并。《合同法》规定：当事人订立合同后合并的，由合并后的法人或者其他组织行使合同权利，履行合同义务；当事人订立合同后分立的，除债权人和债务人另有约定外，由分离的法人或其他组织对合同的权利和义务享有连带债权，承担连带债务。依此项规定，债的当事人一方合并的，该当事人的债权债务也就一并由合并后的法人或其他组织承受。

6.3.6　合同权利义务的终止

1. 合同终止的概念

合同终止是指当事人之间根据合同确定的权利义务在客观上不复存在。合同终止与合同中止不同之处在于，合同中止只是在法定的特殊情况下，当事人暂时停止履行合同，当这种特殊情况消失以后，当事人仍然承担继续履行的义务；而合同终止是合同关系的消灭，不可能恢复。权利义务的终止不影响合同中结算和清理条款的效力。

2. 合同终止的原因

合同终止的原因主要有：

（1）债务已按照约定履行

因履行而终止，即当事人已经按照合同约定全面履行了各自的义务，表明当事人的缔约目的已经得到了实现，因此，这是导致合同的权利义务终止的最为正常的原因。

（2）合同解除

合同解除是指对已经发生法律效力，但尚未履行或者尚未完全履行的合同，因当事人一方的意思表示或者双方的协议而使债权债务关系提前归于消灭的行为。合同解除可分为约定解除和法定解除两类。

约定解除是当事人通过行使约定的解除权或者双方协商决定而进行的合同解除。当事人协商一致可以解除合同，即合同的协商解除。

法定解除是解除条件直接由法律规定的合同解除。当法律规定的解除条件具备时，当事人可以解除合同。它与合同约定解除权的解除都是具备一定解除条件时，由一方行使解除权；区别则在于解除条件的来源不同。有下列情形之一的，当事人可以解除合同：

1）因不可抗力致使不能实现合同目的的。

2）在履行期限届满之前，当事人一方明确表示或者以自己的行为表明不履行主要债务。

3）当事人一方延迟履行主要债务，经催告后在合理的期限内仍未履行。

4）当事人一方延迟履行债务或者有其他违法行为，致使不能实现合同目的的。

5）法律规定的其他情形的。

（3）债务相互抵销

抵销是指当事人互负债务时，各以其债权以充当债务之清偿，而使其债务与对方的债务在对等额内相互消灭。依据抵销产生根据不同，可分为法定抵销和约定抵销两种。

1）法定抵销。法定抵销是指合同当事人互负到期债务，并且该债务的标的物种类、品质相同，任何一方当事人做出的使相互间数额相当的债务归于消灭的意思表示。《合同法》第九十九条规定："当事人互负到期债务，该债务的标的物种类、品质相同的，任何一方可以将自己的债务与对方的债务相抵销，但依照法律规定或者按照合同性质不得抵销的除外。当事人主张抵销的，应当通知对方。通知自到达对方时生效。抵销不得附条件或者附期限。"

2）约定抵销。约定抵销是指当事人互负到期债务，在债的标的物种类、品质不相同的情形下，经双方自愿协商一致而发生的债务抵销。约定抵销的效力和法定抵销基本相同，即两种抵销均可使当事人之间的同等数额内的债务归于消灭。对此，《合同法》第一百条规定，当事人互负债务，标的物种类、品质不相同的，经双方协商一致，也可以抵销。

（4）债务人依法将标的物提存

1）提存的概念。标的物提存是指由于债权人的原因致使债务人无法向其交付标的物，债务人可以将标的物交给有关机关保存，以此消灭合同关系的制度。

2）提存的原因。按《合同法》规定有下列情况，难以履行债务的，债务人可以将标的物提存：债权人无正当理由拒绝领受；债权人下落不明；债权人死亡未确定继承人或者丧失民事行为能力未确定监护人；法律规定的其他情形。

3）提存的主体。提存的主体又称提存的当事人，包括提存人、债权人、提存部门。其中提存人是指为履行清偿债务而向提存部门申请提存的人。提存部门是指国家指定专门进行提存工作的部门。我国目前法定的提存机构为公证机构，提存地无提存部门的，当事人可以向当地基层人民法院提存。

4）提存的标的物。提存的标的物，以适于提存者为限。标的物不适用于提存，或提存费用过高的，债务人依法可以拍卖或变卖标的物，提存所得的价款。一般来说，适于提存的标的物有：货币、有价证券、票据、提单、权利证书及贵重物品等。不适于提存的标的物有：低值、易耗、易损物品，鲜活、易腐物品；需要专门技术养护的物品；超大型机械设备等。不适于提存的标的物，债务人可以委托中介机构拍卖或变卖，将所得价款提存。

5）提存的效力。自提存之日起，债务人的债务归于消灭。标的物提存后，除债权人下落不明外，债务人应当及时通知债权人或其继承人、监护人。标的物提存后，毁损、灭失的风险由债权人承担。提存期间标的物的利息归债权人所有，提存费用由债权人承担。对提存部门来讲，应当采取适当的方法妥善保管提存标的物，因提存部门过错造成标的物毁损、灭失的，提存部门负有赔偿责任。债权人可以随时领取提存物，但债权人对债务人负有到期债务的，在债权人未履行债务或者提供担保之前，提存部门根据债务人的要求应当拒绝其领取提存物。债权人领取提存物的权利，自提存之日起 5 年内不行使而消灭，提存物扣除提存费用后，归国家所有。

（5）债权债务同归一方

债权债务同归一方也称混同，是指债权债务同归一人而导致合同权利义务归于消灭的情况。发生混同的主要原因有企业合并，合并前的两个企业之间有债权债务时，企业合并后，债权债务因同归一个企业而消灭。但是，在合同标的物上设有第三人利益的，如债权上设有抵押权，则不能混同。《合同法》第一百零六条规定，债权和债务同归于一人的，合同的权利义务终止，但涉及第三人利益的除外。

（6）债权人免除债务

免除是指债权人抛弃债权，从而全部或部分终止合同关系的单方行为。债权人免除债务，应由债权人向债务人做出明确的意思表示。向第三人做出的意思表示不发生免除的法律效力。因为免除会使债务消灭，所以债权的从属权利，如利息债权、担保权等，也同时归于消灭。仅免除部分债务的，债的关系仅部分终止。

（7）合同的权利义务终止的其他情形

如时效（取得时效）的期满、合同的撤销、作为合同主体的自然人死亡而其债务又无人承担等均会导致合同当事人权利义务终止。

6.3.7　违约责任

1. 违约责任的概念

违约责任是指当事人任何一方不能履行或者履行合同不符合约定而应当承担的法律责任。违约行为的表现形式包括不履行和不适当履行。对于预期违约的，当事人也应当承担违约责任。当事人一方明确表示或者以自己的行为表明不履行合同的义务，对方可以在履行期限届满之前要求其承担违约责任。

2. 承担违约责任的条件和原则

（1）承担违约责任的条件

当事人承担违约责任的条件，是指当事人承担违约责任应当具备的要件。我国《合同法》采用了严格责任条件，只要当事人有违约行为，即当事人不履行合同或者履行合同不符合约定的条件，就应当承担违约责任，不要求以违约人有过错为承担违约责任的前提。但对缔约过失、无效合同和可撤销合同依然适用过错条件。

（2）承担违约责任的原则

我国《合同法》规定的承担违约责任是以补偿性为原则的。补偿性是指违约责任旨在弥补或者补偿因违约行为造成的损失。对于财产损失的赔偿范围，我国《合同法》规定，赔偿损失额应当相当于因违约行为所造成的损失，包括合同履行后可获得的利益。

3. 承担违约责任的方式

（1）继续履行

继续履行是指违反合同的当事人不论是否承担了赔偿金或者违约金责任，都必须根据对方的要求，在自己能够履行的条件下，对合同未履行的部分继续履行。但有下列情形之一的除外：

1）法律上或者事实上不能履行。

2）债务的标的不适于强制履行或者履行费用过高。

3）债权人在合理期限内未要求履行。

（2）采取补救措施

所谓的补救措施主要是指我国《民法通则》和《合同法》中所确定的，在当事人违反合同的事实发生后，为防止损失发生或者扩大，而由违反合同一方依照法律规定或者约定采取的修理、更换、重新制作、退货、减少价格或者报酬等措施，以给权利人弥补或者挽回损失的责任形式。采取补救措施的责任形式，主要发生在质量不符合约定的情况下。

（3）赔偿损失

当事人一方不履行合同义务或者履行合同义务不符合约定的，给对方造成损失的，应当赔偿对方的损失。损失赔偿额应当相当于因违约所造成的损失，包括合同履行后可以获得的利益，但不得超过违反合同一方订立合同时预见或应当预见的因违反合同可能造成的损失。

当事人一方违约后，另一方当事人应当及时采取措施，防止损失的扩大，否则无权就扩大的损失要求赔偿。《合同法》对此明确规定："当事人一方违约后，对方应当采取适当措施防止损失的扩大；没有采取适当措施致使损失扩大的，不得就扩大的损失要求赔偿。""当事人因防止损失扩大而支出的合理费用，由违约方承担。"

（4）支付违约金

当事人可以约定一方违约时应当根据违约情况向对方支付一定数额的违约金，也可以约定因违约产生的损失额的赔偿办法。约定违约金低于造成损失的，当事人可以请求人民法院或仲裁机构予以增加；约定违约金过分高于造成损失的，当事人可以请求人民法院或仲裁机构予以适当减少。依据《合同法解释（二）》的规定：请求人民法院增加违约金的，增加后的违约金数额以不超过实际损失额为限；增加违约金以后，当事人又请求对方赔偿损失的，人民法院不予支持；当事人主张约定的违约金过高请求予以适当减少的，人民法院应当以实际损失为基础，兼顾合同的履行情况、当事人的过错程度以及预期利益等综合因素，根据公平原则和诚实信用原则予以衡量，并做出裁决；当事人约定的违约金超过造成损失的 30%的，一般可以认定为《合同法》规定的"过分高于造成的损失"。

（5）定金罚则

当事人可以约定一方向对方给付定金作为债权的担保。债务人履行债务后定金应当抵作价款或收回。给付定金的一方不履行约定债务的，无权要求返还定金；收受定金的一方不履行约定债务的，应当双倍返还定金。

当事人既约定违约金，又约定定金的，一方违约时，对方可以选择适用违约金或定金条款。但是，这两种违约责任不能合并使用。

4. 违约责任的免除

合同生效后，当事人不履行合同或者履行合同不符合合同约定，都应承担违约责任。但是，根据《合同法》的规定，当发生不可抗力时，可以部分或全部免除当事人的违约责任。

（1）不可抗力的概念

《合同法》规定："本法所称不可抗力，是指不能预见、不能避免并不能克服的客观情况。"根据这一规定，不可抗力的构成条件是：

1）不可预见性，即法律要求不可抗力必须是有关当事人在订立合同时，对该事件是否发生不能预见到。

2）不可避免性，即合同生效后，当事人对可能出现的意外情况尽管采取了合理措施，但是客观上并不能阻止这一意外情况的发生。

3）不可克服性，即合同的当事人对于意外情况发生导致合同不能履行这一后果不能克服，如果通过当事人努力能够将不利影响克服，则这一意外情况就不能构成不可抗力。

4）履行期间性。不可抗力作为免责理由时，其发生必须是在合同订立后，履行期限届满前。当事人迟延履行后发生不可抗力的，不能免除责任。

（2）不可抗力的法律后果

1）合同全部不能履行，当事人可以解除合同，并免除全部责任。

2）合同部分不能履行，当事人可部分履行合同，并免除其不履行的部分责任。

3）合同不能按期履行，当事人可延期履行合同，并免除其迟延履行的责任。

（3）遭遇不可抗力一方当事人的义务

根据《合同法》的规定，一方当事人因不可抗力不能履行合同义务时，应承担如下义务：

1）应当及时采取一切可能采取的有效措施避免或者减少损失。

2）应当及时通知对方。

3）当事人应当在合理期限内提供证明。

6.4 工程担保制度

6.4.1 工程担保概述

1. 工程建设担保的概念

工程建设领域是一项风险很大的行业，工程建设合同当事人一方为避免因对方违约或其他违背诚实信用原则的行为而遭受损失，往往要求另一方当事人提供可靠的担保，以维护工程建设合同双方当事人的利益。这种担保即为工程建设担保（以下简称为工程担保），因此而签订的担保合同，即为工程担保合同。

2. 工程担保的种类

工程担保的种类有很多种，承包商在投标和履行合同过程中一般要提交三种工程担保：投标保证担保、履约担保、预付款担保。

（1）投标保证担保

它主要用于筛选投标人。投标保证担保要确保合格者投标以及中标者将签约和提供业主所要求的履约、预付款担保。

（2）履约担保

该项担保的目的在于保护业主的合法权益，促使承包商履行合同的约定，完成工程项目建设。一旦承包商违约，履约担保人要代为履约或赔偿。

（3）预付款担保

该种担保的目的在于保证承包商能够按合同规定进行施工，偿还业主已支付的全部预付金额。

除上述三种担保外，还有一种质量责任担保，该项担保是为了保证承包商在工程竣工后的一定时期内（缺陷责任期），负责工程质量的保修和维护。这种担保一般可包括在履约担保当中。

除上述几种由承包商提供的担保以外，我国还规定了业主工程款支付担保。《房屋建筑和市政基础设施工程施工招标投标管理办法》（建设部令第 89 号）第四十七条规定："招标文件要求中标人提交履约担保的，中标人应当提交。招标人应当同时向中标人提供工程款支付担保。"工程款支付担保的作用在于，通过对业主资信状况进行严格审查并落实各项反担保措施，确保工程费用及时支付到位；一旦业主违约，付款担保人将代为履约。上述对工程款支付担保的规定，对解决我国建筑市场上工程款拖欠现象具有特殊重要的意义。

此外，在国际工程承包中，还有诸如临时进口设备税收担保、免税工程进口物资税收担保等工程担保形式，这里不再一一介绍。

3. 工程担保与工程保险的区别和联系

工程担保人，可以是银行、保险公司或专业的工程担保公司。这与《中华人民共和国保险法》（以下简称《保险法》）规定的工程保险人只能为保险公司有着根本的不同。除此之外，两者的区别还表现在以下几方面：

（1）风险对象不同

工程担保面对的是"人祸"，即人为的违约责任；工程保险面对的多是"天灾"，即意外事件、自然灾害等。

（2）风险方式不同

工程保险合同是在投保人和保险人之间签订的，风险转移给了保险人。工程担保当事人有三方：委托人、权利人和担保人。权利人是享受合同保障的人，是受益方。当委托人违约使权利人遭受经济损失时，权利人有权从工程担保人处获得补偿。这就与工程保险区别开来，保险是谁投保谁受益，而保证担保的投保人并不受益，受益的是第三方。最重要的在于，委托人并未将风险最终转移给工程担保人；而是以代理加反担保的方式将风险抵押给工程担保人。这也就是说，最终风险承担者仍是委托人自己。

（3）风险责任不同

依据《担保法》，委托人对保证人为其向权利人支付的任何赔偿，有返还给保证人的义务；而依据《保险法》，保险人赔付后是不能向投保人追偿的。

（4）风险选择不同

同样作为投保人，工程保险选择相对较小，只要投保人愿意，一般都可以被保险。工程担保则不同，它必须通过资信审查评估等手段选择有资格的委托人。因此，在发达国家，能够轻松地拿到保函，是有信誉、有实力的象征。也正因为这样，通过保证担保可以建立一种严格的建设市场准入制度。

必须指出的是，尽管工程担保和工程保险有着根本区别，但在工程实践中，却是常常在一起为工程建设发挥着保驾护航的重要作用。工程担保和保险是国际市场惯用的制度，我国工程担保和工程保险制度还处于探索时期。1998 年建设部将建立这个制度作为体制改革的重要内容，同年 7 月，我国首家专业化工程保证担保公司——长安保证担保公司挂牌成立。目前，该公司已与中国人民保险公司、国家开发银行、中国民生银行、华夏银行等多家单位展开合作，并已为国家大剧院、广州白云国际机场、中关村科技园区开发建设以及港口、国家粮库等一批重点工程提供了投标、履约、预付款和业主支付等保证担保产品。

4. 工程担保的作用

工程担保的作用集中体现在规范建设市场行为、提高从业者素质上。目前，在我国建设市场中，市场主体履约意识薄弱，信誉观念淡薄，行为不规范，工程转包、挂靠、垫资施工、拖欠工程款、偷工减料、掺杂使假、以次充好的现象屡见不鲜，工程质量、安全事故时有发生，严重制约了建筑业的健康发展，单纯依靠行政手段已不能解决问题。而工程担保这种全新的经济手段，能让实力强、信誉好的担保人愿意为其担保或承保的建筑企业扩大市场份额，而令那些实力弱、信誉差、工程担保人不愿意替其担保的建筑企业缩减市场份额，进而将其逐出建设市场。显然，工程担保较之一般的行政手段优势明显，这种经济调整手段的作用在于通过一定的途径建立一种"守信者得到酬偿，失信者受到惩罚"的机制。

工程建设管理的最终目标是保证工程质量和施工安全，保证工程建设的顺利完成。由于工程担保引入了第三方保证，因此可为上述目标的实现提供更加有力的保障，进而提高整个建设行业的水平。

6.4.2　《担保法》的基本内容

《担保法》为推行工程担保制度提供了法律依据。该法规定的担保方式有五种，即保证、抵押、质押、留置和定金，这其中用于工程担保的主要是保证和定金。

1. 保证

（1）保证的概念

保证是指保证人和债权人约定，当债务人不履行债务时，保证人按照约定履行债务或承担责任的行为。保证具有以下法律特征：

1）保证属于人的担保范畴，它不是用特定的财产提供担保，而是以保证人的信用和不特定的财产为他人债务提供担保。

2）保证人必须是主合同以外的第三人，保证必须是债权人和债务人以外的第三人为他人债务所做的担保，债务人不得为自己的债务做保证。

3）保证人应当具有代为清偿债务的能力，保证是保证人以其信用和不特定的财产来担保债务履行的，因此，设定保证关系时，保证人必须具有足以承担保证责任的财产。

4）保证人和债权人可以在保证合同中约定保证方式，享有法律规定的权利，承担法律规定的义务。

（2）保证人

保证人须是具有代为清偿债务能力的人，既可以是法人，也可以是其他组织或公民。不可以作为保证人的有：

1）国家机关不得作为保证人，但经国务院批准为使用外国政府或国际经济组织贷款而进行的转贷除外。

2）学校、幼儿园、医院等以公益为目的的事业单位、社会团体不得作为保证人。

3）企业法人的分支机构、职能部门不得作为保证人，但有法人书面授权的，可在授权范围内提供保证。

（3）保证合同

保证人与债权人应当以书面形式订立保证合同。保证合同应包括以下内容：

1）被保证的主债权种类、数量。

2）债务人履行债务的期限。

3）保证的方式。

4）保证担保的范围。

5）保证的期间。

6）双方认为需要约定的其他事项。

（4）保证方式

保证的方式有两种：一是一般保证，二是连带保证。保证方式没有约定或约定不明确的，按连带保证承担保证责任。

1）一般保证。一般保证是指当事人在保证合同中约定，当债务人不履行债务时，由保证人承担保证责任的保证方式。一般保证的保证人在主合同纠纷未经审判或仲裁，并就债务人财产依法强制执行仍不能履行债务前，对债务人可以拒绝承担保证责任。

2）连带保证。连带保证是指当事人在保证合同中约定保证人与债务人对债务承担连带责任的保证方式。连带责任保证的债务人在主合同规定的债务履行期届满没有履行债务的，债权人可以要求债务人履行债务，也可以要求保证人在其保证范围内承担保证责任。

（5）保证范围及保证期间

1）保证范围。保证范围包括主债权及利息、违约金、损害赔偿金和实现债权的费用。保证合同另有约定的，按照约定。当事人对保证范围无约定或约定不明确的，保证人应对全部债务承担责任。

2）保证期间。一般保证的担保人与债权人未约定保证期间的，保证期间为主债务履行期间届满之日起6个月。债权人未在合同约定的和法律规定的保证期间内主张权利（仲裁或诉讼），保证人免除保证责任；如债权人已主张权利的，保证期间适用于诉讼时效中断的规定。连带责任保证人与债权人未约定保证期间的，债权人有权自主债务履行期满之日起6个月内要求保证人承担保证责任。在合同约定或法律规定的保证期间内，债权人未要求保证人承担保证责任的，保证人免除保证责任。

2. 抵押

（1）抵押的概念

抵押是指债务人或第三人不转移对抵押财产的占有，将该财产作为债权的担保。当债务人不履行债务时，债权人有权依法以该财产折价或以拍卖、变卖该财产的价款优先受偿。

抵押具有以下法律特征：

1）抵押权是一种他物权，抵押权是对他人所有物具有取得利益的权利，当债务人不履行债务时，债权人（抵押权人）有权依照法律以抵押物折价或者从变卖抵押物的价款中得到清偿。

2）抵押权是一种从物权，抵押权将随着债权的发生而发生，随着债权的消灭而消灭。

3）抵押权是一种对抵押物的优先受偿权，在以抵押物的折价受偿债务时，抵押权人的受偿权优先于其他债权人。

4）抵押权具有追及力，当抵押人将抵押物擅自转让他人时，抵押权人可追及抵押物而行使权利。

（2）可以抵押的财产

根据《担保法》第三十四条的规定，下列财产可以抵押：

1）抵押人所有的房屋和其他地上定着物。

2）抵押人所有的机器、交通运输工具和其他财产。

3）抵押人依法有权处分的国有土地使用权、房屋和其他地上定着物。

4）抵押人依法有权处分的机器、交通运输工具和其他财产。

5）抵押人依法承包并经发包方同意抵押的荒山、荒沟、荒丘、荒滩等荒地土地所有权。

6）依法可以抵押的其他财产。

（3）禁止抵押的财产

《担保法》第三十七条规定，下列财产不得抵押：

1）土地所有权。

2）耕地、宅基地、自留地、自留山等集体所有的土地使用权；但该法第三十四条第（五）项、第三十六条第三款规定的除外。

3）学校、幼儿园、医院等以公益为目的的事业单位、社会团体的教育设施、医疗设施和其他社会公益设施。

4）所有权、使用权不明确或有争议的财产。

5）依法被查封、扣押、监管的财产。

6）依法不得抵押的其他财产。

以抵押作为履行合同的担保，还应依据有关法律、法规签订抵押合同并办理抵押登记。

（4）抵押合同

采用抵押方式担保时，抵押人和抵押权人应以书面形式订立抵押合同，法律规定应当办理抵押物登记的，抵押合同自登记之日起生效。抵押合同应包括如下内容：

1）被担保的主债权种类、数额。

2）债务人履行债务的期限。

3）抵押物的名称、数量、质量、状况、所在地、所有权权属或者使用权权属。

4）抵押担保的范围。

5）当事人认为需要约定的其他事项。

3. 质押

（1）质押的概念

质押是指债务人或第三人将其动产或权利移交债权人手中占有，用以担保债权的履行，当债务人不能履行债务时，债权人依法有权就该动产或权利优先得到清偿的担保。质押包括动产质押和权利质押两种。

（2）动产质押

动产质押是指债务人或第三人将其动产移交债权人占有，将该动产作为债权的担保。债务人不履行债务时，债权人有权依照法律规定以该动产折价或以拍卖、变卖该动产的价款优先受偿。出质人和债权人应以书面形式订立质押合同。质押合同自质押物移交于质权人占有时生效。质押合同应当包括以下内容：

1）被担保的主债权种类、数额。

2）债务人履行债务的期限。

3）质押的名称、数量、质量、状况。

4）质押担保的范围。

5）质物移交的时间。

6）当事人认为需要约定的其他事项。

（3）权利质押

权利质押是指出质人将其法定的可以质押的权利凭证交付质权人，以担保质权人的债权得以实现的法律行为。

1）以汇票、支票、本票、债券、存款单、仓单、提单出质的，应当在合同的约定期限内将权利凭证交付质权人。质押合同自权利凭证交付之日起生效。

2）以依法可以转让的股票出质的，出质人与质权人应订立书面合同，并向证券登记机构办理出质登记。质押合同自登记之日起生效。

3）以依法可以转让的商标专用权、专利权、著作权中的财产权出质的，出质人与质权人应当订立书面合同，并向其管理部门办理出质登记。质押合同自登记之日起生效。

4. 留置

（1）留置的概念

留置是指债权人按照合同约定占有债务人的动产，债务人不按照合同约定的期限履行债务的，债权人有权依法留置该财产，以该财产折价或以拍卖、变卖该财产的价格优先受偿。留置具有如下法律特征：

1）留置权是一种从权利。

2）留置权属于他物权。

3）留置权是一种法定担保方式，它依据法律规定而发生，而非以当事人之间的协议而成立。

《担保法》第八十四条规定："因保管合同、运输合同、加工承揽合同发生的债权，债务人不履行债务的，债权人有留置权。"

（2）留置担保范围

留置担保范围包括主债权及利息、违约金、损害赔偿金、留置物保管费用和实现留置权的费用。

（3）留置的期限

债权人与债务人应在合同中约定债权人留置财产后，债务人应在不少于两个月的期限内履行债务。债权人与债务人在合同中未约定的，债权人留置债务人财产后，应确定两个月以上的期限，通知债务人在该期限内履行债务。债务人逾期仍不履行的，债权人可与债务人协议以留置物折价，也可以依法拍卖、变卖留置物。留置物折价或拍卖、变卖后，其价款超过债权数额的部分归债务人所有，不足部分由债务人清偿。

5. 定金

（1）定金的概念

定金是指合同当事人一方为了证明合同成立及担保合同的履行，在合同中约定应给付对方一定数额的货币。合同履行后，定金或收回或抵作价款。给付定金的一方不履行合同，无权要求返还定金；收受定金的一方不履行合同的，应双倍返还定金。

（2）定金合同

定金应以书面形式约定。当事人在定金合同中应该约定交付定金的期限及数额。定金合同从实际交付定金之日起生效，定金数额最高不得超过主合同标的的20%。

6.5 案例分析

6.5.1　案例 1

1. 案情

2019 年年初，某房地产开发公司欲开发新区第三批商品房，同年 4 月，某市电视台发出公告，房地产开发公司作为招标人就该工程向社会公开招标，择其优者签约承建该项目。此公告一发，在当地引起不小反响，先后有 20 余家建筑单位投标。原告 A 建筑公司和 B 建筑公司均在投标人之列。A 建筑公司基于市场竞争激烈等因素，经充分核算，在标书中做出全部工程造价不超过 500 万元的承诺，并自认为依此数额，该工程利润已不明显。房地产开发公司组织开标后，B 建筑公司投标数额为 450 万元。最后 B 建筑公司因价格更低而中标，并签订了总价包死的施工合同。该工程竣工后，房地产开发公司与 B 建筑公司实际结算的款额为 510 万元。A 建筑公司得知此事后，认为房地产开发公司未依照既定标价履约，实际上侵害了自己的权益，遂向法院起诉要求房地产开发公司赔偿在投标过程中的支出等损失。

2. 案例评析

本案争议的焦点是：经过招标投标程序而确定的合同总价能否再行变更的问题，这样做是否违反《合同法》第二百七十一条建设工程的招标投标活动，应当依照有关法律的规定公开、公平、公正进行的原则。当然，如果是招标人和中标人串通损害其他投标人的利益，自应对其他投标人做出赔偿。本案中无串通的证据，就只能认定调整合同总价是当事人签约后的意思变更，是一种合同变更行为。依法律规定，通过招标投标方式签订的建筑工程合同是固定总价合同，其特征在于：通过竞争决定的总价不因工程量、设备及原材料价格等因素的变化而改变，当事人投标价应将一切因素涵盖，是一种高风险的承诺。当事人自行变更总价就从实质上剥夺了其他投标人公平竞价的权利并势必纵容招标人与投标人之间的串通行为，因而这种行为是违反公开、公平、公正原则的行为，构成对其他投标人权益的侵害，所以 A 建筑公司的主张应予支持。

6.5.2　案例 2

1. 案情

2012 年 5 月，某建筑公司通过工程招标投标，和某开发商签订承建住宅楼施工合同，合同总价为 7000 余万元，竣工日期为 2013 年 7 月 30 日，合同签订后，经工程所在地招标投标办公室审查备案。2013 年 2 月，双方又签订了补充协议，约定竣工工期提前至 2013 年 5 月 30 日，后工程于 2013 年 6 月 22 日通过竣工验收。2015 年 3 月，该建筑公司提起诉讼，要求支付剩余工程款项，开发商反诉称本案工程逾期竣工，建筑公司应承担逾期竣工违约责任并支付违约金 180 余万元。

开发商主张：《合同法》第七十七条规定，当事人协商一致，可以变更合同。补充协议是双方真实意思表示，应按照变更后工期条款确定双方的权利和义务，故建筑公司应承担逾期竣工违约责任。

建筑公司坚持：补充协议中工期变更条款是原合同实质性内容的变更，违背了《招标投标法》第四十六条关于招标人和投标人不得再行订立背离合同实质性内容的其他协议的强制性规定，应属无效。

2. 案例评析

《招标投标法》第四十六条从立法角度对"阴合同"的订立做出了禁止。2005 年 1 月 1 日实施的《最高人民法院关于审理建设工程施工合同纠纷案件适用法律问题的解释》第二十一条明确规定，以备案的中标合同作为结算工程款的依据。

但根据《合同法》类似内容规定及《招标投标法》的释义，工程施工合同实质性内容包括且不限于承包范围、工期、质量及给付款项等核心、关键性因素，本案《补充协议》对合同工期进行的调整，为原施工合同实质性内容的变更。《招标投标法》适用于合同订立过程，对合同履行过程不产生约束力，而"阴阳合同"多出现于合同订立阶段。《最高人民法院关于审理建设工程施工合同纠纷案件适用法律问题的解释》确定了"阴阳合同"中以"阳合同"作为审理结算工程纠纷案件的标准和依据，那么承包商一定要慎重签订中标合同，在合同中将工程价款、工期、质量、工程款支付进度等关键性条款详细列明，不要使中标合同的签订流于形式。另外，在合同实际履行中，遇到法定或约定事由不得不对中标合同主要条款进行调整时，要把握好权利的行使，双方协商一致后可以变更合同，但变更后的协议应及时到建设行政主管部门办理变更登记备案，以免日后发生纠纷。

6.5.3　案例 3

1. 案情

2011 年 9 月 29 日，常州新东公司（合同甲方）与正通公司（合同乙方）签订了脱硫商务合同，由正通公司为新东公司承建锅炉烟气脱硫工程。双方约定，工程范围为招标文件规定范围内的设计、设备制造（含现场制作设备）、设备及材料供货、运输、土建工程、安装工程、指导监督、技术服务、人员培训、调试、试验及整套系统的性能保证和售后服务等；乙方提供涉案工程的所有设备/部件；在合同执行过程中，若因国家计划调整而引起本合同无法正常执行时，乙方或甲方可以向对方提出中止执行合同或修改合同有关条款的建议，与之有关的事宜双方协商办理。2011 年 10 月初正通公司进场施工。

2011 年 10 月中旬新东公司接常州市政府有关部门通知，省政府发布《关于进一步加强污染减排工作的意见》，调整了节能减排的政策，明确要求新东公司自备电厂在 2012 年 6 月底前拆除燃煤锅炉、停止锅炉设施的运行。新东公司遂与正通公司协商，要求终止履行合同。此后，双方一直未就赔偿事项达成协议。

最高人民法院认为：《合同法解释（二）》第二十六条规定："合同成立以后客观情况发生了当事人在订立合同时无法预见的、非不可抗力造成的不属于商业风险的重大变化，继续履行合同对于一方当事人明显不公平或者不能实现合同目的，当事人请求人民法院变更或者解除合同的，人民法院应当根据公平原则，并结合案件的实际情况确定是否变更或者解除。"本案涉案合同在履行过程中，常州市政府根据省政府《关于进一步加强污染减排工作的意见》的要求，明确要求新东公司自备电厂在 2012 年 6 月底前拆除燃煤锅炉，客观情况发生了重大变化，导致新东公司原定的对燃煤锅炉进行脱硫工程改造项目继续进行已经没有意义，无法实现合同目的，该变化是当事人无法预见的，这种合同风险显然不属于普通的商业风险。

虽然《合同法》及有关司法解释并未明确规定政府政策调整属于情势变更情形，但是如果确实因政府政策的调整，导致不能继续履行合同或者不能实现合同目的，当然属于合同当事人意志之外的客观情况发生重大变化的情形。因此，应该认定本案的情形属于《合同法解释（二）》第二十六条规定的情势变更情形。本案新东公司解除合同的主张情形属于情势变更，有充分的事实和法律依据，不属于违约行为，本院予以支持。

2. 案例评析

新东公司与正通公司签订脱硫商务合同，系双方当事人真实意思表示，且不违反法律强制性规定，故该合同具有法律效力。合同签订后，常州市政府根据省政府《关于进一步加强污染减排工作的意见》的要求，明确要求新东公司自备电厂在 2012 年 6 月底前拆除燃煤锅炉，客观情况发生了重大变化，导致新东公司原定的对燃煤锅炉进行脱硫工程改造项目继续进行已经没有意义，无法实现合同目的。因政府政策的调整，导致不能继续履行合同或者不能实现合同目的的，属于合同当事人意志之外的客观情况发生重大变化的情形，应当适用情势变更原则。

6.5.4 案例 4

1. 案情

永强因个人创业向朋友玉田借款 20 万元，玉田要求永强提供担保，永强找到朋友长贵，长贵以自有价值 15 万元的房屋做抵押，与玉田签订了抵押合同，在酒桌上，玉田要求进行抵押登记，长贵说都是朋友，抵押合同都签订了没有必要再去登记了，登记需要许多钱，永强也赞成长贵的看法，玉田想既然合同都签了也就没有再坚持。但玉田想到还有 5 万元没有担保不放心，要求再提供担保，永强则以一辆货车（价值 4 万多元）、一辆摩托车（价值 1 万元）质押给玉田，永强和玉田签订了质押合同，并约定如果永强不能还款，摩托车直接归玉田所有。玉田因自家院子小，无地方放车，要求将货车放在永强家，没有把货车开走，饭后只是把摩托车开回了家。事后永强从玉田处借走20万元现金。后由于永强做生意亏本，无力支付借款，玉田找长贵代为还债或要求变卖长贵的房产还债，以及主张实现货车、摩托车质权。

2. 案例评析

玉田不能对长贵的房屋行使抵押权，因为以不动产抵押担保必须进行登记，登记是抵押权生效要件。玉田也不能对货车行使质权，因为质权的生效是以质物的转移占有为条件的，汽车未移转占有，质权无效。玉田只能作为一般债权参与货车拍卖款的比例清偿。玉田对摩托车的质权已设立，案情中"约定如果永强不能还款，摩托车直接归玉田所有"属于流质条款，无效。玉田可就拍卖的价款清偿债务，或与永强协议折价取得摩托车所有权。

第7章

建设工程用工制度

7.1 劳动合同订立与履行

劳动合同是在市场经济体制下,用人单位与劳动者进行双向选择、确定劳动关系、明确双方权利与义务的协议,是保护劳动者合法权益的基本依据。劳动关系是指劳动者与用人单位在实现劳动过程中建立的社会经济关系。由于存在着劳动关系,劳动者和用人单位都要受劳动法律的约束与规范。

7.1.1 劳动合同订立的规定

1. 订立劳动合同应当遵守的原则

《中华人民共和国劳动合同法》(以下简称《劳动合同法》)规定,订立劳动合同,应当遵循合法、公平、平等自愿、协商一致、诚实信用的原则。用人单位招用劳动者,不得扣押劳动者的居民身份证和其他证件,不得要求劳动者提供担保或者以其他名义向劳动者收取财物。

2. 劳动合同的种类

《劳动合同法》规定,劳动合同分为固定期限劳动合同、无固定期限劳动合同和以完成一定工作任务为期限的劳动合同。

劳动合同的期限是指劳动合同的有效时间,是劳动关系当事人双方享有权利和履行义务的时间。它一般始于劳动合同的生效之日,终于劳动合同的终止之时。劳动合同期限由用人单位和劳动者协商确定,是劳动合同的一项重要内容。无论劳动者与用人单位建立何种期限的劳动关系,都需要双方将该期限用合同的方式确认下来,否则就不能保证劳动合同内容的实现,劳动关系将会处于一个不确定状态。劳动合同期限是劳动合同存在的前提条件。

(1)固定期限劳动合同

固定期限劳动合同是指用人单位与劳动者约定合同终止时间的劳动合同,即劳动合同双方当事人在劳动合同中明确规定了合同效力的起始和终止的时间。劳动合同期限届满,劳动关系即告终止。固定期限劳动合同可以是 1 年、2 年,也可以是 5 年、10 年,甚至更长时间。

（2）无固定期限劳动合同

无固定期限劳动合同是指用人单位与劳动者约定无确定终止时间的劳动合同。无确定终止时间的劳动合同并不是没有终止时间，一旦出现了法定的解除情形（如到了法定退休年龄）或者双方协商一致解除的，无固定期限劳动合同同样可以解除。用人单位与劳动者协商一致，可以订立无固定期限劳动合同。

有下列情形之一，劳动者提出或者同意续订、订立劳动合同的，除劳动者提出订立固定期限劳动合同外，应当订立无固定期限劳动合同：

1）劳动者在该用人单位连续工作满 10 年的。

2）用人单位初次实行劳动合同制度或者国有企业改制重新订立劳动合同时，劳动者在该用人单位连续工作满 10 年且距法定退休年龄不足 10 年的。

3）连续订立 2 次固定期限劳动合同，且劳动者没有《劳动合同法》第三十九条和第四十条第（一）项、第（二）项规定的情形，续订劳动合同的。

用人单位自用工之日起满 1 年不与劳动者订立书面劳动合同的，则视为用人单位与劳动者已订立无固定期限劳动合同。

（3）以完成一定工作任务为期限的劳动合同

以完成一定工作任务为期限的劳动合同，是指用人单位与劳动者约定以某项工作的完成为合同期限的劳动合同。

3. 劳动合同的基本条款

劳动合同应当具备以下条款：

1）用人单位的名称、住所和法定代表人或者主要负责人。

2）劳动者的姓名、住址和居民身份证或者其他有效身份证件号码。

3）劳动合同期限。

4）工作内容和工作地点。

5）工作时间和休息休假。

6）劳动报酬。

7）社会保险。

8）劳动保护、劳动条件和职业危害防护。

9）法律、法规规定应当纳入劳动合同的其他事项。

劳动合同除上述规定的必备条款外，用人单位与劳动者可以约定试用期、培训、保守秘密、补充保险和福利待遇等其他事项。

7.1.2　劳动合同的订立

1. 建立劳动关系即应订立劳动合同

用人单位自用工之日起即与劳动者建立劳动关系。《劳动合同法》规定：建立劳动关系，应当订立书面劳动合同；已建立劳动关系，未同时订立书面劳动合同的，应当自用工之日起 1 个月内订立书面劳动合同；用人单位与劳动者在用工前订立劳动合同的，劳动关系自用工之日起建立。

合同有书面形式、口头形式和其他形式。按照《劳动合同法》的规定，除了非全日制用工（即以小时计酬为主，劳动者在同一用人单位一般平均每日工作时间不超过 4 小时，每周工作时间累计不超过 24 小时的用工形式）可以订立口头协议外，建立劳动关系应当订立书面劳动合同。如果没有订立书面合同，不订立书面合同的一方将要承担相应的法律后果。劳动合同文本由用人单位和劳动者各执一份。

2. 劳动合同试用期

劳动合同期限 3 个月以上不满 1 年的，试用期不得超过 1 个月；劳动合同期限 1 年以上不满 3 年的，试用期不得超过 2 个月；3 年以上固定期限和无固定期限的劳动合同，试用期不得超过 6 个月。同一用人单位与同一劳动者只能约定 1 次试用期。以完成一定工作任务为期限的劳动合同或者劳动合同期限不满 3 个月的，不得约定试用期。试用期包含在劳动合同期限内。劳动合同仅约定试用期的，试用期不成立，该期限为劳动合同期限。

劳动者在试用期的工资不得低于本单位相同岗位最低档工资或者劳动合同约定工资的 80%，并不得低于用人单位所在地的最低工资标准。在试用期中，除劳动者有《劳动合同法》第三十九条和第四十条第（一）项、第（二）项规定的情形外，用人单位不得解除劳动合同。用人单位在试用期解除劳动合同的，应当向劳动者说明理由。

3. 劳动合同的生效与无效

劳动合同由用人单位与劳动者协商一致，并经用人单位与劳动者在劳动合同文本上签字或者盖章生效。双方当事人签字或者盖章时间不一致的，以最后一方签字或者盖章的时间为准；如果一方没有写签字时间，则另一方写明的签字时间就是合同生效时间。

下列劳动合同无效或者部分无效：

1）以欺诈、胁迫的手段或者乘人之危，使对方在违背真实意思的情况下订立或者变更劳动合同的。

2）用人单位免除自己的法定责任、排除劳动者权利的。

3）违反法律、行政法规强制性规定的。

对于部分无效的劳动合同，只要不影响其他部分效力的，其他部分仍然有效。劳动合同被确认无效，劳动者已付出劳动的，用人单位应当向劳动者支付劳动报酬。劳动报酬的数额，参照本单位相同或者相近岗位劳动者的劳动报酬确定。

对劳动合同的无效或者部分无效有争议的，由劳动争议仲裁机构或者人民法院确认。

7.1.3　集体合同

企业职工一方与用人单位通过平等协商，可以就劳动报酬、工作时间、休息休假、劳动安全卫生、保险福利等事项订立集体合同。集体合同草案应当提交职工代表大会或者全体职工讨论通过。集体合同由工会代表企业职工一方与用人单位订立；尚未建立工会的用人单位，由上级工会指导劳动者推举的代表与用人单位订立。企业职工一方与用人单位还可订立劳动安全卫生、女职工权益保护、工资调整机制等专项集体合同。集体合同中劳动报酬和劳动条件等标准不得低于当地人民政府规定的最低标准，用人单位与劳动者订立的劳动合同中劳动报酬和劳动条件等标准不得低于集体合同规定的标准。

集体合同订立后，应当报送劳动行政部门；劳动行政部门自收到集体合同文本之日起 15 日内未提出异议的，集体合同即行生效。依法订立的集体合同对用人单位和劳动者具有约束力。用人单位违反集体合同，侵犯职工劳动权益的，工会可以依法要求用人单位承担责任。因签订集体合同发生争议，当事人协商解决不成的，当地人民政府劳动行政部门可以组织有关各方协调处理。因履行集体合同发生争议，当事人协商解决不成的，可以向劳动争议仲裁委员会申请仲裁；对仲裁裁决不服的，可以自收到仲裁裁决书之日起 15 日内向人民法院提起诉讼。

7.1.4　劳动合同的履行与变更

劳动合同一经依法订立便具有法律效力。用人单位与劳动者应当按照劳动合同的约定，全面履行各自的义务。当事人双方既不能只履行部分义务，也不能擅自变更合同，更不能任意不履行合同或者解除合同，否则将承担相应的法律责任。

用人单位应当严格执行劳动定额标准，不得强迫或者变相强迫劳动者加班。用人单位安排加班的，应当按照国家有关规定向劳动者支付加班费。《劳动合同法》规定：劳动者对危害生命安全和身体健康的劳动条件，有权对用人单位提出批评、检举和控告；劳动者拒绝用人单位管理人员违章指挥、强令冒险作业的，不视为违反劳动合同。

用人单位如果变更名称、法定代表人、主要负责人或者投资人等事项，不影响劳动合同的履行。用人单位发生合并或者分立等情况，原劳动合同继续有效，劳动合同由承继其权利和义务的用人单位继续履行。

用人单位与劳动者协商一致，可以变更劳动合同约定的内容。变更劳动合同，应当采用书面形式。变更后的劳动合同文本由用人单位和劳动者各执一份。变更劳动合同时应当注意：

1）必须在劳动合同依法订立之后，在合同没有履行或者尚未履行完毕之前的有效时间内进行。

2）必须坚持平等自愿、协商一致的原则，即须经用人单位和劳动者双方当事人的同意。

3）不得违反法律法规的强制性规定。

4）劳动合同的变更须采用书面形式。

7.2　劳动合同的解除和终止

7.2.1　劳动合同的解除

劳动合同的解除是指当事人双方提前终止劳动合同、解除双方权利义务关系的法律行为，可分为协商解除、法定解除和约定解除三种情况。劳动合同的终止是指劳动合同期满或者出现法定情形以及当事人约定的情形而导致劳动合同的效力消灭，劳动合同即行终止。

1. 劳动者单方解除劳动合同的规定

劳动者提前 30 日以书面形式通知用人单位，可以解除劳动合同。劳动者在试用期内提前 3 日通知用人单位，可以解除劳动合同。

《劳动合同法》第三十八条规定，用人单位有下列情形之一的，劳动者可以解除劳动合同：

1）未按照劳动合同约定提供劳动保护或者劳动条件的。

2）未及时足额支付劳动报酬的。

3）未依法为劳动者缴纳社会保险费的。

4）用人单位的规章制度违反法律、法规的规定，损害劳动者权益的。

5）因《劳动合同法》第二十六条第一款规定的情形致使劳动合同无效的。

6）法律、行政法规规定劳动者可以解除劳动合同的其他情形。

用人单位以暴力、威胁或者非法限制人身自由的手段强迫劳动者劳动的，或者用人单位违章指挥、强令冒险作业危及劳动者人身安全的，劳动者可以立即解除劳动合同，不需事先告知用人单位。

2. 用人单位单方解除劳动合同的规定

《劳动合同法》在赋予劳动者单方解除权的同时，也赋予用人单位对劳动合同的单方解除权，以保障用人单位的用工自主权。

依据《劳动合同法》第三十九条规定，劳动者有下列情形之一的，用人单位可以解除劳动合同：

1）在试用期间被证明不符合录用条件的。

2）严重违反用人单位的规章制度的。

3）严重失职，营私舞弊，给用人单位造成重大损害的。

4）劳动者同时与其他用人单位建立劳动关系，对完成本单位的工作任务造成严重影响，或者经用人单位提出，拒不改正的。

5）因《劳动合同法》第二十六条第一款第一项规定的情形致使劳动合同无效的。

6）被依法追究刑事责任的。

《劳动合同法》第四十条规定，有下列情形之一的，用人单位提前30日以书面形式通知劳动者本人或者额外支付劳动者1个月工资后，可以解除劳动合同：

1）劳动者患病或者非因工负伤，在规定的医疗期满后不能从事原工作，也不能从事由用人单位另行安排的工作的。

2）劳动者不能胜任工作，经过培训或者调整工作岗位，仍不能胜任工作的。

3）劳动合同订立时所依据的客观情况发生重大变化，致使劳动合同无法履行，经用人单位与劳动者协商，未能就变更劳动合同内容达成协议的。

3. 用人单位经济性裁员的规定

经济性裁员是指用人单位由于经营不善等经济原因，一次性辞退部分劳动者的情形。经济性裁员仍属用人单位单方解除劳动合同。

有下列情形之一，需要裁减人员20人以上或者裁减不足20人但占企业职工总数10%以上的，用人单位提前30日向工会或者全体职工说明情况，听取工会或者职工的意见后，裁减人员方案经向劳动行政部门报告，可以裁减人员：

1）依照《中华人民共和国企业破产法》规定进行重整的。

2）生产经营发生严重困难的。

3）企业转产、重大技术革新或者经营方式调整，经变更劳动合同后，仍需裁减人员的。

4）其他因劳动合同订立时所依据的客观经济情况发生重大变化，致使劳动合同无法履行的。

裁减人员时，应当优先留用下列三种人员：

1）与本单位订立较长期限的固定期限劳动合同的。

2）与本单位订立无固定期限劳动合同的。

3）家庭无其他就业人员，有需要扶养的老人或者未成年人的。

用人单位在 6 个月内重新招用人员的，应当通知被裁减的人员，并在同等条件下优先招用被裁减人员。

4. 用人单位不得解除劳动合同的规定

为了保护一些特殊群体劳动者的权益，《劳动合同法》第四十二条规定，劳动者有下列情形之一的，用人单位不得依照该法第四十条、第四十一条的规定解除劳动合同：

1）从事接触职业病危害作业的劳动者未进行离岗前职业健康检查，或者疑似职业病病人在诊断或者医学观察期间的。

2）在本单位患职业病或者因工负伤并被确认丧失或者部分丧失劳动能力的。

3）患病或者非因工负伤，在规定的医疗期内的。

4）女职工在孕期、产期、哺乳期的。

5）在本单位连续工作满 15 年，且距法定退休年龄不足 5 年的。

6）法律、行政法规规定的其他情形。

用人单位违反《劳动合同法》规定解除或者终止劳动合同，劳动者要求继续履行劳动合同的，用人单位应当继续履行；劳动者不要求继续履行劳动合同或者劳动合同已经不能继续履行的，用人单位应当依法向劳动者支付赔偿金。赔偿金标准为经济补偿标准的 2 倍。

7.2.2　劳动合同的终止

1. 劳动合同终止的情形

《劳动合同法》第四十四条规定，有下列情形之一的，劳动合同终止：

1）劳动合同期满的。

2）劳动者开始依法享受基本养老保险待遇的。

3）劳动者死亡，或者被人民法院宣告死亡或者宣告失踪的。

4）用人单位被依法宣告破产的。

5）用人单位被吊销营业执照、责令关闭、撤销或者用人单位决定提前解散的。

6）法律、行政法规规定的其他情形。

但是，在劳动合同期满时，有《劳动合同法》第四十二条规定的情形之一的，劳动合同应当继续延续至相应的情形消失时才能终止。但是，在本单位患有职业病或者因工负伤并被确认丧失或者部分丧失劳动能力的劳动者的劳动合同的终止，按照国家有关工伤保险的规定执行。

2010 年 12 月经修改后发布的《工伤保险条例》规定：

1）劳动者因工致残被鉴定为一级至四级伤残的，即丧失劳动能力的，保留劳动关系，退出工作岗位，用人单位不得终止劳动合同。

2）劳动者因工致残被鉴定为五级、六级伤残的，即大部分丧失劳动能力的，经工伤职工本人提出，该职工可以与用人单位解除或者终止劳动关系，否则，用人单位不得终止劳动合同。

3）职工因工致残被鉴定为七级至十级伤残的，即部分丧失劳动能力的，劳动合同期满终止。

2. 终止劳动合同的经济补偿

有下列情形之一的，用人单位应当向劳动者支付经济补偿：

1）劳动者依照《劳动合同法》第三十八条规定解除劳动合同的。

2）用人单位向劳动者提出解除劳动合同并与劳动者协商一致解除劳动合同的。

3）用人单位依照《劳动合同法》第四十条规定解除劳动合同的。

4）用人单位依照《劳动合同法》第四十一条第一款规定解除劳动合同的。

5）除用人单位维持或者提高劳动合同约定条件续订劳动合同，劳动者不同意续订的情形外，依照《劳动合同法》第四十四条第一项规定终止固定期限劳动合同的。

6）依照《劳动合同法》第四十四条第四项、第五项规定终止劳动合同的。

7）法律、行政法规规定的其他情形。

经济补偿的标准，按劳动者在本单位工作的年限，每满 1 年支付 1 个月工资的标准向劳动者支付。6 个月以上不满 1 年的，按 1 年计算；不满 6 个月的，向劳动者支付半个月工资的经济补偿。劳动者月工资高于用人单位所在直辖市、设区的市级人民政府公布的本地区上年度职工月平均工资 3 倍的，向其支付经济补偿的标准按职工月平均工资 3 倍的数额支付，向其支付经济补偿的年限最高不超过 12 年。月工资是指劳动者在劳动合同解除或者终止前 12 个月的平均工资。

.3 建筑劳务用工制度

7.3.1　劳务派遣

劳务派遣又称劳动力派遣、劳动派遣或人才租赁，是指依法设立的劳务派遣单位与劳动者订立劳动合同，依据与接受劳务派遣单位（即实际用工单位）订立的劳务派遣协议，将劳动者派遣到实际用工单位工作，由派遣单位向劳动者支付工资、福利及社会保险费用，实际用工单位提供劳动条件并按照劳务派遣协议支付用工费用的新型用工方式。其显著特征是劳动者的聘用与使用分离。

1. 劳务派遣单位

《劳动合同法》规定，劳务派遣单位经营劳务派遣业务应当具备下列条件：

1）注册资本不得少于人民币 200 万元。

2）有与开展业务相适应的固定的经营场所和设施。

3）有符合法律、行政法规规定的劳务派遣管理制度。

4）法律、行政法规规定的其他条件。

经营劳务派遣业务，应当向劳动行政部门依法申请行政许可；经许可的，依法办理相应的公司登记。未经许可，任何单位和个人不得经营劳务派遣业务。劳务派遣用工是补充形式，只能在临时性、辅助性或者替代性的工作岗位上实施。

2014 年 1 月人力资源和社会保障部发布的《劳务派遣暂行规定》进一步规定，临时性工作岗位是指存续时间不超过 6 个月的岗位；辅助性工作岗位是指为主营业务岗位提供服务的非主营业务岗位；替代性工作岗位是指用工单位的劳动者因脱产学习、休假等原因无法工作的一定期间内，可以由其他劳动者替代工作的岗位。

2. 劳动合同与劳务派遣协议

劳务派遣单位与被派遣劳动者应当订立劳动合同。《劳动合同法》规定：①劳务派遣单位是该法所称用人单位，应当履行用人单位对劳动者的义务。②劳务派遣单位与被派遣劳动者订立的劳动合同，除应当载明该法第十七条规定的事项外，还应当载明被派遣劳动者的用工单位以及派遣期限、工作岗位等情况。③劳务派遣单位应当与被派遣劳动者订立 2 年以上的固定期限劳动合同，按月支付劳动报酬；被派遣劳动者在无工作期间，劳务派遣单位应当按照所在地人民政府规定的最低工资标准，向其按月支付报酬。

劳务派遣单位派遣劳动者应当与接受以劳务派遣形式用工的单位（以下称用工单位）订立劳务派遣协议。劳务派遣单位应当将劳务派遣协议的内容告知被派遣劳动者。劳务派遣单位不得克扣用工单位按照劳务派遣协议支付给被派遣劳动者的劳动报酬。劳务派遣单位和用工单位不得向被派遣劳动者收取费用。

《劳务派遣暂行规定》进一步规定，劳务派遣协议应当载明下列内容：

1）派遣的工作岗位名称和岗位性质。

2）工作地点。

3）派遣人员数量和派遣期限。

4）按照同工同酬原则确定的劳动报酬数额和支付方式。

5）社会保险费的数额和支付方式。

6）工作时间和休息休假事项。

7）被派遣劳动者工伤、生育或者患病期间的相关待遇。

8）劳动安全卫生以及培训事项。

9）经济补偿等费用。

10）劳务派遣协议期限。

11）劳务派遣服务费的支付方式和标准。

12）违反劳务派遣协议的责任。

13）法律、法规、规章规定应当纳入劳务派遣协议的其他事项。

3. 被派遣劳动者

《劳动合同法》规定：被派遣劳动者享有与用工单位的劳动者同工同酬的权利；用工单位应当按照同工同酬原则，对被派遣劳动者与本单位同类岗位的劳动者实行相同的劳动报酬分配办法；用工单位无同类岗位劳动者的，参照用工单位所在地相同或者相近岗位劳动者的劳动报酬确定；劳务派遣单位与被派遣劳动者订立的劳动合同和与用工单位订立的劳务派遣协议，载明或者约定的向被派遣劳动者支付的劳动报酬应当符合前款规定；被派遣劳动者有权在劳务派遣单位或者用工单位依法参加或者组织工会，维护自身的合法权益；被派遣劳动者可以依照《劳动合同法》第三十六条、第三十八条的规定与劳务派遣单位解除劳动合同。

4. 用工单位

《劳动合同法》规定，用工单位应当履行下列义务：

1）执行国家劳动标准，提供相应的劳动条件和劳动保护。

2）告知被派遣劳动者的工作要求和劳动报酬。

3）支付加班费、绩效奖金，提供与工作岗位相关的福利待遇。

4）对在岗被派遣劳动者进行工作岗位所必需的培训。

5）连续用工的，实行正常的工资调整机制。

用工单位不得将被派遣劳动者再派遣到其他用人单位。

被派遣劳动者有《劳动合同法》第三十九条和第四十条第一项、第二项规定情形的，用工单位可以将劳动者退回劳务派遣单位，劳务派遣单位依照该法有关规定，可以与劳动者解除劳动合同。

《劳务派遣暂行规定》进一步规定：用工单位应当按照《劳动合同法》第六十二条规定，向被派遣劳动者提供与工作岗位相关的福利待遇，不得歧视被派遣劳动者；被派遣劳动者在用工单位因工作遭受事故伤害的，劳务派遣单位应当依法申请工伤认定，用工单位应当协助工伤认定的调查核实工作；劳务派遣单位承担工伤保险责任，但可以与用工单位约定补偿办法；被派遣劳动者在申请进行职业病诊断、鉴定时，用工单位应当负责处理职业病诊断、鉴定事宜，并如实提供职业病诊断、鉴定所需的劳动者职业史和职业危害接触史、工作场所职业病危害因素检测结果等资料，劳务派遣单位应当提供被派遣劳动者职业病诊断、鉴定所需的其他材料。

有下列情形之一的，用工单位可以将被派遣劳动者退回劳务派遣单位：

1）用工单位有《劳动合同法》第四十条第三项、第四十一条规定情形的。

2）用工单位被依法宣告破产、吊销营业执照、责令关闭、撤销、决定提前解散或者经营期限届满不再继续经营的。

3）劳务派遣协议期满终止的。

被派遣劳动者退回后在无工作期间，劳务派遣单位应当按照不低于所在地人民政府规定的最低工资标准，向其按月支付报酬。

被派遣劳动者有《劳动合同法》第四十二条规定情形的，在派遣期限届满前，用工单位不得依据上述第1）项规定将被派遣劳动者退回劳务派遣单位；派遣期限届满的，应当延续至相应情形消失时方可退回。

2016年1月颁发的《国务院办公厅关于全面治理拖欠农民工工资问题的意见》中规定：

1）在工程建设领域推行工程款支付担保制度，采用经济手段约束建设单位履约行为，预防工程款拖欠；加强对政府投资工程项目的管理，对建设资金来源不落实的政府投资工程项目不予批准；政府投资项目一律不得以施工企业带资承包的方式进行建设，并严禁将带资承包有关内容写入工程承包合同及补充条款。

2）规范工程款支付和结算行为；全面推行施工过程结算，建设单位应按合同约定的计量周期或工程进度结算并支付工程款；工程竣工验收后，对建设单位未完成竣工结算或未按合同支付工程款且未明确剩余工程款支付计划的，探索建立建设项目抵押偿付制度，有效解决拖欠工程款问题；对长期拖欠工程款结算或拖欠工程款的建设单位，有关部门不得批准其新项目开工建设。

7.3.2　建筑劳务管理规定

《国务院办公厅关于促进建筑业持续健康发展的意见》（国办发〔2017〕19号）中规定，改革建筑用工制度。推动建筑业劳务企业转型，大力发展木工、电工、砌筑、钢筋制作等以作业为主的专业企业。以专业企业为建筑工人的主要载体，逐步实现建筑工人公司化、专业化管理。鼓励现有专业企业进一步做专做精，增强竞争力，推动形成一批以作业为主的建筑业专业企业。促进建筑业农民工向技术工人转型，着力稳定和扩大建筑业农民工就业创业。建立全国建筑工人管理服务信息平台，开展建筑工人实名制管理，记录建筑工人的身份信息、培训情况、职业技能、从业记录等信息，逐步实现全覆盖。

1. 改革工程建设领域用工方式

《国务院办公厅关于全面治理拖欠农民工工资问题的意见》规定：严格规范劳动用工管理；在工程建设领域，坚持施工企业与农民工先签订劳动合同后进场施工，全面实行农民工实名制管理制度，建立劳动计酬手册，记录施工现场作业农民工的身份信息、劳动考勤、工资结算等信息，逐步实现信息化实名制管理；施工总承包企业要加强对分包企业劳动用工和工资发放的监督管理，在工程项目部配备劳资专管员，建立施工人员进出场登记制度和考勤计量、工资支付等管理台账，实时掌握施工现场用工及其工资支付情况，不得以包代管；施工总承包企业和分包企业应将经农民工本人签字确认的工资支付书面记录保存两年以上备查。

《国务院办公厅关于全面治理拖欠农民工工资问题的意见》规定：①加快培育建筑产业工人队伍，推进农民工组织化进程。②鼓励施工企业将一部分技能水平高的农民工招用为自有工人，不断扩大自有工人队伍。③引导具备条件的劳务作业班组向专业企业发展。④实行施工现场维权信息公示制度。施工总承包企业负责在施工现场醒目位置设立维权信息告示牌，明示业主单位、施工总承包企业及所在项目部、分包企业、行业监管部门等基本信息；明示劳动用工相关法律法规、当地最低工资标准、工资支付日期等信息；明示属地行业监管部门投诉举报电话和劳动争议调解仲裁、劳动保障监察投诉举报电话等信息，实现所有施工场地全覆盖。

施工总承包、专业承包企业可通过自有劳务人员或劳务分包、劳务派遣等多种方式完成劳务作业。施工总承包、专业承包企业应拥有一定数量的与其建立稳定劳动关系的骨干技术工人，或拥有独资或控股的施工劳务企业，组织自有劳务人员完成劳务作业；也可以将劳务作业分包给具有施工劳务资质的企业；还可以将部分临时性、辅助性或者替代性的工作使用劳务派遣人员完成作业。施工劳务企业应组织自有劳务人员完成劳务分包作业。施工劳务企业应依法承接施工总承包、专业承包企业发包的劳务作业，并组织自有劳务人员完成作业，不得将劳务作业再次分包或转包。

2. 推行劳务人员实名制管理

施工总承包、专业承包和施工劳务等建筑施工企业要严格落实劳务人员实名制，加强对自有劳务人员的管理，在施工现场配备专职或兼职劳务用工管理人员，负责登记劳务人员的基本身份信息、培训和技能状况、从业经历、考勤记录、诚信信息、工资结算及支付等情况，加强劳务人员动态监管和劳务纠纷调解处理。实行劳务分包的工程项目，施工劳务企业除严格落实实名制管理外，还应将现场劳务人员的相关资料报施工总承包企业核实、备查；施工总承包企业也应配备现场专职劳务用工管理人员监督施工劳务企业落实实名制管理，确保工资支付到位，并留存相关资料。

3. 保障劳务人员合法权益与工程质量安全

建筑施工企业对自有劳务人员承担用工主体责任。建筑施工企业应对自有劳务人员的施工现场用工管理、持证上岗作业和工资发放承担直接责任。建筑施工企业应与自有劳务人员依法签订书面劳动合同，办理工伤、医疗或综合保险等社会保险，并按劳动合同约定及时将工资直接发放给劳务人员本人；应不断提高和改善劳务人员的工作条件和生活环境，保障其合法权益。

施工总承包、专业承包企业承担相应的劳务用工管理责任。按照"谁承包、谁负责"的原则，施工总承包企业应对所承包工程的劳务管理全面负责。施工总承包、专业承包企业将劳务作业分包时，应对劳务费结算支付负责，对劳务分包企业的日常管理、劳务作业和用工情况、工资支付负监督管理责任；对因转包、违法分包、拖欠工程款等行为导致拖欠劳务人员工资的，负相应责任。建筑施工企业承担劳务人员的教育培训责任。建筑施工企业应通过积极创建农民工业余学校、建立培训基地、师傅带徒弟、现场培训等多种方式，提高劳务人员职业素质和技能水平，使其满足工作岗位需求。

建筑施工企业应对自有劳务人员的技能和岗位培训负责，建立劳务人员分类培训制度，实施全员培训、持证上岗。对新进入建筑市场的劳务人员，应组织相应的上岗培训，考核合格后方可上岗；对因岗位调整或需要转岗的劳务人员，应重新组织培训，考核合格后方可上岗；对从事建筑电工、建筑架子工、建筑起重信号司索工等岗位的劳务人员，应组织培训并取得住房城乡建设主管部门颁发的证书后方可上岗。施工总承包、专业承包企业应对所承包工程项目施工现场劳务人员的岗前培训负责，对施工现场劳务人员持证上岗作业负监督管理责任。

建筑施工企业承担相应的质量安全责任。施工总承包企业对所承包工程项目的施工现场质量安全负总责，专业承包企业对承包的专业工程质量安全负责，施工总承包企业对分包工程的质量安全承担连带责任。施工劳务企业应服从施工总承包或专业承包企业的质量安全管理，组织合格的劳务人员完成施工作业。

4. 规范劳务用工管理

落实劳务人员实名制管理各项要求。积极推行信息化管理方式，将劳务人员的基本身份信息、培训和技能状况、从业经历和诚信信息等内容纳入信息化管理范畴，逐步实现不同项目、企业、地域劳务人员信息的共享和互通。有条件的地区，可探索推进劳务人员的诚信信息管理，对发生违法违规行为以及引发群体性事件的责任人，记录其不良行为并予以通报。

加大企业违法违规行为的查处力度。各地住房城乡建设主管部门应加大对转包、违法分包等违法违规行为以及不执行实名制管理和持证上岗制度、拖欠劳务费或劳务人员工资、引发群体性讨薪事件等不良行为的查处力度，并将查处结果予以通报，记入企业信用档案。有条件的地区可加快施工劳务企业信用体系建设，将不良行为统一纳入全国建筑市场监管与诚信信息发布平台，向社会公布。

5. 加强政策引导与扶持

加强劳务分包计价管理。各地工程造价管理机构应根据本地市场实际情况，动态发布定额人工单价调整信息，使人工费用的变化在工程造价中得到及时反映；实时跟踪劳务市场价格信息，做好建筑工种和实物工程量人工成本信息的测算发布工作，引导建筑施工企业合理确定劳务分包费用，避免因盲目低价竞争和计费方式不合理引发合同纠纷。

推进建筑劳务基地化建设。鼓励大型建筑施工企业在劳务输出地建立独资或控股的施工劳务企业，或与劳务输出地有关单位建立长期稳定的合作关系，支持企业参与劳务输出地劳务人员的技能培训，建立双方定向培训机制。做好引导和服务工作。鼓励施工总承包企业与长期合作、市场信誉好的施工劳务企业建立稳定的合作关系，鼓励和扶持实力较强的施工劳务企业向施工总承包或专业承包企业发展；加强培训工作指导，整合培训资源，推动各类培训机构建设，引导有实力的建筑施工企业按相关规定开办技工职业学校，培养技能人才，鼓励建筑施工企业加强校企合作，对自有劳务人员开展定向教育，加大高技能人才的培养力度。

7.4 劳动保护的规定

7.4.1 劳动者的工作时间和休息休假

工作时间（又称劳动时间），是指法律规定的劳动者在一昼夜和一周内从事生产、劳动或工作的时间。休息休假（又称休息时间），是指劳动者在国家规定的法定工作时间外，不从事生产、劳动或工作而由自己自行支配的时间，包括劳动者每天休息的时数、每周休息的天数、节假日、年休假、探亲假等。

1. 工作时间

《劳动法》规定：国家实行劳动者每日工作时间不超过 8 小时、平均每周工作时间不超过 44 小时的工时制度；用人单位应当保证劳动者每周至少休息 1 日。《劳动法》还规定，企业因生产特点不能实行该法第三十六条、第三十八条规定的，经劳动行政部门批准，可以实行其他工作和休息办法。

《国务院关于职工工作时间的规定》中有："在特殊条件下从事劳动和有特殊情况，需要适当缩短工作时间的，按照国家有关规定执行。"目前，我国实行缩短工作时间的主要是：从事矿山、高山、有毒、有害、特别繁重和过度紧张的体力劳动职工，以及纺织、化工、建筑冶炼、地质勘探、森林采伐、装卸搬运等行业或岗位的职工；从事夜班工作的劳动者；在哺乳期工作的女职工；16～18 岁的未成年劳动者等。

1994 年 12 月劳动部《关于企业实行不定时工作制和综合计算工时工作制的审批办法》中规定，企业对符合下列条件之一的职工，可以实行不定时工作制：

1）企业中的高级管理人员、外勤人员、推销人员、部分值班人员和其他因工作无法按标准工作时间衡量的职工。

2）企业中的长途运输人员、出租汽车司机和铁路、港口、仓库的部分装卸人员以及因工作性质特殊，需机动作业的职工。

3）其他因生产特点、工作特殊需要或职责范围的关系，适合实行不定时工作制的职工。

综合计算工作日，即分别以周、月、季、年等为周期综合计算工作时间，但其平均日工作时间和平均周工作时间应与法定标准工作时间基本相同。按规定，企业对交通、铁路等行业中因工作性质特殊需连续作业的职工，地质及资源勘探、建筑等受季节和自然条件限制的行业的部分职工等，可实行综合计算工作日。

对实行计件工作的劳动者，用人单位应当根据《劳动法》第三十六条规定的工时制度合理确定其劳动定额和计件报酬标准。

2. 休息休假

《劳动法》规定，用人单位在下列节日期间应当依法安排劳动者休假：

1）元旦。

2）春节。

3）国际劳动节。

4）国庆节。

5）法律、法规规定的其他休假节日。目前，法律、法规规定的其他休假节日有：全体公民放假的节日是清明节、端午节和中秋节；部分公民放假的节日及纪念日是妇女节、青年节、儿童节、中国人民解放军建军纪念日。

劳动者连续工作 1 年以上的，享受带薪年休假。此外，劳动者按有关规定还可以享受探亲假、婚丧假、生育（产）假、节育手术假等。

用人单位由于生产经营需要，经与工会和劳动者协商可以延长工作时间，一般每日不得超过 1 小时；因特殊原因需要延长工作时间的，在保障劳动者身体健康的条件下延长工作时间每日不得超过 3 小时，但是每月不得超过 36 小时。在发生自然灾害、事故等需要紧急处理，或者生产设备、交通运输线路、公共设施发生故障必须及时抢修等法律、行政法规规定的特殊情况的，延长工作时间不受上述限制。

用人单位应当按照下列标准支付高于劳动者正常工作时间工资的工资报酬：安排劳动者延长工作时间的，支付不低于工资 150% 的工资报酬；休息日安排劳动者工作又不能安排补休的，支付不低于工资 200% 的工资报酬；法定休假日安排劳动者工作的，支付不低于工资 300% 的工资报酬。

7.4.2 劳动者的工资

工资是指用人单位依据国家有关规定和劳动关系双方的约定，以货币形式支付给劳动者的劳动报酬，如计时工资、计件工资、奖金、津贴和补贴等。劳动合同对劳动报酬和劳动条件等标准约定不明确，引发争议的，用人单位与劳动者可以重新协商；协商不成的，适用集体合同规定；没有集体合同或者集体合同未规定劳动报酬的，实行同工同酬；没有集体合同或者集体合同未规定劳动条件等标准的，适用国家有关规定。

1. 劳动报酬

用人单位应当按照劳动合同约定和国家规定，向劳动者及时足额支付劳动报酬。劳动报酬是指劳动者为用人单位提供劳动而获得的各种报酬，通常包括三个部分：

1）货币工资，包括各种工资、奖金、津贴、补贴等。

2）实物报酬，即用人单位以免费或低于成本价提供给劳动者的各种物品和服务等。

3）社会保险，即用人单位为劳动者支付的医疗、失业、养老、工伤等保险金。用人单位和劳动者可以在法律允许的范围内对劳动报酬的金额、支付时间、支付方式等进行平等协商。

劳动报酬的支付要遵守国家的有关规定：

1）用人单位支付劳动者的工资不得低于当地的最低工资标准。

2）工资应当以货币形式按月支付劳动者本人，即不得以实物或有价证券等形式代替货币支付。

3）用人单位应当依法向劳动者支付加班费。

4）劳动者在法定休假日、婚丧假期间、探亲假期间、产假期间和依法参加社会活动期间以及非因劳动者原因停工期间，用人单位应当依法支付工资。

用人单位拖欠或者未足额支付劳动报酬的，劳动者可以依法向当地人民法院申请支付令，人民法院应当依法发出支付令。

2. 工资基本规定

《劳动法》规定：工资分配应当遵循按劳分配原则，实行同工同酬；工资水平在经济发展的基础上逐步提高；国家对工资总量实行宏观调控；用人单位根据本单位的生产经营特点和经济效益，依法自主确定本单位的工资分配方式和工资水平；工资应当以货币形式按月支付给劳动者本人；不得克扣或者无故拖欠劳动者的工资；劳动者在法定休假日和婚丧假期间以及依法参加社会活动期间，用人单位应当依法支付工资。

在我国，企业、机关（包括社会团体）、事业单位实行不同的基本工资制度。企业基本工资制度主要有等级工资制、岗位技能工资制、岗位工资制、结构工资制、经营者年薪制等。

3. 最低工资保障制度

最低工资标准是指劳动者在法定工作时间或依法签订的劳动合同约定的工作时间内提供了正常劳动的前提下，用人单位依法应支付的最低劳动报酬。所谓正常劳动，是指劳动者按依法签订的劳动合同约定，在法定工作时间或劳动合同约定的工作时间内从事的劳动。劳动者依法享受带薪年休假、探亲假、婚丧假、生育（产）假、节育手术假等国家规定的假期间，以及法定工作时间内依法参加社会活动期间，视为提供了正常劳动。《劳动法》规定：国家实行最低工资保障制度；最低工资的具体标准由省、自治区、直辖市人民政府规定，报国务院备案；用人单位支付劳动者的工资不得低于当地最低工资标准。

根据 2004 年 1 月劳动和社会保障部颁布的《最低工资规定》，在劳动者提供正常劳动的情况下，用人单位应支付给劳动者的工资在剔除下列各项以后，不得低于当地最低工资标准：

1）延长工作时间工资。

2）中班、夜班、高温、低温、井下、有毒有害等特殊工作环境、条件下的津贴。

3）法律、法规和国家规定的劳动者福利待遇等。

实行计件工资或提成工资等工资形式的用人单位，在科学合理的劳动定额基础上，其支付劳动者的工资不得低于相应的最低工资标准。

4. 治理农民工工资支付制度

《国务院办公厅关于全面治理拖欠农民工工资问题的意见》规定：

1）明确工资支付各方主体责任。在工程建设领域，施工总承包企业（包括直接承包建设单位发包工程的专业承包企业，下同）对所承包工程项目的农民工工资支付负总责，分包企业（包括承包施工总承包企业发包工程的专业企业，下同）对所招用农民工的工资支付负直接责任，不得以工程款未到位等为由克扣或拖欠农民工工资，不得将合同应收工程款等经营风险转嫁给农民工。

2）推动各类企业委托银行代发农民工工资。在工程建设领域，鼓励实行分包企业农民工工资委托施工总承包企业直接代发的办法。分包企业负责为招用的农民工申办银行个人工资账户并办理实名制工资支付银行卡，按月考核农民工工作量并编制工资支付表，经农民工本人签字确认后，交施工总承包企业委托银行通过其设立的农民工工资（劳务费）专用账户直接将工资划入农民工个人工资账户。

3）完善工资保证金制度。在建筑、市政、交通、水利等工程建设领域全面实行工资保证金制度，逐步将实施范围扩大到其他易发生拖欠工资的行业。建立工资保证金差异化缴存办法，对一定时期内未发生工资拖欠的企业实行减免措施，发生工资拖欠的企业适当提高缴存比例。严格规范工资保证金动用和退还办法。探索推行业主担保、银行保函等第三方担保制度，积极引入商业保险机制，保障农民工工资支付。

4）建立健全农民工工资（劳务费）专用账户管理制度。在工程建设领域，实行人工费用与其他工程款分账管理制度，推动农民工工资与工程材料款等相分离。施工总承包企业应分解工程价款中的人工费用，在工程项目所在地银行开设农民工工资（劳务费）专用账户，专项用于支付农民工工资。建设单位应按照工程承包合同约定的比例或施工总承包企业提供的人工费用数额，将应付工程款中的人工费单独拨付到施工总承包企业开设的农民工工资（劳务费）专用账户。农民工工资（劳务费）专用账户应向人力资源社会保障部门和交通、水利等工程建设项目主管部门备案，并委托开户银行负责日常监管，确保专款专用。

5）落实清偿欠薪责任。招用农民工的企业承担直接清偿拖欠农民工工资的主体责任。在工程建设领域，建设单位或施工总承包企业未按合同约定及时划拨工程款，致使分包企业拖欠农民工工资的，由建设单位或施工总承包企业以未结清的工程款为限先行垫付农民工工资。建设单位或施工总承包企业将工程违法发包、转包或违法分包致使拖欠农民工工资的，由建设单位或施工总承包企业依法承担清偿责任。

《国务院办公厅关于清理规范工程建设领域保证金的通知》（国办发〔2016〕49号）规定：实行农民工工资保证金差异化缴存办法；对一定时期内未发生工资拖欠的企业，实行减免措施，对发生工资拖欠的企业，适当提高缴存比例。

7.4.3　劳动安全卫生制度

《劳动法》规定：用人单位必须建立、健全劳动安全卫生制度，严格执行国家劳动安全卫生规程和标准，对劳动者进行劳动安全卫生教育，防止劳动过程中的事故，减少职业危害；劳动安全卫生设施必须符合国家规定的标准；新建、改建、扩建工程的劳动安全卫生设施必须与主体工程同时设计、同时施工、同时投入生产和使用；用人单位必须为劳动者提供符合国家规定的劳动安全卫生条件和必要的劳动防护用品，对从事有职业危害作业的劳动者应当定期进行健康检查。

从事特种作业的劳动者必须经过专门培训并取得特种作业资格。劳动者在劳动过程中必须严格遵守安全操作规程，对用人单位管理人员违章指挥、强令冒险作业，有权拒绝执行；对危害生命安全和身体健康的行为，有权提出批评、检举和控告。

1. 女职工的特殊保护

《劳动法》规定：禁止安排女职工从事矿山井下、国家规定的第四级体力劳动强度的劳动和其他禁忌从事的劳动；不得安排女职工在经期从事高处、低温、冷水作业和国家规定的第三级体力劳动强度的劳动；不得安排女职工在怀孕期间从事国家规定的第三级体力劳动强度的劳动和孕期禁忌从事的活动；对怀孕7个月以上的女职工，不得安排其延长工作时间和夜班劳动；女职工生育享受不少于90天的产假；不得安排女职工在哺乳未满1周岁的婴儿期间从事国家规定的第三级体力劳动强度的劳动和哺乳期禁忌从事的其他劳动，不得安排其延长工作时间和夜班劳动。

2012 年 4 月国务院颁布的《女职工劳动保护特别规定》规定，用人单位应当遵守女职工禁忌从事的劳动范围（详见《女职工劳动保护特别规定》附录）的规定。用人单位应当将本单位属于女职工禁忌从事的劳动范围的岗位书面告知女职工。用人单位不得因女职工怀孕、生育、哺乳降低其工资、予以辞退、与其解除劳动或者聘用合同。女职工生育享受 98 天产假，其中产前可以休假 15 天；难产的，增加产假 15 天；生育多胞胎的，每多生育 1 个婴儿，增加产假 15 天。女职工怀孕未满 4 个月流产的，享受 15 天产假；怀孕满 4 个月流产的，享受 42 天产假。用人单位违反该规定，侵害女职工合法权益的，女职工可以依法投诉、举报、申诉，依法向劳动人事争议调解仲裁机构申请调解仲裁，对仲裁裁决不服的，依法向人民法院提起诉讼。

2. 未成年工的特殊保护

未成年工的特殊保护是针对未成年工处于生长发育期的特点，以及接受义务教育的需要，采取的特殊劳动保护措施。未成年工是指年满 16 周岁未满 18 周岁的劳动者。《劳动法》规定：禁止用人单位招用未满 16 周岁的未成年人；不得安排未成年工从事矿山井下、有毒有害、国家规定的第四级体力劳动强度的劳动和其他禁忌从事的劳动；用人单位应对未成年工定期进行健康检查。

1994 年 12 月劳动部颁布的《未成年工特殊保护规定》规定：用人单位应根据未成年工的健康检查结果安排其从事适合的劳动，对不能胜任原劳动岗位的，应根据医务部门的证明，予以减轻劳动量或安排其他劳动；对未成年工的使用和特殊保护实行登记制度；用人单位招收未成年工除符合一般用工要求外，还须向所在地的县级以上劳动行政部门办理登记；未成年工上岗前用人单位应对其进行有关的职业安全卫生教育、培训。

7.5 社会保险制度

2010 年 10 月颁布的《中华人民共和国社会保险法》（以下简称《社会保险法》）规定，国家建立基本养老保险、基本医疗保险、工伤保险、失业保险、生育保险等社会保险制度，保障公民在年老、疾病、工伤、失业、生育等情况下依法从国家和社会获得物质帮助的权利。

7.5.1 基本养老保险

职工基本养老保险是社会保险中的一个险种。社会保险是指国家通过立法，多渠道筹集资金，对劳动者在年老、失业、患病、工伤、生育而减少劳动收入时给予经济补偿，使他们能够享有基本生活保障的一项社会保障。

职工应当参加基本养老保险，由用人单位和职工共同缴纳基本养老保险费。用人单位应当按照国家规定的本单位职工工资总额的比例缴纳基本养老保险费，记入基本养老保险统筹基金。职工应当按照国家规定的本人工资的比例缴纳基本养老保险费，记个人账户。职工基本养老保险的缴纳比例是：职工所在企业缴纳 20%，职工个人承担 8%。

党的十九大报告中指出，要完善城镇职工基本养老保险制度，加强社会保障体系建设。全面建成覆盖全民、城乡统筹、权责清晰、保障适度、可持续的多层次社会保障体系。全面实施全民参保计划。完善城镇职工基本养老保险和城乡居民基本养老保险制度，尽快实现养老保险全国统筹。完善统一的城乡居民基本医疗保险制度和大病保险制度。完善失业、工伤保险制度。建立全国统一的社会保险公共服务平台。统筹城乡社会救助体系，完善最低生活保障制度。坚持男女平等基本国策，保障妇女儿童合法权益。完善社会救助、社会福利、慈善事业、优抚安置等制度，健全农村留守儿童和妇女、老年人关爱服务体系。发展残疾人事业，加强残疾康复服务。坚持房子是用来住的、不是用来炒的这一定位，加快建立多主体供给、多渠道保障、租购并举的住房制度，让全体人民住有所居。

1. 基本养老金的组成

基本养老金由统筹养老金和个人账户养老金组成。基本养老金根据个人累计缴费年限、缴费工资、当地职工平均工资、个人账户金额、城镇人口平均预期寿命等因素确定。

2. 基本养老金的领取

参加基本养老保险的个人，达到法定退休年龄时累计缴费满 15 年的，按月领取基本养老金。参加基本养老保险的个人，达到法定退休年龄时累计缴费不足 15 年的，可以缴费至满 15 年，按月领取基本养老金；也可以转入新型农村社会养老保险或者城镇居民社会养老保险，按照国务院规定享受相应的养老保险待遇。参加基本养老保险的个人，因病或者非因工死亡的，其遗属可以领取丧葬补助金和抚恤金；在未达到法定退休年龄时因病或者非因工致残完全丧失劳动能力的，可以领取病残津贴。所需资金从基本养老保险基金中支付。个人跨统筹地区就业的，其基本养老保险关系随本人转移，缴费年限累计计算。个人达到法定退休年龄时，基本养老金分段计算、统一支付。

7.5.2 基本医疗保险

基本医疗保险是为补偿劳动者因疾病风险造成的经济损失而建立的一项社会保险制度。通过用人单位和个人缴费，建立医疗保险基金，参保人员患病就诊发生医疗费用后，由医疗保险经办机构给予一定的经济补偿，以避免或减轻劳动者因患病、治疗等所带来的经济风险。基本医疗保险包括职工基本医疗保险、新型农村合作医疗和城镇居民基本医疗保险。《社会保险法》对职工基本医疗保险制度和城镇居民基本医疗保险制度的覆盖范围、资金来源、待遇项目及享受条件、医疗保险费用结算办法等做了比较全面的规定，对新型农村合做医疗制度做了原则规定，并授权国务院规定管理办法。

职工应当参加职工基本医疗保险，由用人单位和职工按照国家规定共同缴纳基本医疗保险费。无雇工的个体工商户、未在用人单位参加职工基本医疗保险的非全日制从业人员以及其他灵活就业人员可以参加职工基本医疗保险，由个人按照国家规定缴纳基本医疗保险费。

参加职工基本医疗保险的个人，达到法定退休年龄时累计缴费达到国家规定年限的，退休后不再缴纳基本医疗保险费，按照国家规定享受基本医疗保险待遇；未达到国家规定年限的，可以缴费至国家规定年限。

符合基本医疗保险药品目录、诊疗项目、医疗服务设施标准以及急诊、抢救的医疗费用，按照国家规定从基本医疗保险基金中支付。下列医疗费用不纳入基本医疗保险基金支付范围：

1）应当从工伤保险基金中支付的。

2）应当由第三人负担的。

3）应当由公共卫生负担的。

4）在境外就医的。

医疗费用依法应当由第三人负担，第三人不支付或者无法确定第三人的，由基本医疗保险基金先行支付。基本医疗保险基金先行支付后，有权向第三人追偿。个人跨统筹地区就业的，其基本医疗保险关系随本人转移，缴费年限累计计算。

2016年1月，国务院发布《关于整合城乡居民基本医疗保险制度的意见》，意见指出，整合城镇居民基本医疗保险和新型农村合作医疗两项制度，建立统一的城乡居民基本医疗保险制度，是推进医药卫生体制改革、实现城乡居民公平享有基本医疗保险权益、促进社会公平正义、增进人民福祉的重大举措，对促进城乡经济社会协调发展、全面建成小康社会具有重要意义。意见要求，落实党中央、国务院关于深化医药卫生体制改革的要求，按照全覆盖、保基本、多层次、可持续的方针，加强统筹协调与顶层设计，遵循先易后难、循序渐进的原则，从完善政策入手，推进城镇居民医保和新农合制度整合，逐步在全国范围内建立起统一的城乡居民医保制度，推动保障更加公平、管理服务更加规范、医疗资源利用更加有效，促进全民医保体系持续健康发展。

7.5.3 工伤保险

职工应当参加工伤保险，由用人单位缴纳工伤保险费，职工不缴纳工伤保险费。《工伤保险条例》规定，中华人民共和国境内的企业、事业单位、社会团体、民办非企业单位、基金会、律师事务所、会计师事务所等组织和有雇工的个体工商户（以下称用人单位）应当依照本条例规定参加工伤保险，为本单位全部职工或者雇工（以下称职工）缴纳工伤保险费。

1. 工伤保险基金

工伤保险基金由用人单位缴纳的工伤保险费、工伤保险基金的利息和依法纳入工伤保险基金的其他资金构成。工伤保险费根据以支定收、收支平衡的原则，确定费率。工伤保险基金存入社会保障基金财政专户，用于《工伤保险条例》规定的工伤保险待遇，劳动能力鉴定，工伤预防的宣传、培训等费用，以及法律、法规规定的用于工伤保险的其他费用的支付。任何单位或者个人不得将工伤保险基金用于投资运营、兴建或者改建办公场所、发放奖金，或者挪作其他用途。

2. 工伤认定

职工有下列情形之一的，应当认定为工伤：

1）在工作时间和工作场所内，因工作原因受到事故伤害的。

2）工作时间前后在工作场所内，从事与工作有关的预备性或者收尾性工作受到事故伤害的。

3）在工作时间和工作场所内，因履行工作职责受到暴力等意外伤害的。

4）患职业病的。

5）因工外出期间，由于工作原因受到伤害或者发生事故下落不明的。

6）在上下班途中，受到非本人主要责任的交通事故或者城市轨道交通、客运轮渡、火车事故伤害的。

7）法律、行政法规规定应当认定为工伤的其他情形。

职工有下列情形之一的，视同工伤：

1）在工作时间和工作岗位，突发疾病死亡或者在 48 小时之内经抢救无效死亡的。

2）在抢险救灾等维护国家利益、公共利益活动中受到伤害的。

3）职工原在军队服役，因战、因公负伤致残，已取得革命伤残军人证，到用人单位后旧伤复发的。

职工有以上第 1）项、第 2）项情形的，按照《工伤保险条例》的有关规定享受工伤保险待遇；职工有以上第 3）项情形的，按照《工伤保险条例》的有关规定享受除一次性伤残补助金以外的工伤保险待遇。

职工符合以上的规定，但是有下列情形之一的，不得认定为工伤或者视同工伤：

1）故意犯罪的。

2）醉酒或者吸毒的。

3）自残或者自杀的。

3. 工伤认定程序

职工发生事故伤害或者按照《中华人民共和国职业病防治法》（以下简称《职业病防治法》规定被诊断、鉴定为职业病，所在单位应当自事故伤害发生之日或者被诊断、鉴定为职业病之日起 30 日内，向统筹地区社会保险行政部门提出工伤认定申请。遇有特殊情况，经报社会保险行政部门同意，申请时限可以适当延长。

用人单位未按以上规定提出工伤认定申请的，工伤职工或者其近亲属、工会组织在事故伤害发生之日或者被诊断、鉴定为职业病之日起 1 年内，可以直接向用人单位所在地统筹地区社会保险行政部门提出工伤认定申请。按照以上规定应当由省级社会保险行政部门进行工伤认定的事项，根据属地原则由用人单位所在地的设区的市级社会保险行政部门办理。用人单位未在以上规定的时限内提交工伤认定申请，在此期间发生符合《工伤保险条例》规定的工伤待遇等有关费用由该用人单位负担。

提出工伤认定申请应当提交下列材料：

1）工伤认定申请表。

2）与用人单位存在劳动关系（包括事实劳动关系）的证明材料。

3）医疗诊断证明或者职业病诊断证明书（或者职业病诊断鉴定书）。

工伤认定申请表应当包括事故发生的时间、地点、原因以及职工伤害程度等基本情况。

社会保险行政部门受理工伤认定申请后，根据审核需要可以对事故伤害进行调查核实，用人单位、职工、工会组织、医疗机构以及有关部门应当予以协助。对依法取得职业病诊断证明书或者职业病诊断鉴定书的，社会保险行政部门不再进行调查核实。职工或者其近亲属认为是工伤，用人单位不认为是工伤的，由用人单位承担举证责任。社会保险行政部门应当自受理工伤认定申请之日起 60 日内做出工伤认定的决定，并书面通知申请工伤认定的职工或者其近亲属和该职工所在单位。社会保险行政部门对受理的事实清楚、权利义务明确的工伤认定申请，应当在 15 日内做出工伤认定的决定。做出工伤认定决定需要以司法机关或者有关行政主管部门的结论为依据的，在司法机关或者有关行政主管部门尚未做出结论期间，做出工伤认定决定的时限中止。社会保险行政部门工作人员与工伤认定申请人有利害关系的，应当回避。

4. 劳动能力鉴定

职工发生工伤，经治疗伤情相对稳定后存在残疾、影响劳动能力的，应当进行劳动能力鉴定。劳动能力鉴定是指劳动功能障碍程度和生活自理障碍程度的等级鉴定。劳动功能障碍分为 10 个伤残等级，最重的为一级，最轻的为十级。生活自理障碍分为三个等级：生活完全不能自理、生活大部分不能自理和生活部分不能自理。

劳动能力鉴定由用人单位、工伤职工或者其近亲属向设区的市级劳动能力鉴定委员会提出申请，并提供工伤认定决定和职工工伤医疗的有关资料。设区的市级劳动能力鉴定委员会收到劳动能力鉴定申请后，应当从其建立的医疗卫生专家库中随机抽取 3 名或者 5 名相关专家组成专家组，由专家组提出鉴定意见。设区的市级劳动能力鉴定委员会根据专家组的鉴定意见做出工伤职工劳动能力鉴定结论；必要时，可以委托具备资格的医疗机构协助进行有关的诊断。设区的市级劳动能力鉴定委员会应当自收到劳动能力鉴定申请之日起 60 日内做出劳动能力鉴定结论，必要时，做出劳动能力鉴定结论的期限可以延长 30 日。劳动能力鉴定结论应当及时送达申请鉴定的单位和个人。

申请鉴定的单位或者个人对设区的市级劳动能力鉴定委员会做出的鉴定结论不服的，可以在收到该鉴定结论之日起 15 日内向省、自治区、直辖市劳动能力鉴定委员会提出再次鉴定申请。省、自治区、直辖市劳动能力鉴定委员会做出的劳动能力鉴定结论为最终结论。

自劳动能力鉴定结论做出之日起 1 年后，工伤职工或者其近亲属、所在单位或者经办机构认为伤残情况发生变化的，可以申请劳动能力复查鉴定。

5. 工伤医疗待遇

职工因工作遭受事故伤害或者患职业病进行治疗，享受工伤医疗待遇。

（1）工伤的治疗

职工治疗工伤应当在签订服务协议的医疗机构就医，情况紧急时可以先到就近的医疗机构急救。治疗工伤所需费用符合工伤保险诊疗项目目录、工伤保险药品目录、工伤保险住院服务标准的，从工伤保险基金支付。职工住院治疗工伤的伙食补助费，以及经医疗机构出具证明，报经办机构同意，工伤职工到统筹地区以外就医所需的交通、食宿费用从工伤保险基金支付，基金支付的具体标准由统筹地区人民政府规定。工伤职工到签订服务协议的医疗机构进行工伤康复的费用，符合规定的，从工伤保险基金支付。

工伤职工治疗非工伤引发的疾病，不享受工伤医疗待遇，按照基本医疗保险办法处理。社会保险行政部门做出认定为工伤的决定后发生行政复议、行政诉讼的，行政复议和行政诉讼期间不停止支付工伤职工治疗工伤的医疗费用。

工伤职工因日常生活或者就业需要，经劳动能力鉴定委员会确认，可以安装假肢、矫形器、假眼、假牙和配置轮椅等辅助器具，所需费用按照国家规定的标准从工伤保险基金支付。

（2）工伤医疗的停工留薪期

职工因工作遭受事故伤害或者患职业病需要暂停工作接受工伤医疗的，在停工留薪期内，原工资福利待遇不变，由所在单位按月支付。停工留薪期一般不超过 12 个月。伤情严重或者情况特殊，经设区的市级劳动能力鉴定委员会确认，可以适当延长，但延长不得超过 12 个月。工伤职工评定伤残等级后，停发原待遇，按照有关规定享受伤残待遇。工伤职工在停工留薪期满后仍需治疗的，继续享受工伤医疗待遇。

（3）工伤职工的护理

生活不能自理的工伤职工在停工留薪期需要护理的，由所在单位负责。工伤职工已经评定伤残等级并经劳动能力鉴定委员会确认需要生活护理的，从工伤保险基金按月支付生活护理费。生活护理费按照生活完全不能自理、生活大部分不能自理或者生活部分不能自理三个不同等级支付，其标准分别为统筹地区上年度职工月平均工资的 50%、40% 或者 30%。

6. 职工因工致残的待遇

职工因工致残被鉴定为一级至四级伤残的，保留劳动关系，退出工作岗位，享受以下待遇：

1）从工伤保险基金按伤残等级支付一次性伤残补助金，标准为：一级伤残为 27 个月的本人工资，二级伤残为 25 个月的本人工资，三级伤残为 23 个月的本人工资，四级伤残为 21 个月的本人工资。

2）从工伤保险基金按月支付伤残津贴，标准为：一级伤残为本人工资的 90%，二级伤残为本人工资的 85%，三级伤残为本人工资的 80%，四级伤残为本人工资的 75%，伤残津贴实际金额低于当地最低工资标准的，由工伤保险基金补足差额。

3）工伤职工达到退休年龄并办理退休手续后，停发伤残津贴，按照国家有关规定享受基本养老保险待遇。基本养老保险待遇低于伤残津贴的，由工伤保险基金补足差额。

职工因工致残被鉴定为一级至四级伤残的，由用人单位和职工个人以伤残津贴为基数，缴纳基本医疗保险费。

职工因工致残被鉴定为五级、六级伤残的，享受以下待遇：

1）从工伤保险基金按伤残等级支付一次性伤残补助金，标准为：五级伤残为 18 个月的本人工资，六级伤残为 16 个月的本人工资。

2）保留与用人单位的劳动关系，由用人单位安排适当工作。难以安排工作的，由用人单位按月发给伤残津贴，标准为：五级伤残为本人工资的 70%，六级伤残为本人工资的 60%，并由用人单位按照规定为其缴纳应缴纳的各项社会保险费。伤残津贴实际金额低于当地最低工资标准的，由用人单位补足差额。经工伤职工本人提出，该职工可以与用人单位解除或者终止劳动关系，由工伤保险基金支付一次性工伤医疗补助金，由用人单位支付一次性伤残就业补助金。

职工因工致残被鉴定为七级至十级伤残的，享受以下待遇：

1）从工伤保险基金按伤残等级支付一次性伤残补助金，标准为：七级伤残为 13 个月的本人工资，八级伤残为 11 个月的本人工资，九级伤残为 9 个月的本人工资，十级伤残为 7 个月的本人工资。

2）劳动、聘用合同期满终止，或者职工本人提出解除劳动、聘用合同的，由工伤保险基金支付一次性工伤医疗补助金，由用人单位支付一次性伤残就业补助金。

7. 职工因工死亡的丧葬补助金、抚恤金和一次性工亡补助金

职工因工死亡，其近亲属按照下列规定从工伤保险基金领取丧葬补助金、供养亲属抚恤金和一次性工亡补助金：

1）丧葬补助金为 6 个月的统筹地区上年度职工月平均工资。

2）供养亲属抚恤金按照职工本人工资的一定比例发给由因工死亡职工生前提供主要生活来源、无劳动能力的亲属。标准为：配偶每月 40%，其他亲属每人每月 30%，孤寡老人或者孤儿每人每月在上述标准的基础上增加10%。核定的各供养亲属的抚恤金之和不应高于因工死亡职工生前的工资。

3）一次性工亡补助金标准为上一年度全国城镇居民人均可支配收入的20倍。伤残职工在停工留薪期内因工伤导致死亡的，其近亲属享受以上规定的待遇。一级至四级伤残职工在停工留薪期满后死亡的，其近亲属可以享受以上第1）项、第2）项规定的待遇。

职工因工外出期间发生事故或者在抢险救灾中下落不明的，从事故发生当月起3个月内照发工资，从第4个月起停发工资，由工伤保险基金向其供养亲属按月支付供养亲属抚恤金。生活有困难的，可以预支一次性工亡补助金的50%。

职工被人民法院宣告死亡的，按照职工因工死亡的规定处理。工伤职工有下列情形之一的，停止享受工伤保险待遇：

1）丧失享受待遇条件的。

2）拒不接受劳动能力鉴定的。

3）拒绝治疗的。

用人单位分立、合并、转让的，承继单位应当承担原用人单位的工伤保险责任；原用人单位已经参加工伤保险的，承继单位应当到当地经办机构办理工伤保险变更登记。用人单位实行承包经营的，工伤保险责任由职工劳动关系所在单位承担。职工被借调期间受到工伤事故伤害的，由原用人单位承担工伤保险责任，但原用人单位与借调单位可以约定补偿办法。企业破产的，在破产清算时依法拨付应当由单位支付的工伤保险待遇费用。职工被派遣出境工作，依据前往国家或者地区的法律应当参加当地工伤保险的，参加当地工伤保险，其国内工伤保险关系中止；不能参加当地工伤保险的，其国内工伤保险关系不中止。职工再次发生工伤，根据规定应当享受伤残津贴的，按照新认定的伤残等级享受伤残津贴待遇。

8. 工伤保险责任单位

2014年6月公布的《最高人民法院关于审理工伤保险行政案件若干问题的规定》规定，社会保险行政部门认定下列单位为承担工伤保险责任单位的，人民法院应予支持：

1）职工与两个或两个以上单位建立劳动关系，工伤事故发生时，职工为之工作的单位为承担工伤保险责任的单位。

2）劳务派遣单位派遣的职工在用工单位工作期间因工伤亡的，派遣单位为承担工伤保险责任的单位。

3）单位指派到其他单位工作的职工因工伤亡的，指派单位为承担工伤保险责任的单位。

4）用工单位违反法律、法规规定将承包业务转包给不具备用工主体资格的组织或者自然人，该组织或者自然人聘用的职工从事承包业务时因工伤亡的，用工单位为承担工伤保险责任的单位。

5）个人挂靠其他单位对外经营，其聘用的人员因工伤亡的，被挂靠单位为承担工伤保险责任的单位。

上述第4）、5）项明确的承担工伤保险责任的单位承担赔偿责任或者社会保险经办机构从工伤保险基金支付工伤保险待遇后，有权向相关组织、单位和个人追偿。

《工伤保险条例》规定：任何组织和个人对有关工伤保险的违法行为，有权举报；社会保险行政部门对举报应当及时调查，按照规定处理，并为举报人保密。工会组织依法维护工伤职工的合法权益，对用人单位的工伤保险工作实行监督；职工与用人单位发生工伤待遇方面的争议，按照处理劳动争议的有关规定处理；有下列情形之一的，有关单位或者个人可以依法申请行政复议，也可以依法向人民法院提起行政诉讼：

1）申请工伤认定的职工或者其近亲属、该职工所在单位对工伤认定申请不予受理的决定不服的。

2）申请工伤认定的职工或者其近亲属、该职工所在单位对工伤认定结论不服的。

3）用人单位对经办机构确定的单位缴费费率不服的。

4）签订服务协议的医疗机构、辅助器具配置机构认为经办机构未履行有关协议或者规定的。

5）工伤职工或者其近亲属对经办机构核定的工伤保险待遇有异议的。

9. 针对建筑行业特点的工伤保险制度

2014 年 12 月人力资源和社会保障部、住房和城乡建设部、安全生产监督管理总局、全国总工会颁发的《关于进一步做好建筑业工伤保险工作的意见》提出：针对建筑行业的特点，建筑施工企业对相对固定的职工，应按用人单位参加工伤保险；对不能按用人单位参保、建筑项目使用的建筑业职工特别是农民工，按项目参加工伤保险。

按用人单位参保的建筑施工企业应以工资总额为基数依法缴纳工伤保险费。以建设项目为单位参保的，可以按照项目工程总造价的一定比例计算缴纳工伤保险费。要充分运用工伤保险浮动费率机制，根据各建筑企业工伤事故发生率、工伤保险基金使用等情况适时适当调整费率，促进企业加强安全生产，预防和减少工伤事故。建设单位要在工程概算中将工伤保险费用单独列支，作为不可竞争费，不参与竞标，并在项目开工前由施工总承包单位一次性代缴本项目工伤保险费，覆盖项目使用的所有职工，包括专业承包单位、劳务分包单位的农民工。

施工总承包单位应当在工程项目施工期内督促专业承包单位、劳务分包单位建立职工花名册、考勤记录、工资发放表等台账，对项目施工期内全部施工人员实行动态实名制管理。施工人员发生工伤后，以劳动合同为基础确认劳动关系。对未签订劳动合同的，由人力资源社会保障部门参照工资支付凭证或记录、工作证、招工登记表、考勤记录及其他劳动者证言等证据，确认事实劳动关系。

职工发生工伤事故，应当由其所在用人单位在 30 日内提出工伤认定申请，施工总承包单位应当密切配合并提供参保证明等相关材料。用人单位未在规定时限内提出工伤认定申请的，职工本人或其近亲属、工会组织可以在 1 年内提出工伤认定申请，经社会保险行政部门调查确认工伤的，在此期间发生的工伤待遇等有关费用由其所在用人单位负担。对于事实清楚、权利义务关系明确的工伤认定申请，应当自受理工伤认定申请之日起 15 日内做出工伤认定决定。

对认定为工伤的建筑业职工，各级社会保险经办机构和用人单位应依法按时足额支付各项工伤保险待遇。对在参保项目施工期间发生工伤、项目竣工时尚未完成工伤认定或劳动能力鉴定的建筑业职工，其所在用人单位要继续保证其医疗救治和停工期间的法定待遇，待完成工伤认定及劳动能力鉴定后，依法享受参保职工的各项工伤保险待遇；其中应由用人单位支付的待遇，工伤职工所在用人单位要按时足额支付，也可根据其意愿一次性支付。针对建筑业工资收入分配的特点，对相关工伤保险待遇中难以按本人工资作为计发基数的，可以参照统筹地区上年度职工平均工资作为计发基数。

未参加工伤保险的建设项目，职工发生工伤事故，依法由职工所在用人单位支付工伤保险待遇，施工总承包单位、建设单位承担连带责任；用人单位和承担连带责任的施工总承包单位、建设单位不支付的，由工伤保险基金先行支付，用人单位和承担连带责任的施工总承包单位、建设单位应当偿还；不偿还的，由社会保险经办机构依法追偿。建设单位、施工总承包单位或具有用工主体资格的分包单位将工程（业务）发包给不具备用工主体资格的组织或个人，该组织或个人招用的劳动者发生工伤的，发包单位与不具备用工主体资格的组织或个人承担连带赔偿责任。施工总承包单位应当按照项目所在地人力资源社会保障部门统一规定的式样，制作项目参加工伤保险情况公示牌，在施工现场显著位置予以公示，并安排有关工伤预防及工伤保险政策讲解的培训课程，保障广大建筑业职工特别是农民工的知情权，增强其依法维权意识。开展工伤预防试点的地区可以从工伤保险基金提取一定比例用于工伤预防。

7.5.4 失业保险

《社会保险法》规定，职工应当参加失业保险，由用人单位和职工按照国家规定共同缴纳失业保险费。职工跨统筹地区就业的，其失业保险关系随本人转移，缴费年限累计计算。

1. 失业保险金的领取

失业人员符合下列条件的，从失业保险基金中领取失业保险金：

1）失业前用人单位和本人已经缴纳失业保险费满 1 年的。

2）非因本人意愿中断就业的。

3）已经进行失业登记，并有求职要求的。

失业人员失业前用人单位和本人累计缴费满 1 年不足 5 年的，领取失业保险金的期限最长为 12 个月；累计缴费满 5 年不足 10 年的，领取失业保险金的期限最长为 18 个月；累计缴费 10 年以上的，领取失业保险金的期限最长为 24 个月。重新就业后，再次失业的，缴费时间重新计算，领取失业保险金的期限与前次失业应当领取而尚未领取的失业保险金的期限合并计算，最长不超过 24 个月。

失业保险金的标准，由省、自治区、直辖市人民政府确定，但不得低于城市居民最低生活保障标准。

2. 领取失业保险金期间的有关规定

失业人员在领取失业保险金期间，参加职工基本医疗保险，享受基本医疗保险待遇。失业人员应当缴纳的基本医疗保险费从失业保险基金中支付，个人不缴纳基本医疗保险费。

失业人员在领取失业保险金期间死亡的，参照当地对在职职工死亡的规定，向其遗属发给一次性丧葬补助金和抚恤金。所需资金从失业保险基金中支付。个人死亡同时符合领取基本养老保险丧葬补助金、工伤保险丧葬补助金和失业保险丧葬补助金条件的，其遗属只能选择领取其中的一项。

3. 办理领取失业保险金的程序

用人单位应当及时为失业人员出具终止或者解除劳动关系的证明，并将失业人员的名单自终止或者解除劳动关系之日起 15 日内告知社会保险经办机构。失业人员应当持本单位为其出具的终止或者解除劳动关系的证明，及时到指定的公共就业服务机构办理失业登记。失业人员凭失业登记证明和个人身份证明，到社会保险经办机构办理领取失业保险金的手续。失业保险金领取期限自办理失业登记之日起计算。

4. 停止享受失业保险待遇的规定

失业人员在领取失业保险金期间有下列情形之一的，停止领取失业保险金，并同时停止享受其他失业保险待遇：

1）重新就业的。

2）应征服兵役的。

3）移居境外的。

4）享受基本养老保险待遇的。

5）无正当理由，拒不接受当地人民政府指定部门或者机构介绍的适当工作或者提供的培训的。

7.5.5　生育保险

《社会保险法》规定：职工应当参加生育保险，由用人单位按照国家规定缴纳生育保险费，职工不缴纳生育保险费；用人单位已经缴纳生育保险费的，其职工享受生育保险待遇；职工未就业配偶按照国家规定享受生育医疗费用待遇；所需资金从生育保险基金中支付。生育保险待遇包括生育医疗费用和生育津贴。

生育医疗费用包括下列各项：

1）生育的医疗费用。

2）计划生育的医疗费用。

3）法律、法规规定的其他项目费用。

职工有下列情形之一的，可以按照国家规定享受生育津贴：

1）女职工生育享受产假。

2）享受计划生育手术休假。

3）法律、法规规定的其他情形。

生育津贴按照职工所在用人单位上年度职工月平均工资计发。

7.6　劳动用工争议解决程序

劳动争议（又称劳动纠纷）是指劳动关系当事人之间因劳动的权利与义务发生分歧而引起的争议。

7.6.1　劳动争议的范围

依据 2007 年 12 月颁布的《中华人民共和国劳动争议调解仲裁法》（以下简称《劳动争议仲裁法》）和 2001 年 4 月发布的《最高人民法院关于审理劳动争议案件适用法律若干问题的解释》的规定，劳动争议的范围主要是：

1）因确认劳动关系发生的争议。

2）因订立、履行、变更、解除和终止劳动合同发生的争议。

3）因除名、辞退和辞职、离职发生的争议。

4）因工作时间、休息休假、社会保险、福利、培训以及劳动保护发生的争议。

5）因劳动报酬、工伤医疗费、经济补偿或者赔偿金等发生的争议。

6）劳动者与用人单位在履行劳动合同过程中发生的纠纷。

7）劳动者与用人单位之间没有订立书面劳动合同，但已形成劳动关系后发生的纠纷。

8）劳动者退休后，与尚未参加社会保险统筹的原用人单位因追索养老金、医疗费、工伤保险待遇和其他社会保险而发生的纠纷。

9）法律、法规规定的其他劳动争议。

2006 年 8 月发布的《最高人民法院关于审理劳动争议案件适用法律若干问题的解释（二）》规定，下列纠纷不属于劳动争议：

1）劳动者请求社会保险经办机构发放社会保险金的纠纷。

2）劳动者与用人单位因住房制度改革产生的公有住房转让纠纷。

3）劳动者对劳动能力鉴定委员会的伤残等级鉴定结论或者对职业病诊断鉴定委员会的职业病诊断鉴定结论的异议纠纷。

4）家庭或者个人与家政服务人员之间的纠纷。

5）个体工匠与帮工、学徒之间的纠纷。

6）农村承包经营户与受雇人之间的纠纷。

7.6.2 劳动争议的解决方式

《劳动法》规定：用人单位与劳动者发生劳动争议，当事人可以依法申请调解、仲裁、提起诉讼，也可以协商解决；调解原则适用于仲裁和诉讼程序。

1. 调解

劳动争议发生后，当事人可以向本单位劳动争议调解委员会申请调解。在用人单位内，可以设立劳动争议调解委员会。劳动争议调解委员会由职工代表、用人单位代表和工会代表组成。劳动争议调解委员会主任由工会代表担任。劳动争议经调解达成协议的，当事人应当履行。

2. 仲裁

对于调解不成，当事人一方要求仲裁的，可以向劳动争议仲裁委员会申请仲裁。当事人一方也可以直接向劳动争议仲裁委员会申请仲裁。劳动争议仲裁委员会由劳动行政部门代表、同级工会代表、用人单位方面的代表组成。劳动争议仲裁委员会主任由劳动行政部门代表担任。按照《劳动争议仲裁法》的规定：①劳动争议申请仲裁的时效期间为 1 年。仲裁时效期间从当事人知道或者应当知道其权利被侵害之日起计算。②前款规定的仲裁时效，因当事人一方向对方当事人主张权利，或者向有关部门请求权利救济，或者对方当事人同意履行义务而中断。从中断时起，仲裁时效期间重新计算。③因不可抗力或者有其他正当理由，当事人不能在本条第①款规定的仲裁时效期间申请仲裁的，仲裁时效中止。从中止时效的原因消除之日起，仲裁时效期间继续计算。④劳动关系存续期间因拖欠劳动报酬发生争议的，劳动者申请仲裁不受本条第①款规定的仲裁时效期间的限制；但是，劳动关系终止的，应当自劳动关系终止之日起 1 年内提出。

《国务院办公厅关于全面治理拖欠农民工工资问题的意见》规定：充分发挥基层劳动争

议调解等组织的作用，引导农民工就地就近解决工资争议；劳动人事争议仲裁机构对农民工因拖欠工资申请仲裁的争议案件优先受理、优先开庭、及时裁决、快速结案；对集体欠薪争议或涉及金额较大的欠薪争议案件要挂牌督办；加强裁审衔接与工作协调，提高欠薪争议案件裁决效率；畅通申请渠道，依法及时为农民工讨薪提供法律服务和法律援助。

3. 诉讼

《劳动法》规定：劳动争议当事人对仲裁裁决不服的，可以自收到仲裁裁决书之日起 15 日内向人民法院提起诉讼；一方当事人在法定期限内不起诉又不履行仲裁裁决的，另一方当事人可以申请人民法院强制执行。

7.7 | 案例分析

7.7.1 案例 1

1. 案情

A 公司（发包方）与 B 公司（承包方）签订合同，将工程发包给 B 公司。B 公司将工程中的空调工程发包给史某，陈某承担了工程中的劳务，双方未签订书面协议。工程完工后，史某向陈某出具欠条，确认欠陈某工资 1.68 万元。后因索要欠薪未果，陈某将史某、A 公司、B 公司诉至法院。B 公司认为因用工备案花名册、施工日志中均无陈某的姓名，陈某未在涉案工程中干活，因此 B 公司与陈某之间不存在直接的劳务关系，史某向陈某出具欠条是其个人行为。陈某的工友为其工作时间、工作内容提供了证言，用工考勤表明确记载有陈某的用工时间及工资标准。

2. 案例评析

陈某在涉案工程中提供劳务的事实，有被告史某的认可，有证人的证实，且用工考勤表也明确记载着陈某的用工时间及工资标准，因此，陈某在涉案工程中提供了劳务，被告 B 公司及史某应该支付陈某相应的劳动报酬。在提供劳务过程中，用工方一般不与工人签订书面劳动合同，用工时间、用工标准一般由用工方统一记载，因此一旦用工方否认劳务关系的存在，工人必须提供证据予以证明。所以提供劳务的过程中，要注意保留工资单、考勤表、记工单、工资结算表、欠条等证据，以便作为维权的依据。必要时，可以请工友出庭做证，维护自身的合法权益。

7.7.2 案例 2

1. 案情

A 公司（发包人）与 B 公司（承包人）签订合同，A 公司将其作为总承包人的部分装修工程项目发包给 B 公司，B 公司又将部分工程分包给季某，季某又将部分工程项目分包给何某，由何某组织劳务人员进行施工作业，对于何某所提供劳务情况，由季某的工作人员进行现场施工管理及劳务费核算。后因劳务费纠纷，何某将季某、A 公司及 B 公司诉至法院。

法院经审理认为，虽何某与 B 公司、A 公司之间均不具有劳务合同关系，但 B 公司存在将劳务工程分包给不具备用工主体资格的季某个人的违法行为，故应对上述欠付的劳务费承担连带责任。鉴于 A 公司未与 B 公司进行最后结算，A 公司是否欠付 B 公司工程款及欠付具体数额尚未确定，故 A 公司应在其欠付工程价款的范围内对季某欠付的劳务费承担连带给付责任。最终，法院判决季某、B 公司连带给付何某劳务费 17.84 万元，A 公司在欠付 B 公司工程款范围内对上述劳务费承担连带给付责任。

2. 案例评析

依据《建设领域农民工工资支付管理暂行办法》（简称《办法》）的规定，在业主或工程总承包企业未按合同约定与承包企业结清工程款，致使承包企业拖欠农民工工资的，由业主或总承包企业先行垫付被拖欠的工资，但先垫付的工资数额以未结清的工程款为限。该《办法》还规定，违法分包工程的，总承包企业应承担清偿拖欠工资的连带责任。因此，对于违法分包的工程，除分包人外，农民工还可以要求承包人支付工资，要求业主或工程总承包企业在未结清的工程款范围内垫付工资。

7.7.3 案例 3

1. 案情

2014 年 6 月 9 日，李某以案外人"张某"的身份证信息入职某公司做杂工。公司以"张某"名义为李某参加了社会保险。2015 年 7 月 22 日，李某在工作中发生受伤事故。同日，公司将李某送去医院进行治疗，共住院 65 天。住院期间，公司向李某支付了护理费、伙食补助费，并垫付了李某的医疗费、鉴定费等。2015 年 12 月 1 日，市社会保障局认定李某于 2015 年 7 月 22 日的受伤事故为工伤。2015 年 12 月 17 日，市劳动能力鉴定委员会出具鉴定书，认定李某伤残等级为伤残八级。

法院认为，依据《劳动合同法》第七条规定，用人单位自用工之日起即与劳动者建立劳动关系。李某冒用案外人"张某"的身份入职并不影响双方之间建立劳动关系。公司依法履行了为劳动者参加社会保险的义务后，发生工伤事故时，应由工伤保险基金支付工伤职工的医疗费、鉴定费、住院治疗工伤伙食补助费、一次性伤残补助金、一次性工伤医疗补助金等相关工伤保险待遇。李某借用他人的身份证，以"张某"的名义入职，导致发生工伤事故时不能享受由工伤保险基金支付的上述工伤保险待遇。对此，李某存在过错，应承担主要责任；公司未能认真核实被告的身份信息，也存在过错，应承担次要责任。

2. 案例评析

为劳动者参加工伤保险是企业的义务，更对劳动者人身安全提供了一份保障。实践中，不少劳动者，尤其是已经或快要达到退休年龄的劳动者，假借他人身份或者使用假身份证与用人单位签订劳动合同，用人单位根据劳动者提供的身份信息投保了工伤保险。当发生工伤事故时，劳动者因其提供虚假身份证而无法从工伤保险基金处获赔，依《工伤保险条例》本应由工伤保险基金向劳动者支付的款项，由劳动者自行承担主要责任，用人单位承担次要责任。

第 **8** 章

建设工程安全生产法律制度

8.1 | 施工企业生产安全管理制度

　　施工安全生产责任制度和安全生产教育培训制度是建设工程施工活动中重要的法律制度。《建筑法》规定：建筑工程安全生产管理必须坚持安全第一、预防为主的方针，建立健全安全生产的责任制度和群防群治制度；建筑施工企业应当建立健全劳动安全生产教育培训制度，加强对职工安全生产的教育培训，未经安全生产教育培训的人员，不得上岗作业。2003 年 11 月发布的《建设工程安全生产管理条例》进一步规定，施工单位应当建立健全安全生产责任制度和安全生产教育培训制度，制定安全生产规章制度和操作规程，保证本单位安全生产条件所需资金的投入，对所承担的建设工程进行定期和专项安全检查，并做好安全检查记录。

8.1.1 施工企业的安全生产责任

1. 施工企业安全生产管理的方针

　　《中华人民共和国安全生产法》（以下简称《安全生产法》）规定，安全生产工作应当以人为本，坚持安全发展，坚持"安全第一、预防为主、综合治理"的方针。安全第一，就是要在建设工程施工过程中把安全放在第一重要的位置，贯彻以人为本的科学发展观，切实保护劳动者的生命安全和身体健康。预防为主，是要把建设工程施工安全生产工作的关口前移，建立预教、预警、预防的施工事故隐患预防体系，改善施工安全生产状况，预防施工安全事故。综合治理，则是要自觉遵循施工安全生产规律，把握施工安全生产工作中的主要矛盾和关键环节，综合运用经济、法律、行政等手段，人管、法治、技防多管齐下，并充分发挥社会、职工、舆论的监督作用，有效解决建设工程施工安全生产的问题。

　　"安全第一、预防为主、综合治理"方针是一个有机整体。如果没有安全第一的指导思想，预防为主就失去了思想支撑，综合治理将失去整治依据；预防为主是实现安全第一的根本途径，只有把施工安全生产的重点放在建立和落实事故隐患预防体系上，才能有效减少施工伤亡事故的发生；综合治理则是落实安全第一、预防为主的手段和方法。

2. 施工企业的安全生产责任制度

《安全生产法》规定：生产经营单位的安全生产责任制应当明确各岗位的责任人员、责任范围和考核标准等内容；生产经营单位应当建立相应的机制，加强对安全生产责任制落实情况的监督考核，保证安全生产责任制的落实。《建筑法》还规定，建筑施工企业必须依法加强对建筑安全生产的管理，执行安全生产责任制度，采取有效措施，防止伤亡和其他安全生产事故的发生。

《中共中央国务院关于推进安全生产领域改革发展的意见》中指出：企业实行全员安全生产责任制度，法定代表人和实际控制人同为安全生产第一责任人，主要技术负责人负有安全生产技术决策和指挥权，强化部门安全生产职责，落实一岗双责；建立企业全过程安全生产和职业健康管理制度，做到安全责任、管理、投入、培训和应急救援"五到位"。国有企业要发挥安全生产工作示范带头作用，自觉接受属地监管。

（1）施工企业主要负责人的安全职责

《安全生产法》规定，生产经营单位的主要负责人对本单位的安全生产工作全面负责。生产经营单位的主要负责人对本单位安全生产工作负有下列职责：

1）建立、健全本单位安全生产责任制。

2）组织制定本单位安全生产规章制度和操作规程。

3）组织制定并实施本单位安全生产教育和培训计划。

4）保证本单位安全生产投入的有效实施。

5）督促、检查本单位的安全生产工作，及时消除生产安全事故隐患。

6）组织制定并实施本单位的生产安全事故应急救援预案。

7）及时、如实报告生产安全事故。

《建筑法》规定，建筑施工企业的法定代表人对本企业的安全生产负责。《建设工程安全生产管理条例》也规定，施工单位主要负责人依法对本单位的安全生产工作全面负责。2015年4月国务院办公厅颁发的《关于加强安全生产监管执法的通知》规定，国有大中型企业和规模以上企业要建立安全生产委员会，主任由董事长或总经理担任，董事长、党委书记、总经理对安全生产工作均负有领导责任，企业领导班子成员和管理人员实行安全生产"一岗双责"。

2014年6月住房和城乡建设部颁布的《建筑施工企业主要负责人、项目负责人和专职安全生产管理人员安全生产管理规定》中规定：主要负责人应当与项目负责人签订安全生产责任书，确定项目安全生产考核目标、奖惩措施，以及企业为项目提供的安全管理和技术保障措施；工程项目实行总承包的，总承包企业应当与分包企业签订安全生产协议，明确双方安全生产责任。

住房和城乡建设部《建筑施工企业主要负责人、项目负责人和专职安全生产管理人员安全生产管理规定实施意见》（建质〔2015〕206号）中规定，企业主要负责人包括法定代表人、总经理（总裁）、分管安全生产的副总经理（副总裁）、分管生产经营的副总经理（副总裁）、技术负责人、安全总监等。

（2）施工企业安全生产管理机构的安全责任

《安全生产法》规定：

1）矿山、金属冶炼、建筑施工、道路运输单位和危险物品的生产、经营、储存单位，应当设置安全生产管理机构或者配备专职安全生产管理人员。

2）生产经营单位做出涉及安全生产的经营决策，应当听取安全生产管理机构以及安全生产管理人员的意见。

3）生产经营单位不得因安全生产管理人员依法履行职责而降低其工资、福利等待遇或者解除与其订立的劳动合同。

2008年5月住房和城乡建设部发布的《建筑施工企业安全生产管理机构设置及专职安全生产管理人员配备办法》规定，建筑施工企业应当设置安全生产管理机构，即负责安全生产管理工作的独立职能部门，在企业主要负责人的领导下开展本企业的安全生产管理工作。

建筑施工企业安全生产管理机构具有以下职责：

1）宣传和贯彻国家有关安全生产法律法规和标准。

2）编制并适时更新安全生产管理制度并监督实施。

3）组织或参与企业生产安全事故应急救援预案的编制及演练。

4）组织开展安全教育培训与交流。

5）协调配备项目专职安全生产管理人员。

6）制订企业安全生产检查计划并组织实施。

7）监督在建项目安全生产费用的使用。

8）参与危险性较大工程安全专项施工方案专家论证会。

9）通报在建项目违规违章查处情况。

10）组织开展安全生产评优评先表彰工作。

11）建立企业在建项目安全生产管理档案。

12）考核评价分包企业安全生产业绩及项目安全生产管理情况。

13）参加生产安全事故的调查和处理工作。

14）企业明确的其他安全生产管理职责。

（3）施工企业专职安全生产管理人员的职责

《安全生产法》规定，生产经营单位的安全生产管理人员应当根据本单位的生产经营特点，对安全生产状况进行经常性检查；对检查中发现的安全问题，应当立即处理；不能处理的，应当及时报告本单位有关负责人，有关负责人应当及时处理。检查及处理情况应当如实记录在案。

生产经营单位的安全生产管理人员在检查中发现重大事故隐患，依照前款规定向本单位有关负责人报告，有关负责人不及时处理的，安全生产管理人员可以向主管的负有安全生产监督管理职责的部门报告，接到报告的部门应当依法及时处理。

依据《建筑施工企业安全生产管理机构设置及专职安全生产管理人员配备办法》，建筑施工企业安全生产管理机构专职安全生产管理人员在施工现场检查过程中具有以下职责：

1）查阅在建项目安全生产有关资料、核实有关情况。

2）检查危险性较大工程安全专项施工方案落实情况。

3）监督项目专职安全生产管理人员履责情况。

4）监督作业人员安全防护用品的配备及使用情况。

5）对发现的安全生产违章违规行为或安全隐患，有权当场予以纠正或做出处理决定。

6）对不符合安全生产条件的设施、设备、器材，有权当场做出查封的处理决定。

7）对施工现场存在的重大安全隐患有权越级报告或直接向建设主管部门报告。

8）企业明确的其他安全生产管理职责。

（4）施工单位项目专职安全生产管理人员的职责

《建设工程安全生产管理条例》规定：施工单位应当设立安全生产管理机构，配备专职安全生产管理人员。专职安全生产管理人员负责对安全生产进行现场监督检查；发现安全事故隐患，应当及时向项目负责人和安全生产管理机构报告；对违章指挥、违章操作的，应当立即制止。

《建筑施工企业安全生产管理机构设置及专职安全生产管理人员配备办法》规定：建筑施工企业应当实行建设工程项目专职安全生产管理人员委派制度，建设工程项目的专职安全生产管理人员应当定期将项目安全生产管理情况报告企业安全生产管理机构；专职安全生产管理人员是指经建设主管部门或者其他有关部门安全生产考核合格取得安全生产考核合格证书，并在建筑施工企业及其项目从事安全生产管理工作的专职人员。

项目专职安全生产管理人员具有以下主要职责：

1）负责施工现场安全生产日常检查并做好检查记录。

2）现场监督危险性较大工程安全专项施工方案实施情况。

3）对作业人员违规违章行为有权予以纠正或查处。

4）对施工现场存在的安全隐患有权责令立即整改。

5）对于发现的重大安全隐患，有权向企业安全生产管理机构报告。

6）依法报告生产安全事故情况。

3. 施工项目负责人的安全生产责任

施工项目负责人是指建设工程项目的项目经理。施工单位不同于一般的生产经营单位，通常会同时承建若干建设工程项目，且异地承建施工的现象很普遍。为了加强对施工现场的管理，施工单位都要对每个建设工程项目委派一名项目负责人即项目经理，由他对该项目的施工管理全面负责。

《建设工程安全生产管理条例》规定，施工单位的项目负责人应当由取得相应执业资格的人员担任，对建设工程项目的安全施工负责，落实安全生产责任制度、安全生产规章制度和操作规程，确保安全生产费用的有效使用，并根据工程的特点组织制定安全施工措施，消除安全事故隐患，及时、如实报告生产安全事故。

《建筑施工企业主要负责人、项目负责人和专职安全生产管理人员安全生产管理规定》规定：项目负责人对本项目安全生产管理全面负责，应当建立项目安全生产管理体系，明确项目管理人员安全职责，落实安全生产管理制度，确保项目安全生产费用有效使用；项目负责人应当按规定实施项目安全生产管理，监控危险性较大分部分项工程，及时排查处理施工现场安全事故隐患，隐患排查处理情况应当记入项目安全管理档案，发生事故时，应当按规定及时报告并开展现场救援；工程项目实行总承包的，总承包企业项目负责人应当定期考核分包企业安全生产管理情况。

4. 专职安全生产管理人员的配备要求

（1）建筑施工企业安全生产管理机构专职安全生产管理人员

建筑施工企业安全生产管理机构专职安全生产管理人员的配备应满足下列要求，并应根据企业经营规模、设备管理和生产需要予以增加：

1）建筑施工总承包资质序列企业：特级资质不少于6人；一级资质不少于4人；二级和二级以下资质企业不少于3人。

2）建筑施工专业承包资质序列企业：一级资质不少于3人；二级和二级以下资质企业不少于2人。

3）建筑施工劳务分包资质序列企业：不少于2人。

4）建筑施工企业的分公司、区域公司等较大的分支机构应依据实际生产情况配备不少于2人的专职安全生产管理人员。

（2）总承包单位配备项目专职安全生产管理人员

总承包单位配备项目专职安全生产管理人员应当满足下列要求：

1）建筑工程、装修工程按照建筑面积配备：①1万平方米以下的工程不少于1人；②1万~5万平方米的工程不少于2人；③5万平方米及以上的工程不少于3人，且按专业配备专职安全生产管理人员。

2）土木工程、线路管道、设备安装工程按照工程合同价配备：①5000万元以下的工程不少于1人；②5000万~1亿元的工程不少于2人；③1亿元及以上的工程不少于3人，且按专业配备专职安全生产管理人员。

（3）分包单位配备项目专职安全生产管理人员

分包单位配备项目专职安全生产管理人员应当满足下列要求：

1）专业承包单位应当配置至少1人，并根据所承担的分部分项工程的工程量和施工危险程度增加。

2）劳务分包单位施工人员在50人以下的，应当配备1名专职安全生产管理人员；50~200人的，应当配备2名专职安全生产管理人员；200人及以上的，应当配备3名及以上专职安全生产管理人员，并根据所承担的分部分项工程施工危险实际情况增加，不得少于工程施工人员总人数的5‰。

3）采用新技术、新工艺、新材料或致害因素多、施工作业难度大的工程项目，项目专职安全生产管理人员的数量应当根据施工实际情况，在以上规定的配备标准上增加。

4）施工作业班组可以设置兼职安全巡查员，对本班组的作业场所进行安全监督检查。建筑施工企业应当定期对兼职安全巡查员进行安全教育培训。

5. 施工现场带班制度

（1）施工企业负责人施工现场带班制度

2010年7月颁布的《国务院关于进一步加强企业安全生产工作的通知》（国发〔2010〕23号）规定，强化生产过程管理的领导责任，企业主要负责人和领导班子成员要轮流现场带班。2011年7月住房和城乡建设部发布的《建筑施工企业负责人及项目负责人施工现场带班暂行办法》进一步规定，企业负责人带班检查是指由建筑施工企业负责人带队实施对工程项目质量安全生产状况及项目负责人带班生产情况的检查。建筑施工企业负责人是指企业的法定代表人、总经理、主管质量安全和生产工作的副总经理、总工程师和副总工程师。

建筑施工企业负责人要定期带班检查，每月检查时间不少于其工作日的25%。建筑施工企业负责人带班检查时，应认真做好检查记录，并分别在企业和工程项目存档备查。工程项目进行超过一定规模的危险性较大的分部分项工程施工时，建筑施工企业负责人应到施工现场进行带班检查。工程项目出现险情或发现重大隐患时，建筑施工企业负责人应到施工现场带班检查，督促工程项目进行整改，及时消除险情和隐患。对于有分公司（非独立法人）的企业集团，集团负责人因故不能到现场的，可书面委托工程所在地的分公司负责人对施工现场进行带班检查。

（2）施工单位项目负责人施工现场带班制度

《建筑施工企业负责人及项目负责人施工现场带班暂行办法》规定，项目负责人是工程项目质量安全管理的第一责任人，应对工程项目落实带班制度负责。项目负责人带班生产是指项目负责人在施工现场组织协调工程项目的质量安全生产活动。项目负责人在同一时期只能承担一个工程项目的管理工作。项目负责人带班生产时，要全面掌握工程项目质量安全生产状况，加强对重点部位、关键环节的控制，及时消除隐患。要认真做好带班生产记录并签字存档备查。项目负责人每月带班生产时间不得少于本月施工时间的 80%。因其他事务需离开施工现场时，应向工程项目的建设单位请假，经批准后方可离开。离开期间应委托项目相关负责人负责其外出时的日常工作。

《住房城乡建设部办公厅关于进一步加强危险性较大的分部分项工程安全管理的通知》（建办质〔2017〕39 号）中规定，施工单位项目经理是危大工程安全管控第一责任人，必须在危大工程施工期间现场带班，超过一定规模的危大工程施工时，施工单位负责人应当带班检查。

6. 重大事故隐患治理督办制度

《安全生产法》规定，生产经营单位应当建立健全生产安全事故隐患排查治理制度，采取技术、管理措施，及时发现并消除事故隐患。事故隐患排查治理情况应当如实记录，并向从业人员通报。生产经营单位的安全生产管理人员应当根据本单位的生产经营特点，对安全生产状况进行经常性检查；对检查中发现的安全问题，应当立即处理；不能处理的，应当及时报告本单位有关负责人，有关负责人应当及时处理。检查及处理情况应当如实记录在案。

生产经营单位的安全生产管理人员在检查中发现重大事故隐患，依照前款规定向本单位有关负责人报告，有关负责人不及时处理的，安全生产管理人员可以向主管的负有安全生产监督管理职责的部门报告，接到报告的部门应当依法及时处理。

2011 年 10 月住房和城乡建设部发布的《房屋市政工程生产安全重大隐患排查治理挂牌督办暂行办法》（建质〔2011〕158 号）进一步规定，重大隐患是指在房屋建筑和市政工程施工过程中，存在的危害程度较大、可能导致群死群伤或造成重大经济损失的生产安全隐患。

企业及工程项目的主要负责人对重大隐患排查治理工作全面负责。建筑施工企业应当定期组织安全生产管理人员、工程技术人员和其他相关人员排查每一个工程项目的重大隐患，特别是对深基坑、高支模、地铁隧道等技术难度大、风险大的重要工程应重点定期排查。对排查出的重大隐患，应及时实施治理消除，并将相关情况进行登记存档。住房城乡建设主管部门接到工程项目重大隐患举报，应立即组织核实，属实的由工程所在地住房城乡建设主管部门及时向承建工程的建筑施工企业下达"房屋市政工程生产安全重大隐患治理挂牌督办通知书"，并公开有关信息，接受社会监督。

8.1.2　施工作业人员安全生产的权利和义务

《安全生产法》规定，生产经营单位的从业人员有依法获得安全生产保障的权利，并应当依法履行安全生产方面的义务。生产经营单位与从业人员订立的劳动合同，应当载明有关保障从业人员劳动安全、防止职业危害的事项，以及依法为从业人员办理工伤保险的事项。生产经营单位不得以任何形式与从业人员订立协议，免除或者减轻其对从业人员因生产安全事故伤亡依法应承担的责任。

1. 施工作业人员依法享有的安全生产保障权利

按照《建筑法》《安全生产法》《建设工程安全生产管理条例》等法律、行政法规的规定，施工作业人员主要享有如下的安全生产权利：

（1）施工安全生产的知情权和建议权

《安全生产法》规定，生产经营单位的从业人员有权了解其作业场所和工作岗位存在的危险因素、防范措施及事故应急措施，有权对本单位的安全生产工作提出建议。《建筑法》规定，作业人员有权对影响人身健康的作业程序和作业条件提出改进意见。《建设工程安全生产管理条例》进一步规定，施工单位应当向作业人员提供安全防护用具和安全防护服装，并书面告知危险岗位的操作规程和违章操作的危害。

（2）施工安全防护用品的获得权

《安全生产法》规定，生产经营单位必须为从业人员提供符合国家标准或者行业标准的劳动防护用品，并监督、教育从业人员按照使用规则佩戴、使用。《建筑法》规定，作业人员有权获得安全生产所需的防护用品。《建设工程安全生产管理条例》进一步规定，施工单位应当向作业人员提供安全防护用具和安全防护服装。

（3）批评、检举、控告权及拒绝违章指挥权

《建筑法》规定，作业人员对危及生命安全和人身健康的行为有权提出批评、检举和控告。《建设工程安全生产管理条例》进一步规定，作业人员有权对施工现场的作业条件、作业程序和作业方式中存在的安全问题提出批评、检举和控告，有权拒绝违章指挥和强令冒险作业。《安全生产法》还规定，生产经营单位不得因从业人员对本单位安全生产工作提出批评、检举、控告或者拒绝违章指挥、强令冒险作业而降低其工资、福利等待遇或者解除与其订立的劳动合同。

（4）紧急避险权

《安全生产法》规定：从业人员发现直接危及人身安全的紧急情况时，有权停止作业或者在采取可能的应急措施后撤离作业场所；生产经营单位不得因从业人员在前款紧急情况下停止作业或者采取紧急撤离措施而降低其工资、福利等待遇或者解除与其订立的劳动合同。《建设工程安全生产管理条例》也规定，在施工中发生危及人身安全的紧急情况时，作业人员有权立即停止作业或者在采取必要的应急措施后撤离危险区域。

（5）获得工伤保险和意外伤害保险赔偿的权利

《建筑法》规定：建筑施工企业应当依法为职工参加工伤保险缴纳工伤保险费；鼓励企业为从事危险作业的职工办理意外伤害保险，支付保险费。据此，施工作业人员除依法享有工伤保险的各项权利外，从事危险作业的施工人员还可以依法享有意外伤害保险的权利。

（6）请求民事赔偿权

《安全生产法》规定，因生产安全事故受到损害的从业人员，依照有关民事法律关系，有权向本单位提出赔偿要求。

（7）依靠工会维权和被派遣劳动者的权利

《安全生产法》有以下规定：

1）生产经营单位的工会依法组织职工参加本单位安全生产工作的民主管理和民主监督，维护职工在安全生产方面的合法权益。生产经营单位制定或者修改有关安全生产的规章制度，应当听取工会的意见。

2）工会对生产经营单位违反安全生产法律、法规，侵犯从业人员合法权益的行为，有权要求纠正；发现生产经营单位违章指挥、强令冒险作业或者发现事故隐患时，有权提出解决的建议，生产经营单位应当及时研究答复；发现危及从业人员生命安全的情况时，有权向生产经营单位建议组织从业人员撤离危险场所，生产经营单位必须立即做出处理。

3）工会有权依法参加事故调查，向有关部门提出处理意见，并要求追究有关人员的责任。

4）生产经营单位使用被派遣劳动者的，被派遣劳动者享有《安全生产法》规定的从业人员的权利。

2. 施工作业人员应当履行的安全生产义务

按照《建筑法》《安全生产法》与《建设工程安全生产管理条例》等法律、行政法规的规定，施工作业人员主要应当履行如下安全生产义务：

（1）守法遵章和正确使用安全防护用具等的义务

施工单位要依法保障施工作业人员的安全，施工作业人员也必须依法遵守有关的规章制度，做到不违章作业。《建筑法》规定，建筑施工企业和作业人员在施工过程中，应当遵守有关安全生产的法律、法规和建筑行业安全规章、规程，不得违章指挥或者违章作业。《安全生产法》规定，从业人员在作业过程中，应当严格遵守本单位的安全生产规章制度和操作规程，服从管理，正确佩戴和使用劳动防护用品。《建设工程安全生产管理条例》规定，作业人员应当遵守安全施工的强制性标准、规章制度和操作规程，正确使用安全防护用具、机械设备等。

（2）接受安全生产教育培训的义务

施工单位加强安全教育培训，使作业人员具备必要的施工安全生产知识，熟悉有关的规章制度和安全操作规程，掌握本岗位安全操作技能，是控制和减少施工安全事故的重要措施。《安全生产法》规定，从业人员应当接受安全生产教育和培训，掌握本职工作所需的安全生产知识，提高安全生产技能，增强事故预防和应急处理能力。《建设工程安全生产管理条例》也规定：作业人员进入新的岗位或者新的施工现场前，应当接受安全生产教育培训；未经教育培训或者教育培训考核不合格的人员，不得上岗作业。

（3）施工安全事故隐患报告的义务

施工安全事故通常都是由事故隐患或者其他不安全因素所酿成的。因此，施工作业人员一旦发现事故隐患或者其他不安全因素，应当立即报告，以便及时采取措施，防患于未然。《安全生产法》规定，从业人员发现事故隐患或者其他不安全因素，应当立即向现场安全生产管理人员或者本单位负责人报告，接到报告的人员应当及时予以处理。

（4）被派遣劳动者的义务

《安全生产法》规定，生产经营单位使用被派遣劳动者的，被派遣劳动者应当履行本法规定的从业人员的义务。

8.1.3 施工单位安全生产教育培训的规定

《建筑法》规定了群防群治制度，是建筑工程安全生产管理的一项重要法律制度。它是施工企业进行民主管理的重要内容，也是群众路线在安全生产管理工作中的具体体现。广大职工群众在施工生产活动中既要遵守有关法律、法规和规章制度，不得违章作业，还拥有对于危及生命安全和身体健康的行为提出批评、检举和控告的权利。因此，建筑施工企业应当建立健全劳动安全生产教育培训制度，加强对职工安全生产的教育培训；未经安全生产教育培训的人员，不得上岗作业。《安全生产法》规定，生产经营单位应当教育和督促从业人员严格执行本单位的安全生产规章制度和安全操作规程，并向从业人员如实告知作业场所和工作岗位存在的危险因素、防范措施以及事故应急措施；生产经营单位应当安排用于配备劳动防护用品、进行安全生产培训的经费。

1. 施工单位特殊的安全管理人员

《安全生产法》规定：生产经营单位的主要负责人和安全生产管理人员必须具备与本单位所从事的生产经营活动相应的安全生产知识和管理能力；建筑施工、道路运输单位的主要负责人和安全生产管理人员，应当由主管的负有安全生产监督管理职责的部门对其安全生产知识和管理能力考核合格，考核不得收费。《建设工程安全生产管理条例》规定，施工单位的主要负责人、项目负责人、专职安全生产管理人员应当经住建行政主管部门或者其他部门考核合格后方可任职。企业主要负责人、项目负责人和专职安全生产管理人员属于特殊的安全管理人员。特殊的安全管理人员应当通过其受聘企业，向企业工商注册地的省、自治区、直辖市人民政府住房城乡建设主管部门申请安全生产考核，并取得安全生产考核合格证书。安全生产考核合格证书有效期为 3 年，证书在全国范围内有效。建筑施工企业应当建立安全生产教育培训制度，制订年度培训计划，每年对"安管人员"进行培训和考核，考核不合格的，不得上岗。

《建筑施工企业主要负责人、项目负责人和专职安全生产管理人员安全生产管理规定实施意见》规定，专职安全生产管理人员分为机械、土建、综合三类。机械类专职安全生产管理人员可以从事起重机械、土石方机械、桩工机械等安全生产管理工作；土建类专职安全生产管理人员可以从事除起重机械、土石方机械、桩工机械等安全生产管理工作以外的安全生产管理工作；综合类专职安全生产管理人员可以从事全部安全生产管理工作。

2. 特种作业人员的培训考核

《安全生产法》规定，生产经营单位的特种作业人员必须按照国家有关规定经专门的安全作业培训，取得相应资格，方可上岗作业。《建设工程安全生产管理条例》规定，垂直运输机械作业人员、安装拆卸工、爆破作业人员、起重信号工、登高架设作业人员等特种作业人员，必须按照国家有关规定经过专门的安全作业培训，并取得特种作业操作资格证书后，方可上岗作业。

2008 年 4 月住房和城乡建设部发布的《建筑施工特种作业人员管理规定》规定，建筑施工特种作业包括：

1）建筑电工。

2）建筑架子工。

3）建筑起重信号司索工。

4）建筑起重机械司机。

5）建筑起重机械安装拆卸工。

6）高处作业吊篮安装拆卸工。

7）经省级以上人民政府建设主管部门认定的其他特种作业。

3. 施工企业的安全生产教育培训

《安全生产法》规定：生产经营单位应当对从业人员进行安全生产教育和培训，保证从业人员具备必要的安全生产知识，熟悉有关的安全生产规章制度和安全操作规程，掌握本岗位的安全操作技能，了解事故应急处理措施，知悉自身在安全生产方面的权利和义务；未经安全生产教育和培训合格的从业人员，不得上岗作业；生产经营单位使用被派遣劳动者的，应当将被派遣劳动者纳入本单位从业人员统一管理，对被派遣劳动者进行岗位安全操作规程和安全操作技能的教育和培训；劳务派遣单位应当对被派遣劳动者进行必要的安全生产教育和培训；生产经营单位应当建立安全生产教育和培训档案，如实记录安全生产教育和培训的时间、内容、参加人员以及考核结果等情况。

《建设工程安全生产管理条例》规定：施工单位应当对管理人员和作业人员每年至少进行一次安全生产教育培训，其教育培训情况记入个人工作档案；安全生产教育培训考核不合格的人员，不得上岗。

4. 进入新岗位或者新施工现场前的安全生产教育培训

《建设工程安全生产管理条例》规定：作业人员进入新的岗位或者新的施工现场前，应当接受安全生产教育培训；未经教育培训或者教育培训考核不合格的人员，不得上岗作业。2012年11月颁布的《国务院安委会关于进一步加强安全培训工作的决定》中指出：

1）严格落实企业职工先培训后上岗制度。建筑企业要对新职工进行至少32学时的安全培训，每年进行至少20学时的再培训。

2）强化现场安全培训。高危企业要严格班前安全培训制度，有针对性地讲述岗位安全生产与应急救援知识、安全隐患和注意事项等，使班前安全培训成为安全生产第一道防线。要大力推广"手指口述"等安全确认法，帮助员工通过心想、眼看、手指、口述，确保按规程作业。要加强班组长培训，提高班组长现场安全管理水平和现场安全风险管控能力。

5. 采用新技术、新工艺、新设备、新材料前的安全生产教育培训

《安全生产法》规定，生产经营单位采用新工艺、新技术、新材料或者使用新设备，必须了解、掌握其安全技术特性，采取有效的安全防护措施，并对从业人员进行专门的安全生产教育和培训。《建设工程安全生产管理条例》规定，施工单位在采用新技术、新工艺、新设备、新材料时，应当对作业人员进行相应的安全生产教育培训。随着我国工程建设和科学技术的迅速发展，越来越多的新技术、新工艺、新设备、新材料被广泛应用于施工生产活动中，大大促进了施工生产效率和工程质量的提高，同时也对施工作业人员的素质提出了更高要求。如果施工单位对所采用的新技术、新工艺、新设备、新材料的了解与认识不足，对其安全技术性能掌握不充分，或是没有采取有效的安全防护措施，没有对施工作业人员进行专门的安全生产教育培训，就很可能会导致事故的发生。

6. 安全教育培训方式

《国务院关于坚持科学发展安全发展促进安全生产形势持续稳定好转的意见》（国发〔2011〕40 号）规定，企业主要负责人、安全管理人员、特种作业人员一律经严格考核、持证上岗。安全教育培训可采取多种形式，包括安全形势报告会、事故案例分析会、安全法制教育、安全技术交流、安全竞赛、师傅带徒弟等。《国务院安委会关于进一步加强安全培训工作的决定》指出：

1）完善和落实师傅带徒弟制度。高危企业新职工安全培训合格后，要在经验丰富的工人师傅带领下，实习至少 2 个月后方可独立上岗。工人师傅一般应当具备中级工以上技能等级，3 年以上相应工作经历，成绩突出，善于"传、帮、带"，没有发生过"三违"行为等条件。要组织签订师徒协议，建立师傅带徒弟激励约束机制。

2）支持大中型企业和欠发达地区建立安全培训机构，重点建设一批具有仿真、体感、实操特色的示范培训机构。

3）加强远程安全培训，开发国家安全培训网和有关行业网络学习平台，实现优质资源共享。实行网络培训学时学分制，将学时和学分结果与继续教育、再培训挂钩。利用视频、电视、手机等拓展远程培训形式。

8.1.4　施工总承包和分包单位的安全生产责任

《建筑法》规定：施工现场安全由建筑施工企业负责；实行施工总承包的，由总承包单位负责；分包单位向总承包单位负责，服从总承包单位对施工现场的安全生产管理。《安全生产法》也规定，两个及以上生产经营单位在同一作业区域内进行生产经营活动，可能危及对方生产安全的，应当签订安全生产管理协议，明确各自的安全生产管理职责和应当采取的安全措施，并指定专职安全生产管理人员进行安全检查与协调。

1. 总承包单位应当承担的法定安全生产责任

施工总承包是由一个施工单位对建设工程施工全面负责。该总承包单位不仅要负责建设工程的施工质量、合同工期、成本控制，还要对施工现场组织和安全生产进行统一协调管理。

《建设工程安全生产管理条例》规定，总承包单位依法将建设工程分包给其他单位的，分包合同中应当明确各自的安全生产方面的权利、义务。施工总承包单位与分包单位的安全生产责任，可分为法定责任和约定责任。所谓法定责任，即法律法规中明确规定的总承包单位、分包单位各自的安全生产责任。所谓约定责任，即总承包单位与分包单位通过协商，在分包合同中约定各自应当承担的安全生产责任。但是，安全生产的约定责任不能与法定责任相抵触。

《建设工程安全生产管理条例》规定，总承包单位应当自行完成建设工程主体结构的施工；实行施工总承包的建设工程，由总承包单位负责上报事故。

《建设工程安全生产管理条例》规定，总承包单位和分包单位对分包工程的安全生产承担连带责任。该规定既强化了总承包单位和分包单位双方的安全生产责任意识，也有利于保护受损害者的合法权益。

2. 分包单位应当承担的法定安全生产责任

《建筑法》规定，分包单位向总承包单位负责，服从总承包单位对施工现场的安全生产管理。《建设工程安全生产管理条例》进一步规定，分包单位应当服从总承包单位的安全生产管理，分包单位不服从管理导致生产安全事故的，由分包单位承担主要责任。在许多工地上，往往有若干分包单位同时在施工，如果缺乏统一的组织管理，很容易发生安全事故。因此，分包单位要服从总承包单位对施工现场的安全生产规章制度、岗位操作要求等安全生产管理。否则，一旦发生施工安全生产事故，分包单位要承担主要责任。

3. 建设工程生产安全应急救援预案的编制

《建设工程安全生产管理条例》规定：施工单位应当根据建设工程施工的特点、范围，对施工现场易发生重大事故的部位、环节进行监控，制定施工现场生产安全事故应急救援预案；实行施工总承包的，由总承包单位统一组织编制建设工程生产安全事故应急救援预案，工程总承包单位和分包单位按照应急救援预案，各自建立应急救援组织或者配备应急救援人员，配备救援器材、设备，并定期组织演练。

8.2 施工单位的安全责任

施工企业要定期开展风险评估和危害辨识。针对高危工艺、设备、物品、场所和岗位，建立分级管控制度，制定落实安全操作规程。树立隐患就是事故的观念，建立健全隐患排查治理制度、重大隐患治理情况向负有安全生产监督管理职责的部门和企业职代会"双报告"制度，实行自查自改自报闭环管理。严格执行安全生产和职业健康"三同时"制度。大力推进企业安全生产标准化建设，实现安全管理、操作行为、设备设施和作业环境的标准化。

8.2.1 安全措施与专项施工方案的规定

《建筑法》规定：建筑施工企业在编制施工组织设计时，应当根据建筑工程的特点制定相应的安全技术措施；对专业性较强的工程项目，应当编制专项安全施工组织设计，并采取安全技术措施。《建设工程安全生产管理条例》规定，施工单位应当在施工组织设计中编制安全技术措施和施工现场临时用电方案，对下列达到一定规模的危险性较大的分部分项工程编制专项施工方案，并附具安全验算结果，经施工单位技术负责人、总监理工程师签字后实施，由专职安全生产管理人员进行现场监督：

1）基坑支护与降水工程。
2）土方开挖工程。
3）模板工程。
4）起重吊装工程。
5）脚手架工程。
6）拆除、爆破工程。
7）国务院住建行政主管部门或者其他有关部门规定的其他危险性较大的工程。

对以上所列工程中涉及深基坑、地下暗挖工程、高大模板工程的专项施工方案，施工单位还应当组织专家进行论证、审查。

危险性较大的分部分项工程，是指房屋建筑和市政基础设施工程在施工过程中，容易导致人员群死群伤或者造成重大经济损失的分部分项工程。危大工程及超过一定规模的危大工程范围由国务院住房城乡建设主管部门制定。省级住房城乡建设主管部门可以结合本地区实际情况，补充本地区危大工程范围。国务院住房城乡建设主管部门负责全国危大工程安全管理的指导监督。县级以上地方人民政府住房城乡建设主管部门负责本行政区域内危大工程的安全监督管理。

1. 安全专项施工方案的编制

2018 年 3 月 8 日住房和城乡建设部发布的《危险性较大的分部分项工程安全管理规定》规定：建设单位应当依法提供真实、准确、完整的工程地质、水文地质和工程周边环境等资料；勘察单位应当根据工程实际及工程周边环境资料，在勘察文件中说明地质条件可能造成的工程风险；设计单位应当在设计文件中注明涉及危险性较大的分部分项工程的重点部位和环节，提出保障工程周边环境安全和工程施工安全的意见，必要时进行专项设计；建设单位应当组织勘察、设计等单位在施工招标文件中列出危大工程清单，要求施工单位在投标时补充完善危险性较大的分部分项工程清单并明确相应的安全管理措施；建设单位应当按照施工合同约定及时支付危险性较大的分部分项工程施工技术措施费以及相应的安全防护文明施工措施费，保障危大工程施工安全；建设单位在申请办理安全监督手续时，应当提交危大工程清单及其安全管理措施等资料；施工单位应当在危险性较大的分部分项工程施工前组织工程技术人员编制专项施工方案；实行施工总承包的，专项施工方案应当由施工总承包单位组织编制，危险性较大的分部分项工程实行分包的，专项施工方案可以由相关专业分包单位组织编制；专项施工方案应当由施工单位技术负责人审核签字、加盖单位公章，并由总监理工程师审查签字、加盖执业印章后方可实施；危险性较大的分部分项工程实行分包并由分包单位编制专项施工方案的，专项施工方案应当由总承包单位技术负责人及分包单位技术负责人共同审核签字并加盖单位公章。

2. 安全专项施工方案的专家论证规定

对于超过一定规模的危险性较大的分部分项工程，施工单位应当组织召开专家论证会对专项施工方案进行论证。实行施工总承包的，由施工总承包单位组织召开专家论证会。专家论证前专项施工方案应当通过施工单位审核和总监理工程师审查。专家应当从地方人民政府住房城乡建设主管部门建立的专家库中选取，符合专业要求且人数不得少于 5 名。与本工程有利害关系的人员不得以专家身份参加专家论证会。专家论证会后，应当形成论证报告，对专项施工方案提出通过、修改后通过或者不通过的一致意见。专家对论证报告负责并签字确认。专项施工方案经论证不通过的，施工单位修改后应当按照《危险性较大的分部分项工程安全管理规定》的要求重新组织专家论证。

3. 安全专项施工方案的内容

专项方案编制应当包括以下内容：

1）工程概况：危险性较大的分部分项工程概况、施工平面布置、施工要求和技术保证条件。

2）编制依据：相关法律、法规、规范性文件、标准、规范及设计图（国标图集）、施工组织设计等。

3）施工计划：包括施工进度计划、材料与设备计划。

4）施工工艺技术：技术参数、工艺流程、施工方法、检查验收等。

5）施工安全保证措施：组织保障、技术措施、应急预案、监测监控等。

6）劳动力计划：专职安全生产管理人员、特种作业人员等。

7）计算书及相关设计图。

4. 安全专项施工方案的审核

专项方案应当由施工单位技术部门组织本单位施工技术、安全、质量等部门的专业技术人员进行审核。经审核合格的，由施工单位技术负责人签字。实行施工总承包的，专项方案应当由总承包单位技术负责人及相关专业承包单位技术负责人签字。不需专家论证的专项方案，经施工单位审核合格后报监理单位，由项目总监理工程师审核签字。超过一定规模的危险性较大的分部分项工程专项方案应当由施工单位组织召开专家论证会。实行施工总承包的，由施工总承包单位组织召开专家论证会。施工单位应当根据论证报告修改完善专项方案，并经施工单位技术负责人、项目总监理工程师、建设单位项目负责人签字后，方可组织实施。实行施工总承包的，应当由施工总承包单位、相关专业承包单位技术负责人签字。专项方案经论证后需做重大修改的，施工单位应当按照论证报告修改，并重新组织专家进行论证。

5. 安全专项施工方案的实施

施工单位应当严格按照专项方案组织施工，不得擅自修改、调整专项方案。如因设计、结构、外部环境等因素发生变化确需修改的，修改后的专项方案应当按规定重新审核。对于超过一定规模的危险性较大工程的专项方案，施工单位应当重新组织专家进行论证。施工单位应当指定专人对专项方案实施情况进行现场监督和按规定进行监测。发现不按照专项方案施工的，应当要求其立即整改；发现有危及人身安全紧急情况的，应当立即组织作业人员撤离危险区域。施工单位技术负责人应当定期巡查专项方案实施情况。对于按规定需要验收的危险性较大的分部分项工程，施工单位、监理单位应当组织有关人员进行验收。验收合格的，经施工单位项目技术负责人及项目总监理工程师签字后，方可进入下一道工序。

6. 安全专项施工方案的归档

施工、监理单位应当建立危大工程安全管理档案。施工单位应当将专项施工方案及审核、专家论证、交底、现场检查、验收及整改等相关资料纳入档案管理。监理单位应当将监理实施细则、专项施工方案审查、专项巡视检查、验收及整改等相关资料纳入档案管理。

7. 安全专项施工方案的行政监督

设区的市级以上地方人民政府住房城乡建设主管部门应当建立专家库，制定专家库管理制度，建立专家诚信档案，并向社会公布，接受社会监督。县级以上地方人民政府住房城乡建设主管部门或者所属施工安全监督机构，应当根据监督工作计划对危大工程进行抽查。

县级以上地方人民政府住房城乡建设主管部门或者所属施工安全监督机构，可以通过政府购买技术服务方式，聘请具有专业技术能力的单位和人员对危大工程进行检查，所需费用向本级财政申请予以保障。

县级以上地方人民政府住房城乡建设主管部门或者所属施工安全监督机构，在监督抽查中发现危大工程存在安全隐患的，应当责令施工单位整改；重大安全事故隐患排除前或者排除过程中无法保证安全的，责令从危险区域内撤出作业人员或者暂时停止施工；对依法应当给予行政处罚的行为，应当依法做出行政处罚决定。县级以上地方人民政府住房城乡建设主管部门应当将单位和个人的处罚信息纳入建筑施工安全生产不良信用记录。

8. 专项施工方案的相关法律责任

（1）建设单位的法律责任

建设单位有下列行为之一的，责令限期改正，并处 1 万元以上 3 万元以下的罚款；对直接负责的主管人员和其他直接责任人员处 1000 元以上 5000 元以下的罚款：

1）未按照《危险性较大的分部分项工程安全管理规定》提供工程周边环境等资料的。

2）未按照《危险性较大的分部分项工程安全管理规定》在招标文件中列出危大工程清单的。

3）未按照施工合同约定及时支付危大工程施工技术措施费或者相应的安全防护文明施工措施费的。

4）未按照《危险性较大的分部分项工程安全管理规定》委托具有相应勘察资质的单位进行第三方监测的。

5）未对第三方监测单位报告的异常情况组织采取处置措施的。

（2）勘察与设计单位的法律责任

勘察单位未在勘察文件中说明地质条件可能造成的工程风险的，责令限期改正，依照《建设工程安全生产管理条例》对单位进行处罚；对直接负责的主管人员和其他直接责任人员处 1000 元以上 5000 元以下的罚款。

设计单位未在设计文件中注明涉及危大工程的重点部位和环节，未提出保障工程周边环境安全和工程施工安全的意见的，责令限期改正，并处 1 万元以上 3 万元以下的罚款；对直接负责的主管人员和其他直接责任人员处 1000 元以上 5000 元以下的罚款。

（3）施工单位的法律责任

施工单位未按照《危险性较大的分部分项工程安全管理规定》编制并审核危大工程专项施工方案的，依照《建设工程安全生产管理条例》对单位进行处罚，并暂扣安全生产许可证 30 日；对直接负责的主管人员和其他直接责任人员处 1000 元以上 5000 元以下的罚款。

施工单位有下列行为之一的，依照《安全生产法》《建设工程安全生产管理条例》对单位和相关责任人员进行处罚：

1）未向施工现场管理人员和作业人员进行方案交底和安全技术交底的。

2）未在施工现场显著位置公告危大工程，并在危险区域设置安全警示标志的。

3）项目专职安全生产管理人员未对专项施工方案实施情况进行现场监督的。

施工单位有下列行为之一的，责令限期改正，处 1 万元以上 3 万元以下的罚款，并暂扣安全生产许可证 30 日；对直接负责的主管人员和其他直接责任人员处 1000 元以上 5000 元以下的罚款：

1）未对超过一定规模的危大工程专项施工方案进行专家论证的。

2）未根据专家论证报告对超过一定规模的危大工程专项施工方案进行修改，或者未按照《危险性较大的分部分项工程安全管理规定》重新组织专家论证的。

3）未严格按照专项施工方案组织施工，或者擅自修改专项施工方案的。

施工单位有下列行为之一的，责令限期改正，并处 1 万元以上 3 万元以下的罚款；对直接负责的主管人员和其他直接责任人员处 1000 元以上 5000 元以下的罚款：

1）项目负责人未按照《危险性较大的分部分项工程安全管理规定》现场履职或者组织限期整改的。

2）施工单位未按照《危险性较大的分部分项工程安全管理规定》进行施工监测和安全巡视的。

3）未按照《危险性较大的分部分项工程安全管理规定》组织危大工程验收的。

4）发生险情或者事故时，未采取应急处置措施的。

5）未按照《危险性较大的分部分项工程安全管理规定》建立危大工程安全管理档案的。

（4）监理单位的法律责任

监理单位有下列行为之一的，依照《安全生产法》《建设工程安全生产管理条例》对单位进行处罚；对直接负责的主管人员和其他直接责任人员处 1000 元以上 5000 元以下的罚款：

1）总监理工程师未按照《危险性较大的分部分项工程安全管理规定》审查危大工程专项施工方案的。

2）发现施工单位未按照专项施工方案实施，未要求其整改或者停工的。

3）施工单位拒不整改或者不停止施工时，未向建设单位和工程所在地住房城乡建设主管部门报告的。

监理单位有下列行为之一的，责令限期改正，并处 1 万元以上 3 万元以下的罚款；对直接负责的主管人员和其他直接责任人员处 1000 元以上 5000 元以下的罚款：

1）未按照《危险性较大的分部分项工程安全管理规定》编制监理实施细则的。

2）未对危大工程施工实施专项巡视检查的。

3）未按照《危险性较大的分部分项工程安全管理规定》参与组织危大工程验收的。

4）未按照《危险性较大的分部分项工程安全管理规定》建立危大工程安全管理档案的。

（5）监测单位的法律责任

监测单位有下列行为之一的，责令限期改正，并处 1 万元以上 3 万元以下的罚款；对直接负责的主管人员和其他直接责任人员处 1000 元以上 5000 元以下的罚款：

1）未取得相应勘察资质从事第三方监测的。

2）未按照《危险性较大的分部分项工程安全管理规定》编制监测方案的。

3）未按照监测方案开展监测的。

4）发现异常未及时报告的。

8.2.2 施工现场安全管理责任

1. 安全施工技术交底

《建设工程安全生产管理条例》规定，建设工程施工前，施工单位负责项目管理的技术人员应当对有关安全施工的技术要求向施工作业班组、作业人员做出详细说明，并由双方签字确认。

安全技术交底通常有施工工种安全技术交底、分部分项工程施工安全技术交底、大型特殊工程单项安全技术交底、设备安装工程技术交底以及采用新工艺、新技术、新材料施工的安全技术交底等。

2. 安全专项施工方案的现场安全管理

施工单位应当在施工现场显著位置公告危大工程名称、施工时间和具体责任人员，并在危险区域设置安全警示标志。专项施工方案实施前，编制人员或者项目技术负责人应当向施工现场管理人员进行方案交底。施工现场管理人员应当向作业人员进行安全技术交底，并由双方和项目专职安全生产管理人员共同签字确认。施工单位应当严格按照专项施工方案组织施工，不得擅自修改专项施工方案。因规划调整、设计变更等原因确需调整的，修改后的专项施工方案应当按照《危险性较大的分部分项工程安全管理规定》重新审核和论证。涉及资金或者工期调整的，建设单位应当按照约定予以调整。施工单位应当对危大工程施工作业人员进行登记，项目负责人应当在施工现场履职。项目专职安全生产管理人员应当对专项施工方案实施情况进行现场监督，对未按照专项施工方案施工的，应当要求立即整改，并及时报告项目负责人，项目负责人应当及时组织限期整改。施工单位应当按照规定对危大工程进行施工监测和安全巡视，发现危及人身安全的紧急情况，应当立即组织作业人员撤离危险区域。

监理单位应当结合危大工程专项施工方案编制监理实施细则，并对危大工程施工实施专项巡视检查。监理单位发现施工单位未按照专项施工方案施工的，应当要求其进行整改；情节严重的，应当要求其暂停施工，并及时报告建设单位。施工单位拒不整改或者不停止施工的，监理单位应当及时报告建设单位和工程所在地住房城乡建设主管部门。

对于按照规定需要进行第三方监测的危大工程，建设单位应当委托具有相应勘察资质的单位进行监测。监测单位应当编制监测方案。监测方案由监测单位技术负责人审核签字并加盖单位公章，报送监理单位后方可实施。监测单位应当按照监测方案开展监测，及时向建设单位报送监测成果，并对监测成果负责；发现异常时，及时向建设、设计、施工、监理单位报告，建设单位应当立即组织相关单位采取处置措施。

对于按照规定需要验收的危大工程，施工单位、监理单位应当组织相关人员进行验收。验收合格的，经施工单位项目技术负责人及总监理工程师签字确认后，方可进入下一道工序。危大工程验收合格后，施工单位应当在施工现场明显位置设置验收标识牌，公示验收时间及责任人员。

危大工程发生险情或者事故时，施工单位应当立即采取应急处置措施，并报告工程所在地住房城乡建设主管部门。建设、勘察、设计、监理等单位应当配合施工单位开展应急抢险工作。危大工程应急抢险结束后，建设单位应当组织勘察、设计、施工、监理等单位制定工程恢复方案，并对应急抢险工作进行后评估。

3. 安全警示标志的规定

《安全生产法》规定，生产经营单位应当在有较大危险因素的生产经营场所和有关设施、设备上，设置明显的安全警示标志。《建设工程安全生产管理条例》进一步规定：施工单位应当在施工现场入口处、施工起重机械、临时用电设施、脚手架、出入通道口、楼梯口、电梯井口、孔洞口、桥梁口、隧道口、基坑边沿、爆破物及有害危险气体和液体存放处等危险部位，设置明显的安全警示标志；安全警示标志必须符合国家标准。工地现场的情况尽管千差万别，不同施工现场的危险源也不尽相同，但施工现场入口处、施工起重机械、临时用电设施、脚手架、出入通道口、楼梯口、电梯井口、孔洞口、桥梁口、隧道口、基坑边沿、爆破物及有害危险气体和液体存放处等，通常都是容易出现生产安全事故的危险部位。

安全警示标志是指提醒人们注意的各种标牌、文字、符号以及灯光等，一般由安全色、几何图形和图形符号构成。安全警示标志须符合《安全标志及其使用导则》（GB 2894—2008）的有关规定。

4. 安全施工措施的责任

《建设工程安全生产管理条例》规定：施工单位应当根据不同施工阶段和周围环境及季节、气候的变化，在施工现场采取相应的安全施工措施；施工现场暂时停止施工的，施工单位应当做好现场防护，所需费用由责任方承担，或者按照合同约定执行。由于施工作业的风险性较大，在地下施工、高处施工等不同的施工阶段要采取相应安全措施，并应根据周围环境和季节、气候变化，加强季节性安全防护措施。

造成暂时停止施工的原因很多，责任方可能是施工单位，也可能是建设单位、设计单位或监理单位，还有不可抗力或违法行为被责令停止施工等。除不可抗力要按合同约定执行外，其他则要分清责任，由责任方承担费用。但不论费用由谁承担，施工单位都必须做好现场防护，以防止在暂停施工期间出现施工现场的作业人员或者其他人员的伤亡事故，并为今后继续施工创造良好的作业环境。

5. 施工现场临时设施的安全卫生要求

《建设工程安全生产管理条例》规定：施工单位应当将施工现场的办公、生活区与作业区分开设置，并保持安全距离；办公、生活区的选址应当符合安全性要求；职工的膳食、饮水、休息场所等应当符合卫生标准；施工单位不得在尚未竣工的建筑物内设置员工集体宿舍；施工现场临时搭建的建筑物应当符合安全使用要求；施工现场使用的装配式活动房屋应当具有产品合格证。

办公区、生活区是人们进行办公和日常生活的区域，人员较多且复杂，安全意识和防范措施相对较弱，如果将其混设一处，将造成施工现场管理混乱，易发生生产安全事故。办公区和生活区的选址也要满足安全性要求，应当建在安全地带，保证办公、生活用房不致因滑坡、泥石流等地质灾害而受到破坏，造成人员伤亡和财产损失。

依据《安全生产法》，生产经营单位有下列行为之一的，责令限期改正，可以处 5 万元以下的罚款，对其直接负责的主管人员和其他直接责任人员可以处 1 万元以下的罚款；逾期未改正的，责令停产停业整顿；构成犯罪的，依照《刑法》有关规定追究刑事责任：

1）生产、经营、储存、使用危险物品的车间、商店、仓库与员工宿舍在同一座建筑内，或者与员工宿舍的距离不符合安全要求的。

2）生产经营场所和员工宿舍未设有符合紧急疏散需要、标志明显、保持畅通的出口，或者锁闭、封堵生产经营场所或者员工宿舍出口的。

2018 年 12 月经修订后公布的《中华人民共和国食品安全法》规定：学校、托幼机构、养老机构、建筑工地等集中用餐单位的食堂应当严格遵守法律、法规和食品安全标准；从供餐单位订餐的，应当从取得食品生产经营许可的企业订购，并按照要求对订购的食品进行查验。此外，施工单位提供的饮水也必须达到国家规定的标准。未竣工的建筑物内不得设置员工集体宿舍是因为这类建筑物尚在施工过程中，条件较差，不宜居住。

6. 安全防护措施

《建设工程安全生产管理条例》规定：施工单位对因建设工程施工可能造成损害的毗邻建筑物、构筑物和地下管线等，应当采取专项防护措施；在城市市区内的建设工程，施工单位应当对施工现场实行封闭围挡。

建设工程施工多为露天、高处作业，对周围环境特别是毗邻的建筑物、构筑物和地下管线等可能会造成损害。因此，施工单位有责任、有义务采取相应的安全防护措施，确保毗邻的建筑物、构筑物和地下管线等不受损坏。施工现场实行封闭管理，施工现场采用密目式安全网、围墙、围栏等封闭起来，既可以防止施工中的不安全因素扩散到场外，也可以起到保护环境、美化市容、文明施工的作用等。《安全生产法》规定，生产经营单位进行爆破、吊装以及国务院安全生产监督管理部门会同国务院有关部门规定的其他危险作业，应当安排专门人员进行现场安全管理，确保操作规程的遵守和安全措施的落实。

2013 年 12 月经修改后颁布的《危险化学品安全管理条例》规定：进行可能危及危险化学品管道安全的施工作业，施工单位应当在开工的 7 日前书面通知管道所属单位，并与管道所属单位共同制定应急预案，采取相应的安全防护措施；管道所属单位应当指派专门人员到现场进行管道安全保护指导。

7. 危险性较大的分部分项工程施工安全

依据住房和城乡建设部安全生产管理委员会办公室《关于印发起重机械、基坑工程等五项危险性较大的分部分项工程施工安全要点的通知》（建安办函〔2017〕12 号），对基坑工程施工、脚手架施工与模板支架施工等安全要点做出了规定。

（1）基坑工程施工安全要点

1）基坑工程必须按照规定编制、审核专项施工方案，超过一定规模的深基坑工程要组织专家论证。基坑支护必须进行专项设计。

2）基坑工程施工企业必须具有相应的资质和安全生产许可证，严禁无资质、超范围从事基坑工程施工。

3）基坑施工前，应当向现场管理人员和作业人员进行安全技术交底。

4）基坑施工要严格按照专项施工方案组织实施，相关管理人员必须在现场进行监督，发现不按照专项施工方案施工的，应当要求立即整改。

5）基坑施工必须采取有效措施，保护基坑主要影响区范围内的建（构）筑物和地下管线安全。

6）基坑周边施工材料、设施或车辆荷载严禁超过设计要求的地面荷载限值。

7）基坑周边应按要求采取临边防护措施，设置作业人员上下专用通道。

8）基坑施工必须采取基坑内外地表水和地下水控制措施，防止出现积水和漏水漏沙。汛期施工，应当对施工现场排水系统进行检查和维护，保证排水畅通。

9）基坑施工必须做到先支护后开挖，严禁超挖，及时回填。采取支撑的支护结构未达到拆除条件时严禁拆除支撑。

10）基坑工程必须按照规定实施施工监测和第三方监测，指定专人对基坑周边进行巡视，出现危险征兆时应当立即报警。

（2）脚手架施工安全要点

1）脚手架工程必须按照规定编制、审核专项施工方案，超过一定规模的要组织专家论证。

2）脚手架搭设、拆除单位必须具有相应的资质和安全生产许可证，严禁无资质从事脚手架搭设、拆除作业。

3）脚手架搭设、拆除人员必须取得建筑施工特种作业人员操作资格证书。

4）脚手架搭设、拆除前，应当向现场管理人员和作业人员进行安全技术交底。

5）脚手架材料进场使用前，必须按规定进行验收，未经验收或验收不合格的严禁使用。

6）脚手架搭设、拆除要严格按照专项施工方案组织实施，相关管理人员必须在现场进行监督，发现不按照专项施工方案施工的，应当要求立即整改。

7）脚手架外侧以及悬挑式脚手架、附着升降脚手架底层应当封闭严密。

8）脚手架必须按专项施工方案设置剪刀撑和连墙件。落地式脚手架搭设场地必须平整坚实。严禁在脚手架上超载堆放材料，严禁将模板支架、缆风绳、泵送混凝土和砂浆的输送管等固定在架体上。

9）脚手架搭设必须分阶段组织验收，验收合格的，方可投入使用。

10）脚手架拆除必须由上而下逐层进行，严禁上下同时作业。连墙件应当随脚手架逐层拆除，严禁先将连墙件整层或数层拆除后再拆脚手架。

（3）模板支架施工安全要点

1）模板支架工程必须按照规定编制、审核专项施工方案，超过一定规模的要组织专家论证。

2）模板支架搭设、拆除单位必须具有相应的资质和安全生产许可证，严禁无资质从事模板支架搭设、拆除作业。

3）模板支架搭设、拆除人员必须取得建筑施工特种作业人员操作资格证书。

4）模板支架搭设、拆除前，应当向现场管理人员和作业人员进行安全技术交底。

5）模板支架材料进场验收前，必须按规定进行验收，未经验收或验收不合格的严禁使用。

6）模板支架搭设、拆除要严格按照专项施工方案组织实施，相关管理人员必须在现场进行监督，发现不按照专项施工方案施工的，应当要求立即整改。

7）模板支架搭设场地必须平整坚实。必须按专项施工方案设置纵横向水平杆、扫地杆和剪刀撑；立杆顶部自由端高度、顶托螺杆伸出长度严禁超出专项施工方案要求。

8）模板支架搭设完毕应当组织验收，验收合格的，方可铺设模板。

9）混凝土浇筑时，必须按照专项施工方案规定的顺序进行，应当指定专人对模板支架进行监测，发现架体存在坍塌风险时应当立即组织作业人员撤离现场。

10）混凝土强度必须达到规范要求，并经监理单位确认后方可拆除模板支架。模板支架拆除应从上而下逐层进行。

8. 安全防护设备、机械设备等的安全管理

《建设工程安全生产管理条例》规定：施工单位采购、租赁的安全防护用具、机械设备、施工机具及配件，应当具有生产（制造）许可证、产品合格证，并在进入施工现场前进行查验；施工现场的安全防护用具、机械设备、施工机具及配件必须由专人管理，定期进行检查、维修和保养，建立相应的资料档案，并按照国家有关规定及时报废。

施工单位在使用施工起重机械和整体提升脚手架、模板等自升式架设设施前，应当组织有关单位进行验收，也可以委托具有相应资质的检验检测机构进行验收；使用承租的机械设备和施工机具及配件的，由施工总承包单位、分包单位、出租单位和安装单位共同进行验收。验收合格的方可使用。

9. 施工现场安全防护违法行为应承担的法律责任

依据《建筑法》，建筑施工企业违反本法规定，对建筑安全事故隐患不采取措施予以消除的，责令改正，可以处以罚款；情节严重的，责令停业整顿，降低资质等级或者吊销资质证书；构成犯罪的，依法追究刑事责任。

《安全生产法》规定，生产经营单位有下列行为之一的，责令限期改正，可以处 5 万元以下的罚款；逾期未改正的，处 5 万元以上 20 万元以下的罚款，对其直接负责的主管人员和其他直接责任人员处 1 万元以上 2 万元以下的罚款；情节严重的，责令停产停业整顿；构成犯罪的，依照《刑法》有关规定追究刑事责任：

1）未在有较大危险因素的生产经营场所和有关设施、设备上设置明显的安全警示标志的。

2）安全设备的安装、使用、检测、改造和报废不符合国家标准或者行业标准的。

3）未对安全设备进行经常性维护、保养和定期检测的。

4）未为从业人员提供符合国家标准或者行业标准的劳动防护用品的。

5）危险物品的容器、运输工具，以及涉及人身安全、危险性较大的海洋石油开采特种设备和矿山井下特种设备，未经具有专业资质的机构检测、检验合格，取得安全使用证或者安全标志，投入使用的。

6）使用应当淘汰的危及生产安全的工艺、设备的。

生产经营单位在进行爆破、吊装以及国务院安全生产监督管理部门会同国务院有关部门规定的其他危险作业，未安排专门人员进行现场安全管理的，责令限期改正，可以处 10 万元以下的罚款；逾期未改正的，责令停产停业整顿，并处 10 万元以上 20 万元以下的罚款，对其直接负责的主管人员和其他直接责任人员处 2 万元以上 5 万元以下的罚款；构成犯罪的，依照《刑法》有关规定追究刑事责任。

《建设工程安全生产管理条例》规定，施工单位有下列行为之一的，责令限期改正；逾期未改正的，责令停业整顿，并处 5 万元以上 10 万元以下的罚款；造成重大安全事故，构成犯罪的，对直接责任人员，依照《刑法》有关规定追究刑事责任：

1）施工前未对有关安全施工的技术要求做出详细说明的。

2）未根据不同施工阶段和周围环境及季节、气候的变化，在施工现场采取相应的安全施工措施，或者在城市市区内的建设工程的施工现场未实行封闭围挡的。

3）在尚未竣工的建筑物内设置员工集体宿舍的。

4）施工现场临时搭建的建筑物不符合安全使用要求的。

5）未对因建设工程施工可能造成损害的毗邻建筑物、构筑物和地下管线等采取专项防护措施的。施工单位有以上规定第 4）项、第 5）项行为，造成损失的，依法承担赔偿责任。

施工单位有下列行为之一的，责令限期改正；逾期未改正的，责令停业整顿，并处 10 万元以上 30 万元以下的罚款；情节严重的，降低资质等级，直至吊销资质证书；造成重大安全事故，构成犯罪的，对直接责任人员，依照《刑法》有关规定追究刑事责任；造成损失的，依法承担赔偿责任：

1）安全防护用具、机械设备、施工机具及配件在进入施工现场前未经查验或者查验不合格即投入使用的。

2）使用未经验收或者验收不合格的施工起重机械和整体提升脚手架、模板等自升式架设设施的。

3）委托不具有相应资质的单位承担施工现场安装、拆卸施工起重机械和整体提升脚手架、模板等自升式架设设施的。

4）在施工组织设计中未编制安全技术措施、施工现场临时用电方案或者专项施工方案的。

8.2.3 施工单位安全生产费用管理规定

《安全生产法》规定：生产经营单位应当具备的安全生产条件所必需的资金投入，由生产经营单位的决策机构、主要负责人或者个人经营的投资人予以保证，并对由于安全生产所必需的资金投入不足导致的后果承担责任；有关生产经营单位应当按照规定提取和使用安全生产费用，专门用于改善安全生产条件；安全生产费用在成本中据实列支。《建设工程安全生产管理条例》规定，施工单位对列入建设工程概算的安全作业环境及安全施工措施所需费用，应当用于施工安全防护用具及设施的采购和更新、安全施工措施的落实、安全生产条件的改善，不得挪作他用。

1. 施工单位安全费用的提取管理

2013 年 3 月，住房和城乡建设部、财政部经修订并颁布了新的《建筑安装工程费用项目组成》，规定安全文明施工费包括：

1）环境保护费：是指施工现场为达到环保部门要求所需要的各项费用。

2）文明施工费：是指施工现场文明施工所需要的各项费用。

3）安全施工费：是指施工现场安全施工所需要的各项费用。

4）临时设施费：是指施工企业为进行建设工程施工所必须搭设的生活和生产用的临时建筑物、构筑物和其他临时设施费用，包括临时设施的搭设、维修、拆除、清理费或摊销费等。

财政部、国家安全生产监督管理总局发布的《企业安全生产费用提取和使用管理办法》（财企〔2012〕16 号）中规定，建设工程施工企业以建筑安装工程造价为计提依据。各建设工程类别安全费用提取标准如下：

1）矿山工程为 2.5%。

2）房屋建筑工程、水利水电工程、电力工程、铁路工程、城市轨道交通工程为 2%。

3）市政公用工程、冶炼工程、机电安装工程、化工石油工程、港口与航道工程、公路工程、通信工程为 1.5%。

建设工程施工企业提取的安全费用列入工程造价，在竞标时，不得删减，列入标外管理。总包单位应当将安全费用按比例直接支付分包单位并监督使用，分包单位不再重复提取。企业在上述标准的基础上，根据安全生产实际需要，可适当提高安全费用提取标准。《建筑工程安全防护、文明施工措施费用及使用管理规定》（建办〔2005〕89 号）中规定，建筑工程安全防护、文明施工措施费用由《建筑安装工程费用项目组成》中措施费所含的文明施工费、环境保护费、临时设施费、安全施工费组成。建设单位、设计单位在编制工程概（预）算时，应当依据工程所在地工程造价管理机构测定的相应费率，合理确定工程安全防护、文明施工措施费。依法进行工程招标投标的项目，招标方或具有资质的中介机构编制招标文件时，应当按照有关规定并结合工程实际单独列出安全防护、文明施工措施项目清单。投标方应当根据现行标准规范，结合工程特点、工期进度和作业环境要求，在施工组织设计文件中制定相应的安全防护、文明施工措施，并按照招标文件要求结合自身的施工技术水平、管理水平对工程安全防护、文明施工措施项目单独报价。投标方安全防护、文明施工措施的报价，不得低于依据工程所在地工程造价管理机构测定费率计算所需费用总额的90%。

　　建设单位与施工单位应当在施工合同中明确安全防护、文明施工措施项目总费用，以及费用预付、支付计划，使用要求、调整方式等条款。建设单位与施工单位在施工合同中对安全防护、文明施工措施费用预付、支付计划未做约定或约定不明的，合同工期在一年以内的，建设单位预付安全防护、文明施工措施项目费用不得低于该费用总额的50%；合同工期在一年以上的（含一年），预付安全防护、文明施工措施费用不得低于该费用总额的30%，其余费用应当按照施工进度支付。

**　　2. 施工单位安全费用的使用管理**

　　《企业安全生产费用提取和使用管理办法》规定，建设工程施工企业安全费用应当按照以下范围使用：

　　1）完善、改造和维护安全防护设施设备支出（不含"三同时"要求初期投入的安全设施），包括施工现场临时用电系统、洞口、临边、机械设备、高处作业防护、交叉作业防护、防火、防爆、防尘、防毒、防雷、防台风、防地质灾害、地下工程有害气体监测、通风、临时安全防护等设施设备支出。

　　2）配备、维护、保养应急救援器材、设备支出和应急演练支出。

　　3）开展重大危险源和事故隐患评估、监控和整改支出。

　　4）安全生产检查、评价（不包括新建、改建、扩建项目安全评价）、咨询和标准化建设支出。

　　5）配备和更新现场作业人员安全防护用品支出。

　　6）安全生产宣传、教育、培训支出。

　　7）安全生产适用的新技术、新标准、新工艺、新装备的推广应用支出。

　　8）安全设施及特种设备检测检验支出。

　　9）其他与安全生产直接相关的支出。

　　在规定的使用范围内，企业应当将安全费用优先用于满足安全生产监督管理部门、煤矿安全监察机构以及行业主管部门对企业安全生产提出的整改措施或者达到安全生产标准所需的支出。企业提取的安全费用应当专户核算，按规定范围安排使用，不得挤占、挪用。年度结余资金结转下年度使用，当年计提安全费用不足的，超出部分按正常成本费用渠道列支。主要承担安全管理责任的集团公司经过履行内部决策程序，可以对所属企业提取的安全费用按照一定比例集中管理，统筹使用。

　　企业应当建立健全内部安全费用管理制度，明确安全费用提取和使用的程序、职责及权限，按规定提取和使用安全费用。企业应当加强安全费用管理，编制年度安全费用提取和使用计划，纳入企业财务预算。企业年度安全费用使用计划和上一年安全费用的提取、使用情况按照管理权限报同级财政部门、安全生产监督管理部门、煤矿安全监察机构和行业主管部门备案。企业安全费用的会计处理，应当符合国家统一的会计制度的规定。企业提取的安全费用属于企业自提自用资金，其他单位和部门不得采取收取、代管等形式对其进行集中管理和使用，国家法律、法规另有规定的除外。

　　《建筑工程安全防护、文明施工措施费用及使用管理规定》规定：

1）实行工程总承包的，总承包单位依法将建筑工程分包给其他单位的，总承包单位与分包单位应当在分包合同中明确安全防护、文明施工措施费用由总承包单位统一管理；安全防护、文明施工措施由分包单位实施的，由分包单位提出专项安全防护措施及施工方案，经总承包单位批准后及时支付所需费用。

2）工程监理单位应当对施工单位落实安全防护、文明施工措施情况进行现场监理。对施工单位已经落实的安全防护、文明施工措施，总监理工程师或者造价工程师应当及时审查并签认所发生的费用。监理单位发现施工单位未落实施工组织设计及专项施工方案中安全防护和文明施工措施的，有权责令其立即整改；对施工单位拒不整改或未按期限要求完成整改的，工程监理单位应当及时向建设单位和住建行政主管部门报告，必要时责令其暂停施工。

3）施工单位应当确保安全防护、文明施工措施费专款专用，在财务管理中单独列出安全防护、文明施工措施项目费用清单备查。施工单位安全生产管理机构和专职安全生产管理人员负责对建筑工程安全防护、文明施工措施的组织实施进行现场监督检查，并有权向建设主管部门反映情况。工程总承包单位对建筑工程安全防护、文明施工措施费用的使用负总责。总承包单位应当按照本规定及合同约定及时向分包单位支付安全防护、文明施工措施费用。总承包单位不按本规定和合同约定支付费用，造成分包单位不能及时落实安全防护措施导致发生事故的，由总承包单位负主要责任。

3. 施工单位安全费用违法行为的法律责任

依据《安全生产法》，生产经营单位的决策机构、主要负责人或者个人经营的投资人不依照规定保证安全生产所必需的资金投入，致使生产经营单位不具备安全生产条件的，责令限期改正，提供必需的资金；逾期未改正的，责令生产经营单位停产停业整顿。有此种违法行为，导致发生生产安全事故的，对生产经营单位的主要负责人给予撤职处分，对个人经营的投资人处2万元以上20万元以下的罚款；构成犯罪的，依照《刑法》有关规定追究刑事责任。

依据《建设工程安全生产管理条例》，施工单位挪用列入建设工程概算的安全生产作业环境及安全施工措施所需费用的，责令限期改正，处挪用费用20%以上50%以下的罚款；造成损失的，依法承担赔偿责任。

依据《企业安全生产费用提取和使用管理办法》：企业未按本办法提取和使用安全费用的，安全生产监督管理部门、煤矿安全监察机构和行业主管部门会同财政部门责令其限期改正，并依照相关法律法规进行处理、处罚；建设工程施工总承包单位未向分包单位支付必要的安全费用以及承包单位挪用安全费用的，由建设、交通运输、铁路、水利、安全生产监督管理、煤矿安全监察等主管部门依照相关法规、规章进行处理、处罚。

依据《建筑工程安全防护、文明施工措施费用及使用管理规定》，建设单位未按本规定支付安全防护、文明施工措施费用的，由县级以上建设行政主管部门依据《建设工程安全生产管理条例》第五十四条规定，责令限期整改；逾期未改正的，责令该建设工程停止施工；施工单位挪用安全防护、文明施工措施费用的，由县级以上建设主管部门依据《建设工程安全生产管理条例》第六十三条规定，责令限期整改，处挪用费用20%以上50%以下的罚款；造成损失的，依法承担赔偿责任。

8.2.4　消防安全职责

1. 施工单位消防安全职责

《建设工程安全生产管理条例》规定，施工单位应当在施工现场建立消防安全责任制度，确定消防安全责任人，制定用火、用电、使用易燃易爆材料等各项消防安全管理制度和操作规程，设置消防通道、消防水源，配备消防设施和灭火器材，并在施工现场入口处设置明显标志。消防安全标志应当按照《消防安全标志设置要求》（GB 15630）与《消防安全标志》（GB 13495）设置。

《国务院关于加强和改进消防工作的意见》（国发〔2011〕46 号）中规定，机关、团体、企业事业单位法定代表人是本单位消防安全第一责任人；各单位要依法履行职责，保障必要的消防投入，切实提高检查消除火灾隐患、组织扑救初起火灾、组织人员疏散逃生和消防宣传教育培训的能力。

2008 年 10 月经修订后公布的《消防法》规定，机关、团体、企业、事业等单位应当履行下列消防安全职责：

1）落实消防安全责任制，制定本单位的消防安全制度、消防安全操作规程，制定灭火和应急疏散预案。

2）按照国家标准、行业标准配置消防设施、器材，设置消防安全标志，并定期组织检验、维修，确保完好有效。

3）对建筑消防设施每年至少进行一次全面检测，确保完好有效，检测记录应当完整准确，存档备查。

4）保障疏散通道、安全出口、消防车通道畅通，保证防火防烟分区、防火间距符合消防技术标准。

5）组织防火检查，及时消除火灾隐患。

6）组织进行有针对性的消防演练。

7）法律、法规规定的其他消防安全职责。

单位的主要负责人是本单位的消防安全责任人。重点工程的施工现场多定为消防安全重点单位，按照《消防法》的规定，除应当履行所有单位都应当履行的职责外，还应当履行下列消防安全职责：

1）确定消防安全管理人，组织实施本单位的消防安全管理工作。

2）建立消防档案，确定消防安全重点部位，设置防火标志，实行严格管理。

3）实行每日防火巡查，并建立巡查记录。

4）对职工进行岗前消防安全培训，定期组织消防安全培训和消防演练。

2. 施工现场的消防安全规定

《国务院关于加强和改进消防工作的意见》规定：公共建筑在营业、使用期间不得进行外保温材料施工作业，居住建筑进行节能改造作业期间应撤离居住人员，并设消防安全巡逻人员，严格分离用火用焊作业与保温施工作业，严禁在施工建筑内安排人员住宿；新建、改建、扩建工程的外保温材料一律不得使用易燃材料，严格限制使用可燃材料；建筑室内装饰装修材料必须符合国家、行业标准和消防安全要求。

公安部、住房和城乡建设部 2009 年 3 月发布的《关于进一步加强建设工程施工现场消防安全工作的通知》规定，施工单位应当在施工组织设计中编制消防安全技术措施和专项施工方案，并由专职安全管理人员进行现场监督。

施工现场要设置消防通道并确保畅通。建筑工地要满足消防车通行、停靠和作业要求。在建建筑内应设置标明楼梯间和出入口的临时醒目标志，视情安装楼梯间和出入口的临时照明，及时清理建筑垃圾和障碍物，规范材料堆放，保证发生火灾时，现场施工人员疏散和消防人员扑救快捷畅通。

施工现场要按有关规定设置消防水源。应当在建设工程平地阶段按照总平面设计设置室外消火栓系统，并保持充足的管网压力和流量。根据在建工程施工进度，同步安装室内消火栓系统或设置临时消火栓，配备水枪水带，消防干管设置水泵接合器，满足施工现场火灾扑救的消防供水要求。施工现场应当配备必要的消防设施和灭火器材。施工现场的重点防火部位和在建高层建筑的各个楼层，应在明显和方便取用的地方配置适当数量的手提式灭火器、消防沙袋等消防器材。动用明火必须实行严格的消防安全管理，禁止在具有火灾、爆炸危险的场所使用明火；需要进行明火作业的，动火部门和人员应当按照用火管理制度办理审批手续，落实现场监护人，在确认无火灾、爆炸危险后方可动火施工；动火施工人员应当遵守消防安全规定，并落实相应的消防安全措施；易燃易爆危险物品和场所应有具体防火防爆措施；电焊、气焊、电工等特殊工种人员必须持证上岗；将容易发生火灾、一旦发生火灾后果严重的部位确定为重点防火部位，实行严格管理。

施工现场的办公、生活区与作业区应当分开设置，并保持安全距离；施工单位不得在尚未竣工的建筑物内设置员工集体宿舍。

3. 施工单位消防安全自我评估和防火检查

《国务院关于加强和改进消防工作的意见》中指出，要建立消防安全自我评估机制，消防安全重点单位每季度、其他单位每半年自行或委托有资质的机构对本单位进行一次消防安全检查评估，做到安全自查、隐患自除、责任自负。

《关于进一步加强建设工程施工现场消防安全工作的通知》规定：施工单位应及时纠正违章操作行为，及时发现火灾隐患并采取防范、整改措施；国家、省级等重点工程的施工现场应当进行每日防火巡查，其他施工现场也应根据需要组织防火巡查；施工单位防火检查的内容应当包括：火灾隐患的整改情况以及防范措施的落实情况，疏散通道、消防车通道、消防水源情况，灭火器材配置及有效情况，用火、用电有无违章情况，重点工种人员及其他施工人员消防知识掌握情况，消防安全重点部位管理情况，易燃易爆危险物品和场所防火防爆措施落实情况，防火巡查落实情况等。

4. 建设工程消防施工的质量和安全责任

2012年7月公安部经修改后发布的《建设工程消防监督管理规定》中规定，建设工程的消防设计、施工必须符合国家工程建设消防技术标准。施工单位应当承担下列消防施工的质量和安全责任：

1）按照国家工程建设消防技术标准和经消防设计审核合格或者备案的消防设计文件组织施工，不得擅自改变消防设计进行施工，降低消防施工质量。

2）查验消防产品和具有防火性能要求的建筑构件、建筑材料及装修材料的质量，使用合格产品，保证消防施工质量。

3）建立施工现场消防安全责任制度，确定消防安全负责人。加强对施工人员的消防教育培训，落实动火、用电、易燃可燃材料等消防管理制度和操作规程。保证在建工程竣工验收前消防通道、消防水源、消防安全标志等完好有效。

5. 施工单位的消防安全教育培训和消防演练

《国务院关于加强和改进消防工作的意见》指出，要加强对单位消防安全责任人、消防安全管理人、消防控制室操作人员和消防设计、施工、监理人员及保安、电（气）焊工、消防技术服务机构从业人员的消防安全培训。

2009 年 5 月公安部、住房和城乡建设部等九部委发布的《社会消防安全教育培训规定》中规定，在建工程的施工单位应当开展下列消防安全教育工作：

1）建设工程施工前应当对施工人员进行消防安全教育。

2）在建设工地醒目位置、施工人员集中住宿场所设置消防安全宣传栏，悬挂消防安全挂图和消防安全警示标识。

3）对明火作业人员进行经常性的消防安全教育。

4）组织灭火和应急疏散演练。

《关于进一步加强建设工程施工现场消防安全工作的通知》规定，施工人员上岗前的安全培训应当包括以下消防内容：有关消防法规、消防安全制度和保障消防安全的操作规程，本岗位的火灾危险性和防火措施，有关消防设施的性能、灭火器材的使用方法，报火警、扑救初起火灾以及自救逃生的知识和技能等，保障施工现场人员具有相应的消防常识和逃生自救能力。

施工单位应当根据国家有关消防法规和建设工程安全生产法规的规定，建立施工现场消防组织，制定灭火和应急疏散预案，并至少每半年组织一次演练，提高施工人员及时报警、扑灭初起火灾和自救逃生能力。

6. 消防安全违法行为的法律责任

依据《消防法》的规定，违反本法规定，建筑施工企业不按照消防设计文件和消防技术标准施工，降低消防施工质量的，责令改正或者停止施工，并处 1 万元以上 10 万元以下罚款。

单位违反本法规定，有下列行为之一的，责令改正，处 5000 元以上 5 万元以下罚款：

1）消防设施、器材或者消防安全标志的配置、设置不符合国家标准、行业标准，或者未保持完好有效的。

2）损坏、挪用或者擅自拆除、停用消防设施、器材的。

3）占用、堵塞、封闭疏散通道、安全出口或者有其他妨碍安全疏散行为的。

4）埋压、圈占、遮挡消火栓或者占用防火间距的。

5）占用、堵塞、封闭消防车通道，妨碍消防车通行的。

6）人员密集场所在门窗上设置影响逃生和灭火救援的障碍物的。

7）对火灾隐患经公安机关消防机构通知后不及时采取措施消除的。

有下列行为之一，尚不构成犯罪的，处 10 日以上 15 日以下拘留，可以并处 500 元以下罚款；情节较轻的，处警告或者 500 元以下罚款：

1）指使或者强令他人违反消防安全规定，冒险作业的。

2）过失引起火灾的。

3）在火灾发生后阻拦报警，或者负有报告职责的人员不及时报警的。

4）扰乱火灾现场秩序，或者拒不执行火灾现场指挥员指挥，影响灭火救援的。

5）故意破坏或者伪造火灾现场的。

6）擅自拆封或者使用被公安机关消防机构查封的场所、部位的。

当事人逾期不执行停产停业、停止使用、停止施工决定的，由做出决定的公安机关消防机构强制执行。《国务院关于加强和改进消防工作的意见》规定，各单位因消防安全责任不落实、火灾防控措施不到位，发生人员伤亡火灾事故的，要依法依纪追究有关人员的责任；发生重大火灾事故的，要依法依纪追究单位负责人、实际控制人、上级单位主要负责人和当地政府及有关部门负责人的责任。《建设工程消防监督管理规定》中规定，建设、设计、施工、工程监理单位、消防技术服务机构及其从业人员违反有关消防法规、国家工程建设消防技术标准，造成危害后果的，除依法给予行政处罚或者追究刑事责任外，还应当依法承担民事赔偿责任。

8.3 建设工程安全管理责任体系

《建设工程安全生产管理条例》规定，建设单位、勘察单位、设计单位、施工单位、工程监理单位及其他与建设工程安全生产有关的单位，必须遵守安全生产法律、法规的规定，保证建设工程安全生产，依法承担建设工程安全生产责任。建设工程安全生产的主要责任单位是施工单位，但与施工活动密切相关单位的活动也都影响着施工安全。

8.3.1 建设单位相关的安全责任

建设单位是建设工程项目的投资主体或管理主体，在整个工程建设中居于主导地位。建设单位的某些工程项目管理行为不规范，直接或者间接导致施工生产安全事故的发生是有不少惨痛教训的。为此，《建设工程安全生产管理条例》中明确规定，建设单位必须遵守安全生产法律、法规的规定，保证建设工程安全生产，依法承担建设工程安全生产责任。

1. 提供真实、准确和完整的有关资料的责任

《建筑法》规定，建设单位应当向建筑施工企业提供与施工现场相关的地下管线资料，建筑施工企业应当采取措施加以保护。《建设工程安全生产管理条例》规定，建设单位应当向施工单位提供施工现场及毗邻区域内供水、排水、供电、供气、供热、通信、广播电视等地下管线资料，气象和水文观测资料，相邻建筑物和构筑物、地下工程的有关资料，并保证资料的真实、准确、完整。

在建设工程施工前，施工单位须搞清楚施工现场及毗邻区域内地下管线，以及相邻建筑物、构筑物和地下工程的有关资料，否则很有可能会因施工而造成对其破坏，不仅导致人员伤亡和经济损失，还将影响周边地区单位和居民的工作与生活。同时，建设工程的施工周期往往比较长，又多是露天作业，受气候条件的影响较大，建设单位还应当提供有关气象和水文观测资料。建设单位须保证所提供资料的真实、准确，并能满足施工安全作业的需要。

2. 不得提出违法要求的安全责任

《建设工程安全生产管理条例》规定，建设单位不得对勘察、设计、施工、工程监理等单位提出不符合建设工程安全生产法律、法规和强制性标准规定的要求，不得压缩合同约定的工期。

某些勘察、设计、施工、工程监理单位为了承揽业务，对建设单位提出的各种要求尽量给予满足，这就造成某些建设单位为了追求利益最大化而提出一些非法要求，甚至明示或者暗示相关单位进行一些不符合法律、法规和强制性标准的活动。因此，建设单位必须依法规范自身的行为。建设单位不能片面为了早日发挥建设项目的效益，迫使施工单位大量增加人力、物力投入，或者是简化施工程序，随意压缩合同约定的工期。任何违背客观规律的行为，都是施工生产安全事故隐患，都有可能导致施工生产安全事故的发生。

3. 建设单位应当保证安全生产投入

《建设工程安全生产管理条例》第八条规定，建设单位在编制工程概算时，应当确定建设工程安全作业环境及安全施工措施所需费用。

4. 不得明示或暗示施工单位使用不符合安全施工要求的物资

《建设工程安全生产管理条例》第九条规定，建设单位不得明示或者暗示施工单位购买、租赁、使用不符合安全施工要求的安全防护用具、机械设备、施工机具及配件、消防设施和器材。

5. 办理施工许可证或开工报告时应当报送安全施工措施

《建设工程安全生产管理条例》第十条规定，建设单位在申请领取施工许可证时，应当提供建设工程有关安全施工措施的资料。

依法批准开工报告的建设工程，建设单位应当自开工报告批准之日起 15 日内，将保证安全施工的措施报送建设工程所在地的县级以上人民政府建设行政主管部门或者其他有关部门备案。

6. 应当将拆除工程发包给具有相应资质的施工单位

《建设工程安全生产管理条例》第十一条规定，建设单位应当将拆除工程发包给具有相应资质等级的施工单位。

建设单位应当在拆除工程施工 15 日前，将下列资料报送建设工程所在地的县级以上地方人民政府主管部门或者其他有关部门备案：

1）施工单位资质等级证明。

2）拟拆除建筑物、构筑物及可能危及毗邻建筑的说明。

3）拆除施工组织方案。

4）堆放、清除废弃物的措施。

根据《民用爆炸物品安全管理条例》第三十二条的规定，申请从事爆破作业的单位，应当按照国务院公安部门的规定，向有关人民政府公安机关提出申请，并提供能够证明其符合本条例第三十一条规定条件的有关材料。《民用爆炸物品安全管理条例》第三十一条规定，申请从事爆破作业的单位，应当具备下列条件：爆破作业属于合法的生产活动；有符合国家有关标准和规范的民用爆炸物品专用仓库；有具备相应资格的安全管理人员、仓库管理人员和具备国家规定执业资格的爆破作业人员；有健全的安全管理制度、岗位安全责任制度；有符合国家标准、行业标准的爆破作业专用设备；法律、行政法规规定的其他条件。

7. 建设单位违法行为应承担的法律责任

《建设工程安全生产管理条例》规定：建设单位未提供建设工程安全生产作业环境及安

全施工措施所需费用的，责令限期改正；逾期未改正的，责令该建设工程停止施工；建设单位未将保证安全施工的措施或者拆除工程的有关资料报送有关部门备案的，责令限期改正，给予警告。

建设单位有下列行为之一的，责令限期改正，处 20 万元以上 50 万元以下的罚款；造成重大安全事故，构成犯罪的，对直接责任人员，依照《刑法》有关规定追究刑事责任；造成损失的，依法承担赔偿责任：

1）对勘察、设计、施工、工程监理等单位提出不符合安全生产法律、法规和强制性标准规定的要求的。

2）要求施工单位压缩合同约定的工期的。

3）将拆除工程发包给不具有相应资质等级的施工单位的。

8.3.2 勘察、设计单位的安全责任

1. 勘察单位的安全责任

根据《建设工程安全生产管理条例》第十二条的规定，勘察单位的安全责任包括：

1）勘察单位应当按照法律、法规和工程建设强制性标准进行勘察，提供的勘察文件应当真实、准确，满足建设工程安全生产的需要。

2）勘察单位在勘察作业时，应当严格按照操作规程，采取措施保证各类管线、设施和周边建筑物、构筑物的安全。

2. 设计单位的安全责任

依据《建筑法》第三十七条对设计单位的安全责任有明确规定："建筑工程设计应当符合按照国家规定制定的建筑安全规程和技术规范，保证工程的安全性能。"根据《建设工程安全生产管理条例》第十三条的规定，设计单位的安全责任包括：

1）设计单位应当按照法律、法规和工程建设强制性标准进行设计，防止因设计不合理导致安全生产事故的发生。

2）设计单位应当考虑施工安全操作和防护的需要，对涉及施工安全的重点部位和环节在设计文件中注明，并对防范安全生产事故提出指导意见。

3）采用新结构、新材料、新工艺的建设工程和特殊结构的建设工程，设计单位应当在设计中提出保障施工作业人员安全和预防生产安全事故的措施建议。

4）设计单位和注册建筑师等注册执业人员应当对其设计负责。

建筑工程设计是建设工程的重要环节，工程设计质量的优劣直接影响建设活动和建筑产品的安全。为此，勘察单位应提供建设工程所需的全面、准确的地质、测量和水文等资料。这里所说的建筑工程设计，是指各类房屋建筑、构筑物及其附属设施、线路管道、设备等的设计活动。一般应根据建设工程项目的功能性要求，考虑投资、材料、环境、气候、水文地质结构等提供设计图等设计文件。

保证工程的安全性能是指设计单位应当按照建设工程安全标准进行设计，保证其符合按照国家规定制定的建筑安全规程和技术规范。建筑工程的安全性能包括两层含义：在建造过程中的安全，主要指建造者的安全；建成后的使用安全，主要指建筑物的安全。所谓建筑安全规程，是指在建筑活动中为了消除导致人身伤亡或者造成设备、财产破坏以及危害环境而由有关部门制定的具体技术要求和实施程序的统一规定。所谓建筑技术规范，是指由

有关部门制定的对设计、施工等技术事项所做的统一规定，技术规范是标准的一种形式。需要说明的是，这里对于建筑安全规程和技术规范的制定提出了要求，即建筑安全规程和技术规范必须"按照国家规定"制定。所谓按照国家规定制定，是指制定建筑安全规程和技术规范时必须符合国家规定的原则，不得同国家规定相抵触；抵触的无效。这里国家规定包括：全国人大及其常委会通过的法律；国务院制定的行政法规；行业部门制定的行政规章等。

3. 勘察、设计单位应承担的法律责任

《建设工程安全生产管理条例》规定，勘察单位、设计单位有下列行为之一的，责令限期改正，处 10 万元以上 30 万元以下的罚款；情节严重的，责令停业整顿，降低资质等级，直至吊销资质证书；造成重大安全事故，构成犯罪的，对直接责任人员，依照刑法有关规定追究刑事责任；造成损失的，依法承担赔偿责任：

1）未按照法律、法规和工程建设强制性标准进行勘察、设计的。

2）采用新结构、新材料、新工艺的建设工程和特殊结构的建设工程，设计单位未在设计中提出保障施工作业人员安全和预防生产安全事故的措施建议的。

注册执业人员未执行法律、法规和工程建设强制性标准的，责令停止执业 3 个月以上 1 年以下；情节严重的，吊销执业资格证书，5 年内不予注册；造成重大安全事故的，终身不予注册；构成犯罪的，依照《刑法》有关规定追究刑事责任。

8.3.3　工程监理单位的安全责任

1. 安全技术措施及专项施工方案审查义务

《建设工程安全生产管理条例》第十四条第一款规定，工程监理单位应当审查施工组织设计中的安全技术措施或者专项施工方案是否符合工程建设强制性标准。

2. 安全生产事故隐患报告义务

《建设工程安全生产管理条例》第十四条第二款规定：工程监理单位在实施监理过程中，发现存在安全事故隐患的，应当要求施工单位整改；情况严重的，应当要求施工单位暂时停止施工，并及时报告建设单位；施工单位拒不整改或者不停止施工的，工程监理单位应当及时向有关主管部门报告。

3. 工程监理单位应当承担的安全监理责任

工程监理单位和监理工程师应当按照法律、法规和工程建设强制性标准实施监理，并对建设工程安全生产承担监理责任。

工程监理单位有下列行为之一的，责令限期改正；逾期未改正的，责令停业整顿，并处 10 万元以上 30 万元以下的罚款；情节严重的，降低资质等级，直至吊销资质证书；造成重大安全事故，构成犯罪的，对直接责任人员，依照《刑法》有关规定追究刑事责任；造成损失的，依法承担赔偿责任：

1）未对施工组织设计中的安全技术措施或者专项施工方案进行审查的。

2）发现安全事故隐患未及时要求施工单位整改或者暂时停止施工的。

3）施工单位拒不整改或者不停止施工，未及时向有关主管部门报告的。

4）未依照法律、法规和工程建设强制性标准实施监理的。

8.3.4 建设工程物资供应单位的安全责任

1. 机械设备和配件供应单位的安全责任

《建设工程安全生产管理条例》第十五条规定，为建设工程提供机械设备和配件的单位，应当按照安全施工的要求配备齐全有效的保险、限位等安全设施和装置。

2. 机械设备、施工机具和配件出租单位的安全责任

《建设工程安全生产管理条例》第十六条规定：出租的机械设备和施工工具及配件，应当具有生产（制造）许可证、产品合格证；出租单位应当对出租的机械设备和施工工具及配件的安全性能进行检测，在签订租赁协议时，应当出具检测合格证明；禁止出租检测不合格的机械设备和施工工具及配件。

2008年1月建设部发布的《建筑起重机械安全监督管理规定》中规定，出租单位应当在签订的建筑起重机械租赁合同中，明确租赁双方的安全责任，并出具建筑起重机械特种设备制造许可证、产品合格证、制造监督检验证明、备案证明和自检合格证明，提交安装使用说明书。有下列情形之一的建筑起重机械，不得出租、使用：

1）属国家明令淘汰或者禁止使用的。

2）超过安全技术标准或者制造厂家规定的使用年限的。

3）经检验达不到安全技术标准规定的。

4）没有完整安全技术档案的。

5）没有齐全有效的安全保护装置的。

建筑起重机械有以上1）~3）项情形之一的，出租单位或者自购建筑起重机械的使用单位应当予以报废，并向原备案机关办理注销手续。

8.3.5 特种设备安全管理

依据《中华人民共和国特种设备安全法》（以下简称《特种设备安全法》）的规定，特种设备是指对人身和财产安全有较大危险性的锅炉、压力容器（含气瓶）、压力管道、电梯、起重机械、客运索道、大型游乐设施、场（厂）内专用机动车辆，以及法律、行政法规规定适用本法的其他特种设备。特种设备安全工作应当坚持安全第一、预防为主、节能环保、综合治理的原则。特种设备生产、经营、使用单位及其主要负责人对其生产、经营、使用的特种设备安全负责。特种设备生产、经营、使用单位应当按照国家有关规定配备特种设备安全管理人员、检测人员和作业人员，并对其进行必要的安全教育和技能培训。

1. 特种设备的安装、改造和修理

特种设备安装、改造、修理的施工单位应当在施工前将拟进行的特种设备安装、改造、修理情况书面告知直辖市或者设区的市级人民政府负责特种设备安全监督管理的部门。特种设备安装、改造、修理竣工后，安装、改造、修理的施工单位应当在验收后30日内将相关技术资料和文件移交特种设备使用单位。特种设备使用单位应当将其存入该特种设备的安全技术档案。

锅炉、压力容器、压力管道元件等特种设备的制造过程和锅炉、压力容器、压力管道、电梯、起重机械、客运索道、大型游乐设施的安装、改造、重大修理过程，应当经特种设备检验机构按照安全技术规范的要求进行监督检验；未经监督检验或者监督检验不合格的，不得出厂或者交付使用。

2. 特种设备的使用

特种设备使用单位应当使用取得许可生产并经检验合格的特种设备。禁止使用国家明令淘汰和已经报废的特种设备。

特种设备使用单位应当在特种设备投入使用前或者投入使用后 30 日内，向负责特种设备安全监督管理的部门办理使用登记，取得使用登记证书。登记标志应当置于该特种设备的显著位置。特种设备使用单位应当建立岗位责任、隐患治理、应急救援等安全管理制度，制定操作规程，保证特种设备安全运行。

特种设备使用单位应当建立特种设备安全技术档案。安全技术档案应当包括以下内容：

1）特种设备的设计文件、产品质量合格证明、安装及使用维护保养说明、监督检验证明等相关技术资料和文件。

2）特种设备的定期检验和定期自行检查记录。

3）特种设备的日常使用状况记录。

4）特种设备及其附属仪器仪表的维护保养记录。

5）特种设备的运行故障和事故记录。

特种设备的使用应当具有规定的安全距离、安全防护措施。与特种设备安全相关的建筑物、附属设施，应当符合有关法律、行政法规的规定。特种设备使用单位应当对其使用的特种设备进行经常性维护保养和定期自行检查，并做出记录。特种设备使用单位应当对其使用的特种设备的安全附件、安全保护装置进行定期校验、检修，并做出记录。

特种设备使用单位应当按照安全技术规范的要求，在检验合格有效期届满前 1 个月向特种设备检验机构提出定期检验要求。特种设备检验机构接到定期检验要求后，应当按照安全技术规范的要求及时进行安全性能检验。特种设备使用单位应当将定期检验标志置于该特种设备的显著位置。未经定期检验或者检验不合格的特种设备，不得继续使用。

特种设备安全管理人员应当对特种设备使用状况进行经常性检查，发现问题应当立即处理；情况紧急时，可以决定停止使用特种设备并及时报告本单位有关负责人。特种设备作业人员在作业过程中发现事故隐患或者其他不安全因素，应当立即向特种设备安全管理人员和单位有关负责人报告；特种设备运行不正常时，特种设备作业人员应当按照操作规程采取有效措施保证安全。特种设备出现故障或者发生异常情况，特种设备使用单位应当对其进行全面检查，消除事故隐患，方可继续使用。

特种设备进行改造、修理，按照规定需要变更使用登记的，应当办理变更登记，方可继续使用。特种设备存在严重事故隐患，无改造、修理价值，或者达到安全技术规范规定的其他报废条件的，特种设备使用单位应当依法履行报废义务，采取必要措施消除该特种设备的使用功能，并向原登记的负责特种设备安全监督管理的部门办理使用登记证书注销手续。以上规定报废条件以外的特种设备，达到设计使用年限可以继续使用的，应当按照安全技术规范的要求通过检验或者安全评估，并办理使用登记证书变更，方可继续使用。允许继续使用的，应当采取加强检验、检测和维护保养等措施，确保使用安全。

3. 特种设备安全违法行为的法律责任

《特种设备安全法》规定，特种设备安装、改造、修理的施工单位在施工前未书面告知负责特种设备安全监督管理的部门即行施工的，或者在验收后 30 日内未将相关技术资料和文件移交特种设备使用单位的，责令限期改正；逾期未改正的，处 1 万元以上 10 万元以下罚款。

特种设备的制造、安装、改造、重大修理以及锅炉清洗过程，未经监督检验的，责令限期改正；逾期未改正的，处 5 万元以上 20 万元以下罚款；有违法所得的，没收违法所得；情节严重的，吊销生产许可证。

特种设备使用单位有下列行为之一的，责令限期改正；逾期未改正的，责令停止使用有关特种设备，处 1 万元以上 10 万元以下罚款：

1）使用特种设备未按照规定办理使用登记的。

2）未建立特种设备安全技术档案或者安全技术档案不符合规定要求，或者未依法设置使用登记标志、定期检验标志的。

3）未对其使用的特种设备进行经常性维护保养和定期自行检查，或者未对其使用的特种设备的安全附件、安全保护装置进行定期校验、检修，并做出记录的。

4）未按照安全技术规范的要求及时申报并接受检验的。

5）未按照安全技术规范的要求进行锅炉水（介）质处理的。

6）未制定特种设备事故应急专项预案的。

特种设备使用单位有下列行为之一的，责令停止使用有关特种设备，处 3 万元以上 30 万元以下罚款：

1）使用未取得许可生产，未经检验或者检验不合格的特种设备或者国家明令淘汰、已经报废的特种设备的。

2）特种设备出现故障或者发生异常情况，未对其进行全面检查、消除事故隐患，继续使用的。

3）特种设备存在严重事故隐患，无改造、修理价值，或者达到安全技术规范规定的其他报废条件，未依法履行报废义务，并办理使用登记证书注销手续的。

特种设备生产、经营、使用单位有下列情形之一的，责令限期改正；逾期未改正的，责令停止使用有关特种设备或者停产停业整顿，处 1 万元以上 5 万元以下罚款：

1）未配备具有相应资格的特种设备安全管理人员、检测人员和作业人员的。

2）使用未取得相应资格的人员从事特种设备安全管理、检测和作业的。

3）未对特种设备安全管理人员、检测人员和作业人员进行安全教育和技能培训的。

特种设备生产、经营、使用单位或者检验、检测机构拒不接受负责特种设备安全监督管理的部门依法实施的监督检查的，责令限期改正；逾期未改正的，责令停产停业整顿，处 2 万元以上 20 万元以下罚款。

特种设备生产、经营、使用单位擅自动用、调换、转移、损毁被查封、扣押的特种设备或者其主要部件的，责令改正，处 5 万元以上 20 万元以下罚款；情节严重的，吊销生产许可证，注销特种设备使用登记证书。

8.3.6 起重机械和自升式架设设施的安全管理

1. 编制安装、拆卸方案和现场监督

在施工现场安装、拆卸施工起重机械和整体提升脚手架、模板等自升式架设设施，必须由具有相应资质的单位承担。安装、拆卸施工起重机械和整体提升脚手架、模板等自升式架设设施，应当编制拆装方案、指定安全施工措施，并由专业技术人员现场监督。

《建筑起重机械安全监督管理规定》规定，建筑起重机械使用单位和安装单位应当在签订的建筑起重机械安装、拆卸合同中明确双方的安全生产责任。实行施工总承包的，施工总承包单位应当与安装单位签订建筑起重机械安装、拆卸工程安全协议书。安装单位应当履行下列安全职责：

1）按照安全技术标准及建筑起重机械性能要求，编制建筑起重机械安装、拆卸工程专项施工方案，并由本单位技术负责人签字。

2）按照安全技术标准及安装使用说明书等检查建筑起重机械及现场施工条件。

3）组织安全施工技术交底并签字确认。

4）制定建筑起重机械安装、拆卸工程生产安全事故应急救援预案。

5）将建筑起重机械安装、拆卸工程专项施工方案，安装、拆卸人员名单，安装、拆卸时间等材料报施工总承包单位和监理单位审核后，告知工程所在地县级以上地方人民政府建设主管部门

2. 出具自检合格证明、进行安全使用说明、办理验收手续的责任

施工起重机械和整体提升脚手架、模板等自升式架设设施安装完毕后，安装单位应当自检，出具自检合格证明，并向施工单位进行安全使用说明，办理验收手续并签字。

施工起重机械和整体提升脚手架、模板等自升式架设设施的使用达到国家规定的检验检测期限的，必须经具有专业资质的检验检测机构检测。经检测不合格的，不得继续使用。检验检测机构对检测合格的施工起重机械和整体提升脚手架、模板等自升式架设设施，应当出具安全合格证明文件，并对检测结果负责。

《建筑起重机械安全监督管理规定》规定，建筑起重机械安装完毕后，安装单位应当按照安全技术标准及安装使用说明书的有关要求对建筑起重机械进行自检、调试和试运转。自检合格的，应当出具自检合格证明，并向使用单位进行安全使用说明。

建筑起重机械安装完毕后，使用单位应当组织出租、安装、监理等有关单位进行验收，或者委托具有相应资质的检验检测机构进行验收。建筑起重机械经验收合格后方可投入使用，未经验收或者验收不合格的不得使用。实行施工总承包的，由施工总承包单位组织验收。

3. 机械设备等单位违法行为应承担的法律责任

《建设工程安全生产管理条例》规定：为建设工程提供机械设备和配件的单位，未按照安全施工的要求配备齐全有效的保险、限位等安全设施和装置的，责令限期改正，处合同价款 1 倍以上 3 倍以下的罚款；造成损失的，依法承担赔偿责任。

出租单位出租未经安全性能检测或者经检测不合格的机械设备和施工机具及配件的，责令停业整顿，并处 5 万元以上 10 万元以下的罚款；造成损失的，依法承担赔偿责任。

施工起重机械和整体提升脚手架、模板等自升式架设设施安装、拆卸单位有下列行为之一的，责令限期改正，处 5 万元以上 10 万元以下的罚款；情节严重的，责令停业整顿，降低资质等级，直至吊销资质证书；造成损失的，依法承担赔偿责任：

1）未编制拆装方案、制定安全施工措施的。

2）未由专业技术人员现场监督的。

3）未出具自检合格证明或者出具虚假证明的。

4）未向施工单位进行安全使用说明，办理移交手续的。

施工起重机械和整体提升脚手架、模板等自升式架设设施安装、拆卸单位有以上规定的第1）项、第3）项行为，经有关部门或者单位职工提出后，对事故隐患仍不采取措施，因而发生重大伤亡事故或者造成其他严重后果，构成犯罪的，对直接责任人员，依照《刑法》有关规定追究刑事责任。

8.3.7 设备检验检测单位的安全责任

《建设工程安全生产管理条例》规定，检验检测机构对检测合格的施工起重机械和整体提升脚手架、模板等自升式架设设施，应当出具安全合格证明文件，并对检测结果负责。

1. 设备检验检测单位的职责

《安全生产法》规定，承担安全评价、认证、检测、检验的机构应当具备国家规定的资质条件，并对其做出的安全评价、认证、检测、检验的结果负责。《特种设备安全法》规定：特种设备的安装、改造、重大修理过程，应当经特种设备检验机构按照安全技术规范的要求进行监督检验，未经监督检验或者监督检验不合格的，不得出厂或者交付使用；特种设备检验、检测机构及其检验、检测人员应当客观、公正、及时地出具检验、检测报告，并对检验、检测结果和鉴定结论负责；特种设备检验、检测机构及其检验、检测人员在检验、检测中发现特种设备存在严重事故隐患时，应当及时告知相关单位，并立即向负责特种设备安全监督管理的部门报告。

特种设备生产、经营、使用单位应当按照安全技术规范的要求向特种设备检验、检测机构及其检验、检测人员提供特种设备相关资料和必要的检验、检测条件，并对资料的真实性负责。特种设备检验、检测机构及其检验、检测人员对检验、检测过程中知悉的商业秘密，负有保密义务。

特种设备检验、检测机构及其检验、检测人员不得从事有关特种设备的生产、经营活动，不得推荐或者监制、监销特种设备。特种设备检验机构及其检验人员利用检验工作故意刁难特种设备生产、经营、使用单位的，特种设备生产、经营、使用单位有权向负责特种设备安全监督管理的部门投诉，接到投诉的部门应当及时进行调查处理。

2. 设备检验检测单位违法行为应承担的法律责任

《安全生产法》规定：承担安全评价、认证、检测、检验工作的机构，出具虚假证明的，没收违法所得；违法所得在10万元以上的，并处违法所得2倍以上5倍以下的罚款；没有违法所得或者违法所得不足10万元的，单处或者并处10万元以上20万元以下的罚款；对其直接负责的主管人员和其他直接责任人员处2万元以上5万元以下的罚款；给他人造成损害的，与生产经营单位承担连带赔偿责任；构成犯罪的，依照《刑法》有关规定追究刑事责任。对有前款违法行为的机构，吊销其相应资质。

《特种设备安全法》规定，特种设备检验、检测机构及其检验、检测人员有下列行为之一的，责令改正，对机构处5万元以上20万元以下罚款，对直接负责的主管人员和其他直接责任人员处5000元以上5万元以下罚款；情节严重的，吊销机构资质和有关人员的资格：

1）未经核准或者超出核准范围、使用未取得相应资格的人员从事检验、检测的。

2）未按照安全技术规范的要求进行检验、检测的。

3）出具虚假的检验、检测结果和鉴定结论或者检验、检测结果和鉴定结论严重失实的。

4）发现特种设备存在严重事故隐患，未及时告知相关单位，并立即向负责特种设备安全监督管理的部门报告的。

5）泄露检验、检测过程中知悉的商业秘密的。

6）从事有关特种设备的生产、经营活动的。

7）推荐或者监制、监销特种设备的。

8）利用检验工作故意刁难相关单位的。

8.3.8　行政主管部门安全监督管理的相关规定

1. 建设工程安全生产的监督管理体制

《安全生产法》规定，国务院安全生产监督管理部门依照本法，对全国安全生产工作实施综合监督管理；县级以上地方各级人民政府安全生产监督管理部门依照本法，对本行政区域内安全生产工作实施综合监督管理。国务院有关部门依照本法和其他有关法律、行政法规的规定，在各自的职责范围内对有关行业、领域的安全生产工作实施监督管理；县级以上地方各级人民政府有关部门依照本法和其他有关法律、法规的规定，在各自的职责范围内对有关行业、领域的安全生产工作实施监督管理。

安全生产监督管理部门和对有关行业、领域的安全生产工作实施监督管理的部门，统称负有安全生产监督管理职责的部门。《建设工程安全生产管理条例》规定，国务院负责安全生产监督管理的部门依照《安全生产法》的规定，对全国安全生产工作实施综合监督管理。县级以上地方各级人民政府负责安全生产监督管理的部门，依照《安全生产法》的规定，对本行政区域内安全生产工作实施综合监督管理。

国务院建设行政主管部门对全国的建设工程安全生产实施监督管理。国务院铁路、交通、水利等有关部门按照国务院规定的职责分工，负责有关专业建设工程安全生产的监督管理。县级以上地方人民政府建设行政主管部门对本行政区域内的建设工程安全生产实施监督管理。县级以上地方人民政府交通、水利等有关部门在各自的职责范围内，负责本行政区域内的专业建设工程安全生产的监督管理。建设行政主管部门或者其他有关部门可以将施工现场的监督检查委托给建设工程安全监督机构具体实施。

2. 行政主管部门对安全生产事项的审查

《安全生产法》规定：

1）负有安全生产监督管理职责的部门依照有关法律、法规的规定，对涉及安全生产的事项需要审查批准（包括批准、核准、许可、注册、认证、颁发证照等，下同）或者验收的，必须严格依照有关法律、法规和国家标准或者行业标准规定的安全生产条件和程序进行审查；不符合有关法律、法规和国家标准或者行业标准规定的安全生产条件的，不得批准或者验收通过。对未依法取得批准或者验收合格的单位擅自从事有关活动的，负责行政审批的部门发现或者接到举报后应当立即予以取缔，并依法予以处理；对已经依法取得批准的单位，负责行政审批的部门发现其不再具备安全生产条件的，应当撤销原批准。

2）负有安全生产监督管理职责的部门对涉及安全生产的事项进行审查、验收，不得收取费用；不得要求接受审查、验收的单位购买其指定品牌或者指定生产、销售单位的安全设备、器材或者其他产品。

《建设工程安全生产管理条例》规定，建设行政主管部门在审核发放施工许可证时，应当对建设工程是否有安全施工措施进行审查，对没有安全施工措施的，不得颁发施工许可证；建设行政主管部门或者其他有关部门对建设工程是否有安全施工措施进行审查时，不得收取费用。

3. 行政主管部门安全生产行政执法工作的职权

《安全生产法》规定，安全生产监督管理部门和其他负有安全生产监督管理职责的部门依法开展安全生产行政执法工作，对生产经营单位执行有关安全生产的法律、法规和国家标准或者行业标准的情况进行监督检查，行使以下职权：

1）进入生产经营单位进行检查，调阅有关资料，向有关单位和人员了解情况。

2）对检查中发现的安全生产违法行为，当场予以纠正或者要求限期改正；对依法应当给予行政处罚的行为，依照本法和其他有关法律、行政法规的规定做出行政处罚决定。

3）对检查中发现的事故隐患，应当责令立即排除；重大事故隐患排除前或者排除过程中无法保证安全的，应当责令从危险区域内撤出作业人员，责令暂时停产停业或者停止使用相关设施、设备；重大事故隐患排除后，经审查同意，方可恢复生产经营和使用。

4）对有根据认为不符合保障安全生产的国家标准或者行业标准的设施、设备、器材以及违法生产、储存、使用、经营、运输的危险物品予以查封或者扣押，对违法生产、储存、使用、经营危险物品的作业场所予以查封，并依法做出处理决定。

监督检查不得影响被检查单位的正常生产经营活动。

生产经营单位对负有安全生产监督管理职责的部门的监督检查人员（以下统称安全生产监督检查人员）依法履行监督检查职责，应当予以配合，不得拒绝、阻挠。生产经营单位拒绝、阻碍负有安全生产监督管理职责的部门依法实施监督检查的，责令改正；拒不改正的，处2万元以上20万元以下的罚款；对其直接负责的主管人员和其他直接责任人员处1万元以上2万元以下的罚款；构成犯罪的，依照《刑法》有关规定追究刑事责任。

安全生产监督检查人员执行监督检查任务时，必须出示有效的监督执法证件；对涉及被检查单位的技术秘密和业务秘密，应当为其保密。负有安全生产监督管理职责的部门在监督检查中，应当互相配合，实行联合检查；确需分别进行检查的，应当互通情况，发现存在的安全问题应当由其他有关部门进行处理的，应当及时移送其他有关部门并形成记录备查，接受移送的部门应当及时进行处理。

负有安全生产监督管理职责的部门依法对存在重大事故隐患的生产经营单位做出停产停业、停止施工、停止使用相关设施或者设备的决定，生产经营单位应当依法执行，及时消除事故隐患。生产经营单位拒不执行，有发生生产安全事故的现实危险的，在保证安全的前提下，经本部门主要负责人批准，负有安全生产监督管理职责的部门可以采取通知有关单位停止供电、停止供应民用爆炸物品等措施，强制生产经营单位履行决定。通知应当采用书面形式，有关单位应当予以配合。负有安全生产监督管理职责的部门依照前款规定采取停止供电措施，除有危及生产安全的紧急情形外，应当提前24小时通知生产经营单位。生产经营单位依法履行行政决定、采取相应措施消除事故隐患的，负有安全生产监督管理职责的部门应当及时解除前款规定的措施。

《建设工程安全生产管理条例》规定，县级以上人民政府负有建设工程安全生产监督管理职责的部门在各自的职责范围内履行安全监督检查职责时，有权采取下列措施：

1）要求被检查单位提供有关建设工程安全生产的文件和资料。

2）进入被检查单位施工现场进行检查。

3）纠正施工中违反安全生产要求的行为。

4）对检查中发现的安全事故隐患，责令立即排除，重大安全事故隐患排除前或者排除过程中无法保证安全的，责令从危险区域内撤出作业人员或者暂时停止施工。

《特种设备安全法》还规定，负责特种设备安全监督管理的部门在依法履行监督检查职责时，可以行使下列职权：

1）进入现场进行检查，向特种设备生产、经营、使用单位和检验、检测机构的主要负责人和其他有关人员调查、了解有关情况。

2）根据举报或者取得的涉嫌违法证据，查阅、复制特种设备生产、经营、使用单位和检验、检测机构的有关合同、发票、账簿以及其他有关资料。

3）对有证据表明不符合安全技术规范要求或者存在严重事故隐患的特种设备实施查封、扣押。

4）对流入市场的达到报废条件或者已经报废的特种设备实施查封、扣押。

5）对违反本法规定的行为做出行政处罚决定。

负责特种设备安全监督管理的部门在依法履行职责过程中，发现违反《特种设备安全法》规定和安全技术规范要求的行为或者特种设备存在事故隐患时，应当以书面形式发出特种设备安全监察指令，责令有关单位及时采取措施予以改正或者消除事故隐患。紧急情况下要求有关单位采取紧急处置措施的，应当随后补发特种设备安全监察指令。

负责特种设备安全监督管理的部门在依法履行职责过程中，发现重大违法行为或者特种设备存在严重事故隐患时，应当责令有关单位立即停止违法行为、采取措施消除事故隐患，并及时向上级负责特种设备安全监督管理的部门报告。接到报告的负责特种设备安全监督管理的部门应当采取必要措施，及时予以处理。

负责特种设备安全监督管理的部门实施安全监督检查时，应当有 2 名以上特种设备安全监察人员参加，并出示有效的特种设备安全行政执法证件。负责特种设备安全监督管理的部门对特种设备生产、经营、使用单位和检验、检测机构实施监督检查，应当对每次监督检查的内容、发现的问题及处理情况做出记录，并由参加监督检查的特种设备安全监察人员和被检查单位的有关负责人签字后归档。被检查单位的有关负责人拒绝签字的，特种设备安全监察人员应当将情况记录在案。负责特种设备安全监督管理的部门及其工作人员不得推荐或者监制、监销特种设备，对履行职责过程中知悉的商业秘密负有保密义务。

4. 建立应急救援与安全生产的举报等制度的责任

《安全生产法》规定，县级以上地方各级人民政府应当组织有关部门制定本行政区域内特大生产安全事故应急救援预案，建立应急救援体系。

有关地方人民政府和负有安全生产监督管理职责的部门负责人接到重大生产安全事故报告后，应当立即赶到事故现场，组织事故抢救。

《安全生产法》规定：负有安全生产监督管理职责的部门应当建立举报制度，公开举报电话、信箱或者电子邮件地址，受理有关安全生产的举报；受理的举报事项经调查核实后，应当形成书面材料；需要落实整改措施的，报经有关负责人签字并督促落实。任何单位或者个人对事故隐患或者安全生产违法行为，均有权向负有安全生产监督管理职责的部门报告或者举报。

负有安全生产监督管理职责的部门应当建立安全生产违法行为信息库，如实记录生产经营单位的安全生产违法行为信息；对违法行为情节严重的生产经营单位，应当向社会公告，并通报行业主管部门、投资主管部门、国土资源主管部门、证券监督管理机构以及有关金融机构。国务院安全生产监督管理部门建立全国统一的生产安全事故应急救援信息系统，国务院有关部门建立健全相关行业、领域的生产安全事故应急救援信息系统。

《建设工程安全生产管理条例》规定，国家对严重危及施工安全的工艺、设备、材料实行淘汰制度。具体目录由国务院建设行政主管部门会同国务院其他有关部门制定并公布。县级以上人民政府建设行政主管部门和其他有关部门应当及时受理对建设工程生产安全事故及安全事故隐患的检举、控告和投诉。

8.4 生产安全事故的应急救援与调查处理

《中共中央国务院关于推进安全生产领域改革发展的意见》中指出：完善事故调查处理机制；坚持问责与整改并重，充分发挥事故查处对加强和改进安全生产工作的促进作用；建立事故调查分析技术支撑体系，所有事故调查报告要设立技术和管理问题专篇，详细分析原因并全文发布，做好解读，回应公众关切。

8.4.1 生产安全事故的等级划分

1. 事故等级划分的要素

事故等级的划分包括了人身、经济和社会三个要素，可以单独适用。

（1）人身要素

人身要素就是人员伤亡的数量。施工生产安全事故危害的最严重后果，就是造成人员的死亡和重伤。因此，人员伤亡数量被列为事故分级的第一要素。

（2）经济要素

经济要素就是直接经济损失的数额。施工生产安全事故不仅会造成人员伤亡，往往还会造成直接经济损失。因此，要保护国家、单位和人民群众的财产权，还应根据造成直接经济损失的多少来划分事故等级。

（3）社会要素

社会要素就是社会影响。在实践中，有些生产安全事故的伤亡人数、直接经济损失数额虽然达不到法定标准，但是造成了恶劣的社会影响、政治影响和国际影响，也应当列为特殊事故进行调查处理。《生产安全事故报告和调查处理条例》规定，没有造成人员伤亡，但是社会影响恶劣的事故，国务院或者有关地方人民政府认为需要调查处理的，依照该条例的有关规定执行。

《生产安全事故报告和调查处理条例》规定，国务院安全生产监督管理部门可以会同国务院有关部门，制定事故等级划分的补充性规定。由于不同行业和领域的事故各有特点，发生事故的原因和损失情况也差异较大，很难用同一标准来划分不同行业或者领域的事故等级，因此授权国务院安全生产监督管理部门可以会同国务院有关部门，针对某些特殊行业或者领域的实际情况来制定事故等级划分的补充性规定，是十分必要的。

2. 生产安全事故的等级划分标准

《安全生产法》规定，生产安全一般事故、较大事故、重大事故、特别重大事故的划分标准由国务院规定。2007 年 4 月国务院颁布的《生产安全事故报告和调查处理条例》规定，根据生产安全事故（以下简称事故）造成的人员伤亡或者直接经济损失，事故一般分为以下等级：

1）特别重大事故，是指造成 30 人以上死亡，或者 100 人以上重伤（包括急性工业中毒，下同），或者 1 亿元以上直接经济损失的事故。

2）重大事故，是指造成 10 人以上 30 人以下死亡，或者 50 人以上 100 人以下重伤，或者 5000 万元以上 1 亿元以下直接经济损失的事故。

3）较大事故，是指造成 3 人以上 10 人以下死亡，或者 10 人以上 50 人以下重伤，或者 1000 万元以上 5000 万元以下直接经济损失的事故。

4）一般事故，是指造成 3 人以下死亡，或者 10 人以下重伤，或者 1000 万元以下直接经济损失的事故。

所称的"以上"包括本数，所称的"以下"不包括本数。

3. 事故责任单位及主要负责人应承担的法律责任

依据《安全生产法》的规定，生产经营单位与从业人员订立协议，免除或者减轻其对从业人员因生产安全事故伤亡依法应承担的责任的，该协议无效；对生产经营单位的主要负责人、个人经营的投资人处 2 万元以上 10 万元以下的罚款。发生生产安全事故，对负有责任的生产经营单位除要求其依法承担相应的赔偿等责任外，由安全生产监督管理部门依照下列规定处以罚款：

1）发生一般事故的，处 20 万元以上 50 万元以下的罚款。

2）发生较大事故的，处 50 万元以上 100 万元以下的罚款。

3）发生重大事故的，处 100 万元以上 500 万元以下的罚款。

4）发生特别重大事故的，处 500 万元以上 1000 万元以下的罚款；情节特别严重的，处 1000 万元以上 2000 万元以下的罚款。

生产经营单位发生生产安全事故造成人员伤亡、他人财产损失的，应当依法承担赔偿责任；拒不承担或者其负责人逃匿的，由人民法院依法强制执行。生产安全事故的责任人未依法承担赔偿责任，经人民法院依法采取执行措施后，仍不能对受害人给予足额赔偿的，应当继续履行赔偿义务；受害人发现责任人有其他财产的，可以随时请求人民法院执行。

依据《生产安全事故报告和调查处理条例》的规定，事故发生单位主要负责人未依法履行安全生产管理职责，导致事故发生的，依照下列规定处以罚款；属于国家工作人员的，并依法给予处分；构成犯罪的，依法追究刑事责任：

1）发生一般事故的，处上一年年收入 30% 的罚款。

2）发生较大事故的，处上一年年收入 40% 的罚款。

3）发生重大事故的，处上一年年收入 60% 的罚款。

4）发生特别重大事故的，处上一年年收入 8 0 % 的罚款。

事故发生单位对事故发生负有责任的，由有关部门依法暂扣或者吊销其有关证照；对事故发生单位负有事故责任的有关人员，依法暂停或者撤销其与安全生产有关的执业资格、岗位证书；事故发生单位主要负责人受到刑事处罚或者撤职处分的，自刑罚执行完毕或者受处分之日起，5 年内不得担任任何生产经营单位的主要负责人。

《特种设备安全法》规定：①造成人身、财产损害的，依法承担民事责任。②应当承担民事赔偿责任和缴纳罚款、罚金，其财产不足以同时支付时，先承担民事赔偿责任。③构成违反治安管理行为的，依法给予治安管理处罚；构成犯罪的，依法追究刑事责任。④特种设备安全管理人员、检测人员和作业人员不履行岗位职责，违反操作规程和有关安全规章制度，造成事故的，吊销相关人员的资格。

8.4.2 安全事故应急救援预案

施工生产安全事故多具有突发性、群体性等特点，如果施工单位事先根据本单位和施工现场的实际情况，针对可能发生事故的类别、性质、特点和范围等，制定当事故发生时有关的组织、技术措施和其他应急措施，做好充分的应急救援准备工作，不但可以采用预防技术和管理手段，降低事故发生的可能性，而且一旦发生事故时，还可以在短时间内组织有效抢救，防止事故扩大，减少人员伤亡和财产损失。

《安全生产法》规定：生产经营单位应当制定本单位生产安全事故应急救援预案，与所在地县级以上地方人民政府组织制定的生产安全事故应急救援预案相衔接，并定期组织演练；建筑施工单位应当建立应急救援组织，生产经营规模较小的，可以不建立应急救援组织，但应当指定兼职的应急救援人员；建筑施工单位应当配备必要的应急救援器材、设备和物资，并进行经常性维护、保养，保证正常运转。《建设工程安全生产管理条例》规定，施工单位应当制定本单位生产安全事故应急救援预案，建立应急救援组织或者配备应急救援人员，配备必要的应急救援器材、设备，并定期组织演练。

1. 施工生产安全事故应急救援预案的编制

《安全生产法》规定：生产经营单位对重大危险源应当登记建档，进行定期检测、评估、监控，并制定应急预案，告知从业人员和相关人员在紧急情况下应当采取的应急措施；生产经营单位应当按照国家有关规定将本单位重大危险源及有关安全措施、应急措施报有关地方人民政府安全生产监督管理部门和有关部门备案。

《建设工程安全生产管理条例》规定，施工单位应当根据建设工程施工的特点、范围，对施工现场易发生重大事故的部位、环节进行监控，制定施工现场生产安全事故应急救援预案。2016 年 6 月国家安全生产监督管理总局经修改后发布的《生产安全事故应急预案管理办法》规定，生产经营单位应急预案分为综合应急预案、专项应急预案和现场处置方案。综合应急预案是指生产经营单位为应对各种生产安全事故而制定的综合性工作方案，是本单位应对生产安全事故的总体工作程序、措施和应急预案体系的总纲。专项应急预案是指生产经营单位为应对某一种或者多种类型生产安全事故，或者针对重要生产设施、重大危险源、重大活动防止生产安全事故而制定的专项性工作方案。现场处置方案是指生产经营单位根据不同生产安全事故类型，针对具体场所、装置或者设施所制定的应急处置措施。

综合应急预案应当规定应急组织机构及其职责、应急预案体系、事故风险描述、预警及信息报告、应急响应、保障措施、应急预案管理等内容；专项应急预案应当规定应急指挥机构与职责、处置程序和措施等内容；现场处置方案应当规定应急工作职责、应急处置措施和注意事项等内容。

应急预案的编制应当符合下列基本要求：

1）有关法律、法规、规章和标准的规定。

2）本地区、本部门、本单位的安全生产实际情况。

3）本地区、本部门、本单位的危险性分析情况。

4）应急组织和人员的职责分工明确，并有具体的落实措施。

5）有明确、具体的应急程序和处置措施，并与其应急能力相适应。

6）有明确的应急保障措施，满足本地区、本部门、本单位的应急工作需要。

7）应急预案基本要素齐全、完整，应急预案附件提供的信息准确。

8）应急预案内容与相关应急预案相互衔接。

生产经营单位应当在编制应急预案的基础上，针对工作场所、岗位的特点，编制简明、实用、有效的应急处置卡。应急处置卡应当规定重点岗位、人员的应急处置程序和措施，以及相关联络人员和联系方式，便于从业人员携带。

2018 年 12 月经修改后公布的《职业病防治法》规定，用人单位应当采取建立、健全职业病危害事故应急救援预案防治管理措施。《特种设备安全法》规定，特种设备使用单位应当制定特种设备事故应急专项预案，并定期进行应急演练。2002 年 5 月颁布的《使用有毒物品作业场所劳动保护条例》规定，从事使用高毒物品作业的用人单位，应当配备应急救援人员和必要的应急救援器材、设备，制定事故应急救援预案，并根据实际情况变化对应急救援预案适时进行修订，定期组织演练。

2. 施工生产安全事故应急救援预案的评审和备案

《生产安全事故应急预案管理办法》规定：建筑施工企业应当对本单位编制的应急预案进行评审，并形成书面评审纪要；参加应急预案评审的人员应当包括有关安全生产及应急管理方面的专家；评审人员与所评审应急预案的生产经营单位有利害关系的，应当回避。

生产经营单位应当在应急预案公布之日起 20 个工作日内，按照分级属地原则，向安全生产监督管理部门和有关部门进行告知性备案。中央企业总部（上市公司）的应急预案，报国务院主管的负有安全生产监督管理职责的部门备案，并抄送国家安全生产监督行政主管部门；其所属单位的应急预案报所在地的省、自治区、直辖市或者设区的市级人民政府主管的负有安全生产监督管理职责的部门备案，并抄送同级安全生产监督管理部门。生产经营单位申报应急预案备案，应当提交下列材料：

1）应急预案备案申报表。

2）应急预案评审或者论证意见。

3）应急预案文本及电子文档。

4）风险评估结果和应急资源调查清单。

对于实行安全生产许可的生产经营单位，已经进行应急预案备案的，在申请安全生产许可证时，可以不提供相应的应急预案，仅提供应急预案备案登记表。

3. 施工生产安全事故应急预案的实施

《国务院关于坚持科学发展安全发展促进安全生产形势持续稳定好转的意见》规定：定期开展应急预案演练，切实提高事故救援实战能力；企业生产现场带班人员、班组长和调度人员在遇到险情时，要按照预案规定，立即组织停产撤人。

《生产安全事故应急预案管理办法》规定，生产经营单位应当组织开展本单位的应急预案、应急知识、自救互救和避险逃生技能的培训活动，使有关人员了解应急预案内容，熟悉应急职责、应急处置程序和措施。应急培训的时间、地点、内容、师资、参加人员和考核结果等情况应当如实记入本单位的安全生产教育和培训档案。生产经营单位应当制订本单位的应急预案演练计划,根据本单位的事故风险特点,每年至少组织一次综合应急预案演练或者专项应急预案演练,每半年至少组织一次现场处置方案演练。应急预案演练结束后,应急预案演练组织单位应当对应急预案演练效果进行评估,撰写应急预案演练评估报告,分析存在的问题,并对应急预案提出修订意见。

生产经营单位应当按照应急预案的规定,落实应急指挥体系、应急救援队伍、应急物资及装备,建立应急物资、装备配备及其使用档案,并对应急物资、装备进行定期检测和维护,使其处于适用状态。生产经营单位发生事故时,应当第一时间启动应急响应,组织有关力量进行救援,并按照规定将事故信息及应急响应启动情况报告安全生产监督管理部门和其他负有安全生产监督管理职责的部门。生产安全事故应急处置和应急救援结束后,事故发生单位应当对应急预案实施情况进行总结评估。

4. 施工生产安全事故应急预案的修订

应急预案编制单位应当建立应急预案定期评估制度,对预案内容的针对性和实用性进行分析,并对应急预案是否需要修订做出结论。建筑施工企业应当每 3 年进行一次应急预案评估。有下列情形之一的,应急预案应当及时修订并归档:

1)依据的法律、法规、规章、标准及上位预案中的有关规定发生重大变化的。

2)应急指挥机构及其职责发生调整的。

3)面临的事故风险发生重大变化的。

4)重要应急资源发生重大变化的。

5)预案中的其他重要信息发生变化的。

6)在应急演练和事故应急救援中发现问题需要修订的。

7)编制单位认为应当修订的其他情况。

5. 事故应急救援预案违法行为的法律责任

《安全生产法》规定:生产经营单位未按照规定制定生产安全事故应急救援预案或者未定期组织演练的,责令限期改正,可以处 5 万元以下的罚款;逾期未改正的,责令停产停业整顿,并处 5 万元以上 10 万元以下的罚款,对其直接负责的主管人员和其他直接责任人员处 1 万元以上 2 万元以下的罚款。

《安全生产法》规定:生产经营单位有对重大危险源未登记建档,或者未进行评估、监控,或者未制定应急预案的以及未建立事故隐患排查治理制度的,责令限期改正,可以处 10 万元以下的罚款;逾期未改正的,责令停产停业整顿,并处 10 万元以上 20 万元以下的罚款,对其直接负责的主管人员和其他直接责任人员处 2 万元以上 5 万元以下的罚款;构成犯罪的,依照《刑法》有关规定追究刑事责任。

《特种设备安全法》规定:特种设备使用单位未制定特种设备事故应急专项预案的,责令限期改正;逾期未改正的,责令停止使用有关特种设备,处 1 万元以上 10 万元以下罚款。

《生产安全事故应急预案管理办法》规定,生产经营单位有下列情形之一的,由县级以上安全生产监督管理部门依照《安全生产法》第九十四条的规定,责令限期改正,可以处 5 万元以下罚款;逾期未改正的,责令停产停业整顿,并处 5 万元以上 10 万元以下罚款,对直接负责的主管人员和其他直接责任人员处 1 万元以上 2 万元以下的罚款:

1）未按照规定编制应急预案的。

2）未按照规定定期组织应急预案演练的。

生产经营单位有下列情形之一的，由县级以上安全生产监督管理部门责令限期改正，可以处 1 万元以上 3 万元以下罚款：

1）在应急预案编制前未按照规定开展风险评估和应急资源调查的。

2）未按照规定开展应急预案评审或者论证的。

3）未按照规定进行应急预案备案的。

4）事故风险可能影响周边单位、人员的，未将事故风险的性质、影响范围和应急防范措施告知周边单位和人员的。

5）未按照规定开展应急预案评估的。

6）未按照规定进行应急预案修订并重新备案的。

7）未落实应急预案规定的应急物资及装备的。

8.4.3 施工生产安全事故报告的规定

《建筑法》规定，施工中发生事故时，建筑施工企业应当采取紧急措施减少人员伤亡和事故损失，并按照国家有关规定及时向有关部门报告。《建设工程安全生产管理条例》规定：施工单位发生生产安全事故，应当按照国家有关伤亡事故报告和调查处理的规定，及时、如实地向负责安全生产监督管理的部门、住建行政主管部门或者其他有关部门报告；特种设备发生事故的，还应当同时向特种设备安全监督管理部门报告；实行施工总承包的建设工程，由总承包单位负责上报事故。

1. 施工生产安全事故报告的要求

《安全生产法》规定：生产经营单位发生生产安全事故后，事故现场有关人员应当立即报告本单位负责人；单位负责人接到事故报告后，应当迅速采取有效措施，组织抢救，防止事故扩大，减少人员伤亡和财产损失，并按照国家有关规定立即如实报告当地负有安全生产监督管理职责的部门，不得隐瞒不报、谎报或者迟报，不得故意破坏事故现场、毁灭有关证据。

依据《生产安全事故报告和调查处理条例》，事故发生后，事故现场有关人员应当立即向本单位负责人报告；单位负责人接到报告后，应当于 1 小时内向事故发生地县级以上人民政府安全生产监督管理部门和负有安全生产监督管理职责的有关部门报告。情况紧急时，事故现场有关人员可以直接向事故发生地县级以上人民政府安全生产监督管理部门和负有安全生产监督管理职责的有关部门报告。

所谓事故现场，是指事故具体发生地点及事故能够影响和波及的区域，以及该区域内的物品、痕迹等所处的状态。所谓有关人员，主要是指事故发生单位在事故现场的有关工作人员，可以是事故的负伤者，或者是在事故现场的其他工作人员。所谓立即报告，是指在事故发生后的第一时间用最快捷的报告方式进行报告。所谓单位负责人，可以是事故发生单位的主要负责人，也可以是事故发生单位主要负责人以外的其他分管安全生产工作的副职领导或其他负责人。在一般情况下，事故现场有关人员应当先向本单位负责人报告事故。但是，事故是人命关天的大事，在情况紧急时允许事故现场有关人员直接向安全生产监督管理部门和负有安全生产监督管理职责的有关部门报告。事故报告应当及时、准确、完整。任何单位和个人对事故不得迟报、漏报、谎报或者瞒报。

《生产安全事故报告和调查处理条例》规定，报告事故应当包括下列内容：

1）事故发生单位概况。

2）事故发生的时间、地点以及事故现场情况。

3）事故的简要经过。

4）事故已经造成或者可能造成的伤亡人数（包括下落不明的人数）和初步估计的直接经济损失。

5）已经采取的措施。

6）其他应当报告的情况。

事故发生单位概况应当包括单位的全称、所处地理位置、所有制形式和隶属关系、生产经营范围和规模、持有各类证照情况、单位负责人基本情况以及近期生产经营状况等，该部分内容应以全面、简洁为原则。报告事故发生的时间应当具体，报告事故发生的地点要准确，除事故发生的中心地点外，还应当报告事故所波及的区域；报告事故现场的情况应当全面，包括现场的总体情况、人员伤亡情况和设备设施的毁损情况，以及事故发生前后的现场情况，便于比较分析事故原因。对于人员伤亡情况的报告，应当遵守实事求是的原则，不做无根据的猜测，更不能隐瞒实际伤亡人数；对直接经济损失的初步估算主要是指事故所导致的建筑物毁损、生产设备设施和仪器仪表损坏等。已经采取的措施主要是指事故现场有关人员、事故单位负责人以及已经接到事故报告的安全生产管理部门等，为减少损失、防止事故扩大和便于事故调查所采取的应急救援和现场保护等具体措施。其他应当报告的情况则应根据实际情况而定。如发生较大以上事故，还应当报告事故所造成的社会影响、政府有关领导和部门现场指挥等有关情况。

《生产安全事故报告和调查处理条例》规定：事故报告后出现新情况的，应当及时补报；自事故发生之日起 30 日内，事故造成的伤亡人数发生变化的，应当及时补报；道路交通事故、火灾事故自发生之日起 7 日内，事故造成的伤亡人数发生变化的，应当及时补报。

2. 发生生产安全事故后事故单位应采取的应急措施

《安全生产法》规定，生产经营单位发生生产安全事故时，单位的主要负责人应当立即组织抢救，并不得在事故调查处理期间擅离职守。《建设工程安全生产管理条例》规定：发生生产安全事故后，施工单位应当采取措施防止事故扩大，保护事故现场；需要移动现场物品时，应当做出标记和书面记录，妥善保管有关证物。

（1）组织应急抢救工作

《生产安全事故报告和调查处理条例》规定，事故发生单位负责人接到事故报告后，应当立即启动事故相应应急预案，或者采取有效措施，组织抢救，防止事故扩大，减少人员伤亡和财产损失。发生事故后，施工单位应当在向地方政府及有关部门报告的同时，及时向可能受到影响的单位、职工、群众发出预警信息，标明危险区域，组织、协助应急救援队伍，救助受害人员，疏散、撤离、安置受到威胁的人员，并采取必要措施防止发生次生、衍生事故。

（2）妥善保护事故现场

《生产安全事故报告和调查处理条例》规定：事故发生后，有关单位和人员应当妥善保护事故现场以及相关证据，任何单位和个人不得破坏事故现场、毁灭相关证据；因抢救人员、防止事故扩大以及疏通交通等原因，需要移动事故现场物件的，应当做出标志，绘制现场简图并做出书面记录，妥善保存现场重要痕迹、物证。

事故现场是追溯判断发生事故原因和事故责任人责任的客观物质基础。从事故发生到事故调查组赶赴现场，往往需要一段时间，而在这段时间里，许多外界因素，如对伤员救护、险情控制、周围群众围观等都会给事故现场造成不同程度的破坏，甚至还有故意破坏事故现场的情况。如果事故现场保护不好，一些与事故有关的证据难于找到，将直接影响到事故现场的勘查，不便于查明事故原因，从而影响事故调查处理的进度和质量。

保护事故现场，就是要根据事故现场的具体情况和周围环境，划定保护区范围，布置警戒，必要时将事故现场封锁起来，维持现场的原始状态，既不要减少任何痕迹、物品，也不能增加任何痕迹、物品。即使是保护现场的人员，也不要无故进入，更不能擅自进行勘察，或者随意触摸、移动事故现场的任何物品。任何单位和个人都不得破坏事故现场，毁灭相关证据。确因特殊情况需要移动事故现场物件的，须同时满足以下条件。

1）抢救人员、防止事故扩大以及疏通交通的需要。

2）经事故单位负责人或者组织事故调查的安全生产监督管理部门和负有安全生产监督管理职责的有关部门同意。

3）做出标志，绘制现场简图，拍摄现场照片，对被移动物件贴上标签，并做出书面记录。

4）尽量使现场少受破坏。

3. 事故报告及应承担的法律责任

依据《安全生产法》的规定，生产经营单位的主要负责人在本单位发生生产安全事故时，不立即组织抢救或者在事故调查处理期间擅离职守或者逃匿的，给予降级、撤职的处分，并由安全生产监督管理部门处上一年年收入 60%~100% 的罚款；对逃匿的处 15 日以下拘留；构成犯罪的，依照《刑法》有关规定追究刑事责任。生产经营单位的主要负责人对生产安全事故隐瞒不报、谎报或者迟报的，依照前款规定处罚。

依据《生产安全事故报告和调查处理条例》的规定，事故发生单位及其有关人员有下列行为之一的，对事故发生单位处 100 万元以上 500 万元以下的罚款；对主要负责人、直接负责的主管人员和其他直接责任人员处上一年年收入 60%~100% 的罚款；属于国家工作人员的，并依法给予处分；构成违反治安管理行为的，由公安机关依法给予治安管理处罚；构成犯罪的，依法追究刑事责任：

1）谎报或者瞒报事故的。

2）伪造或者故意破坏事故现场的。

3）转移、隐匿资金、财产，或者销毁有关证据、资料的。

4）拒绝接受调查或者拒绝提供有关情况和资料的。

5）在事故调查中做伪证或者指使他人做伪证的。

6）事故发生后逃匿的。

《特种设备安全法》规定，发生特种设备事故，有下列情形之一的，对单位处 5 万元以上 20 万元以下罚款；对主要负责人处 1 万元以上 5 万元以下罚款；主要负责人属于国家工作人员的，并依法给予处分：

1）发生特种设备事故时，不立即组织抢救或者在事故调查处理期间擅离职守或者逃匿的。

2）对特种设备事故迟报、谎报或者瞒报的。

《职业病防治法》规定：用人单位违反该法规定，发生或者可能发生急性职业病危害事故时，未立即采取应急救援和控制措施或者未按照规定及时报告的，由安全生产监督管理部门给予警告，责令限期改正，逾期不改正的，处 5 万元以上 20 万元以下的罚款；情节严重的，责令停止产生职业病危害的作业，或者提请有关人民政府按照国务院规定的权限责令关闭。

《刑法》第一百三十九条第二款规定：在安全事故发生后，负有报告职责的人员不报或者谎报事故情况，贻误事故抢救，情节严重的，处 3 年以下有期徒刑或者拘役；情节特别严重的，处 3 年以上 7 年以下有期徒刑。

《最高人民法院、最高人民检察院关于办理危害生产安全刑事案件适用法律若干问题的解释》中规定，《刑法》第一百三十九条规定的"负有报告职责的人员"，是指负有组织、指挥或者管理职责的负责人、管理人员、实际控制人、投资人，以及其他负有报告职责的人员；在安全事故发生后，负有报告职责的人员不报或者谎报事故情况，贻误事故抢救，具有下列情形之一的，应当认定为《刑法》第一百三十九条规定的"情节严重"：

① 导致事故后果扩大，增加死亡 1 人以上，或者增加重伤 3 人以上，或者增加直接经济损失 100 万元以上的。

② 实施下列行为之一，致使不能及时有效开展事故抢救的：

A. 决定不报、迟报、谎报事故情况或者指使、串通有关人员不报、迟报、谎报事故情况的；B. 在事故抢救期间擅离职守或者逃匿的；C. 伪造、破坏事故现场，或者转移、藏匿、毁灭遇难人员尸体，或者转移、藏匿受伤人员的；D. 毁灭、伪造、隐匿与事故有关的图纸、记录、计算机数据等资料以及其他证据的。

③ 其他情节严重的情形。

3）具有下列情形之一的，应当认定为《刑法》第一百三十九条规定的"情节特别严重"：

① 导致事故后果扩大，增加死亡 3 人以上，或者增加重伤 10 人以上，或者增加直接经济损失 500 万元以上的。

② 采用暴力、胁迫、命令等方式阻止他人报告事故情况，导致事故后果扩大的。

③ 其他情节特别严重的情形。

4）在安全事故发生后，与负有报告职责的人员串通，不报或者谎报事故情况，贻误事故抢救，情节严重的，依照《刑法》第一百三十九条的规定，以共犯论处。在安全事故发生后，直接负责的主管人员和其他直接责任人员故意阻挠开展抢救，导致人员死亡或者重伤，或者为了逃避法律追究，对被害人进行隐藏、遗弃，致使被害人因无法得到救助而死亡或者重度残疾的，分别依照《刑法》第二百三十二条、第二百三十四条的规定，以故意杀人罪或者故意伤害罪定罪处罚。

5）实施《刑法》第一百三十二条、第一百三十四条至第一百三十九条规定的犯罪行为，在安全事故发生后积极组织、参与事故抢救，或者积极配合调查、主动赔偿损失的，可以酌情从轻处罚。

8.4.4 施工生产安全事故的调查与处理

《安全生产法》规定：事故调查处理应当按照科学严谨、依法依规、实事求是、注重实效的原则，及时、准确地查清事故原因，查明事故性质和责任，总结事故教训，提出整改措施，并对事故责任者提出处理意见；事故调查报告应当依法及时向社会公布。

1. 事故调查的管辖

《生产安全事故报告和调查处理条例》规定：特别重大事故由国务院或者国务院授权有关部门组织事故调查组进行调查；重大事故、较大事故、一般事故分别由事故发生地省级人民政府、设区的市级人民政府、县级人民政府负责调查；省级人民政府、设区的市级人民政府、县级人民政府可以直接组织事故调查组进行调查，也可以授权或者委托有关部门组织事故调查组进行调查；未造成人员伤亡的一般事故，县级人民政府也可以委托事故发生单位组织事故调查组进行调查；上级人民政府认为必要时，可以调查由下级人民政府负责调查的事故。

自事故发生之日起30日内（道路交通事故、火灾事故自发生之日起7日内），因事故伤亡人数变化导致事故等级发生变化，依照《生产安全事故报告和调查处理条例》规定应当由上级人民政府负责调查的，上级人民政府可以另行组织事故调查组进行调查。特别重大事故以下等级事故，事故发生地与事故发生单位不在同一个县级以上行政区域的，由事故发生地人民政府负责调查，事故发生单位所在地人民政府应当派人参加。

2. 事故调查组的组成与职责

《生产安全事故报告和调查处理条例》规定：事故调查组的组成应当遵循精简、效能的原则；根据事故的具体情况，事故调查组由有关人民政府、安全生产监督管理部门、负有安全生产监督管理职责的有关部门、监察机关、公安机关以及工会派人组成，并应当邀请人民检察院派人参加；事故调查组可以聘请有关专家参与调查。

事故调查组成员应当具有事故调查所需要的知识和专长，并与所调查的事故没有直接利害关系。事故调查组组长由负责事故调查的人民政府指定。事故调查组组长主持事故调查组的工作。

事故调查组履行下列职责：

1）查明事故发生的经过、原因、人员伤亡情况及直接经济损失。

2）认定事故的性质和事故责任。

3）提出对事故责任者的处理建议。

4）总结事故教训，提出防范和整改措施。

5）提交事故调查报告。

事故调查组有权向有关单位和个人了解与事故有关的情况，并要求其提供相关文件、资料，有关单位和个人不得拒绝。事故发生单位的负责人和有关人员在事故调查期间不得擅离职守，并应当随时接受事故调查组的询问，如实提供有关情况。事故调查中发现涉嫌犯罪的，事故调查组应当及时将有关材料或者其复印件移交司法机关处理。事故调查中需要进行技术鉴定的，事故调查组应当委托具有国家规定资质的单位进行技术鉴定。必要时，事故调查组可以直接组织专家进行技术鉴定。技术鉴定所需时间不计入事故调查期限。

事故调查组成员在事故调查工作中应当诚信公正、恪尽职守，遵守事故调查组的纪律，保守事故调查的秘密。未经事故调查组组长允许，事故调查组成员不得擅自发布有关事故的信息。

3. 事故调查报告的期限与内容

事故调查组应当自事故发生之日起 60 日内提交事故调查报告；特殊情况下，经负责事故调查的人民政府批准，提交事故调查报告的期限可以适当延长，但延长的期限最长不超过 60 日。事故调查报告应当包括下列内容：

1）事故发生单位概况。

2）事故发生经过和事故救援情况。

3）事故造成的人员伤亡和直接经济损失。

4）事故发生的原因和事故性质。

5）事故责任的认定以及对事故责任者的处理建议。

6）事故防范和整改措施。事故调查报告应当附具有关证据材料。事故调查组成员应当在事故调查报告上签名。

4. 施工生产安全事故的处理

（1）事故处理时限和落实批复

《生产安全事故报告和调查处理条例》规定：重大事故、较大事故、一般事故，负责事故调查的人民政府应当自收到事故调查报告之日起 15 日内做出批复；特别重大事故，30 日内做出批复，特殊情况下，批复时间可以适当延长，但延长的时间最长不超过 30 日。

有关机关应当按照人民政府的批复，依照法律、行政法规规定的权限和程序，对事故发生单位和有关人员进行行政处罚，对负有事故责任的国家工作人员进行处分。事故发生单位应当按照负责事故调查的人民政府的批复，对本单位负有事故责任的人员进行处理。负有事故责任的人员涉嫌犯罪的，依法追究刑事责任。

（2）事故发生单位的防范和整改措施

事故发生单位应当认真吸取事故教训，落实防范和整改措施，防止事故再次发生。防范和整改措施的落实情况应当接受工会和职工的监督。安全生产监督管理部门和负有安全生产监督管理职责的有关部门应当对事故发生单位落实防范和整改措施的情况进行监督检查。

（3）处理结果的公布

事故处理的情况由负责事故调查的人民政府或者其授权的有关部门、机构向社会公布，依法应当保密的除外。

5. 事故调查违法行为应承担的法律责任

《生产安全事故报告和调查处理条例》的规定，参与事故调查的人员在事故调查中有下列行为之一的，依法给予处分；构成犯罪的，依法追究刑事责任：

1）对事故调查工作不负责任，致使事故调查工作有重大疏漏的。

2）包庇、袒护负有事故责任的人员或者借机打击报复的。

8.5 | 安全生产许可证制度

《安全生产法》规定，安全生产工作应当以人为本，坚持安全发展，坚持安全第一、预防为主、综合治理的方针，强化和落实生产经营单位的主体责任，建立生产经营单位负责、职工参与、政府监管、行业自律和社会监督的机制。

8.5.1 领取安全生产许可证的条件

2014 年 7 月经修改后发布的《安全生产许可证条例》规定：国家对矿山企业、建筑施工企业和危险化学品、烟花爆竹、民用爆炸物品生产企业（以下统称企业）实行安全生产许可制度；企业未取得安全生产许可证的，不得从事生产活动；省、自治区、直辖市人民政府建设主管部门负责建筑施工企业安全生产许可证的颁发和管理，并接受国务院建设主管部门的指导和监督。

2015 年 1 月住房和城乡建设部发布经修改后的《建筑施工企业安全生产许可证管理规定》中规定，该规定所称建筑施工企业，是指从事土木工程、建筑工程、线路管道和设备安装工程及装修工程的新建、扩建、改建和拆除等有关活动的企业。2016 年 12 月《中共中央国务院关于推进安全生产领域改革发展的意见》中指出，贯彻以人民为中心的发展思想，始终把人的生命安全放在首位，正确处理安全与发展的关系，大力实施安全发展战略，为经济社会发展提供强有力的安全保障。

《安全生产许可证条例》规定，企业取得安全生产许可证，应当具备 13 项安全生产条件：

1）建立、健全安全生产责任制，制定完备的安全生产规章制度和操作规程。

2）安全投入符合安全生产要求。

3）设置安全生产管理机构，配备专职安全生产管理人员。

4）主要负责人和安全生产管理人员经考核合格。

5）特种作业人员经有关业务主管部门考核合格，取得特种作业操作资格证书。

6）从业人员经安全生产教育和培训合格。

7）依法参加工伤保险，为从业人员缴纳保险费。

8）厂房、作业场所和安全设施、设备、工艺符合有关安全生产法律、法规、标准和规程的要求。

9）有职业危害防治措施，并为从业人员配备符合国家标准或者行业标准的劳动防护用品。

10）依法进行安全评价。

11）有重大危险源检测、评估、监控措施和应急预案。

12）有生产安全事故应急救援预案、应急救援组织或者应急救援人员，配备必要的应急救援器材、设备。

13）法律、法规规定的其他条件。

依据《建筑施工企业安全生产许可证管理规定》，建筑施工企业取得安全生产许可证，应当具备 12 项安全生产条件：

1）建立、健全安全生产责任制，制定完备的安全生产规章制度和操作规程。

2）保证本单位安全生产条件所需资金的投入。

3）设置安全生产管理机构，按照国家有关规定配备专职安全生产管理人员。

4）主要负责人、项目负责人、专职安全生产管理人员经建设主管部门或者其他有关部门考核合格。

5）特种作业人员经有关业务主管部门考核合格，取得特种作业操作资格证书。

6）管理人员和作业人员每年至少进行一次安全生产教育培训并考核合格。

7）依法参加工伤保险，依法为施工现场从事危险作业的人员办理意外伤害保险，为从业人员交纳保险费。

8）施工现场的办公、生活区及作业场所和安全防护用具、机械设备、施工机具及配件符合有关安全生产法律、法规、标准和规程的要求。

9）有职业危害防治措施，并为作业人员配备符合国家标准或者行业标准的安全防护用具和安全防护服装。

10）有对危险性较大的分部分项工程及施工现场易发生重大事故的部位、环节的预防、监控措施和应急预案。

11）有生产安全事故应急救援预案、应急救援组织或者应急救援人员，配备必要的应急救援器材、设备。

12）法律、法规规定的其他条件。

8.5.2　安全生产许可证的管理

1. 安全生产许可证的申请

依据《安全生产许可证条例》的规定，省、自治区、直辖市人民政府建设主管部门负责建筑施工企业安全生产许可证的颁发和管理，并接受国务院建设主管部门的指导和监督。

《建筑施工企业安全生产许可证管理规定》明确规定，建筑施工企业从事建筑施工活动前，应当依照该规定向企业注册所在地省、自治区、直辖市人民政府住房城乡建设主管部门申请领取安全生产许可证。建筑施工企业申请安全生产许可证时，应当向住房城乡建设主管部门提供下列材料：

1）建筑施工企业安全生产许可证申请表。

2）企业法人营业执照。

3）与申请安全生产许可证应当具备的安全生产条件相关的文件、材料。

建筑施工企业申请安全生产许可证，应当对申请材料实质内容的真实性负责，不得隐瞒有关情况或者提供虚假材料。

2. 安全生产许可证的有效期

安全生产许可证的有效期为3年。安全生产许可证有效期满需要延期的，企业应当于期满前3个月向原安全生产许可证颁发管理机关办理延期手续。企业在安全生产许可证有效期内，严格遵守有关安全生产的法律法规，未发生死亡事故的，安全生产许可证有效期届满时，经原安全生产许可证颁发管理机关同意，不再审查，安全生产许可证有效期延期3年。

建筑施工企业变更名称、地址、法定代表人等，应当在变更后10日内，到原安全生产许可证颁发管理机关办理安全生产许可证变更手续。建筑施工企业破产、倒闭、撤销的，应当将安全生产许可证交回原安全生产许可证颁发管理机关予以注销。建筑施工企业遗失安全生产许可证，应当立即向原安全生产许可证颁发管理机关报告，并在公众媒体上声明作废后，方可申请补办。

3. 安全生产许可证的变更与注销

建筑施工企业变更名称、地址、法定代表人等，应当在变更后10日内，到原安全生产许可证颁发管理机关办理安全生产许可证变更手续。

建筑施工企业破产、倒闭、撤销的，应当将安全生产许可证交回原安全生产许可证颁发管理机关予以注销。

建筑施工企业遗失安全生产许可证，应当立即向原安全生产许可证颁发管理机关报告，并在公众媒体上声明作废后，方可申请补办。

4. 安全生产许可证的监督管理

根据《安全生产许可证条例》和《建筑施工企业安全生产许可证管理规定》，建筑施工企业应当遵守如下强制性规定：

1）未取得安全生产许可证的，不得从事建筑施工活动。建设主管部门在审核发放施工许可证时，应当对已经确定的建筑施工企业是否有安全生产许可证进行审查，对没有取得安全生产许可证的，不得颁发施工许可证。

2）企业不得转让、冒用安全生产许可证或者使用伪造的安全生产许可证。

3）企业取得安全生产许可证后，不得降低安全生产条件，并应当加强日常安全生产管理，接受安全生产许可证颁发管理机关的监督检查。

5. 法律责任

（1）未取得安全生产许可证擅自生产的法律责任

未取得安全生产许可证擅自进行生产的，责令停止生产，没收违法所得，并处 10 万元以上 50 万元以下的罚款；造成重大事故或者其他严重后果，构成犯罪的，依法追究刑事责任。

（2）期满未办理延期手续，继续进行生产的法律责任

安全生产许可证有效期满未办理延期手续，继续进行生产的，责令停止生产，限期补办延期手续，没收违法所得，并处 5 万元以上 10 万元以下的罚款；逾期仍不办理延期手续，继续进行生产的，依照《安全生产许可证条例》第十九条的规定处罚。

（3）转让安全生产许可证的法律责任

转让安全生产许可证的，没收违法所得，处 10 万元以上 50 万元以下的罚款，并吊销其安全生产许可证；构成犯罪的，依法追究刑事责任；接受转让的，依照《安全生产许可证条例》第十九条的规定处罚。

（4）冒用或伪造安全生产许可证的法律责任

冒用安全生产许可证或者使用伪造的安全生产许可证进行生产的，责令停止生产，没收违法所得，并处 10 万元以上 50 万元以下的罚款；造成重大事故或者其他严重后果，构成犯罪的，依法追究刑事责任。

8.6 案例分析

8.6.1　案例 1

1. 案情

上海胶州路某教师公寓楼是静安区政府的节能综合整治项目。静安区建交委 2010 年 9 月通过招标投标，确定工程总包方为上海市静安区建设总公司，分包方为上海佳艺建筑装饰

工程公司（以下简称佳艺公司）。2010年11月，静安区建交委选择上海市静安建设工程监理有限公司（以下简称静安监理公司）承担项目监理工作，上海静安置业设计有限公司承担项目设计工作。2010年11月15日14时14分，4名无证电焊工在10层电梯前室北窗外进行电焊作业，由于未采取保护措施，电焊作业溅落的金属熔融物引燃下方9层位置脚手架防护平台上堆积的聚氨酯泡沫保温材料碎块，迅速燃烧形成密集火灾。由于现场未设消防措施，4人未能将初起火灾扑灭，并逃离现场。楼体9层附近表面覆盖的尼龙防护网被引燃后，由于尼龙防护网是全楼相连的，火势便由此以9层为中心蔓延，尼龙防护网的燃烧引燃了脚手架上的毛竹片，同时引燃了各层室内的窗帘、家具、煤气管道的残余气体等易燃物质，造成火势的急速扩大，并于15时45分达到最大。消防队到达进行救援后，火势于16时40分开始减弱，火灾重点部位主要转移到了5层以下。中高层可燃物减少，火势急速减弱，于18时30分被基本扑灭。随后消防员进入楼内扑灭残火和抢救人员。

经分析，起火原因是电焊工违规实施作业，在短时间内形成密集火灾。这起事故还暴露五个方面的问题：电焊工无特种作业人员资格证进行作业，严重违反操作规程，引发火灾后逃离现场；装修工程违法违规，层层多次分包，导致安全责任不落实；施工作业现场管理混乱，安全措施不落实，存在明显的抢工期、抢进度、突击施工的行为；事故现场违规使用大量尼龙网、聚氨酯泡沫等易燃材料，导致大火迅速蔓延；有关部门安全监管不力，致使项目多次分包、多家作业和无证电焊工上岗，对停产后复工的项目安全管理不到位。

2. 案例评析

这次事故完全是由违法违规生产建设行为而导致的。其涉及违法违规的问题主要有以下六点：

1）工程总包方静安区建设总公司并不是通过正规招投投标方式获得该工程，根据规定，政府大型工程建设必须经过招投投标流程，并且进行公示。在静安建交委网站"政府信息公开"栏查询"中标项目"，并未发现静安区建设总公司的中标记录，这意味着，工程并未经过招标投标阶段。

2）此工程为2010年9月23日进驻施工的，查询建交委网站施工许可证的发放信息，并未发现有静安区建设总公司或佳艺公司关于该工程的施工许可证。

3）静安区建设总公司凭借国有企业的背景未通过投标招标直接拿下该工程，并在随后的工程里发生多项违规。在失事工程中，工程总承包单位是静安区建设总公司，分包商是自己的全资子公司佳艺公司，而监理单位又是跟自己有直接利害关系的静安监理公司，这明显不符合《建设工程质量管理条例》的规定。

4）总承包人违反法律禁止性规定将工程分包给不具有相应安全资质的佳艺公司。施工分包分为合法分包和违法分包，违法分包包括四种情形：①总包方将建设工程分包给不具有相应资质的单位；②建设工程总包合同中未约定，又未经发包方同意的分包；③总包方将工程主体结构的施工发包给其他单位施工的；④分包单位将其承包的工程再分包的。此工程中总承包方的行为确实是违反了我国《建筑法》第二十九条规定，即："建筑工程总承包单位可以将承包工程中的部分工程发包给具有相应资质条件的分包单位；但是，除总承包合同中约定的分包外，必须经建设单位认可。施工总承包的，建筑工程主体结构的施工必须由总承包单位自行完成。建筑工程总承包单位按照总承包合同的约定对建设单位负责；分包单位按照分包合同的约定对总承包单位负责。总承包单位和分包单位就分包工程对建设单位承担连带责任。禁止总承包单位将工程分包给不具备相应资质条件的单位。禁止分包单位将其承包的工程再分包。"

5）在实际施工中，监理公司要代表发包人进行监督管理施工，但实际上该工程的监理公司并未在施工现场设立项目管理机构和派驻相应人员。

6）总承包人静安区建设总公司将工程分包给佳艺公司，如果未在现场设立项目管理机构，则视为转包，转包其法律所禁止的。根据《建设工程质量管理条例》相关规定，所谓转包，是指工程施工合同的总承包人不履行合同约定的义务，不履行施工、管理、技术指导等经济技术责任，将其承包的工程建设任务转让给第三人的行为。转包主要有两种形式：①承包人将全部工程转包；②承包人将全部工程肢解以后以分包的名义转包，即所谓的以包代管。分包工程发包人将工程分包后，未在施工现场设立项目管理机构和派驻相应人员，并未对该工程的施工活动进行组织管理的，视同转包行为。

以上六点严重的违法违规行为导致了这场悲剧的发生。

8.6.2　案例2

1. 案情

2017年1月8日，张某经人介绍到某喷药机械工厂工作，双方口头约定每月工资400元，厂方未与其签订劳动合同，也未对其进行上岗前的培训。5月18日，由于人员不足，厂方让张某一人顶两人的岗位进行作业，张某未严格按照规程操作，致使其右手5个手指被机器全部轧断。后送医院抢救并住院50多天，共花费医疗费12030.49元，其中，厂方支付了9185元。张某出院后经法医鉴定为伤残等级六级。张某要求厂方按规定支付工伤保险费50870.5元，厂方称因张某违章操作导致事故，因此不予支付。为此，张某向当地劳动争议仲裁委员会（以下简称"仲裁委员会"）申请仲裁。仲裁委员会经调查认为申诉人所诉事实属实，且对厂方调解无效，裁决被诉人某喷药机械工厂支付申诉人医疗费、误工费、护理费、交通费、伤残补助费49090元。被诉人不服，诉至县人民法院。县人民法院判决：被诉人对申诉人的伤残承担主要责任（80%），申诉人对事故发生也承担一定责任（20%），因此，被诉人支付申诉人49090元的80%。

2. 案例评析

《安全生产法》规定了从业人员的权利。从业人员因生产安全事故受到伤害时，除依法享有工伤保险外，依照有关民事法律尚有获得赔偿权利的，有权向本单位提出赔偿要求，我国境内各类企业、有雇工的个体工商户均应为本单位全部职工缴纳工伤保险费，生产经营单位与从业人员订立的劳动合同，应当载明依法为从业人员办理工伤保险的事项。用人单位实行承包经营的，工伤保险责任由职工劳动关系所在单位承担。

县人民法院的判决不正确。《工伤保险条例》是为了保障因工作遭受事故伤害、患职业病的职工获得医疗救治和经济补偿而制定的。是否能够享受工伤保险待遇，只取决于是否应当认定为工伤，而与伤害责任无关。即只要依法认定张某为工伤，被诉人（厂方）就应全额支付工伤保险费，张某本人无须承担。

第 **9** 章

建设工程质量法律制度

9.1 建设工程质量概述

9.1.1 建设工程质量的概念及特点

1. 建设工程质量的概念

建设工程质量有广义和狭义之分。狭义上的建设工程质量是指在国家现行的有关法律、法规、技术规范、设计文件和合同中，对工程的安全、适用、经济、美观等特性的综合要求。广义的工程质量不仅包括工程的实体质量，还包括形成实体质量的工作质量。工作质量是指参与工程的建设者，为了保证工程实体质量所从事工作的水平和完善程度，包括：社会工作质量，如社会调查、市场预测、质量回访和保修服务等；生产过程工作质量，如管理工作质量、技术工作质量和后勤工作质量等。工作质量直接决定了实体质量，工程实体质量的好坏是决策、计划、勘察、设计、施工等单位各方面、各环节工作质量的综合反映。

建设工程质量的优劣，直接关系到国民经济的发展和人民生命财产的安全。为此，《建筑法》第五章对建设工程质量做了全面具体的规范。针对我国建设工程存在的质量问题，国务院根据《建筑法》于 2000 年 1 月颁发了《建设工程质量管理条例》。该条例与《建筑法》相配套，对加强建设工程质量管理、保证建设工程质量、保护人民生命财产安全以及规范建设市场，都有十分重要的意义。

影响建设工程质量的因素很多，如决策、设计、材料、机械、地形、地质、水文、气象、施工工艺、操作方法、技术措施、人员素质、管理制度等。在工程建设全过程中，控制好这些影响工程质量的因素，是保证建设工程质量的关键。

2. 工程质量的特点

与一般的产品质量相比较，工程质量具有如下一些特点：

（1）影响因素多，质量变动大

决策、设计、材料、机械、环境、施工工艺、管理制度以及参建人员素质等均直接或间接地影响工程质量。工程项目建设不像一般工业产品的生产那样，有固定的生产流水线，有规范化的生产工艺和完善的检测技术，有成套的生产设备和稳定的生产环境。工程质量波动较大，这是与受影响因素多的特点相一致的。

（2）隐蔽性强，终检局限大

工程项目在施工过程中，由于工序交接多，若不及时检查发现其存在的质量问题，事后尽管表面上质量很好，但这时可能混凝土已经失去了强度，钢筋已经被锈蚀得完全失去了作用等诸如此类的工程质量问题在终检时是很难通过肉眼判断出来的，有时即使用上检测工具，也不一定能发现问题。

（3）对社会环境影响大

与工程规划、设计、施工质量的好坏有密切联系的不仅仅是使用者，而是整个社会。工程质量不仅直接影响人民群众的生产生活，而且还影响着社会可持续发展的环境，特别是有关绿化、"三废"和噪声等方面的问题。

9.1.2 建设工程标准化制度

工程建设标准是指为在工程建设领域内获得最佳秩序，对建设工程的勘察、设计、施工、安装、验收、运营维护及管理等活动和结果需要协调统一的事项所制定的共同的、重复使用的技术依据和准则。

《中华人民共和国标准化法》（以下简称《标准化法》）规定，本法所称标准（含标准样品），是指农业、工业、服务业以及社会事业等领域需要统一的技术要求。

《标准化法》规定：标准包括国家标准、行业标准、地方标准、团体标准和企业标准；国家标准分为强制性标准、推荐性标准，行业标准、地方标准是推荐性标准；强制性标准必须执行；国家鼓励采用推荐性标准；法律、行政法规和国务院决定对强制性标准的制定另有规定的，从其规定。

1. 工程建设国家标准

工程建设国家标准分为强制性标准和推荐性标准。

《标准化法》规定：对保障人身健康和生命财产安全、国家安全、生态环境安全以及满足经济社会管理基本需要的技术要求，应当制定强制性国家标准；对满足基础通用、与强制性国家标准配套、对各有关行业起引领作用等需要的技术要求，可以制定推荐性国家标准。1992年12月建设部发布的《工程建设国家标准管理办法》规定，对需要在全国范围内统一的下列技术要求，应当制定国家标准：

1）工程建设勘察、规划、设计、施工（包括安装）及验收等通用的质量要求。

2）工程建设通用的有关安全、卫生和环境保护的技术要求。

3）工程建设通用的术语、符号、代号、量与单位、建筑模数和制图方法。

4）工程建设通用的试验、检验和评定等方法。

5）工程建设通用的信息技术要求。

6）国家需要控制的其他工程建设通用的技术要求。

工程建设国家标准分为强制性标准和推荐性标准。下列标准属于强制性标准：

1）工程建设勘察、规划、设计、施工（包括安装）及验收等通用的综合标准和重要的通用的质量标准。

2）工程建设通用的有关安全、卫生和环境保护的标准。

3）工程建设重要的通用的术语、符号、代号、量与单位、建筑模数和制图方法标准。

4）工程建设重要的通用的试验、检验和评定方法等标准。

5）工程建设重要的通用的信息技术标准。

6）国家需要控制的其他工程建设通用的标准。

强制性标准以外的标准是推荐性标准。推荐性标准，国家鼓励企业自愿采用。

工程建设国家标准的编号由国家标准代号、发布标准的顺序号和发布标准的年号组成。强制性国家标准的代号为"GB"，推荐性国家标准的代号为"GB/T"。例如：《建筑工程施工质量验收统一标准》（GB 50300—2013），其中 GB 表示为强制性国家标准，50300 表示标准发布顺序号，2013 表示是 2013 年批准发布；《工程建设施工企业质量管理规范》（GB/T 50430—2017），其中 GB/T 表示为推荐性国家标准，50430 表示标准发布顺序号，2017 表示是 2017 年批准发布。

2. 工程建设行业标准

《标准化法》规定：对没有推荐性国家标准、需要在全国某个行业范围内统一的技术要求，可以制定行业标准；行业标准由国务院有关行政主管部门制定，报国务院标准化行政主管部门备案。《工程建设行业标准管理办法》规定，对没有国家标准而需要在全国某个行业范围内统一的下列技术要求，可以制定行业标准：

1）工程建设勘察、规划、设计、施工（包括安装）及验收等行业专用的质量要求。

2）工程建设行业专用的有关安全、卫生和环境保护的技术要求。

3）工程建设行业专用的术语、符号、代号、量与单位和制图方法。

4）工程建设行业专用的试验、检验和评定等方法。

5）工程建设行业专用的信息技术要求。

6）其他工程建设行业专用的技术要求。

工程建设行业标准也分为强制性标准和推荐性标准。下列标准属于强制性标准：

1）工程建设勘察、规划、设计、施工（包括安装）及验收等行业专用的综合性标准和重要的行业专用的质量标准。

2）工程建设行业专用的有关安全、卫生和环境保护的标准。

3）工程建设重要的行业专用的术语、符号、代号、量与单位和制图方法标准。

4）工程建设重要的行业专用的试验、检验和评定方法等标准。

5）工程建设重要的行业专用的信息技术标准。

6）行业需要控制的其他工程建设标准。

强制性标准以外的标准是推荐性标准。

行业标准不得与国家标准相抵触。行业标准的某些规定与国家标准不一致时，必须有充分的科学依据和理由，并经国家标准的审批部门批准。行业标准在相应的国家标准实施后，应当及时修订或废止。

3. 工程建设地方标准

《标准化法》规定，为满足地方自然条件、风俗习惯等特殊技术要求，可以制定地方标准。

我国幅员辽阔，各地的自然环境差异较大，而工程建设在许多方面要受到自然环境的影响。例如，我国的黄土地区、冻土地区以及膨胀土地区，对建筑技术的要求有很大区别。因此，工程建设标准除国家标准、行业标准外，还需要有相应的地方标准。

4. 工程建设团体标准

《标准化法》规定：

1）国家鼓励学会、协会、商会、联合会、产业技术联盟等社会团体协调相关市场主体共同制定满足市场和创新需要的团体标准，由本团体成员约定采用或者按照本团体的规定供社会自愿采用。

2）制定团体标准，应当遵循开放、透明、公平的原则，保证各参与主体获取相关信息，反映各参与主体的共同需求，并应当组织对标准相关事项进行调查分析、实验、论证。

3）国家支持在重要行业、战略性新兴产业、关键共性技术等领域利用自主创新技术制定团体标准、企业标准。

5. 工程建设企业标准

《标准化法》规定：

1）企业可以根据需要自行制定企业标准，或者与其他企业联合制定企业标准。

2）推荐性国家标准、行业标准、地方标准、团体标准、企业标准的技术要求不得低于强制性国家标准的相关技术要求。国家鼓励社会团体、企业制定高于推荐性标准相关技术要求的团体标准、企业标准。

3）国家实行团体标准、企业标准自我声明公开和监督制度。企业应当公开其执行的强制性标准、推荐性标准、团体标准或者企业标准的编号和名称；企业执行自行制定的企业标准的，还应当公开产品、服务的功能指标和产品的性能指标。国家鼓励团体标准、企业标准通过标准信息公共服务平台向社会公开。

4）企业应当按照标准组织生产经营活动，其生产的产品、提供的服务应当符合企业公开标准的技术要求。

9.1.3　工程建设强制性标准实施

工程建设标准制定的目的在于实施，否则，再好的标准也是一纸空文。我国工程建设领域所出现的各类工程质量事故，大都是没有贯彻或没有严格贯彻强制性标准的结果。因此，《标准化法》规定，强制性标准必须执行。《建筑法》规定，建筑活动应当确保建筑工程质量和安全，符合国家的建设工程安全标准。

1. 工程建设各方主体实施强制性标准的法律规定

（1）建设单位实施强制性标准的规定

《建筑法》和《建设工程质量管理条例》规定，建设单位不得以任何理由，要求建筑设计单位或者建筑施工企业在工程设计或者施工作业中，违反法律、行政法规和建筑工程质量、安全标准，降低工程质量。建设单位不得明示或者暗示设计单位或者施工单位违反工程建设强制性标准，降低建设工程质量。建筑设计单位和建筑施工企业对建设单位违反规定提出的降低工程质量的要求，应当予以拒绝。

《实施工程建设强制性标准监督规定》规定，建设单位有下列行为之一的，责令改正，并处以 20 万元以上 50 万元以下的罚款：

1）明示或者暗示施工单位使用不合格的建筑材料、建筑构配件和设备的。

2）明示或者暗示设计单位或者施工单位违反工程建设强制性标准，降低工程质量的。

（2）勘察、设计单位实施强制性标准的规定

勘察、设计单位必须按照工程建设强制性标准进行勘察、设计，并对其勘察、设计的质量负责。建筑工程设计应当符合按照国家规定制定的建筑安全规程和技术规范，保证工程的安全性能。勘察、设计文件应当符合有关法律、行政法规的规定和建筑工程质量、安全标准、建筑工程勘察、设计技术规范以及合同的约定。设计文件选用的建筑材料、建筑构配件和设备，应当注明其规格、型号、性能等技术指标，其质量要求必须符合国家规定的标准。

《建筑法》规定，建筑设计单位不按照建筑工程质量、安全标准进行设计的，责令改正，处以罚款；造成工程质量事故的，责令停业整顿，降低资质等级或者吊销资质证书，没收违法所得，并处罚款；造成损失的，承担赔偿责任；构成犯罪的，依法追究刑事责任。

《建设工程质量管理条例》规定，勘察单位未按照工程建设强制性标准进行勘察的、设计单位未按照工程建设强制性标准进行设计的，责令改正，处10万元以上30万元以下的罚款；造成工程质量事故的，责令停业整顿，降低资质等级；情节严重的，吊销资质证书；造成损失的，依法承担赔偿责任。

（3）施工单位实施强制性标准的规定

施工单位必须按照工程设计图和施工技术标准施工，不得擅自修改工程设计，不得偷工减料。施工单位必须按照工程设计要求、施工技术标准和合同约定，对建筑材料、建筑构配件、设备和商品混凝土进行检验，检验应当有书面记录和专人签字；未经检验或者检验不合格的，不得使用。

《建设工程质量管理条例》规定，施工单位在施工中偷工减料的，使用不合格的建筑材料、建筑构配件和设备的，或者有不按照工程设计图或者施工技术标准施工的其他行为的，责令改正，处工程合同价款2%以上4%以下的罚款；造成建设工程质量不符合规定的质量标准的，负责返工、修理，并赔偿因此造成的损失；情节严重的，责令停业整顿，降低资质等级或者吊销资质证书。

《实施工程建设强制性标准监督规定》规定：施工单位违反工程建设强制性标准的，责令改正，处工程合同价款2%以上4%以下的罚款；造成建设工程质量不符合规定的质量标准的，负责返工、修理，并赔偿因此造成的损失；情节严重的，责令停业整顿，降低资质等级或者吊销资质证书。

《建筑法》规定，建筑施工企业在施工中偷工减料的，使用不合格的建筑材料、建筑构配件和设备的，或者有其他不按照工程设计图或者施工技术标准施工的行为的，责令改正，处以罚款；情节严重的，责令停业整顿，降低资质等级或者吊销资质证书；造成建筑工程质量不符合规定的质量标准的，负责返工、修理，并赔偿因此造成的损失；构成犯罪的，依法追究刑事责任。

（4）监理单位实施强制性标准的规定

建筑工程监理应当依照法律、行政法规及有关的技术标准、设计文件和建筑工程承包合同，对承包单位在施工质量、建设工期和建设资金使用等方面，代表建设单位实施监督。工程监理人员认为工程施工不符合工程设计要求、施工技术标准和合同约定的，有权要求建筑施工企业改正。工程监理人员发现工程设计不符合建筑工程质量标准或者合同约定的质量要求的，应当报告建设单位要求设计单位改正。

《实施工程建设强制性标准监督规定》规定，工程监理单位违反强制性标准规定，将不

合格的建设工程以及建筑材料、建筑构配件和设备按照合格签字的，责令改正，处 50 万元以上 100 万元以下的罚款，降低资质等级或者吊销资质证书；有违法所得的，予以没收；造成损失的，承担连带赔偿责任。

2. 工程建设标准强制性条文的实施

在工程建设标准的条文中，使用"必须""严禁""应""不应""不得"等是属于强制性标准的用词，而使用"宜""不宜""可"等一般不是强制性标准的规定。但在工作实践中，强制性标准与推荐性标准的划分仍然存在一些困难。为此，自 2000 年起，建设部对工程建设强制性标准进行了改革，严格按照《标准化法》的规定，把现行工程建设强制性国家标准、行业标准中必须严格执行的直接涉及工程安全、人身健康、环境保护和公众利益的技术规定摘编出来，以工程项目类别为对象，编制完成了《工程建设标准强制性条文》，包括城乡规划、城市建设、房屋建筑、工业建筑、水利工程、电力工程、信息工程、水运工程、公路工程、铁道工程、石油和化工技术工程、矿业工程、人防工程、广播电影电视工程和民航机场工程 15 个部分。《工程建设标准强制性条文》包含了工程建设现行国家和行业标准中直接涉及人民生命财产安全、人身健康、环境保护和其他公众利益的强制性条文，同时考虑了提高经济效益和社会效益等方面的要求。它是参与建设活动各方执行工程建设强制性标准和政府对执行情况实施监督的依据。

《实施工程建设强制性标准监督规定》规定：在中华人民共和国境内从事新建、扩建、改建等工程建设活动，必须执行工程建设强制性标准；工程建设强制性标准是指直接涉及工程质量、安全、卫生及环境保护等方面的工程建设标准强制性条文；国家工程建设标准强制性条文由国务院住房城乡建设主管部门会同国务院有关主管部门确定。

建设工程勘察、设计文件中规定采用的新技术、新材料，可能影响建设工程质量和安全，又没有国家技术标准的，应当由国家认可的检测机构进行试验、论证，出具检测报告，并经国务院有关主管部门或者省、自治区、直辖市人民政府有关主管部门组织的建设工程技术专家委员会审定后，方可使用。工程建设中采用国际标准或者国外标准，而我国现行强制性标准未做规定的，建设单位应当向国务院住房城乡建设主管部门或者国务院有关主管部门备案。

3. 对工程建设强制性标准的监督检查

《实施工程建设强制性标准监督规定》规定：国务院住房城乡建设主管部门负责全国实施工程建设强制性标准的监督管理工作；国务院有关主管部门按照国务院的职能分工负责实施工程建设强制性标准的监督管理工作；县级以上地方人民政府住房城乡建设主管部门负责本行政区域内实施工程建设强制性标准的监督管理工作。

建设项目规划审查机关应当对工程建设规划阶段执行强制性标准的情况实施监督；施工图设计文件审查单位应当对工程建设勘察、设计阶段执行强制性标准的情况实施监督；建筑安全监督管理机构应当对工程建设施工阶段执行施工安全强制性标准的情况实施监督；工程质量监督机构应当对工程建设施工、监理、验收等阶段执行强制性标准的情况实施监督。

建设项目规划审查机关、施工设计图设计文件审查单位、建筑安全监督管理机构、工程质量监督机构的技术人员必须熟悉、掌握工程建设强制性标准。

强制性标准监督检查的内容包括：

1）工程技术人员是否熟悉、掌握强制性标准。

2）工程项目的规划、勘察、设计、施工、验收等是否符合强制性标准的规定。

3）工程项目采用的材料、设备是否符合强制性标准的规定。

4）工程项目的安全、质量是否符合强制性标准的规定。

5）工程项目采用的导则、指南、手册、计算机软件的内容是否符合强制性标准的规定。

工程建设标准批准部门应当定期对建设项目规划审查机关、施工图设计文件审查单位、建筑安全监督管理机构、工程质量监督机构实施强制性标准的监督进行检查，对监督不力的单位和个人，给予通报批评，建议有关部门处理。

工程建设标准批准部门应当对工程项目执行强制性标准情况进行监督检查。监督检查可以采取重点检查、抽查和专项检查的方式。建设行政主管部门或者有关行政主管部门在处理重大事故时，应当有工程建设标准方面的专家参加；工程事故报告应当包含是否符合工程建设强制性标准的意见。工程建设标准批准部门应当将强制性标准监督检查结果在一定范围内公告。

9.2 建设工程质量管理责任

建设工程项目具有投资大、规模大、建设周期长、生产环节多、参与方多，影响质量形成的因素多等特点，不论是哪个主体出了问题，都会导致质量缺陷，甚至重大质量事故的产生。例如，如果建设单位将工程发包给不具备相应资质等级的单位，或指使施工单位使用不合格的建筑材料、构配件和设备；勘察单位提供的水文地质资料不准确，设计单位计算错误，设备选型不准；施工单位不按图施工；工程监理单位不严格进行隐蔽工程检查等，都会造成工程质量缺陷，甚至重大质量事故。因此，工程质量管理最基本的原则和方法就是建立健全质量责任制度。

9.2.1 建设单位质量责任和义务

建设单位是建设工程的投资人，也称"业主"。建设单位是工程建设过程的总负责方，拥有确定建设项目的规模、功能、外观、选用材料设备、按照国家法律法规选择承包单位的权利。建设单位可以是法人或自然人，包括房地产开发商。建设单位作为建设工程的投资人，在整个建设活动中居于主导地位。因此，要确保建设工程质量，首先就要对建设单位的行为进行规范，对其质量责任予以明确。

长期以来，对建设单位的管理一直是监督管理的薄弱环节，因建设单位行为不规范，直接或间接导致工程出现问题的情况屡屡发生。按理说，建设单位对建设工程质量应最为关心。但在我国，工程建设的投资者主要还是国家及一些开发商，代表建设单位直接参与工程管理的人并不是工程最后的所有人和使用者，建设工程质量的好坏与其自身利益并无十分密切的关系，他们享有建设单位的权利，但不承担工程质量低劣的后果。另外，我国建筑行业竞争十分激烈，基本上是僧多粥少的局面，承包方与建设单位处于不平等的地位，建设单位压造价、压工期等一些不合理要求得不到抵制，使得工程建设中建设单位的行为缺乏约束，其主观随意性很大，大量工程在建设单位恣意干涉下，以违背正常建设规律的方式建成，造成建设工程质量事故层出不穷。有鉴于此，国务院于 2000 年 1 月 30 日发布的《建设工程质量管理条例》特别对建设单位的质量责任和义务做出了明确规定。我国工程质量法律规范在规定建设单位质量责任和义务上，主要有如下几方面。

1. 依法发包工程的责任

通过工程发包，选取具有技术和经济实力，享有良好信誉的承包商来承包工程建设，是确保工程质量的重要环节。但不少建设单位不遵守有关法律及规定，将工程发包变成了谋取团体利益和私人利益的手段。为此，《建设工程质量管理条例》规定："建设单位应当将工程发包给具有相应资质等级的单位"，"建设单位不得将工程肢解发包"。同时，还进一步规定，对于应当招标的工程项目，建设单位应依法招标。发包单位及其工作人员在建设工程发包中不得收受贿赂、回扣或索取其他好处。

（1）承包单位应具备的条件

建设活动不同于一般的经济活动，从业单位素质的高低直接影响着工程质量。因此，从事建设活动的单位必须符合严格的资质条件。资质等级反映了企业从事某项工作的资格和能力，是国家对建设市场准入管理的重要手段。

（2）禁止肢解发包

肢解发包是指建设单位将应当由一个承包单位完成的建设工程分解成若干部分发包给不同的承包单位的行为。在我国建设市场中有一些建设单位利用肢解发包工程为手段进行不正当交易行为，不仅导致了某些个人的贪污犯罪，同时也危害了公共安全，因此，《建筑法》和《建设工程质量管理条例》禁止建设单位将建设工程肢解发包。

（3）依法招标

建设单位应当依法对工程建设项目的勘察、设计、施工、监理以及与工程建设有关的重要设备、材料等的采购进行招标。根据《招标投标法》有关强制招标的规定，在我国境内进行下列工程建设项目的勘察、设计、施工、监理以及与工程建设有关的重要设备、材料等的采购，必须进行招标。

2. 遵守国家规定及技术标准的责任

建立工程建设的技术标准及相关规定，是保证建设工程质量的重要措施，任何单位和个人都必须严格遵守这些标准和规定，不得随意更改和破坏。

（1）建设单位不得迫使承包方以低于成本的价格竞标，不得任意压缩合理工期

这一规定对保证工程质量至关重要。实际工作中，不少建设单位一味强调降低成本，压级压价，如要求甲级设计单位按乙级资质取费，一级施工企业按二级资质取费，或迫使投标方互相压价，最终承包单位以低于其成本的价格中标。而中标的单位在承包工程后，为了减少开支，降低成本，不得不偷工减料、以次充好、粗制滥造，致使工程出现质量问题。

合理工期是指在正常建设条件下，采取科学合理的施工工艺和管理方法，以现行的住建行政主管部门颁布的工期定额为基础，结合项目建设的具体情况，而确定的工期。建设单位不能为了早日发挥项目的效益，迫使承包单位赶工期。实际工作中，盲目赶工期，简化程序，不按规程操作，导致建设项目出现问题的情况很多，这是应该制止的。

（2）建设单位不得明示或暗示设计单位或施工单位违反工程建设强制性标准

强制性标准是保证工程结构安全可靠的基础性要求，违反了这类标准，必然会给工程带来重大质量隐患。在实践中，一些建设单位为了自身的经济利益，明示或暗示承包单位违反强制性标准的要求，降低了工程质量的标准，这种行为必须坚决制止。

（3）建设单位不得明示或暗示施工单位使用不合格的建筑材料、建筑构配件和设备

不合格的建筑材料、建筑构配件和设备是导致工程质量事故的直接因素，建设单位明示或暗示施工单位使用不合格的建筑材料、建筑构配件和设备，是一种严重的违法行为，必须予以制止。

（4）施工图设计文件未经审查批准的，建设单位不得交付施工

《建设工程质量管理条例》规定了施工图设计文件审查制度，这是政府对工程设计质量进行质量监督的新的举措。在市场经济条件下，由于市场竞争的原因，设计单位常常受制于建设单位，违心地服从建设单位提出的种种不合理要求，违反国家和地方的有关规定和强制性标准，产生各种各样的设计质量问题。而一旦发现设计的质量问题，往往已经开始施工甚至开始使用，这将带来巨大的损失。因此，对施工图设计文件开展审查，既是对建设单位的成果进行质量控制，也能纠正参与建设活动各方的不规范行为。而且审查是在施工图设计文件完成之后，开始施工之前进行，这样就可以有效地避免损失，保证建设工程的质量。

按照《建筑工程施工图设计文件审查暂行办法》的规定，建筑工程的建设单位应当将施工图报送建设主管部门，由住建行政主管部门委托有关审查机构审查。审查的主要内容为：

1）建筑的稳定性、安全性审查，包括地基基础和主体结构体系是否安全、可靠。

2）是否符合消防、节能、环保、抗震、卫生、人防等有关强制性标准规范。

3）施工图是否能达到规定的深度要求。

4）是否损害公众利益。凡应当审查而未经审查或者审查不合格的施工图项目，住建行政主管部门不得发放施工许可证，施工图不得交付施工。

（5）涉及建筑主体和承重结构变动的装修工程，建设单位要有设计方案

有一些装修工程为了满足特定的使用目的，要对结构主体和承重结构进行改动。建设单位在没有设计方案的前提下擅自施工，必然给工程带来质量隐患，后果是十分严重的。为此，《建筑法》《建设工程质量管理条例》均规定，建设单位应当在施工前委托设计单位或者具有相应资质等级的其他设计单位提出设计方案；没有设计方案的，不得施工。

3. 委托监理的责任

建设单位对工程建设应进行必要的监督、管理，对于国家规定必须实行监理的工程，建设单位应委托具有相应资质等级的工程监理单位进行监理，也可以委托具有工程监理相应资质等级并与被监理工程的施工承包单位没有隶属关系或其他利害关系的该工程的设计单位进行监理。

从我国目前的实际情况来看，我国尚不具备全面实行监理制度的条件。建设部根据《建设工程质量管理条例》，于2001年1月17日颁布了86号令《建设工程监理范围和规模标准规定》，明确了必须实行监理的具体范围和规模标准。这些必须实行监理的工程项目主要集中在国家重点建设工程、大中型公用事业工程、成片开发建设的住宅小区工程、利用外国政府或者国际组织贷款、援助资金的工程项目。此外，还有国家规定必须实行监理的其他工程，主要是指总投资额在3000万元以上关系社会公共利益、公众安全的基础设施项目。

4. 依法报批、接受政府监督的责任

建设单位在工程设计完成后，应将施工图设计文件报县级以上人民政府住建行政主管部门或其他有关部门审查，未经审查批准的施工图设计文件，不得使用。

建设单位在领取施工许可证或进行开工报告前，应按国家有关规定办理工程质量监督手续。必须申请领取施工许可证的建筑工程未取得施工许可证的，一律不得开工。前文中的《建筑工程施工许可管理办法》对该项制度的实施进行了详细的规定。

建设单位在领取施工许可证或开工报告之前，应按照国家有关规定，到工程质量监督机构办理工程质量监督手续，并应提供以下文件和资料：

1）工程规划许可证。

2）设计单位资质等级证书。

3）监理单位资质等级证书、监理合同及"工程项目监理登记表"

4）施工单位资质等级证书及营业执照副本。

5）工程勘察设计文件。

6）中标通知书及施工承包合同等。

工程质量监督管理机构收到上述文件和资料后，进行审查，符合规定的，办理工程质量监督注册手续，签发监督通知书。

建设单位办理工程质量监督手续是法定程序，不办理监督手续的，县级以上住建行政主管部门和其他专业部门不发施工许可证，工程不得开工。

5. 提供资料、组织验收的责任

在工程建设的各个阶段，建设单位都负有向有关的勘察、设计、施工、工程监理等单位提供工程有关原始资料，并保证其真实、准确、齐全的责任。在收到工程竣工报告后，建设单位应负责组织设计、施工、工程监理等有关单位对工程进行验收，并应按国家有关档案管理的规定，及时收集、整理建设项目各环节的文件资料，在工程验收后，负责及时向住建行政主管部门或其他有关部门移交建设项目档案。

建设单位应按照国家有关规定组织竣工验收，建设工程验收合格的，方可交付使用。工程项目的竣工验收是施工全过程的最后一道程序，是全面考核投资效益、检验设计和施工质量的重要环节。建设工程完成后，承包单位应当按照国家竣工验收有关规定，向建设单位提供完整的竣工资料和竣工验收报告。建设单位收到竣工验收报告后，应及时组织设计、施工、工程监理等单位进行竣工验收。竣工验收应当具备下列条件：

1）完成建设工程设计和合同约定的各项内容。

2）有完整的技术档案和施工管理资料。

3）有工程使用的主要建筑材料、建筑构配件和设备的进场试验报告。

4）有勘察、设计、施工、工程监理等单位分别签署的质量合格文件。

5）由施工单位签署的工程保修书。

建设工程经验收合格的，才可交付使用。如果建设单位为提前获得经济效益，在工程未经验收或验收不合格的情况下即将工程交付使用，由此所发生的质量问题，建设单位要承担责任。《建设工程质量管理条例》确立了竣工验收备案制度，这是加强政府监督管理、防止不合格工程流向社会的重要手段。

如建设单位未尽上述责任，将分别受到限期改正、责令停工、处以罚款等处罚；构成犯罪的，还将追究单位、主管人员、直接责任人的刑事责任。建设单位如果是房屋建设开发公司，除承担一般建设单位的有关责任、义务外，还应建立健全质量保证体系，加强对开发工程的质量管理；其开发经营的工程质量应符合国家现行的有关法律、法规、技术标准和设计文件的要求；其出售的房屋，应符合使用要求，并应提供有关使用、保养和维护的说明；如发生质量问题，应在保修期内负责保修。房屋建设开发公司如违反上述规定，将视其情节轻重，予以降低资质等级、吊销资质证书和罚款的处罚。

9.2.2　勘察、设计单位的质量责任和义务

勘察单位是指对地形、地质及水文等要素进行测绘、勘探、测试及综合评定，并提供可行性评价与建设工程所需勘察成果资料的单位。设计单位是指按照现行技术标准对建设工程项目进行综合性设计及技术经济分析，并提供建设工程施工依据的设计文件和工程设计图的单位。

1. 遵守执业资质等级制度的责任

勘察、设计单位应当依法取得相应资质等级的证书，并在其资质等级许可的范围内承揽工程，不得转包或违法分包所承揽的工程，不得擅自超越资质等级或以其他勘察、设计单位的名义承揽工程，不得允许其他单位或个人以本单位的名义承揽工程，也不得转包或违法分包自己所承揽的工程。

勘察、设计单位的资质等级反映其从事某项勘察、设计工作的资格和能力，是国家对勘察、设计市场准入管理的重要手段。勘察、设计单位只有具备了相应的资质条件，才有能力保证勘察设计的质量。超越资质等级许可的范围承揽工程，也就超越了其勘察设计的能力，因而无法保证其勘察、设计的质量。为此，《建设工程质量管理条例》规定："禁止勘察、设计单位超越其资质等级许可的范围或者以其他勘察、设计单位的名义承揽工程。禁止勘察、设计单位允许其他单位或者个人以本单位的名义承揽工程。"

转包是指承包人将其承包的全部建设工程又发包给第三人。勘察、设计单位的转包容易造成承包人压低价格，层层扒皮，使最终用于勘察、设计的费用大为降低以至于影响勘察、设计的质量；同时，承包人转包违背了发包人的意志，损害了发包人的利益，所以法律对转包行为予以禁止。

分包是指承包人将其承包工程的一部分或某几部分再发包给其他承包人，与其签订承包合同下的分包合同。勘察、设计单位的违法分包主要是指将勘察、设计业务分包给不具备相应资质条件的单位，或勘察、设计单位作为分包单位又将其承包的工程再分包。上述违法分包的行为易造成责任不清以及因中间环节过多而使实际用于勘察、设计的费用减少，最终影响勘察、设计的质量。因此，法律对违法分包的行为也予以禁止。

2. 建立质量保证体系的责任

勘察、设计单位必须按照工程建设强制性标准进行勘察、设计，注册执业人员应当在设计文件上签字，对设计文件负责。因此，勘察设计单位应建立健全质量保证体系，加强设计过程的质量控制，健全设计文件的审核会签制度。注册建筑师、注册结构工程师等执业人员应在设计文件上签字，对设计文件的质量负责。

工程建设强制性标准是保证工程质量，满足工程对安全、卫生、环保等方面要求的最低标准，因此在勘察、设计中必须严格执行。

我国目前对勘察、设计行业已实现了建筑师和结构工程师的个人执业注册制度，并规定注册建筑师、注册结构工程师必须在规定的执业范围内对本人负责的工程设计文件，实施签字盖章制度。注册建筑师、注册结构工程师作为设计单位完成设计的主要技术人员，其工作

质量直接影响设计的质量，因此应对设计文件负责。

3. 遵守国家工程建设强制性标准及有关规定的责任

（1）除有特殊要求的建筑材料、专用设备、工艺生产线等外，设计单位不得指定生产厂、供应商

凡设计所选用的建筑材料、建筑构配件和设备，应注明规格、型号、性能等技术指标，其质量必须符合国家规定的标准；除有特殊要求的建筑材料、专用设备、工艺生产线等以外，设计单位不得指定生产厂家或供应商。

设计单位有在设计文件中注明所选用的建筑材料、建筑构配件和设备的规格、型号、性能等技术指标的权利和义务。但设计单位如果滥用这项权利，会限制建设单位和施工单位在材料采购上的自主权，同时也限制了其他建筑材料、建筑构配件和设备厂商的平等竞争权，妨碍了公平竞争。此外，指定产品往往会和腐败行为相联系，收受回扣后设计单位常常难以对产品的质量和性能有正确的评价，这无疑会对工程质量产生负面影响。

鉴于以上原因，《建设工程质量管理条例》规定，除有特殊要求的建筑材料、专用设备、工艺生产线等外，设计单位不得指定生产厂、供应商。这里的"特殊要求"通常是指根据设计要求，所选产品的性能或规格只有某个厂家能够生产或加工，必须在设计文件中注明方可进行下一步的设计和采购工作。在通用产品能满足工程质量要求的前提下，设计单位不可故意选用特殊要求的产品。

（2）设计单位应当根据勘察成果文件进行建设工程设计

工程勘察文件要反映工程地质、地形地貌、水文地质状况，其勘察成果必须真实准确，评价应准确可靠。设计单位要根据勘察成果文件进行设计，设计文件的深度应符合国家规定，满足相应设计阶段的技术要求，并注明工程合理使用年限；所完成的施工图应配套，细部节点应交代清楚，标注说明应清晰、完整。因此勘察成果文件是设计的基础资料，是设计的依据，先勘察后设计是工程建设程序的要求。但是，由于工期紧迫和建设单位的利益驱动，目前违背基建程序的做法时有发生。在勘察、设计质量检查中发现，不少工程存在先设计、后勘察的现象，甚至仅参考附近场地的勘察资料而不进行勘察，这些都会造成严重的质量隐患和质量事故。因此，设计单位应当根据相应的勘察成果文件进行建设工程设计。

4. 技术交底和事故处理责任

设计单位应就审查合格的施工图向施工单位做出详细说明，做好设计文件的技术交底工作，对大中型建设工程、超高层建筑以及采用新技术、新结构的工程，设计单位还应向施工现场派驻设计代表。当其所设计的工程发生质量事故时，设计单位应参与质量事故分析，并对因设计造成的质量事故提出相应的技术处理方案。

勘察设计单位应对本单位编制的勘察设计文件的质量负责。当其违反国家的法律、法规及相关规定，没有尽到上述质量责任时，根据情节轻重，将会受到责令改正、没收违法所得、罚款、责令停业整顿、降低资质等级、吊销资质证书等处罚；造成损失的，依法承担赔偿责任。注册建筑师、注册结构工程师等注册执业人员因过错造成质量事故的，责令停止执业1年；造成重大事故的，吊销执业资格证书，5年内不予注册；情节特别恶劣的，终身不予注册。勘察、设计单位违反国家规定，降低工程质量标准，造成重大安全事故、构成犯罪的，要依法追究直接责任人员的刑事责任。

9.2.3 施工单位的质量责任和义务

施工单位是指经过住建行政主管部门的资质审查，从事建设工程施工承包的单位。按照承包方式不同，可分为总承包单位和专业承包单位。施工阶段是建设工程实体质量的形成阶段，勘察、设计工作质量均要在这一阶段得以实现。施工单位是建设市场的重要责任主体之一，它的能力和行为对建设工程的施工质量起关键性作用。由于施工阶段涉及的责任主体多，生产环节多，时间长，影响质量稳定的因素多，协调管理难度较大，因此，施工阶段的质量责任制度显得尤为重要。

1. 遵守执业资质等级制度的责任

施工单位应当依法取得相应资质等级的证书，并必须在其资质等级许可的范围内承揽工程施工任务，不得超越本单位资质等级许可的业务范围或以其他施工单位的名义承揽工程。禁止施工单位允许其他单位或个人以本单位的名义承揽工程。施工单位也不得将自己承包的工程再进行转包或非法分包。

施工单位的资质等级，是施工单位建设业绩、人员素质、管理水平、资金数量、技术装备等综合能力的体现，反映了该施工单位从事某项施工工作的资格和能力，是国家对建筑市场准入管理的重要手段。《建筑业企业资质管理规定》对此做出了明确的规定。

施工单位必须在其资质等级许可的范围内承揽工程，禁止以其他施工单位名义承揽工程和允许其他单位或个人以本单位的名义承揽工程。在实践中，一些施工单位因自身资质条件不符合招标项目所要求的资质条件，会采取种种欺骗手段取得发包方的信任，其中包括借用其他施工单位的资质证书，以其他施工单位的名义承揽工程等手段进行违法承包活动。这些施工单位一旦拿到工程，一般要向出借方交纳一大笔管理费，后期就依靠偷工减料、以次充好等非法手段赚取利润。这样一来，必然会给工程带来质量隐患。因此，必须明令禁止这种行为，无论是"出借方"还是"借用方"都将受到法律的处罚。

2. 总包单位与分包单位之间的质量责任

（1）总承包单位与分包单位对分包工程的质量承担连带责任

建筑工程实行总承包的，总承包单位应对全部建设工程质量负责；实行勘察、设计、施工、设备采购的一项或多项总承包的，总承包单位应对其承包工程或采购设备的质量负责。总承包单位依法进行分包的，分包单位应按分包合同的约定对其分包工程的质量向总承包单位负责，总承包单位与分包单位对分包工程的质量承担连带责任。依据这种责任，对于分包工程发生的质量责任，建设单位或其他受害人既可以向分包单位请求赔偿全部损失，也可以向总承包单位请求赔偿损失。总承包单位承担责任后，可以依法及分包合同的约定，向分包单位追偿。

施工单位未尽到上述质量责任时，根据其违法行为的严重程度，将受到责令改正、罚款、降低资质等级、责令停业整顿、吊销资质证书等处罚。对不符合质量标准的工程，负责返工、修理，并赔偿因此造成的损失；对降低工程质量标准，造成重大安全事故，构成犯罪的，要追究直接责任人的刑事责任。

（2）禁止转包

转包的最主要特点是转包人只从受转包方收取管理费，而不对工程进行施工和管理。建设单位对受转包人的管理缺乏法律依据，受转包人的行为不受承包合同的约束。后者可能为了非法盈利而不择手段。《建筑法》和《合同法》都明令禁止承包单位将其承包的全部工程转包给他人，同时也禁止承包单位将其承包的工程肢解以后，以分包的名义分别转包给他人。

（3）违法分包

正常的总分包施工经营方式是建设活动自身的客观需要，但工程实践中，存在许多违法分包的行为，表现在：

1）总承包单位将建设工程分包给不具备相应资质条件的单位。

2）建设工程总承包合同中未有约定，又未经建设单位认可，承包单位将其承包的部分工程交由其他单位完成。

3）施工总承包单位将建设工程主体结构的施工分包给其他单位。

4）分包单位将其承包的建设工程再分包。

上述行为均是《建筑法》《建设工程质量管理条例》明令禁止的。

3. 遵守技术标准、严格按图施工的责任

1）施工单位必须按照工程设计图和施工技术标准施工，不得擅自修改工程设计，不得偷工减料。

施工过程中如发现设计文件和工程设计图的差错，应及时向设计单位提出意见和建议，不得擅自处理。按工程设计图施工，是保证工程实现设计意图的前提，也是明确划分设计、施工单位质量责任的前提。施工过程中，施工单位不按图施工或不经原设计单位同意，就擅自修改工程设计，其直接的后果是往往违反了原设计的意图，影响工程的质量。间接后果是在原设计有缺陷或出现工程质量事故的情况下，混淆了设计、施工单位各自应承担的质量责任。所以按图施工，不擅自修改工程设计，是施工单位保证工程质量的最基本要求。

2）施工单位必须按照工程设计要求、施工技术标准和合同约定，对建筑材料、建筑构配件、设备和商品混凝土进行检验，未经检验或检验不合格的，不得使用。

材料、构配件、设备及商品混凝土检验制度，是施工单位质量保证体系的重要组成部分，是保障建设工程质量的重要内容。施工中要按工程设计要求、施工技术标准和合同约定，对建筑材料、建筑构配件、设备和商品混凝土进行检验。检验工作要按规定的范围和要求进行，按现行的标准、规定的数量、频率、取样方法进行检验。检验的结果要按规定的格式形成书面记录，并由有关专业人员签字。未经检验或检验不合格的，不得使用；使用在工程上的，要追究批准使用人的责任。

3）施工人员对涉及结构安全的试块、试件以及有关材料，应在建设单位或工程监理单位监督下现场取样，并送具有相应资质等级的质量检测单位进行检测。

在工程施工过程中，为了控制工程总体或相应部位的施工质量，一般要依据有关技术标准，用特定的方法对用于工程的材料或构件抽取一定数量的样品，进行检测或试验，并根据其结果来判断其所代表部位的质量。这是控制和判断工程质量所采取的重要技术措施。试块和试件的真实性和代表性，是保证这一措施有效的前提条件。

检测单位的资质是保证试块、试件检测、试验质量的前提条件。具有相应资质等级的质量检测单位是指必须经省级以上住建行政主管部门进行资质审查和有关部门质量认证的工程质量检测单位。从事建筑材料和制品等试验工作的施工企业、混凝土预制构件和商品混凝土生产的企业、科研单位、大专院校对外服务的工程实验室以及工程质量检测机构，均应按有关规定取得资质证书。

4. 建立质量保证体系的责任

施工单位应当建立健全质量保证体系，要明确工程项目的项目经理、技术负责人和管理负责人。施工单位必须建立健全并落实质量责任制度，严格工序管理，做好隐蔽工程的质量检查和记录。隐蔽工程在掩埋前，应通知建设单位和建设工程质量监督机构进行检验。施工单位还应当建立健全质量教育培训制度，加强对职工的质量教育培训，未经教育培训或考核不合格的人员，不得上岗作业。施工单位还应加强计量、检测等基础工作。

9.2.4 工程监理单位的质量责任和义务

工程监理单位是指经过住建行政主管部门的资质审查，受建设单位委托，依据法律法规以及有关技术标准、设计文件和承包合同，在建设单位的委托范围内对建设工程进行监督管理的单位。工程监理单位可以是具有法人资格的监理公司、监理事务所，也可以是兼营监理业务的工程技术、科学研究及建设工程咨询的单位。

1. 遵守执业资质等级制度的责任

工程监理单位应当依法取得相应资质等级的证书，并在其资质等级许可的范围内承担工程监理业务，不得转让工程监理业务，不得超越本单位资质等级许可的范围或以其他工程监理单位的名义承担工程监理业务。禁止工程监理单位允许其他单位或个人以本单位的名义承担工程监理业务。工程监理单位也不得将自己承担的工程监理业务进行转让。

2. 回避的义务

工程监理单位与被监理工程的施工承包单位以及建筑材料、建筑构配件和设备供应单位有隶属关系或其他利害关系的，不得承担该项建设工程的监理业务，以保证监理活动的公平、公正。

这里的隶属关系是指工程监理单位与被监理工程的施工承包单位以及建筑材料、建筑构配件和设备供应单位有行政上下级关系等。其他利害关系是指工程监理单位与被监理工程的施工承包单位以及建筑材料、建筑构配件和设备供应单位之间存在的可能直接影响监理单位工作公正性的经济或其他利益关系，如参股、联营等关系。工程监理单位与被监理工程的施工承包单位以及建筑材料、建筑构配件和设备供应单位有隶属关系或者其他利害关系的，不得承担该项建设工程的监理业务。

3. 坚持质量标准、依法进行现场监理的责任

工程监理单位应当依照法律、法规以及有关技术标准、设计文件和建设工程承包合同，代表建设单位对施工质量实施监理，并对施工质量承担监理责任。工程监理单位应选派具有相应资格的总监理工程师进驻施工现场。监理工程师应依据有关技术标准、设计文件和建设工程承包合同及工程监理规范的要求，采取旁站、巡视和平行检验等形式，对建筑工程实施监理，对违反有关规范及技术标准的行为进行制止，责令改正；对工程使用的建筑材料、建筑构配件和设备的质量进行检验，不合格者，不得准许使用。工程监理单位不得与建设单位或施工单位串通一气，弄虚作假，降低工程质量。

监理单位对施工质量承担监理责任，主要有违法责任和违约责任两个方面。根据《建筑法》和《建设工程质量管理条例》对监理单位违法责任的规定，工程监理单位与建设单位或者施工单位串通、弄虚作假，降低工程质量的，或者将不合格的建设工程、建筑材料、建筑构配件和设备按照合格签字的，承担连带赔偿责任。

如果监理单位在责任期内，不按照监理合同约定履行监理职责，给建设单位或者其他单位造成损失的，属违约责任，应当向建设单位赔偿。影响工程质量的，将根据其违法行为的严重程度，给予责令改正、没收非法所得、罚款、降低资质等级、吊销资质证书等处罚。造或重大安全事故，构成犯罪的，要追究直接责任人员的刑事责任。

9.2.5 项目负责人质量终身责任制度

依据《建筑工程五方责任主体项目负责人质量终身责任追究暂行办法》，建筑工程五方责任主体项目负责人是指承担建筑工程项目建设的建设单位项目负责人、勘察单位项目负责人、设计单位项目负责人、施工单位项目经理、监理单位总监理工程师。建筑工程开工建设前，建设、勘察、设计、施工、监理单位法定代表人应当签署授权书，明确本单位项目负责人。建筑工程五方责任主体项目负责人质量终身责任，是指参与新建、扩建、改建的建筑工程项目负责人按照国家法律、法规和有关规定，在工程设计使用年限内对工程质量承担相应责任。

国务院住房城乡建设主管部门负责对全国建筑工程项目负责人质量终身责任追究工作进行指导和监督管理。县级以上地方人民政府住房城乡建设主管部门负责对本行政区域内的建筑工程项目负责人质量终身责任追究工作实施监督管理。

1. 基本责任

建设单位项目负责人对工程质量承担全面责任，不得违法发包、肢解发包，不得以任何理由要求勘察、设计、施工、监理单位违反法律法规和工程建设标准，降低工程质量，其违法违规或不当行为造成工程质量事故或质量问题应当承担责任。

勘察、设计单位项目负责人应当保证勘察设计文件符合法律法规和工程建设强制性标准的要求，对因勘察、设计导致的工程质量事故或质量问题承担责任。

施工单位项目经理应当按照经审查合格的施工图设计文件和施工技术标准进行施工，对因施工导致的工程质量事故或质量问题承担责任。

监理单位总监理工程师应当按照法律法规、有关技术标准、设计文件和工程承包合同进行监理，对施工质量承担监理责任。

2. 五方责任主体项目负责人质量终身责任

依据《建筑工程五方责任主体项目负责人质量终身责任追究暂行办法》，符合下列情形之一的，县级以上地方人民政府住房城乡建设主管部门应当依法追究项目负责人的质量终身责任：

1）发生工程质量事故。

2）发生投诉、举报、群体性事件、媒体报道并造成恶劣社会影响的严重工程质量问题。

3）由于勘察、设计或施工原因造成尚在设计使用年限内的建筑工程不能正常使用。

4）存在其他需追究责任的违法违规行为。

对建设单位项目负责人按以下方式进行责任追究：

1）项目负责人为国家公职人员的，将其违法违规行为告知其上级主管部门及纪检监察部门，并建议对项目负责人给予相应的行政、纪律处分。

2）构成犯罪的，移送司法机关依法追究刑事责任。

3）处单位罚款数额5%以上10%以下的罚款。

4）向社会公布曝光。

对勘察单位项目负责人、设计单位项目负责人按以下方式进行责任追究：

1）项目负责人为注册建筑师、勘察设计注册工程师的，责令停止执业1年；造成重大质量事故的，吊销执业资格证书，5年以内不予注册；情节特别恶劣的，终身不予注册。

2）构成犯罪的，移送司法机关依法追究刑事责任。

3）处单位罚款数额5%以上10%以下的罚款。

4）向社会公布曝光。

对施工单位项目经理按以下方式进行责任追究：

1）项目经理为相关注册执业人员的，责令停止执业1年；造成重大质量事故的，吊销执业资格证书，5年以内不予注册；情节特别恶劣的，终身不予注册。

2）构成犯罪的，移送司法机关依法追究刑事责任。

3）处单位罚款数额5%以上10%以下的罚款。

4）向社会公布曝光。

对监理单位总监理工程师按以下方式进行责任追究：

1）责令停止注册监理工程师执业1年；造成重大质量事故的，吊销执业资格证书，5年以内不予注册；情节特别恶劣的，终身不予注册。

2）构成犯罪的，移送司法机关依法追究刑事责任。

3）处单位罚款数额5%以上10%以下的罚款。

4）向社会公布曝光。

住房城乡建设主管部门应当及时公布项目负责人质量责任追究情况，将其违法违规等不良行为及处罚结果记入个人信用档案，给予信用惩戒。鼓励住房城乡建设主管部门向社会公开项目负责人终身质量责任承诺等质量责任信息。

项目负责人因调动工作等原因离开原单位后，被发现在原单位工作期间违反国家法律法规、工程建设标准及有关规定，造成所负责项目发生工程质量事故或严重质量问题的，仍应按以上规定依法追究相应责任。

项目负责人已退休的，被发现在工作期间违反国家法律法规、工程建设标准及有关规定，造成所负责项目发生工程质量事故或严重质量问题的，仍应依法追究相应责任，且不得返聘从事相关技术工作。项目负责人为国家公职人员的，根据其承担责任依法应当给予降级、撤职、开除处分的，按照以上规定相应降低或取消其享受的待遇。

工程质量事故或严重质量问题相关责任单位已被撤销、注销、吊销营业执照或者宣告破产的，仍应按以上规定依法追究项目负责人的责任。

违反法律法规规定，造成工程质量事故或严重质量问题的，除依照规定追究项目负责人终身责任外，还应依法追究相关责任单位和责任人员的责任。

3. 永久性标牌等制度

工程质量终身责任实行书面承诺和竣工后永久性标牌等制度。项目负责人应当在办理工程质量监督手续前签署工程质量终身责任承诺书，连同法定代表人授权书，报工程质量监督机构备案。项目负责人如有更换的，应当按规定办理变更程序，重新签署工程质量终身责任承诺书，连同法定代表人授权书，报工程质量监督机构备案。

建筑工程竣工验收合格后，建设单位应当在建筑物明显部位设置永久性标牌，载明建设、勘察、设计、施工、监理单位名称和项目负责人姓名。

建设单位应当建立建筑工程各方主体项目负责人质量终身责任信息档案，工程竣工验收合格后移交城建档案管理部门。项目负责人质量终身责任信息档案包括下列内容：

1）建设、勘察、设计、施工、监理单位项目负责人姓名，身份证号码，执业资格，所在单位，变更情况等。

2）建设、勘察、设计、施工、监理单位项目负责人签署的工程质量终身责任承诺书。

3）法定代表人授权书。

9.2.6　建筑材料、构配件生产及设备供应单位的质量责任和义务

设备材料供应商是指提供构成建筑工程实体的设备和材料的企业，不仅仅指设备材料生产商，还包括设备材料经销商。建筑材料、构配件生产及设备供应单位必须具备相应的生产条件、技术装备和质量保证体系，具备必要的检测人员和设备，并应把好产品看样、订货、存储、运输和核验的质量关，其供应的建筑材料、构配件和设备质量应符合国家或行业现行有关技术标准规定的合格标准和设计要求，并应符合以其产品说明、实物样品等方式表明的质量状况。根据《中华人民共和国产品质量法》以及2011年2月国家质量监督检验检疫总局修订发布的《关于实施〈中华人民共和国产品质量法〉若干问题的意见》的有关规定，建筑材料、构配件生产及设备供应单位主要有以下几方面的质量责任和义务：

（1）建筑材料、构配件生产及设备供应单位的基本要求

建筑材料、构配件生产及设备供应单位必须具备相应的生产条件、技术装备和质量保证体系，具备必要的检测人员和设备，把好产品看样、订货、储存、运输和核验的质量关。

（2）建筑材料、构配件及设备质量应当符合的要求

1）符合国家或行业现行有关技术标准规定的合格标准和设计要求。

2）符合在建筑材料、构配件及设备或其包装上注明采用的标准，符合以建筑材料、构配件及设备说明、实物样品等方式表明的质量状况。

（3）建筑材料、构配件及设备或者其包装上的标识应当符合的要求

1）有产品质量检验合格证明。

2）有中文标明的产品名称、生产厂名和厂址。

3）产品包装和商标样式符合国家有关规定和标准要求。

4）设备应有产品详细的使用说明书，电气设备还应附有线路图。

5）实施生产许可证或使用产品质量认证标志的产品，应有许可证或质量认证的编号、批准日期和有效期限。

（4）建筑材料、构配件生产及设备供应单位其他的质量责任和义务

建筑材料、构配件生产及设备供应单位不得生产国家明令淘汰的产品，不得伪造产地，不得伪造或冒用他人的厂名、厂址，不得伪造或冒用认证标志等质量标志，不得掺杂、掺假，不得以假充真、以次充好，不得以不合格产品冒充合格产品等。

9.3 | 建设工程质量监督制度

9.3.1 政府的质量监督制度

1. 政府监督工程质量是一种国际惯例

工程质量责任重大，关系到社会公众的利益和公共安全。因此，无论是在发达国家，还是在发展中国家，均强调政府对工程质量进行监督管理。

大多数发达国家和地区政府的建设行政主管部门都把制定并执行住宅、城市、交通、环境建设等建设工程质量管理的法规作为主要任务，同时把大型项目和政府投资项目作为监督管理的重点。与其完善的市场经济体制相适应，这些国家和地区的政府都非常重视各种学会和行业协会的作用，对专业人士实行注册制度，依据法律、法规实行项目许可制度、市场准入制度、设计文件审核制度、质量体系认证制度、竣工验收制度等。对建设工程质量进行全方位、全过程的管理是这些国家和地区的政府的通常做法。

政府有关部门对工程质量进行必要的监督检查，也是国际惯例。美国各个城市市政当局都设有工程质量监督管理部门，对辖区内各类公共投资工程和私人投资工程进行强制性监督检查；新加坡政府主管部门——建屋发展局在每个工地派驻工程监督员，负责对建设工程质量进行监督管理；德国各州政府建设主管部门委托或授权国家认可的质量监督审查公司（由质量监督工程师组成），代表政府对所有新建工程和涉及结构安全的改建工程的质量进行强制性监督审查。这些发达国家和地区的政府质量监督检查，包括施工图设计审查和施工过程的检查，一般委托给有关机构进行。

2. 我国的建设工程质量监督管理制度

我国实行国务院住建行政主管部门统一监督管理，各专业部门按照国务院确定的职责分别对其管理范围内的专业工程进行监督管理。根据国务院批准的"三定"方案的规定，住房和城乡建设部是负责全国建设行政管理的职能部门，铁路、交通、水利等有关部门分别对专业建设工程进行监督管理；县级以上人民政府住建行政主管部门在本行政区域内实行建设工程质量监督管理，专业部门按其职责对本专业建设工程质量实行监督管理。这种管理体制明确了政府各部门的职责，职权划分清晰，权力与职责一致，谁管理谁负责，有利于对建设工程质量实施监督管理。

建设工程质量监督制度是建设工程质量管理过程中的基本法律制度之一，它包括政府质量监督制度、建设工程质量检测制度、建设工程质量的验评和奖励制度、建材使用许可制度和建设工程质量群众监督制度。

《建筑法》第三条规定："建筑活动应当确保建筑工程质量和安全，符合国家的建筑工程安全标准。"第七十九条规定："负责工程质量监督检查或者竣工验收的部门及其工作人员对不合格的建筑工程出具质量合格文件或者按合格工程验收的，由上级机关责令改正，对责任人员给予行政处分；构成犯罪的，依法追究刑事责任；造成损失的，由该部门承担相应的赔偿责任。"这些条文从法律上明确了政府质量监督的内容。

为了确保工程质量，确保公共安全，保护人民群众的生命和财产安全，我国政府大力加强工程质量的监督管理。《建设工程质量管理条例》用专门一章来规定政府对建设工程质量的监督管理，主要内容包括建设工程质量管理职责、范围的划分，质量监督管理的实施机构和有权采取的强制性措施，建设工程竣工验收备案制度，建设工程质量事故报告制度等规定。

为了加强政府对工程质量的监督管理，我国从 20 世纪 80 年代中期逐步建立起了政府建设工程质量监督制度，各地、各部门相继成立了工程质量监督站，这一制度在确保建设工程质量、减少重大质量事故等方面发挥了重要作用。《建筑法》与《建设工程质量管理条例》的实施更为建设工程质量监督制度提供了法律上的依据。为保证建筑工程的安全可靠，保护人民生命和财产安全，政府必须对建设工程质量实行强制性的监督管理。在政府住建行政主管部门和有关部门内设立一个精干高效的机构来行使监督管理职能，同时在政府机构之外还必须有经过政府认可的工程质量监督机构，接受政府委托具体实施对工程质量的监督，最终建立起以保证建筑工程使用安全和环境质量为主要目的，以法律、法规和强制性技术标准为依据，以政府认可的第三方强制监督为主要方式，以地基基础、主体结构、环境质量和与此相关的工程建设各方主体的质量为主要内容，以施工许可制度和竣工验收制度为主要手段的政府工程质量监督体系。

政府质量监督作为一项制度，以法规的形式在《建设工程质量管理条例》中加以明确，强调了工程质量必须实行政府监督管理。《建设工程质量管理条例》对加强工程质量监督管理的一系列重大问题做出了明确的规定：一是对业主的行为进行了严格规范；二是对建设单位、勘察设计单位、施工单位和监理单位的质量责任及其在实际工作中容易出问题的重要环节做出了明确的规定，依法追究责任。今后，政府对工程质量的监督管理主要以保证工程使用安全和环境质量为主要目的，以法律、法规和强制性标准为依据，以地基基础、主体结构、环境质量和与此有关的工程建设各方主体的质量行为为主要内容，以施工许可制度和竣工验收备案制度为主要手段。

以上是对政府质量监督行为的界定。政府的任务就是以法律、法规和强制性标准为依据，以政府认可的第三方强制监督为主要方式，这和过去相比，是一个重大的变化。广大建设行政管理人员必须深入理解《建设工程质量管理条例》的规定，牢牢把握建设工程质量监督管理制度的实质，及时转变观念，迅速地调整实施工程质量监督管理的方式方法，使这项重要的管理制度得到真正的贯彻执行。

建设工程质量监督管理制度具有以下几个特点：

1）具有权威性，建设工程质量监督体现的是国家意志，任何单位和个人从事工程建设活动都应当服从这种监督管理。

2）具有强制性，这种监督是由国家的强制力来保证的，任何单位和个人不服从这种监督管理都将受到法律的制裁。

3）具有综合性，这种监督管理并不局限于某一个阶段或某一个方面，而是贯穿于建设活动的全过程，并适用于建设单位、勘察单位、设计单位、施工单位、工程建设监理单位。

（1）各级政府主管部门质量监督管理的职责

1）国务院住建行政主管部门的职责是：贯彻国家有关建设工程质量的法律、法规、政策，制定建设工程质量监督的有关规定和实施细则；指导全国建设工程质量监督工作；制定工程质量监督机构和质量监督工程师（以下简称质监工程师）的资格标准、考核、审批和管理办法，制定质监工程师培训教材、考试大纲和证书。

2）省、自治区、直辖市住建行政主管部门的职责是：贯彻国家有关建设工程质量的法律、法规、政策，制定本地区建设工程质量监督工作的有关规定和实施细则；进行本地区的市、区、县质量监督机构的考核、认定；组织对工程质监工程师和质量监督人员的考核，颁发证书。

省、自治区、直辖市住建行政主管部门可根据本地实际情况，将以上建设工程质量监督管理方面的职责委托有关工程质量监督管理机构行使。

3）各市（地区）、县住建行政主管部门的职责是：贯彻国家和地方有关建设工程质量管理法律、法规、政策；委托质量监督机构具体实施工程质量监督；在工程竣工验收后，接受质量监督机构报送的工程质量监督报告和建设单位申请工程竣工验收备案的有关资料，并决定是否办理备案手续；对质监机构上报的需实施行政处罚的报告进行审核，并依法对工程建设有关责任主体实施行政处罚。

4）国务院有关部门按照各自的职能对本专业的建设工程行使质量监督职责。

（2）政府对建筑活动主体的监督管理制度

建筑活动主体是指建筑工程的参与者，它包括建设单位、勘察设计单位、监理单位和构配件生产单位及施工企业等单位及其相关人员。政府对建筑工程主体的监督管理主要包括：

1）对建设单位的能力进行审查。审查其是否具备与发包工程项目相适应的技术、经济管理能力，编制招标文件及组织开标、评标、定标的能力。如不具备上述能力，则要求其委托招标代理机构代为办理招标事宜。

2）对勘察、设计、施工、监理、构配件生产、房地产开发单位实行资格（质）等级认证、生产许可证和业务范围的监督管理。

上述单位必须按规定申请并取得相应资格证书后，方能从事其资格（质）等级允许范围内的业务活动。各级住建行政主管部门将严格监督各单位在其资格（质）等级允许的业务范围内从事活动。

3）实行执业工程师的注册制度。我国法规规定从事建筑设计、结构设计、工程监理和工程造价的工程技术人员，须经过考试取得资格证书并经注册后方能获得相应执业资格。各级住建行政主管部门将负责考试、注册及执业活动的监督管理。

4）住建行政主管部门履行监督检查职责时有权采取的措施。《建设工程质量管理条例》规定，县级以上人民政府住建行政主管部门和其他有关部门履行监督检查职责时，有权采取下列措施：要求被检查的单位提供有关工程质量的文件和资料；进入被检查单位的施工现场进行检查；发现有影响工程质量的问题时，责令改正。

9.3.2　工程质量监督机构及其职责

根据规定，凡新建、扩建、改建的工业、交通和民用、市政公用工程（含实施监理的工程）及构配件生产，均应接受建设工程质量监督机构的监督。

1. 建设工程质量监督机构

对建设工程质量进行监督管理的主要是各级政府住建行政主管部门和其他有关部门。但是，建设工程周期长、环节多，工程质量监督工作是一项专业性强且又十分复杂的工作，政府部门不可能有庞大的编制进行日常检查工作，这就需要委托由政府认可的第三方，即具有独立法人资格的单位来代行工程质量监督职能。也就是说，建设工程质量的监督管理职责可以由住建行政主管部门或者其他有关部门委托的工程质量监督机构承担。

工程质量监督工作的主管部门，在国家为住房和城乡建设部，在地方为各级人民政府的建设主管部门。铁路、交通、水利等有关部门负责本专业建设工程项目的质量监督管理工作。国务院发展计划部门按国务院规定的职责，组织稽查特派员，对国家出资的重大建设项目实施监督检查。国务院经济贸易主管部门按国务院规定的职责，对国家重大技术改造项目实施监督检查。市、县建设工程质量监督站和国务院各工业、交通部门所设的专业建设工程质量监督站（简称为监督站）为建设工程质量监督的实施机构。监督站的主要职责是：检查受监工程的勘察、设计、施工单位和建筑构配件厂是否严格执行技术标准，以及工程的质量等级和建筑构配件质量；参与评定本地区、本部门的优质工程；参与重大工程质量事故的处理；总结质量监督工作经验，掌握工程质量状况，定期向主管部门汇报。

工程质量监督机构是指经住建行政主管部门或其他有关部门考核，具有法人独立资格的单位。它受政府住建行政主管部门或有关专业部门的委托，对建设工程质量具体实施监督管理，并对委托的政府有关部门负责。《建设工程质量管理条例》规定：从事房屋建筑工程和市政基础设施工程质量监督的机构，必须按照国家有关规定经国务院住建行政主管部门或者省、自治区、直辖市人民政府住建行政主管部门考核；从事专业建设工程质量监督的机构，必须按照国家有关规定经国务院有关部门或者省、自治区、直辖市人民政府有关部门考核。经考核合格后，方可实施质量监督。工程质量监督机构必须拥有一定数量的质监工程师，有满足工程质量监督检查工作需要的工具和设备。

2. 建设工程质量监督机构的性质和基本条件

1）工程质量监督机构是经省级以上政府有关部门考核认定，具有独立法人资格的事业单位。

2）工程质量监督机构接受各级住建行政主管部门或有关部门的委托，在规定地域或专业范围内对工程建设项目进行强制性监督和检查，向委托部门出具质量监督报告，并对其负责。

3）建设工程质量监督机构必须拥有一定数量的质监工程师，有满足工程质量监督检查工作需要的工具和设备。

3. 建设工程质量监督机构的基本职责

建设工程质量监督机构按政府主管部门的委托，行使下列职责：

1）办理建设单位工程建设项目报建手续。

2）依照国家有关法律、法规和工程建设强制性技术标准，对建设工程的地基基础、主体结构及相关的材料、构配件的质量进行抽查，核查实物质量有关的工程建设各方参与者的质量行为，对工程质量文件进行检查，发现有影响工程质量的问题时，有权采取局部暂停施工等强制性措施，直至问题得到改正。

3）对建设单位组织的竣工验收实施监督，察看其验收程序是否合法，资料是否齐全，实物质量是否存有严重缺陷。

4）工程竣工验收后，工程质量监督机构应向其委托的政府部门报送建设工程质量监督报告，主要内容为地基基础和主体结构检查的结论，工程竣工验收是否符合规定，以及历次抽查发现的质量问题及处理情况。

5）对需要实施行政处罚的，报告其委托的政府主管部门进行行政处罚。

4. 建设工程质量监督的工作程序

监督站在接到文件、资料后两周内，应确定该工程的监督员，并通知建设、勘察、设计、施工单位，同时应提出监督计划。

工程开工前，监督员应对受监工程的勘察、设计和施工单位的资质等级及营业范围进行核查，凡不符合规定要求的不许开工；监督员还要对施工图中的建筑结构、安全、防火和卫生等方面进行审查，使之符合相应标准的要求。

工程施工中，监督员依据监督计划对工程质量进行抽查。房屋建筑和构筑物工程的抽查重点是地基基础、主体结构和决定使用功能、安全性能的重要部位；其他工程的监督重点视工程性质决定。工程完工后，监督站在施工单位验收的基础上对工程质量等级进行核查，重点是核查生产单位的生产许可证、检测手段和构件质量。

5. 监督站的权限与责任

（1）监督站的权限

1）对不按技术标准和有关文件要求设计和施工的单位，可给予警告或通报批评。

2）对发生严重工程质量问题的单位可令其及时妥善处理，对情节严重的，可按有关规定进行罚款，如为在施工程，则应令其停工整顿。

3）对于核验不合格的工程，可做出返修加固的决定，直至达到合格后方准许交付使用。

4）对造成重大质量事故的单位，可参加有关部门组成的调查组，提出调查处理意见。

5）对工程质量优良的单位，可提请当地建设主管部门给予奖励。

（2）监督人员的责任

因监督人员失误、失职、渎职而使建设工程出现重大质量事故或在核验中弄虚作假的，主管部门将视情节轻重对其给予批评、警告、记过直至撤职的处分，触及刑律的将由司法机关追究刑事责任。

6. 建设工程质量监督与监理的关系

工程质量监督与监理有着某些相似之处。例如二者都是由独立于建设单位、承建单位之外的专门机构来实施，都要对工程的质量进行监督管理等。但是，它们之间又有着本质的区别。

1）工程质量监督机构（如工程质量监督站）是代表政府对工程建设实施质量监督与认证，对政府负责，具有一定的行政强制性；而监理单位是受业主的委托，依据委托的内容对工程建设进行监督管理，对业主负责，具有服务性。

2）工程质量监督主要是对施工质量进行监督，部分地区也包括对设计质量的监督；监理的范围囊括了整个工程建设的全过程，即包括招标、设计、施工、材料设备手续、设备安装调试等环节，对工期、质量、造价、安全等诸方面进行监督管理。

3）工程质量监督是以技术标准、规范为依据，监督的内容是技术标准、规范的执行情况；监理以依法确立的合同为依据，监理过程实际上是监督合同双方履行合同约定的义务的一系列活动。

4）工程质量监督以保证质量特别是施工质量为目的；监理的目的是追求包括工期、造价、质量、安全等在内的综合的经济效益、社会效益乃至环境效益。

5）工程质量监督主要是运用行政手段，如禁止不符合技术标准、规范的工程投入使用,以鞭策施工单位保证工程质量;监理主要是运用经济手段如分部分项工程不合格,监理工程师不予签认工程量,不予拨付工程款等促使受监各方以关心自身经济利益出发,自觉提高工程质量,从而保证工程的质量和合同的履行。

9.3.3 建设工程质量的检测制度

由于建设工程属于特殊产品,其质量隐蔽性强、终检局限性大,在施工全过程质量控制中,必须严格执行法定的检验、检测制度。否则,将给建设工程造成难以逆转的先天性质量隐患,甚至导致质量安全事故。依法对建筑材料、设备等进行检验检测,是施工单位的一项重要法定义务。

1. 建筑材料、建筑构配件、设备和商品混凝土的检验制度

施工单位对进入施工现场的建筑材料、建筑构配件、设备和商品混凝土实行检验制度,是施工单位质量保证体系的重要组成部分,也是保证施工质量的重要前提。施工单位应当严把两道关;一是谨慎选择生产供应厂商;二是实行进场二次检验。

施工单位的检验要依据工程设计要求、施工技术标准和合同约定。检验对象是将在工程施工中使用的建筑材料、建筑构配件、设备和商品混凝土。合同若有其他约定的,检验工作还应满足合同相应条款的要求。检验结果要按规定的格式形成书面记录,并由相关的专业人员签字。未经检验或检验不合格的,不得在施工中用于工程上。

2. 施工见证取样和送检制度

《建设工程质量管理条例》规定,施工人员对涉及结构安全的试块、试件以及有关材料,应当在建设单位或者工程监理单位监督下现场取样,并送具有相应资质等级的质量检测单位进行检测。

见证取样和送检是指在建设单位或工程监理单位人员的见证下,由施工单位的现场试验人员对工程中涉及结构安全的试块、试件和材料在现场取样,并送至具有法定资格的质量检测单位进行检测的活动。

2000年9月建设部发布的《房屋建筑工程和市政基础设施工程实行见证取样和送检的规定》规定,涉及结构安全的试块、试件和材料见证取样和送检的比例不得低于有关技术标准中规定应取样数量的30%。

下列试块、试件和材料必须实施见证取样和送检;

1)用于承重结构的混凝土试块。

2)用于承重墙体的砌筑砂浆试块。

3)用于承重结构的钢筋及连接接头试件。

4)用于承重墙的砖和混凝土小型砌块。

5)用于拌制混凝土和砌筑砂浆的水泥。

6)用于承重结构的混凝土中使用的掺加剂。

7)地下、屋面、厕浴间使用的防水材料。

8)国家规定必须实行见证取样和送检的其他试块、试件和材料。

见证人员应由建设单位或该工程的监理单位中具备施工试验知识的专业技术人员担任,并由建设单位或该工程的监理单位书面通知施工单位、检测单位和负责该项工程的质量监督机构。

在施工过程中，见证人员应按照见证取样和送检计划，对施工现场的取样和送检进行见证。取样人员应在试样或其包装上做出标识、封志。标识和封志应标明工程名称、取样部位、取样日期、样品名称和样品数量，并由见证人员和取样人员签字。见证人员和取样人员应对试样的代表性和真实性负责。

3. 工程质量检测单位的资质和检测规定

2015 年 5 月住房和城乡建设部经修改后发布的《建设工程质量检测管理办法》规定：工程质量检测机构是具有独立法人资格的中介机构；按照其承担的检测业务内容分为专项检测机构资质和见证取样检测机构资质；检测机构未取得相应的资质证书，不得承担规定的质量检测业务。

质量检测业务由工程项目建设单位委托具有相应资质的检测机构进行检测。委托方与被委托方应当签订书面合同。检测机构完成检测业务后，应当及时出具检测报告。检测报告经检测人员签字、检测机构法定代表人或者其授权的签字人签署，并加盖检测机构公章或者检测专用章后方可生效。检测报告经建设单位或者工程监理单位确认后，由施工单位归档。任何单位和个人不得明示或者暗示检测机构出具虚假检测报告，不得篡改或者伪造检测报告。如果检测结果利害关系人对检测结果发生争议的，由双方共同认可的检测机构复检，复检结果由提出复检方报当地建设主管部门备案。

检测机构应当将检测过程中发现的建设单位、监理单位、施工单位违反有关法律、法规和工程建设强制性标准的情况，以及涉及结构安全检测结果的不合格情况，及时报告工程所在地建设主管部门。检测机构应当建立档案管理制度，并应当单独建立检测结果不合格项目台账。

检测人员不得同时受聘于两个或者两个以上的检测机构。检测机构和检测人员不得推荐或者监制建筑材料、构配件和设备。检测机构不得与行政机关，法律、法规授权的具有管理公共事务职能的组织以及所检测工程项目相关的设计单位、施工单位、监理单位有隶属关系或者其他利害关系。

检测机构不得转包检测业务。检测机构应当对其检测数据和检测报告的真实性和准确性负责。检测机构违反法律、法规和工程建设强制性标准，给他人造成损失的，应当依法承担相应的赔偿责任。

4. 检验检测违法行为应承担的法律责任

依据《建设工程质量管理条例》的规定，施工单位未对建筑材料、建筑构配件、设备和商品混凝土进行检验，或者未对涉及结构安全的试块、试件以及有关材料取样检测的，责令改正，处 10 万元以上 20 万元以下的罚款；情节严重的，责令停业整顿，降低资质等级或者吊销资质证书；造成损失的，依法承担赔偿责任。

9.4 建设工程验收与备案制度

9.4.1 建设工程竣工验收制度

竣工验收是工程建设过程的最后一环，是全面考核基本建设成果、检验设计和工程质量的重要步骤，也是基本建设转入生产或使用的标志。通过竣工验收，一是检验设计和工程质量，保证项目按设计要求的技术经济指标正常生产；二是有关部门和单位可以总结经验教训；三是建设单位对经验收合格的项目可以及时移交固定资产，使其由基础系统转入生产系统或投入使用。

1. 建设工程竣工验收的主体

《建设工程质量管理条例》规定，建设单位收到建设工程竣工报告后，应当组织设计、施工、工程监理等有关单位进行竣工验收。

对工程进行竣工检查和验收，是建设单位法定的权利和义务。在建设工程完工后，承包单位应当向建设单位提供完整的竣工资料和竣工验收报告，提请建设单位组织竣工验收。建设单位收到竣工验收报告后，应及时组织有设计、施工、工程监理等有关单位参加的竣工验收，检查整个工程项目是否已按照设计要求和合同约定全部建设完成，并符合竣工验收条件。

2. 竣工验收应当具备的法定条件

依据《建筑法》的规定：交付竣工验收的建筑工程，必须符合规定的建筑工程质量标准，有完整的工程技术经济资料和经签署的工程保修书，并具备国家规定的其他竣工条件；建筑工程竣工经验收合格后，方可交付使用，未经验收或者验收不合格的，不得交付使用。《建设工程质量管理条例》规定，建设工程竣工验收应当具备下列条件：

（1）完成建设工程设计和合同约定的各项内容

建设工程设计和合同约定的内容，主要是指设计文件所确定的以及承包合同"承包人承揽工程项目一览表"中载明的工作范围，也包括监理工程师签发的变更通知单中所确定的工作内容。

（2）有完整的技术档案和施工管理资料

工程技术档案和施工管理资料是工程竣工验收和质量保证的重要依据之一，主要包括以下档案和资料：

1）工程项目竣工验收报告。

2）分项、分部工程和单位工程技术人员名单。

3）图纸会审和技术交底记录。

4）设计变更通知单、技术变更核实单。

5）工程质量事故发生后调查和处理资料。

6）隐蔽工程验收记录及施工日志。

7）竣工图。

8）质量检验评定资料等。

9）合同约定的其他资料。

（3）有工程使用的主要建筑材料、建筑构配件和设备的进场试验报告

对建设工程使用的主要建筑材料、建筑构配件和设备，除须具有质量合格证明资料外，还应当有进场试验、检验报告，其质量要求必须符合国家规定的标准。

（4）有勘察、设计、施工、工程监理等单位分别签署的质量合格文件

勘察、设计、施工、工程监理等有关单位要依据工程设计文件及承包合同所要求的质量标准，对竣工工程进行检查评定；符合规定的，应当签署合格文件。

（5）有施工单位签署的工程保修书

施工单位同建设单位签署的工程保修书，也是交付竣工验收的条件之一。凡是没有经过竣工验收或者经过竣工验收确定为不合格的建设工程，不得交付使用。

9.4.2　工程竣工结算的规定

依据《建筑法》的规定，发包单位应当按照合同的约定，及时拨付工程款项。《合同法》规定：建设工程竣工后，发包人应当根据施工图及说明书、国家颁发的施工验收规范和质量检验标准及时进行验收；验收合格的，发包人应当按照约定支付价款，并接收该建设工程。

1. 工程竣工结算方式

2004 年 10 月财政部、建设部发布的《建设工程价款结算暂行办法》规定，工程完工后，双方应按照约定的合同价款及合同价款调整内容以及索赔事项，进行工程竣工结算。工程竣工结算分为单位工程竣工结算、单项工程竣工结算和建设项目竣工总结算。

2. 竣工结算文件的提交

2013 年 12 月住房和城乡建设部发布的《建筑工程施工发包与承包计价管理办法》规定，工程完工后，承包方应当在约定期限内提交竣工结算文件。《建设工程价款结算暂行办法》规定，承包人应在合同约定期限内完成项目竣工结算编制工作，未在规定期限内完成的并且提不出正当理由延期的，责任自负。

3. 竣工结算文件的编审

单位工程竣工结算由承包人编制，发包人审查；实行总承包的工程，由具体承包人编制，在总包人审查的基础上，发包人审查。

单项工程竣工结算或建设项目竣工总结算由总（承）包人编制，发包人可直接进行审查，也可以委托具有相应资质的工程造价咨询机构进行审查。政府投资项目，由同级财政部门审查。单项工程竣工结算或建设项目竣工总结算经发、承包人签字盖章后有效。

《建筑工程施工发包与承包计价管理办法》规定，国有资金投资建筑工程的发包方，应当委托具有相应资质的工程造价咨询企业对竣工结算文件进行审核，并在收到竣工结算文件后的约定期限内向承包方提出由工程造价咨询企业出具的竣工结算文件审核意见；逾期未答复的，按照合同约定处理，合同没有约定的，竣工结算文件视为已被认可。非国有资金投资的建筑工程发包方，应当在收到竣工结算文件后的约定期限内予以答复，逾期未答复的，按照合同约定处理，合同没有约定的，竣工结算文件视为已被认可；发包方对竣工结算文件有异议的，应当在答复期内向承包方提出，并可以在提出异议之日起的约定期限内与承包方协商；发包方在协商期内未与承包方协商或者经协商未能与承包方达成协议的，应当委托工程造价咨询企业进行竣工结算审核，并在协商期满后的约定期限内向承包方提出由工程造价咨询企业出具的竣工结算文件审核意见。

4. 承包方异议的处理

承包方对发包方提出的工程造价咨询企业竣工结算审核意见有异议的，在接到该审核意见后一个月内，可以向有关工程造价管理机构或者有关行业组织申请调解，调解不成的，可以依法申请仲裁或者向人民法院提起诉讼。

5. 竣工结算文件的确认与备案

工程竣工结算文件经发承包双方签字确认的，应当作为工程决算的依据，未经对方同意，另一方不得就已生效的竣工结算文件委托工程造价咨询企业重复审核。发包方应当按照竣工结算文件及时支付竣工结算款。竣工结算文件应当由发包方报工程所在地县级以上地方人民政府住房城乡建设主管部门备案。

6. 竣工结算文件的审查期限

《建设工程价款结算暂行办法》规定，单项工程竣工后，承包人应在提交竣工验收报告的同时，向发包人递交竣工结算报告及完整的结算资料，发包人应按以下规定时限进行核对（审查）并提出审查意见：

1）500 万元以下，从接到竣工结算报告和完整的竣工结算资料之日起 20 天。

2）500 万~2000 万元，从接到竣工结算报告和完整的竣工结算资料之日起 30 天。

3）2000 万~5000 万元，从接到竣工结算报告和完整的竣工结算资料之日起 45 天。

4）5000 万元以上，从接到竣工结算报告和完整的竣工结算资料之日起 60 天。

建设项目竣工总结算在最后一个单项工程竣工结算审查确认后 15 天内汇总，送发包人后 30 天内审查完成。

《建筑工程施工发包与承包计价管理办法》规定，发承包双方在合同中对竣工结算文件提交、审核的期限没有明确约定的，应当按照国家有关规定执行；国家没有规定的，可认为其约定期限均为 28 日。

7. 工程竣工价款结算

《建设工程价款结算暂行办法》规定，发包人收到承包人递交的竣工结算报告及完整的结算资料后，应按以上规定的期限（合同约定有期限的，从其约定）进行核实，给予确认或者提出修改意见。

发包人根据确认的竣工结算报告向承包人支付工程竣工结算价款，保留 5% 左右的质量保证（保修）金，待工程交付使用 1 年质保期到期后清算（合同另有约定的，从其约定），质保期内如有返修，发生费用应在质量保证（保修）金内扣除。

工程竣工结算以合同工期为准，实际施工工期比合同工期提前或延后，发、承包双方应按合同约定的奖惩办法执行。

8. 索赔及合同以外零星项目工程价款结算

发、承包人未能按合同约定履行自己的各项义务或发生错误，给另一方造成经济损失的，由受损方按合同约定提出索赔，索赔金额按合同约定支付。

发包人要求承包人完成合同以外零星项目，承包人应在接受发包人要求的 7 天内就用工数量和单价、机械台班数量和单价、使用材料和金额等向发包人提出施工签证，发包人签证后施工，如发包人未签证，承包人施工后发生争议的，责任由承包人自负。

发包人和承包人要加强施工现场的造价控制，及时对工程合同外的事项如实记录并履行书面手续。凡由发、承包双方授权的现场代表签字的现场签证以及发、承包双方协商确定的索赔等费用，应在工程竣工结算中如实办理，不得因发、承包双方现场代表的中途变更改变其有效性。

9. 未按规定时限办理事项的处理

发包人收到竣工结算报告及完整的结算资料后，在《建设工程价款结算暂行办法》规定或合同约定期限内，对结算报告及资料没有提出意见，则视同认可。

承包人如未在规定时间内提供完整的工程竣工结算资料，经发包人催促后 14 天内仍未提供或没有明确答复，发包人有权根据已有资料进行审查，责任由承包人自负。

根据确认的竣工结算报告，承包人向发包人申请支付工程竣工结算款。发包人应在收到申请后 15 天内支付结算款，到期没有支付的应承担违约责任。承包人可以催告发包人支付结算价款，如达成延期支付协议，发包人应按同期银行贷款利率支付拖欠工程价款的利息。如未达成延期支付协议，承包人可以与发包人协商将该工程折价，或申请人民法院将该工程依法拍卖，承包人就该工程折价或者拍卖的价款优先受偿。

10. 工程价款结算争议处理

工程造价咨询机构接受发包人或承包人委托，编审工程竣工结算，应按合同约定和实际履约事项认真办理，出具的竣工结算报告经发、承包双方签字后生效。当事人一方对报告有异议的，可对工程结算中有异议部分，向有关部门申请咨询后协商处理，若不能达成一致，双方可按合同约定的争议或纠纷解决程序办理。

发包人对工程质量有异议，已竣工验收或已竣工未验收但实际投入使用的工程，其质量争议按该工程保修合同执行；已竣工未验收且未实际投入使用的工程以及停工、停建工程的质量争议，应当就有争议部分的竣工结算暂缓办理，双方可就有争议的工程委托有资质的检测鉴定机构进行检测，根据检测结果确定解决方案，或按工程质量监督机构的处理决定执行，其余部分的竣工结算依照约定办理。

当事人对工程造价发生合同纠纷时，可通过下列办法解决：

1）双方协商确定。

2）按合同条款约定的办法提请调解。

3）向有关仲裁机构申请仲裁或向人民法院起诉。

2004 年 10 月发布的《最高人民法院关于审理建设工程施工合同纠纷案件适用法律问题的解释》第十六条规定：当事人对建设工程的计价标准或者计价方法有约定的，按照约定结算工程价款；因设计变更导致建设工程的工程量或质量标准发生变化，当事人对该部分工程价款不能协商一致的，可以参照签订建设工程施工合同时当地建设行政主管部门发布的计价方法或者计价标准结算工程价款。

《建设工程价款结算暂行办法》规定，工程竣工后，发、承包双方应及时办清工程竣工结算。否则，工程不得交付使用，有关部门不予办理权属登记。

9.4.3 建设工程档案管理制度

1. 城市建设档案管理

《建设工程质量管理条例》规定，建设单位应当严格按照国家有关档案管理的规定，及时收集、整理建设项目各环节的文件资料，建立健全建设项目档案，并在建设工程竣工验收后，及时向建设行政主管部门或者其他有关部门移交建设项目档案。在建设工程投入使用之后，还要进行检查、维修、管理，还可能会遇到改建、扩建或拆除活动，以及在其周围进行建设活动。这些都需要参考原始的勘察、设计、施工等资料。建设单位是工程建设活动的总负责方，应当在合同中明确要求勘察、设计、施工、监理等单位分别提供工程建设各环节的文件资料，及时收集整理，建立健全建设项目档案。

2001 年 7 月建设部经修改后发布的《城市建设档案管理规定》中规定：建设单位应当在工程竣工验收后 3 个月内，向城建档案馆报送一套符合规定的建设工程档案；凡建设工程档案不齐全的，应当限期补充；对改建、扩建和重要部位维修的工程，建设单位应当组织设计、施工单位据实修改、补充和完善原建设工程档案；凡结构和平面布置等改变的，应当重新编制建设工程档案，并在工程竣工后 3 个月内向城建档案馆报送。

列入城建档案馆档案接收范围的工程，建设单位在组织竣工验收前，应当提请城建档案管理机构对工程档案进行预验收。预验收合格后，由城建档案管理机构出具工程档案认可文件。建设单位在取得工程档案认可文件后，方可组织工程竣工验收。建设行政主管部门在办理竣工验收备案时，应当查验工程档案认可文件。建设系统各专业管理部门形成的业务管理和业务技术档案，凡具有永久保存价值的，在本单位保管使用 1~5 年后，按规定全部向城建档案馆移交。有长期保存价值的档案，由城建档案馆根据城市建设的需要选择接收。

施工单位应当按照归档要求制定统一目录，有专业分包工程的，分包单位要按照总承包单位的总体安排做好各项资料整理工作，最后再由总承包单位进行审核、汇总。施工单位一般应当提交的档案资料是：

1）工程技术档案资料。

2）工程质量保证资料。

3）工程检验评定资料。

4）竣工图等。

2. 城市地下管线工程档案管理要求

城市地下管线普查和补测补绘形成的地下管线档案应当在普查、测绘结束后 3 个月内接收进馆。地下管线专业管理单位每年应当向城建档案馆报送更改、报废、漏测部分的管线现状图和资料。

2011 年 1 月住房和城乡建设部经修改后发布的《城市地下管线工程档案管理办法》规定，建设单位在地下管线工程竣工验收备案前，应当向城建档案管理机构移交下列档案资料：

1）地下管线工程项目准备阶段文件、监理文件、施工文件、竣工验收文件和竣工图。

2）地下管线竣工测量成果。

3）其他应当归档的文件资料（电子文件、工程照片、录像等）。

建设单位向城建档案管理机构移交的档案资料应当符合《建设工程文件归档规范》（GB/T 50328—2014）的要求。

《城市地下管线工程档案管理办法》规定：建设单位违反本该法规定，未移交地下管线工程档案的，由建设主管部门责令改正，处 1 万元以上 10 万元以下的罚款；对单位直接负责的主管人员和其他直接责任人员，处单位罚款数额 5% 以上 10% 以下的罚款；因建设单位未移交地下管线工程档案，造成施工单位在施工中损坏地下管线的，建设单位依法承担相应的责任。

9.4.4　竣工验收备案管理制度

《建设工程质量管理条例》确立了建设工程竣工验收备案制度。该项制度是加强政府监督管理、防止不合格工程流向社会的一个重要手段。2009 年 10 月住房和城乡建设部经修改后发布的《房屋建筑和市政基础设施工程竣工验收备案管理办法》，对房屋建筑工程和市政基础设施工程的竣工验收备案管理做出了具体规定：国务院住建行政主管部门负责全国房屋建筑工程和市政基础设施工程的竣工验收备案管理工作；县级以上地方人民政府住建行政主管部门负责本行政区域内工程的竣工验收备案管理工作。

1. 备案时间

《建设工程质量管理条例》规定：建设单位应当自建设工程竣工验收合格之日起 15 日内，将建设工程竣工验收报告和规划、公安消防、环保等部门出具的认可文件或者准许使用文件报住建行政主管部门或者其他有关部门备案；住建行政主管部门或者其他有关部门发现建设单位在竣工验收过程中有违反国家有关建设工程质量管理规定行为的，责令停止使用，重新组织竣工验收。

2. 建设单位办理工程竣工验收备案应当提交的文件

建设单位办理工程竣工验收备案应当提交下列文件：

1）工程竣工验收备案表。

2）工程竣工验收报告。竣工验收报告应当包括工程报建日期，施工许可证号，施工图设计文件审查意见，勘察、设计、施工、工程监理等单位分别签署的质量合格文件及验收人员签署的竣工验收原始文件，市政基础设施的有关质量检测和功能性试验资料以及备案机关认为需要提供的有关资料。

3）法律、行政法规规定应当由规划、环保等部门出具的认可文件或者准许使用文件。

4）法律规定应当由公安消防部门出具的对大型的人员密集场所和其他特殊建设工程验收合格的证明文件。

5）施工单位签署的工程质量保修书。

6）法规、规章规定必须提供的其他文件。

住宅工程还应当提交"住宅质量保证书"和"住宅使用说明书"。

3. 竣工验收备案文件的签收和处理

《房屋建筑和市政基础设施工程竣工验收备案管理办法》规定：备案机关收到建设单位报送的竣工验收备案文件，验证文件齐全后，应当在工程竣工验收备案表上签署文件收讫；工程竣工验收备案表一式两份，一份由建设单位保存，一份留备案机关存档。

工程质量监督机构应当在工程竣工验收之日起 5 日内，向备案机关提交工程质量监督报告。备案机关发现建设单位在竣工验收过程中有违反国家有关建设工程质量管理规定行为的，应当在收讫竣工验收备案文件 15 日内，责令停止使用，重新组织竣工验收。

4. 竣工验收备案法律责任

《房屋建筑和市政基础设施工程竣工验收备案管理办法》规定：建设单位在工程竣工验收合格之日起 15 日内未办理工程竣工验收备案的，备案机关责令限期改正，处 20 万元以上 50 万元以下罚款；建设单位将备案机关决定重新组织竣工验收的工程，在重新组织竣工验收前，擅自使用的，备案机关责令停止使用，处工程合同价款 2% 以上 4% 以下罚款；建设单位采用虚假证明文件办理工程竣工验收备案的，工程竣工验收无效，备案机关责令停止使用，重新组织竣工验收，处 20 万元以上 50 万元以下罚款，构成犯罪的，依法追究刑事责任；备案机关决定重新组织竣工验收并责令停止使用的工程，建设单位在备案之前已投入使用或者建设单位擅自继续使用造成使用人损失的，由建设单位依法承担赔偿责任。

9.5 建设工程保修制度

建设工程质量保修制度是指建设工程在办理竣工验收手续后，在规定的保修期限内，因勘察、设计、施工、材料等原因造成的质量缺陷，应当由施工承包单位负责维修、返工或更换，由责任单位负责赔偿损失。建设工程实行质量保修制度是落实建设工程质量责任的重要措施。建立健全完善的建设工程质量保修制度对于促进承包方加强质量管理，保护用户及消费者的合法权益有着重要的意义。

9.5.1　建设工程质量保修

1. 建设工程质量的保修范围及保修期限

（1）保修范围

根据《建筑法》第六十二条的规定，建筑工程保修范围包括地基基础工程、主体结构工程、屋面防水工程和其他土建工程，以及电气管线、上下水管线的安装工程，供热、供冷系统工程等项目。

（2）保修期限

根据《建设工程质量管理条例》最低保修期限为：

1）基础设施工程、房屋建筑的地基基础工程和主体结构工程，为设计文件规定的该工程的合理使用年限。

2）屋面防水工程、有防水要求的卫生间、房间和外墙面的防渗漏，为5年。

3）供热与供冷系统，2个采暖期、供冷期。

4）电气管线、给水排水管道、设备安装和装修工程，为2年。

5）其他项目的保修期限由发包方与承包方约定。

建设工程的保修期，自竣工验收合格之日起计算。因使用不当或者第三方造成的质量缺陷，以及不可抗力造成的质量缺陷，不属于法律规定的保修范围。

2. 建设工程保修的责任

建筑工程在保修范围内和保修期限内发生质量问题，由施工单位履行保修义务，但要区别保修责任的承担问题。依法由施工单位负责进行维修的并不意味着都是由施工单位承担维修责任，对于维修的经济责任的确定，应当根据具体情况，分清责任方，由责任方承担。

1）施工单位未按国家有关规范、标准和设计要求施工造成的质量缺陷，由施工单位负责返修并承担经济责任。

2）由于设计方面的原因造成的质量缺陷，由设计单位承担经济责任，由施工单位负责维修，其费用按有关规定通过建设单位向设计单位索赔；不足部分由建设单位负责。

3）因建筑材料、构配件和设备质量不合格引起的质量缺陷，属于施工单位采购的或经其验收同意的，由施工单位承担经济责任；属于建设单位采购的，由建设单位承担经济责任。

4）因使用单位使用不当造成的质量缺陷，由使用单位自行负责。

5）因地震、洪水、台风等不可抗拒造成的质量问题，施工单位、设计单位不承担责任。

对于超过合理使用年限后仍需要继续使用的建筑工程，产权所有人应委托具有相应资质等级的勘察、设计单位鉴定，并根据鉴定结果采取加固、维修等措施，重新界定使用期。

3. 建设工程保修的程序

施工单位自接到保修通知书之日起，必须在两周内到达现场与建设单位共同明确责任方、商议返修内容。属施工单位责任的，施工单位应按约定工期到达现场，如施工单位未能按期到达现场，建设单位应再次通知施工单位，施工单位自接到再次通知书的一周内仍不能到达时，建设单位有权自行返修，所发生的费用由原施工单位承担；不属于施工单位责任的，建设单位应与施工单位联系，商议维修的具体期限。

4. 建设工程质量缺陷的损害赔偿

我国《消费者权益保护法》规定，使用商品者及接受服务者受到人身、财产损害的，享有依法获得赔偿的权利。《建设工程质量管理条例》也规定，因建设工程质量缺陷造成人身、缺陷工程以外的其他财产损害的，侵害人应按有关规定，给予受害人赔偿。

根据我国《民法总则》和《产品质量法》的精神，因建设工程质量缺陷造成受害人人身伤害的，侵害人应当赔偿医疗费、因误工减少的收入、残疾者生活补助费等费用；造成受害人死亡的，并应支付丧葬费、抚恤费、死者生前抚养的人所必要的生活费用等。因建设工程质量缺陷造成受害人财产损失的，侵害人除承担返修责任外，对其他财产损失应予赔偿。

因建设工程质量存在缺陷造成损害、要求赔偿的诉讼时效期限为一年，自当事人知道或应当知道其权益受到损害时起计算。

5. 建设工程质量保修违法行为的法律责任

依据《建筑法》的规定，建筑施工企业违反本法规定，不履行保修义务的责令改正，可以处以罚款，并对在保修期内因屋顶、墙面渗漏、开裂等质量缺陷造成的损失，承担赔偿责任。

《建设工程质量管理条例》规定，施工单位不履行保修义务或者拖延履行保修义务的，责令改正，处 10 万元以上 20 万元以下的罚款，并对在保修期内因质量缺陷造成的损失承担赔偿责任。

2015 年 1 月住房和城乡建设部经修改后发布的《建筑业企业资质管理规定》规定，企业申请建筑业企业资质升级、资质增项，在申请之日起前一年至资质许可决定做出前，有未依法履行工程质量保修义务或拖延履行保修义务情形的，资质许可机关不予批准。

9.5.2 建设工程质量保证金制度

2017 年 6 月 20 日，住房和城乡建设部、财政部发布的《建设工程质量保证金管理办法》规定了建设工程质量保证金制度。建设工程质量保证金（以下简称保证金）是指发包人与承包人在建设工程承包合同中约定，从应付的工程款中预留，用以保证承包人在缺陷责任期内对建设工程出现的缺陷进行维修的资金。缺陷是指建设工程质量不符合工程建设强制性标准、设计文件，以及承包合同的约定。缺陷责任期一般为 1 年，最长不超过 2 年，由发、承包双方在合同中约定。发包人应当在招标文件中明确保证金预留、返还等内容，并与承包人在合同条款中对涉及保证金的下列事项进行约定：

  1）保证金预留、返还方式。

  2）保证金预留比例、期限。

  3）保证金是否计付利息，如计付利息，利息的计算方式。

  4）缺陷责任期的期限及计算方式。

  5）保证金预留、返还及工程维修质量、费用等争议的处理程序。

  6）缺陷责任期内出现缺陷的索赔方式。

  7）逾期返还保证金的违约金支付办法及违约责任。

  缺陷责任期内，实行国库集中支付的政府投资项目，保证金的管理应按国库集中支付的有关规定执行。其他政府投资项目，保证金可以预留在财政部门或发包方。缺陷责任期内，如发包方被撤销，保证金随交付使用资产一并移交使用单位管理，由使用单位代行发包人职责。

  社会投资项目采用预留保证金方式的，发、承包双方可以约定将保证金交由第三方金融机构托管。推行银行保函制度，承包人可以银行保函替代预留保证金。在工程项目竣工前，已经缴纳履约保证金的，发包人不得同时预留工程质量保证金。

  采用工程质量保证担保、工程质量保险等其他保证方式的，发包人不得再预留保证金。发包人应按照合同约定方式预留保证金，保证金总预留比例不得高于工程价款结算总额的3%。合同约定由承包人以银行保函替代预留保证金的，保函金额不得高于工程价款结算总额的3%。

  缺陷责任期从工程通过竣工验收之日起计。由于承包人原因导致工程无法按规定期限进行竣工验收的，缺陷责任期从实际通过竣工验收之日起计。由于发包人原因导致工程无法按规定期限进行竣工验收的，在承包人提交竣工验收报告90天后，工程自动进入缺陷责任期。缺陷责任期内，由承包人原因造成的缺陷，承包人应负责维修，并承担鉴定及维修费用。如承包人不维修也不承担费用，发包人可按合同约定从保证金或银行保函中扣除，费用超出保证金额的，发包人可按合同约定向承包人进行索赔。承包人维修并承担相应费用后，不免除对工程的损失赔偿责任。

  由他人原因造成的缺陷，发包人负责组织维修，承包人不承担费用，且发包人不得从保证金中扣除费用。缺陷责任期内，承包人认真履行合同约定的责任，到期后，承包人向发包人申请返还保证金。

  发包人在接到承包人返还保证金申请后，应于14天内会同承包人按照合同约定的内容进行核实。如无异议，发包人应当按照约定将保证金返还给承包人。对返还期限没有约定或者约定不明确的，发包人应当在核实后14天内将保证金返还承包人，逾期未返还的，依法承担违约责任。发包人在接到承包人返还保证金申请后14天内不予答复，经催告后14天内仍不予答复，视同认可承包人的返还保证金申请。发包人和承包人对保证金预留、返还以及工程维修质量、费用有争议的，按承包合同约定的争议和纠纷解决程序处理。

  建设工程实行工程总承包的，总承包单位与分包单位有关保证金的权利与义务的约定，参照《建设工程质量保证金管理办法》关于发包人与承包人相应权利与义务的约定执行。

9.6 案例分析

9.6.1 案例 1

1. 案情

发包方甲公司与承包方乙公司 2009 年 8 月签订《建设工程施工合同》，约定由乙公司承建甲公司商铺。合同约定了工程范围、工程价款、工期等，还约定"整体竣工验收合格后，发包方付清全部工程款（不含保证金，工程价款的 5%），保证金一年后付清。"案涉工程《质量保修书》约定，屋面防水工程、有防水要求的卫生间、房间和外墙面的防渗漏的保修期为 5 年，其他项目保修期均为 2 年。2011 年 9 月，涉诉工程竣工验收合格，双方结算价格为 5398 万元，甲公司已付工程款 5047 万元、保证金数额为 269.9 万元。案涉工程竣工验收合格之后因出现质量问题，乙公司进行了维修。2012 年 10 月乙公司起诉请求甲公司给付剩余工程款 351 万元及利息。

第一审法院认为，甲公司应当承担给付工程款的义务，但乙公司请求返还保证金 269.9 万元不予支持。其理由是：首先，双方当事人均认可案涉工程在保修期内出现质量问题；其次，根据《建设工程质量管理条例》第四十一条规定，施工单位应当履行保修义务并对造成的损失承担赔偿责任；再次，双方当事人虽在建设工程施工合同中约定保证金在竣工验收合格一年后付清，但在《质量保修书》中另有约定，返还保证金期限明显短于涉诉工程的保修期，而涉诉工程到本案第一审辩论终结之日为止已出现质量问题，如支持返还保证金，会因质量维修推诿致使众多业主利益受损，也会使《建设工程质量管理条例》中关于保修期的规定无法落实。综上情况，甲公司应在涉诉工程竣工验收合格满 5 年后返还保证金为宜，届时乙公司可另行主张。

乙公司不服第一审判决提起上诉。第二审法院认为：双方当事人对发包人在应付工程款中预留的保证金返还约定为竣工验收合格 1 年后，现验收合格已满 1 年，乙公司请求按照约定返还质量保证金应予支持。

2. 案例评析

按照建设部《建设工程质量保证金管理暂行办法》的规定，建设工程质量保证金是指发包人与承包人在建设工程承包合同中约定，从应付的工程款中预留，用以保证承包人在缺陷责任期内对建设工程出现的缺陷进行维修的资金。《建筑法》规定：交付竣工验收的建筑工程，必须符合规定的建筑工程质量标准，有完整的工程技术资料和经签署的工程保修书，并具备国家规定的其他竣工条件。建筑工程的保修范围应当包括地基基础工程、主体结构工程、屋面防水工程和其他土建工程，以及电气管线、上下水管线的安装工程，供热、供冷系统工程等项目；保修的期限应当按照保证建筑物合理寿命年限内正常使用，维护使用者合法权益的原则确定。综上，建筑工程质量保修制度是指建筑工程在办理竣工验收手续后，在规定的保修期限内，因勘察、设计、施工、材料等原因造成质量缺陷，应当由施工承包单位负责维修、返工或更换，由责任单位负责赔偿损失。质量缺陷是指工程不符合国家或行业现行的有关技术标准、设计文件以及合同中对质量的要求等。

缺陷责任期与保修期不同。缺陷责任期是承包人按照合同约定承担缺陷修复义务，且发包人预留质量保证金的期限，自工程实际竣工日期起算。保修期是指承包人按照合同约定对工程承担保修责任的期限。根据《建设工程质量管理条例》，建设工程因保修范围不同保修期限也有差异。当事人可以约定保修期限，但不能低于法定期限。依照《建设工程质量保证金管理暂行办法》，缺陷是指建设工程质量不符合工程建设强制性标准、设计文件，以及承包合同的约定。缺陷责任期一般为 6 个月、12 个月或 24 个月，具体可由发、承包双方在合同中约定。工程保修阶段包括缺陷责任期与工程保修期，在缺陷责任期内，承包人当然承担保修义务，即缺陷责任期内，承包人的保修责任与缺陷修复责任是重合的。但质量保证金并非保修费用，该金额虽由发包人预先扣留，但仍属于承包人所有，如果承包人经通知不履行缺陷修复义务，则发包人可以委托他人修复，并从中扣除修复费用，在缺陷责任期满后将剩余部分退还承包人。

发包人退还质量保证金并不影响承包人依照合同约定或法律规定履行工程保修义务。《建设工程质量管理条例》第四十一条规定，建设工程在保修范围和保修期限内发生质量问题的，施工单位应当履行保修义务，并对造成的损失承担赔偿责任。《最高人民法院关于审理建设工程施工合同纠纷案件适用法律若干问题的解释》第二十七条规定，因保修人未及时履行保修义务，导致建筑物毁损或者造成人身、财产损害的，保修人应当承担赔偿责任。

保修责任具体而言，针对的是保修范围和保修期限内发生的质量问题，包括：

1）施工单位未按国家有关规范、标准和设计要求施工造成质量缺陷，由施工单位负责维修并承担经济责任。

2）由于设计方面原因造成质量缺陷，先由施工单位负责维修，其经济责任按有关规定通过建设单位向设计单位索赔。

3）因建筑材料、构配件和设备质量问题不合格引起的质量缺陷，先由施工单位负责维修，其经济责任属于施工单位采购的或经其验收同意的，由施工单位承担经济责任；属于建设单位采购的，由建设单位承担经济责任。

4）因建设单位（含监理单位）错误管理造成的质量缺陷，先由施工单位负责维修，其经济责任由建设单位承担，如属监理单位责任，则由建设单位向监理单位索赔。

5）因使用单位使用不当造成的损坏问题，先由施工单位负责维修，其经济责任由使用单位自行负责。损失范围既包括因工程质量造成的直接损失，即用于返修的费用，也包括间接损失，如给使用人或第三人造成的财产或非财产损失。

所以，当事人对发包人在应付工程款中预留的工程质量保证金返还有约定，承包人请求按照约定返还工程质量保证金的，应予支持。发包人返还工程质量保证金后，不影响承包人依照合同约定或法律规定履行工程保修义务。

9.6.2　案例 2

1. 案情

某市一座步行桥突然整体垮塌，数十名过桥者随大桥坠入桥下的河流，造成了严重伤亡事故。这次因工程质量导致的重大责任事故，共造成 40 人死亡并造成了重大的经济损失。这次事故从设计到施工到管理都存在问题，属设计者及施工者等多方的共同责任。责任人林某、张某、赵某、贺某、费某等人，分别因受贿罪、玩忽职守罪、重大工程重大安全事故罪、玩忽职守罪等罪名，被判处有期徒刑 6 年至死刑，并对其中部分责任人处以 2 万至 50

万元罚款。

2. 案例评析

这次事故伤亡重大，事故主要原因包括工程质量问题、工程承发包违法以及管理不善等：

1）工程质量方面：该桥的主要受力拱架钢管焊接质量不合格，存在严重缺陷，个别焊缝有陈旧性裂痕；钢管内混凝土抗压强度不足，低于设计强度等级的1/3；连接桥梁、桥面和拱架的拉索、锚具严重锈蚀。

2）发包承包方面：违反《建筑法》《建设工程质量管理条例》等法律、法规：未办理立项及审批手续；未办理规划、国土手续；未进行设计审查；未进行施工招标投标；未办理建筑施工许可手续；未进行工程竣工验收；设计、施工主体资格不合格；由私人设计，非法出图；施工承包主体不合法；挂靠承包，严重违规。

第10章

现代绿色施工相关法律制度

10.1 节能规定

10.1.1 建筑节约能源的规定

1. 节能的含义

能源是指煤炭、石油、天然气、生物质能和电力、热力以及其他直接或者通过加工、转换而取得有用能的各种资源。节约能源是指加强用能管理,采取技术上可行、经济上合理以及环境和社会可以承受的措施,从能源生产到消费的各个环节,降低消耗、减少损失和污染物排放、制止浪费,有效、合理地利用能源。节约资源是我国的基本国策。

建筑节能是要解决建设项目建成后使用过程中的节能问题。2008 年 8 月颁布的《民用建筑节能条例》规定,民用建筑节能是指在保证民用建筑使用功能和室内热环境质量的前提下,降低其使用过程中能源消耗的活动。

施工节能是要解决施工过程中的节约能源问题,《绿色施工导则》规定,绿色施工是指工程建设中,在保证质量、安全等基本要求的前提下,通过科学管理和技术进步,最大限度地节约资源与减少对环境负面影响的施工活动,实现四节一环保(节能、节地、节水、节材和环境保护)。

2. 节能的政策与循环经济的要求

2016 年 7 月经修改后公布的《中华人民共和国节约能源法》(以下简称《节约能源法》)规定:国家实行有利于节能和环境保护的产业政策,限制发展高耗能、高污染行业,发展节能环保型产业;国家对落后的耗能过高的用能产品、设备和生产工艺实行淘汰制度;禁止使用国家明令淘汰的用能设备、生产工艺;国家鼓励企业制定严于国家标准、行业标准的企业节能标准。

用能单位应当按照合理用能的原则,加强节能管理,制定并实施节能计划和节能技术措施,降低能源消耗。用能单位应当建立节能目标责任制,对节能工作取得成绩的集体、个人给予奖励。用能单位应当定期开展节能教育和岗位节能培训。

用能单位应当加强能源计量管理，按照规定配备和使用经依法检定合格的能源计量器具。用能单位应当建立能源消费统计和能源利用状况分析制度，对各类能源的消费实行分类计量和统计，并确保能源消费统计数据真实、完整。任何单位不得对能源消费实行包费制。

循环经济是指在生产、流通和消费等过程中进行的减量化、再利用、资源化活动的总称。减量化是指在生产、流通和消费等过程中减少资源消耗和废物产生。再利用是指将废物直接作为产品或者经修复、翻新、再制造后继续作为产品使用，或者将废物的全部或者部分作为其他产品的部件予以使用。资源化是指将废物直接作为原料进行利用或者对废物进行再生利用。

2008 年 8 月颁布的《中华人民共和国循环经济促进法》（以下简称《循环经济促进法》）规定：发展循环经济应当在技术可行、经济合理和有利于节约资源、保护环境的前提下，按照减量化优先的原则实施；在废物再利用和资源化过程中，应当保障生产安全，保证产品质量符合国家规定的标准，并防止产生再次污染；企业事业单位应当建立健全管理制度，采取措施，降低资源消耗，减少废物的产生量和排放量，提高废物的再利用和资源化水平；国务院循环经济发展综合管理部门会同国务院环境保护等有关主管部门，定期发布鼓励、限制和淘汰的技术、工艺、设备、材料和产品名录；禁止生产、进口、销售列入淘汰名录的设备、材料和产品，禁止使用列入淘汰名录的技术、工艺、设备和材料。

3. 建筑节能的规定

《节约能源法》规定，国家实行固定资产投资项目节能评估和审查制度。不符合强制性节能标准的项目，建设单位不得开工建设；已经建成的，不得投入生产、使用。政府投资项目不符合强制性节能标准的，依法负责项目审批的机关不得批准建设。具体办法由国务院管理节能工作的部门会同国务院有关部门制定。

《民用建筑节能条例》规定：国家鼓励和扶持在新建建筑和既有建筑节能改造中采用太阳能、地热能等可再生能源；在具备太阳能利用条件的地区，有关地方人民政府及其部门应当采取有效措施，鼓励和扶持单位、个人安装使用太阳能热水系统、照明系统、供热系统、采暖制冷系统等太阳能利用系统。

建筑工程的建设、设计、施工和监理单位应当遵守建筑节能标准。国家推广使用民用建筑节能的新技术、新工艺、新材料和新设备，限制使用或者禁止使用能源消耗高的技术、工艺、材料和设备。国家限制进口或者禁止进口能源消耗高的技术、材料和设备。建设单位、设计单位、施工单位不得在建筑活动中使用列入禁止使用目录的技术、工艺、材料和设备。

既有建筑节能改造是指对不符合民用建筑节能强制性标准的既有建筑的围护结构、供热系统、采暖制冷系统、照明设备和热水供应设施等实施节能改造的活动。实施既有建筑节能改造，应当符合民用建筑节能强制性标准，优先采用遮阳、改善通风等低成本改造措施。既有建筑围护结构的改造和供热系统的改造应当同步进行。

（1）施工图审查机构的节能义务

施工图设计文件审查机构应当按照民用建筑节能强制性标准对施工图设计文件进行审查；经审查不符合民用建筑节能强制性标准的，县级以上地方人民政府建设主管部门不得颁发施工许可证。

（2）建设单位的节能义务

建设单位不得明示或者暗示设计单位、施工单位违反民用建筑节能强制性标准进行设计、施工，不得明示或者暗示施工单位使用不符合施工图设计文件要求的墙体材料、保温材料、门窗、采暖制冷系统和照明设备。

按照合同约定由建设单位采购墙体材料、保温材料、门窗、采暖制冷系统和照明设备的，建设单位应当保证其符合施工图设计文件要求。建设单位组织竣工验收，应当对民用建筑是否符合民用建筑节能强制性标准进行查验；对不符合民用建筑节能强制性标准的，不得出具竣工验收合格报告。

（3）设计单位、施工单位、工程监理单位的节能义务

设计单位、施工单位、工程监理单位及其注册执业人员，应当按照民用建筑节能强制性标准进行设计、施工、监理。

施工单位应当对进入施工现场的墙体材料、保温材料、门窗、采暖制冷系统和照明设备进行查验；不符合施工图设计文件要求的，不得使用。

工程监理单位发现施工单位不按照民用建筑节能强制性标准施工的，应当要求施工单位改正；施工单位拒不改正的，工程监理单位应当及时报告建设单位，并向有关主管部门报告。墙体、屋面的保温工程施工时，监理工程师应当按照工程监理规范的要求，采取旁站、巡视和平行检验等形式实施监理。未经监理工程师签字，墙体材料、保温材料、门窗、采暖制冷系统和照明设备不得在建筑上使用或者安装，施工单位不得进行下一道工序的施工。

10.1.2　建设工程项目的节能管理

1. 节能管理的基本思路

依据《节约能源法》，我国进行节能管理的基本思路包括：

（1）节能计划编制

国务院和县级以上地方各级人民政府应当将节能工作纳入国民经济和社会发展规划、年度计划，并组织编制和实施节能中长期专项规划、年度节能计划。

国务院和县级以上地方各级人民政府每年向本级人民代表大会或者其常务委员会报告节能工作。

（2）节能考核评价

国家实行节能目标责任制和节能考核评价制度，将节能目标完成情况作为对地方人民政府及其负责人考核评价的内容。

省、自治区、直辖市人民政府每年向国务院报告节能目标责任的履行情况。

（3）节能产业政策

国家实行有利于节能和环境保护的产业政策，限制发展高耗能、高污染行业，发展节能环保型产业。

国务院和省、自治区、直辖市人民政府应当加强节能工作，合理调整产业结构、企业结构、产品结构和能源消费结构，推动企业降低单位产值能耗和单位产品能耗，淘汰落后的生产能力，改进能源的开发、加工、转换、输送、储存和供应，提高能源利用效率。国家鼓励、支持开发和利用新能源、可再生能源。

（4）节能技术创新

国家鼓励、支持节能科学技术的研究、开发、示范和推广，促进节能技术创新与进步。国家开展节能宣传和教育，将节能知识纳入国民教育和培训体系，普及节能科学知识，增强

全民的节能意识，提倡节约型的消费方式。

（5）节能监督

任何单位和个人都应当依法履行节能义务，有权检举浪费能源的行为。新闻媒体应当宣传节能法律、法规和政策，发挥舆论监督作用。国务院管理节能工作的部门主管全国的节能监督管理工作。国务院有关部门在各自的职责范围内负责节能监督管理工作，并接受国务院管理节能工作的部门的指导。县级以上地方各级人民政府管理节能工作的部门负责本行政区域内的节能监督管理工作。县级以上地方各级人民政府有关部门在各自的职责范围内负责节能监督管理工作，并接受同级管理节能工作的部门的指导。

2. 建筑节能

《节约能源法》对于建筑节能提出了原则性规定：

（1）建筑节能的监督管理

国务院建设主管部门负责全国建筑节能的监督管理工作。县级以上地方各级人民政府建设主管部门负责本行政区域内建筑节能的监督管理工作。县级以上地方各级人民政府建设主管部门会同同级管理节能工作的部门编制本行政区域内的建筑节能规划。建筑节能规划应当包括既有建筑节能改造计划。

（2）建筑节能制度

1）室内温度控制制度。使用空调采暖、制冷的公共建筑应当实行室内温度控制制度。具体办法由国务院建设主管部门制定。

2）分户计量、按照用热量收费的制度。国家采取措施，对实行集中供热的建筑分步骤实行供热分户计量、按照用热量收费的制度。新建建筑或者对既有建筑进行节能改造，应当按照规定安装用热计量装置、室内温度调控装置和供热系统调控装置。具体办法由国务院建设主管部门会同国务院有关部门制定。

（3）发展节能产品制度。县级以上地方各级人民政府有关部门应当加强城市节约用电管理，严格控制公用设施和大型建筑物装饰性景观照明的能耗。国家鼓励在新建建筑和既有建筑节能改造中使用新型墙体材料等节能建筑材料和节能设备，安装和使用太阳能等可再生能源利用系统。

3. 鼓励发展的建筑节能技术及产品

根据 2006 年施行的《民用建筑节能管理规定》（建设部令第 143 号），鼓励发展下列建筑节能技术和产品：

1）新型节能墙体和屋面的保温、隔热技术与材料。

2）节能门窗的保温隔热和密闭技术。

3）集中供热和热、电、冷联产联供技术。

4）供热采暖系统温度调控和分户热量计量技术与装置。

5）太阳能、地热等可再生能源应用技术及设备。

6）建筑照明节能技术与产品。

7）空调制冷节能技术与产品。

8）其他技术成熟、效果显著的节能技术和节能管理技术。

从事建筑节能及相关管理活动的单位，应当对其从业人员进行建筑节能标准与技术等专业知识的培训。

10.1.3　施工节能的规定

《循环经济促进法》规定：建筑设计、建设、施工等单位应当按照国家有关规定和标准，对其设计、建设、施工的建筑物及构筑物采用节能、节水、节地、节材的技术工艺和小型、轻型、再生产品；有条件的地区，应当充分利用太阳能、地热能、风能等可再生能源；国家鼓励利用无毒无害的固体废物生产建筑材料，鼓励使用散装水泥，推广使用预拌混凝土和预拌砂浆；禁止损毁耕地烧砖；在国务院或者省、自治区、直辖市人民政府规定的期限和区域内，禁止生产、销售和使用黏土砖。

《绿色施工导则》规定：

1. 节材与材料资源利用技术

（1）节材措施

1）图纸会审时，应审核节材与材料资源利用的相关内容，达到材料损耗率比定额损耗率降低 30%。

2）根据施工进度、库存情况等合理安排材料的采购、进场时间和批次，减少库存。

3）现场材料堆放有序。储存环境适宜，措施得当。保管制度健全，责任落实。

4）材料运输工具适宜，装卸方法得当，防止损坏和遗撒。根据现场平面布置情况就近卸载，避免和减少二次搬运。

5）采取技术和管理措施提高模板、脚手架等的周转次数。

6）优化安装工程的预留、预埋、管线路径等方案。

7）应就地取材，施工现场 500km 以内生产的建筑材料用量占建筑材料总重量的 70% 以上。

（2）结构材料

1）推广使用预拌混凝土和商品砂浆。准确计算采购数量、供应频率、施工速度等，在施工过程中动态控制。结构工程使用散装水泥。

2）推广使用高强度钢筋和高性能混凝土，减少资源消耗。

3）推广钢筋专业化加工和配送。

4）优化钢筋配料和钢构件下料方案。钢筋及钢结构制作前应对下料单及样品进行复核，无误后方可批量下料。

5）优化钢结构制作和安装方法。大型钢结构宜采用工厂制作，现场拼装；宜采用分段吊装、整体提升、滑移、顶升等安装方法，减少方案的措施用材量。

6）采取数字化技术，对大体积混凝土、大跨度结构等专项施工方案进行优化。

（3）围护材料

1）门窗、屋面、外墙等围护结构选用耐候性及耐久性良好的材料，施工确保密封性、防水性和保温隔热性。

2）门窗采用密封性、保温隔热性能、隔音性能良好的型材和玻璃等材料。

3）屋面材料、外墙材料具有良好的防水性能和保温隔热性能。

4）当屋面或墙体等部位采用基层加设保温隔热系统的方式施工时，应选择高效节能、耐久性好的保温隔热材料，以减小保温隔热层的厚度及材料用量。

5）屋面或墙体等部位的保温隔热系统采用专用的配套材料，以加强各层次之间的粘结或连接强度，确保系统的安全性和耐久性。

6）根据建筑物的实际特点，优选屋面或外墙的保温隔热材料系统和施工方式，例如保温板粘贴、保温板干挂、聚氨酯硬泡喷涂、保温浆料涂抹等，以保证保温隔热效果，并减少材料浪费。

7）加强保温隔热系统与围护结构的节点处理，尽量降低热桥效应。针对建筑物的不同部位保温隔热特点，选用不同的保温隔热材料及系统，以做到经济适用。

（4）装饰装修材料

1）贴面类材料在施工前，应进行总体排版策划，减少非整块材的数量。

2）采用非木质的新材料或人造板材代替木质板材。

3）防水卷材、壁纸、油漆及各类涂料基层必须符合要求，避免起皮、脱落。各类油漆及粘结剂应随用随开启，不用时及时封闭。

4）幕墙及各类预留预埋应与结构施工同步。

5）木制品及木装饰用料、玻璃等各类板材等宜在工厂采购或定制。

6）采用自粘类片材，减少现场液态粘结剂的使用量。

（5）周转材料

1）应选用耐用、维护与拆卸方便的周转材料和机具。

2）优先选用制作、安装、拆除一体化的专业队伍进行模板工程施工。

3）模板应以节约自然资源为原则，推广使用定型钢模、钢框竹模、竹胶板。

4）施工前应对模板工程的方案进行优化。多层、高层建筑使用可重复利用的模板体系，模板支撑宜采用工具式支撑。

5）优化高层建筑的外脚手架方案，采用整体提升、分段悬挑等方案。

6）推广采用外墙保温板替代混凝土施工模板的技术。

7）现场办公和生活用房采用周转式活动房。现场围挡应最大限度地利用已有围墙，或采用装配式可重复使用围挡封闭。力争工地临时用房、临时围挡材料的可重复使用率达到70%。

2. 节水与水资源利用

（1）提高用水效率

1）施工中采用先进的节水施工工艺。

2）施工现场喷洒路面、绿化浇灌不宜使用市政自来水。现场搅拌用水、养护用水应采取有效的节水措施，严禁无措施浇水养护混凝土。

3）施工现场供水管网应根据用水量设计布置，管径合理、管路简捷，采取有效措施减少管网和用水器具的漏损。

4）现场机具、设备、车辆冲洗用水必须设立循环用水装置。施工现场办公区、生活区的生活用水采用节水系统和节水器具，提高节水器具配置比率。项目临时用水应使用节水型产品，安装计量装置，采取针对性的节水措施。

5）施工现场建立可再利用水的收集处理系统，使水资源得到梯级循环利用。

6）施工现场分别对生活用水与工程用水确定用水定额指标，并分别计量管理。

7）大型工程的不同单项工程、不同标段、不同分包生活区，凡具备条件的应分别计量用水量。在签订不同标段分包或劳务合同时，将节水定额指标纳入合同条款，进行计量考核。

8）对混凝土搅拌站点等用水集中的区域和工艺点进行专项计量考核。施工现场建立雨水、中水或可再利用水的搜集利用系统。

（2）非传统水源利用

1）优先采用中水搅拌、中水养护，有条件的地区和工程应收集雨水养护。

2）处于基坑降水阶段的工地，宜优先采用地下水作为混凝土搅拌用水、养护用水、冲洗用水和部分生活用水。

3）现场机具、设备、车辆冲洗，喷洒路面，绿化浇灌等用水，优先采用非传统水源，尽量不使用市政自来水。

4）大型施工现场，尤其是雨量充沛地区的大型施工现场应建立雨水收集利用系统，充分收集自然降水用于施工和生活中适宜的部位。

5）力争施工中非传统水源和循环水的再利用量大于30%。

（3）用水安全

在非传统水源和现场循环再利用水的使用过程中，应制定有效的水质检测与卫生保障措施，确保避免对人体健康、工程质量以及周围环境产生不良影响。

3. 节能与能源利用

（1）节能措施

1）制定合理施工能耗指标，提高施工能源利用率。

2）优先使用国家、行业推荐的节能、高效、环保的施工设备和机具，如选用变频技术的节能施工设备等。

3）施工现场分别设定生产、生活、办公和施工设备的用电控制指标，定期进行计量、核算、对比分析，并有预防与纠正措施。

4）在施工组织设计中，合理安排施工顺序、工作面，以减少作业区域的机具数量，相邻作业区充分利用共有的机具资源。安排施工工艺时，应优先考虑耗用电能的或其他能耗较少的施工工艺。避免设备额定功率远大于使用功率或超负荷使用设备的现象。

5）根据当地气候和自然资源条件，充分利用太阳能、地热等可再生能源。

（2）机械设备与机具

1）建立施工机械设备管理制度，开展用电、用油计量，完善设备档案，及时做好维修保养工作，使机械设备保持低耗、高效的状态。

2）选择功率与负载相匹配的施工机械设备，避免大功率施工机械设备低负载长时间运行。机电安装可采用节电型机械设备，如逆变式电焊机和能耗低、效率高的手持电动工具等，以利节电。机械设备宜使用节能型油料添加剂，在可能的情况下，考虑回收利用，节约油量。

3）合理安排工序，提高各种机械的使用率和满载率，降低各种设备的单位耗能。

（3）生产、生活及办公临时设施

1）利用场地自然条件，合理设计生产、生活及办公临时设施的体形、朝向、间距和窗墙面积比，使其获得良好的日照、通风和采光。南方地区可根据需要在其外墙窗设遮阳设施。

2）临时设施宜采用节能材料，墙体、屋面使用隔热性能好的材料，减少夏天空调、冬天取暖设备的使用时间及耗能量。

3）合理配置采暖、空调、风扇数量，规定使用时间，实行分段分时使用，节约用电。

（4）施工用电及照明

1）临时用电优先选用节能电线和节能灯具，临电线路合理设计、布置，临电设备宜采用自动控制装置。采用声控、光控等节能照明灯具。

2）照明设计以满足最低照度为原则，照度不应超过最低照度的20%。

4. 节地与施工用地保护

（1）临时用地指标

1）根据施工规模及现场条件等因素合理确定临时设施，如临时加工厂、现场作业棚及材料堆场、办公生活设施等的占地指标。临时设施的占地面积应按用地指标所需的最低面积设计。

2）要求平面布置合理、紧凑，在满足环境、职业健康与安全及文明施工要求的前提下尽可能减少废弃地和死角，临时设施占地面积有效利用率大于90%。

（2）临时用地保护

1）应对深基坑施工方案进行优化，减少土方开挖和回填量，最大限度地减少对土地的扰动，保护周边自然生态环境。

2）红线外临时占地应尽量使用荒地、废地，少占用农田和耕地。工程完工后，及时对红线外占地恢复原地形、地貌，使施工活动对周边环境的影响降至最低。

3）利用和保护施工用地范围内原有绿色植被。对于施工周期较长的现场，可按建筑永久绿化的要求，安排场地新建绿化。

（3）施工总平面布置

1）施工总平面布置应做到科学、合理，充分利用原有建筑物、构筑物、道路、管线为施工服务。

2）施工现场搅拌站、仓库、加工厂、作业棚、材料堆场等布置应尽量靠近已有交通线路或即将修建的正式或临时交通线路，缩短运输距离。

3）临时办公和生活用房应采用经济、美观、占地面积小、对周边地貌环境影响较小，且适合于施工平面布置动态调整的多层轻钢活动板房、钢骨架水泥活动板房等标准化装配式结构。生活区与生产区应分开布置，并设置标准的分隔设施。

4）施工现场围墙可采用连续封闭的轻钢结构预制装配式活动围挡，减少建筑垃圾，保护土地。

5）施工现场道路按照永久道路和临时道路相结合的原则布置。施工现场内形成环形通路，减少道路占用土地。

6）临时设施布置应注意远近结合（本期工程与下期工程），努力减少和避免大量临时建筑拆迁和场地搬迁。

10.1.4　违法行为应承担的法律责任

1. 违反建筑节能标准违法行为应承担的法律责任

《节约能源法》规定：设计单位、施工单位、监理单位违反建筑节能标准的，由建设主管部门责令改正，处10万元以上50万元以下罚款；情节严重的，由颁发资质证书的部门降低资质等级或者吊销资质证书；造成损失的，依法承担赔偿责任。

《民用建筑节能条例》规定：注册执业人员未执行民用建筑节能强制性标准的，由县级以上人民政府建设主管部门责令停止执业 3 个月以上 1 年以下；情节严重的，由颁发资格证书的部门吊销执业资格证书，5 年内不予注册。

（1）建设单位的法律责任

建设单位有下列行为之一的，由县级以上地方人民政府建设主管部门责令改正，处 20 万元以上 50 万元以下的罚款：

1）明示或者暗示设计单位、施工单位违反民用建筑节能强制性标准进行设计、施工的。

2）明示或者暗示施工单位使用不符合施工图设计文件要求的墙体材料、保温材料、门窗、采暖制冷系统和照明设备的。

3）采购不符合施工图设计文件要求的墙体材料、保温材料、门窗、采暖制冷系统和照明设备的。

4）使用列入禁止使用目录的技术、工艺、材料和设备的。

建设单位对不符合民用建筑节能强制性标准的民用建筑项目出具竣工验收合格报告的，由县级以上地方人民政府建设主管部门责令改正，处民用建筑项目合同价款 2% 以上 4% 以下的罚款；造成损失的，依法承担赔偿责任。

（2）设计单位的法律责任

设计单位未按照民用建筑节能强制性标准进行设计，或者使用列入禁止使用目录的技术、工艺、材料和设备的，由县级以上地方人民政府建设主管部门责令改正，处 10 万元以上 30 万元以下的罚款；情节严重的，由颁发资质证书的部门责令停业整顿，降低资质等级或者吊销资质证书；造成损失的，依法承担赔偿责任。

（3）施工单位的法律责任

施工单位未按照民用建筑节能强制性标准进行施工的，由县级以上地方人民政府建设主管部门责令改正，处民用建筑项目合同价款 2% 以上 4% 以下的罚款；情节严重的，由颁发资质证书的部门责令停业整顿，降低资质等级或者吊销资质证书；造成损失的，依法承担赔偿责任。

施工单位有下列行为之一的，由县级以上地方人民政府建设主管部门责令改正，处 10 万元以上 20 万元以下的罚款；情节严重的，由颁发资质证书的部门责令停业整顿，降低资质等级或者吊销资质证书；造成损失的，依法承担赔偿责任：

1）未对进入施工现场的墙体材料、保温材料、门窗、采暖制冷系统和照明设备进行查验的。

2）使用不符合施工图设计文件要求的墙体材料、保温材料、门窗、采暖制冷系统和照明设备的。

3）使用列入禁止使用目录的技术、工艺、材料和设备的。

（4）工程监理单位的法律责任

工程监理单位有下列行为之一的，由县级以上地方人民政府建设主管部门责令限期改正；逾期未改正的，处 10 万元以上 30 万元以下的罚款；情节严重的，由颁发资质证书的部门责令停业整顿，降低资质等级或者吊销资质证书；造成损失的，依法承担赔偿责任：

1）未按照民用建筑节能强制性标准实施监理的。

2）墙体、屋面的保温工程施工时，未采取旁站、巡视和平行检验等形式实施监理的。

对不符合施工图设计文件要求的墙体材料、保温材料、门窗、采暖制冷系统和照明设备，按照符合施工图设计文件要求签字的，依照《建设工程质量管理条例》第六十七条的规定处罚。

2. 使用黏土砖及其他施工节能违法行为应承担的法律责任

《循环经济促进法》规定，在国务院或者省、自治区、直辖市人民政府规定禁止生产、销售、使用黏土砖的期限或者区域内生产、销售或者使用黏土砖的，由县级以上地方人民政府指定的部门责令限期改正；有违法所得的，没收违法所得；逾期继续生产、销售的，由地方人民政府工商行政管理部门依法吊销营业执照。

3. 用能单位违法行为应承担的法律责任

1）《节约能源法》规定：用能单位未按照规定配备、使用能源计量器具的，由产品质量监督部门责令限期改正；逾期不改正的，处 1 万元以上 5 万元以下罚款。

2）瞒报、伪造、篡改能源统计资料或者编造虚假能源统计数据的，依照《中华人民共和国统计法》的规定处罚。

3）无偿向本单位职工提供能源或者对能源消费实行包费制的，由管理节能工作的部门责令限期改正；逾期不改正的，处 5 万元以上 20 万元以下罚款。

《循环经济促进法》规定：进口列入淘汰名录的设备、材料或者产品的，由海关责令退运，可以处 10 万元以上 100 万元以下的罚款；进口者不明的，由承运人承担退运责任，或者承担有关处置费用。

10.2 噪声污染防治

环境噪声是指在工业生产、建筑施工、交通运输和社会生活中所产生的干扰周围生活环境的声音。环境噪声污染则是指产生的环境噪声超过国家规定的环境噪声排放标准，并干扰他人正常生活、工作和学习的现象。

在工程建设领域，环境噪声污染的防治主要包括两个方面：一是施工现场环境噪声污染的防治；二是建设项目环境噪声污染的防治。前者主要解决建设工程施工过程中产生的施工噪声污染问题，后者则是要解决建设项目建成后使用过程中可能产生的环境噪声污染问题。

10.2.1 施工现场环境噪声污染的防治

施工噪声是指在建设工程施工过程中产生的干扰周围生活环境的声音。随着城市化的持续发展和大规模的工程建设，施工噪声污染问题日益突出，尤其是在城市中心地区施工所产生的噪声污染，不仅影响周围居民的正常生活，还损害城市的环境形象。施工单位与周边居民因噪声引发的纠纷时有发生，群众投诉也日渐增多。因此，依法加强施工现场噪声管理、有效防治施工噪声污染是非常必要的。

1. 建筑施工场界环境噪声排放标准的规定

2018 年 12 月经修改后颁布的《中华人民共和国环境噪声污染防治法》（以下简称《环境噪声污染防治法》）规定，在城市市区范围内向周围生活环境排放建筑施工噪声的，应当符合国家规定的建筑施工场界环境噪声排放标准。

　　所谓建筑施工噪声，是指建筑施工过程中产生的干扰周围生活环境的声音。建筑施工场界是指由有关主管部门批准的建筑施工场地边界或建筑施工过程中实际使用的施工场地边界。2011 年 12 月经修订后颁布的《建筑施工场界环境噪声排放标准》（GB 12523—2011）规定，建筑施工过程中场界环境噪声不得超过规定的排放限值。建筑施工场界环境噪声排放限值，昼间 70dB（A），夜间 55dB（A）。夜间噪声最大声级超过限值的幅度不得高于 15dB（A）。当场界距噪声敏感建筑物较近，其室外不满足测量条件时，可在噪声敏感建筑物室内测量，并将相应的限值减 10dB（A）作为评价依据。

　　"昼间"是指 6：00 至 22：00 之间的时段，"夜间"是指 22：00 至次日 6：00 之间的时段。县级以上人民政府为环境噪声污染防治的需要（如考虑时差、作息习惯差异等）而对昼间、夜间的划分另有规定的，应按其规定执行。dB 是英文 Decibel（分贝）的缩写，是噪声强度的单位。（A）是指频率加权特性为 A，A 计权声级是目前世界上噪声测量中应用最广泛的一种。

2. 建筑施工场界环境噪声测量方法

（1）测量仪器

　　测量仪器为积分平均声级计或噪声自动监测仪，其性能应不低于《电声学　声级计第 1 部分：规范》（GB/T 3785.1—2010）对仪器的要求。测量仪器和校准仪器应定期检定合格，并在有效使用期限内使用；每次测量前、后必须在测量现场进行声学校准，其前、后校准的测量仪器示值偏差不得大于 0.5dB（A），否则测量结果无效。测量时传声器加防风罩。测量仪器时间计权特性设为快（F）档。

（2）测量条件与要求

　　测量应在无雨雪、无雷电天气，风速为 5m/s 以下时进行。根据施工场地周围噪声敏感建筑物位置和声源位置的布局，测点应设在对噪声敏感建筑物影响较大、距离较近的位置。一般情况测点设在建筑施工场界外 1m，高度 1.2m 以上的位置。

　　当场界有围墙且周围有噪声敏感建筑物时，测点应设在场界外 1m，高于围墙 0.5m 以上的位置，且位于施工噪声影响的声照射区域。当场界无法测量到声源的实际排放时，如声源位于高空、场界有声屏障、噪声敏感建筑物高于场界围墙等情况，测点可设在噪声敏感建筑物户外 1m 处的设置。

　　在噪声敏感建筑物室内测量时，测点设在室内中央、距室内任一反射面 0.5m 以上、距地面 1.2m 高度以上，在受噪声影响方向的窗户开启状态下测量。施工期间，测量连续20min 的等效声级，夜间同时测量最大声级。

（3）背景噪声测量

　　测量环境不受被测声源影响，且其他声环境与测量被测声源时保持一致。测量时段应是稳态噪声测量 1min 的等效声级，非稳态噪声测量 20min 的等效声级。

（4）测量记录

　　噪声测量时需做测量记录。记录内容应主要包括：被测量单位名称、地址、测量时气象条件、测量仪器、校准仪器、测点位置、测量时间、仪器校准值（测前、测后）、主要声源、示意图（场界、声源、噪声敏感建筑物、场界与噪声敏感建筑物间的距离、测点位置等）、噪声测量值、最大声级值（夜间时段）、背景噪声值、测量人员、校对人员、审核人员等相关信息。

3. 环境噪声污染防护的限制性与禁止性规定

（1）申报的要求

《环境噪声污染防治法》规定，在城市市区范围内，建筑施工过程中使用机械设备，可能产生环境噪声污染的，施工单位必须在工程开工15日以前向工程所在地县级以上地方人民政府生态环境主管部门申报该工程的项目名称、施工场所和期限、可能产生的环境噪声值以及所采取的环境噪声污染防治措施的情况。

（2）禁止性规定

《环境噪声污染防治法》规定：在城市市区噪声敏感建筑物集中区域内，禁止夜间进行产生环境噪声污染的建筑施工作业，但抢修、抢险作业和因生产工艺上要求或者特殊需要必须连续作业的除外；因特殊需要必须连续作业的，必须有县级以上人民政府或者其有关主管部门的证明；以上规定的夜间作业，必须公告附近居民。

所谓噪声敏感建筑物集中区域，是指医疗区、文教科研区和以机关或者居民住宅为主的区域。所谓噪声敏感建筑物，是指医院、学校、机关、科研单位、住宅等需要保持安静的建筑物。

（3）政府监管部门现场检查的规定

《环境噪声污染防治法》规定：县级以上人民政府生态环境主管部门和其他环境噪声污染防治工作的监督管理部门、机构，有权依据各自的职责对管辖范围内排放环境噪声的单位进行现场检查；被检查的单位必须如实反映情况，并提供必要的资料；检查部门、机构应当为被检查的单位保守技术秘密和业务秘密；检查人员进行现场检查，应当出示证件。

10.2.2 建设项目环境噪声污染的防治

城市道桥、铁路（包括轻轨）、工业厂房等建设项目，在建成后的使用过程中可能会对周围环境产生噪声污染。因此，建设单位在建设前期就须依法规定防治措施，并同步建设环境噪声污染防治设施。《环境噪声污染防治法》规定：新建、改建、扩建的建设项目，必须遵守国家有关建设项目环境保护管理的规定；建设项目可能产生环境噪声污染的，建设单位必须提出环境影响报告书，规定环境噪声污染的防治措施，并按照国家规定的程序报生态环境主管部门批准；环境影响报告书中，应当有该建设项目所在地单位和居民的意见。

建设经过已有的噪声敏感建筑物集中区域的高速公路和城市高架、轻轨道路，有可能造成环境噪声污染的，应当设置声屏障或者采取其他有效的控制环境噪声污染的措施；在已有的城市交通干线的两侧建设噪声敏感建筑物的，建设单位应当按照国家规定间隔一定距离，并采取减轻、避免交通噪声影响的措施等。建设项目在投入生产或者使用之前，其环境噪声污染防治设施必须按照国家规定的标准和程序进行验收；达不到国家规定要求的，该建设项目不得投入生产或者使用。

城市规划部门在确定建设布局时，应当依据国家声环境质量标准和民用建筑隔声设计规范，合理划定建筑物与交通干线的防噪声距离，并提出相应的规划设计要求。建设项目的环境噪声污染防治设施必须与主体工程同时设计、同时施工、同时投产使用。

建设工程施工有着大量的运输任务，还会产生交通运输噪声。所谓交通运输噪声，是指机动车辆、铁路机车、机动船舶、航空器等交通运输工具在运行时所产生的干扰周围生活环境的声音。《环境噪声污染防治法》规定：

1）在城市市区范围内行驶的机动车辆的消声器和喇叭必须符合国家规定的要求。

2）机动车辆必须加强维修和保养，保持技术性能良好，防治环境噪声污染。

3）警车、消防车、工程抢险车、救护车等机动车辆安装、使用警报器，必须符合国务院公安部门的规定；在执行非紧急任务时，禁止使用警报器。

10.2.3　对产生环境噪声污染企业事业单位的规定

《环境噪声污染防治法》规定：

1）国务院生态环境主管部门分别不同的功能区制定国家声环境质量标准；县级以上地方人民政府根据国家声环境质量标准，划定本行政区域内各类声环境质量标准的适用区域，并进行管理。

2）国务院生态环境主管部门根据国家声环境质量标准和国家经济、技术条件，制定国家环境噪声排放标准。

产生环境噪声污染的企业事业单位，必须保持防治环境噪声污染的设施的正常使用；拆除或者闲置环境噪声污染防治设施的，必须事先报经所在地的县级以上地方人民政府生态环境主管部门批准。产生环境噪声污染的单位，应当采取措施进行治理，并按照国家规定缴纳超标准排污费。征收的超标准排污费必须用于污染的防治，不得挪作他用。对于在噪声敏感建筑物集中区域内造成严重环境噪声污染的企业事业单位，限期治理。被限期治理的单位必须按期完成治理任务。限期治理由县级以上人民政府按照国务院规定的权限决定。对小型企业事业单位的限期治理，可以由县级以上人民政府在国务院规定的权限内授权其环境保护行政主管部门决定。

国家对环境噪声污染严重的落后设备实行淘汰制度。国务院经济综合主管部门应当会同国务院有关部门公布限期禁止生产、禁止销售、禁止进口的环境噪声污染严重的设备名录。生产者、销售者或者进口者必须在国务院经济综合主管部门会同国务院有关部门规定的期限内分别停止生产、销售或者进口列入前款规定的名录中的设备。

在城市范围内从事生产活动确需排放偶发性强烈噪声的，必须事先向当地公安机关提出申请，经批准后方可进行。当地公安机关应当向社会公告。

10.2.4　噪声污染防治违法行为的法律责任

依据《环境噪声污染防治法》，未经环境保护行政主管部门批准，擅自拆除或者闲置环境噪声污染防治设施，致使环境噪声排放超过规定标准的，由县级以上地方人民政府生态环境主管部门责令改正，并处罚款。

排放环境噪声的单位违反规定，拒绝生态环境主管部门或者其他依照规定行使环境噪声监督管理权的部门、机构现场检查或者在被检查时弄虚作假的，生态环境主管部门或者其他依照规定行使环境噪声监督管理权的监督管理部门、机构可以根据不同情节，给予警告或者处以罚款。

建筑施工单位违反规定，在城市市区噪声敏感建筑物集中区域内，夜间进行禁止进行的产生环境噪声污染的建筑施工作业的，由工程所在地县级以上地方人民政府生态环境主管部门责令改正，可以并处罚款。

机动车辆不按照规定使用声响装置的，由当地公安机关根据不同情节给予警告或者处以罚款。

受到环境噪声污染危害的单位和个人，有权要求加害人排除危害；造成损失的，依法赔偿损失。赔偿责任和赔偿金额的纠纷，可以根据当事人的请求，由生态环境主管部门或者其他环境噪声污染防治工作的监督管理部门、机构调解处理；调解不成的，当事人可以向人民法院起诉。当事人也可以直接向人民法院起诉。

10.3 扬尘污染防治

按照国际标准化组织（ISO）的定义，大气污染通常是指由于人类活动或自然过程引起某些物质进入大气中，呈现出足够的浓度，达到足够的时间，并因此危害了人体的舒适、健康和福利或造成环境污染的现象。如果不对大气污染物的排放总量加以控制和防治，将会严重破坏生态系统和人类生存条件。

10.3.1 施工现场大气污染的防治

2018年10月经修改后公布的《中华人民共和国大气污染防治法》（以下简称《大气污染防治法》）规定，企业事业单位和其他生产经营者应当采取有效措施，防止、减少大气污染，对所造成的损害依法承担责任。

企业事业单位和其他生产经营者向大气排放污染物的，应当依照法律法规和国务院生态环境主管部门的规定设置大气污染物排放口。禁止通过偷排、篡改或者伪造监测数据、以逃避现场检查为目的的临时停产、非紧急情况下开启应急排放通道、不正常运行大气污染防治设施等逃避监管的方式排放大气污染物。

建设单位应当将防治扬尘污染的费用列入工程造价，并在施工承包合同中明确施工单位扬尘污染防治责任。施工单位应当制定具体的施工扬尘污染防治实施方案。施工单位应当在施工工地设置硬质围挡，并采取覆盖、分段作业、择时施工、洒水抑尘、冲洗地面和车辆等有效防尘降尘措施。建筑土方、工程渣土、建筑垃圾应当及时清运；在场地内堆存的，应当采用密闭式防尘网遮盖。工程渣土、建筑垃圾应当进行资源化处理。

施工单位应当在施工工地公示扬尘污染防治措施、负责人、扬尘监督管理主管部门等信息。暂时不能开工的建设用地，建设单位应当对裸露地面进行覆盖；超过三个月的，应当进行绿化、铺装或者遮盖。

运输煤炭、垃圾、渣土、砂石、土方、灰浆等散装、流体物料的车辆应当采取密闭或者其他措施防止物料遗撒造成扬尘污染，并按照规定路线行驶。装卸物料应当采取密闭或者喷淋等方式防治扬尘污染。

贮存煤炭、煤矸石、煤渣、煤灰、水泥、石灰、石膏、砂土等易产生扬尘的物料应当密闭；不能密闭的，应当设置不低于堆放物高度的严密围挡，并采取有效覆盖措施防治扬尘污染。码头、矿山、填埋场和消纳场应当实施分区作业，并采取有效措施防治扬尘污染。

施工现场大气污染防治的重点是防治扬尘污染。2007年9月建设部颁发的《绿色施工导则》中规定：

1）运送土方、垃圾、设备及建筑材料等，不污损场外道路。运输容易散落、飞扬、流漏的物料的车辆，必须采取措施封闭严密，保证车辆清洁。施工现场出口应设置洗车槽。

2）土方作业阶段，采取洒水、覆盖等措施，达到作业区目测扬尘高度小于 1.5m，不扩散到场区外。

3）结构施工、安装装饰装修阶段，作业区目测扬尘高度小于 0.5m。对易产生扬尘的堆放材料应采取覆盖措施；对粉末状材料应封闭存放；场区内可能引起扬尘的材料及建筑垃圾搬运应有降尘措施，如覆盖、洒水等；浇筑混凝土前清理灰尘和垃圾时尽量使用吸尘器，避免使用吹风器等易产生扬尘的设备；机械剔凿作业时可用局部遮挡、掩盖、水淋等防护措施；高层或多层建筑清理垃圾应搭设封闭性临时专用道或采用容器吊运。

4）施工现场非作业区达到目测无扬尘的要求。对现场易飞扬物质采取有效措施，如洒水、地面硬化、围挡、密网覆盖、封闭等，防止扬尘产生。

5）构筑物机械拆除前，做好扬尘控制计划。可采取清理积尘、拆除体洒水、设置隔挡等措施。

6）构筑物爆破拆除前，做好扬尘控制计划。可采用清理积尘、淋湿地面、预湿墙体、屋面敷水袋、楼面蓄水、建筑外设高压喷雾状水系统、搭设防尘排栅和直升机投水弹等综合降尘。选择风力小的天气进行爆破作业。

7）在场界四周隔挡高度位置测得的大气总悬浮颗粒物（TSP）月平均浓度与城市背景值的差值不大于 $0.08mg/m^3$。

10.3.2　建设项目大气污染的防治

1. 建设项目大气污染防治的规定

依据《中华人民共和国环境保护法》，对依法应当编制环境影响报告书的建设项目，建设单位应当在编制时向可能受影响的公众说明情况，充分征求意见。

负责审批建设项目环境影响评价文件的部门在收到建设项目环境影响报告书后，除涉及国家秘密和商业秘密的事项外，应当全文公开；发现建设项目未充分征求公众意见的，应当责成建设单位征求公众意见。

建设项目中防治污染的设施，应当与主体工程同时设计、同时施工、同时投产使用。防治污染的设施应当符合经批准的环境影响评价文件的要求，不得擅自拆除或者闲置。

排放污染物的企业事业单位和其他生产经营者，应当采取措施，防治在生产建设或者其他活动中产生的废气、废水、废渣、医疗废物、粉尘、恶臭气体、放射性物质以及噪声、振动、光辐射、电磁辐射等对环境的污染和危害。

排放污染物的企业事业单位，应当建立环境保护责任制度，明确单位负责人和相关人员的责任。

重点排污单位应当按照国家有关规定和监测规范安装使用监测设备，保证监测设备正常运行，保存原始监测记录。

2. 对向大气排放污染物单位的监管

依据《大气污染防治法》规定，地方各级人民政府应当加强对建设施工和运输的管理，保持道路清洁，控制料堆和渣土堆放，扩大绿地、水面、湿地和地面铺装面积，防治扬尘污染。

从事房屋建筑、市政基础设施建设、河道整治以及建筑物拆除等工程的施工单位，应当向负责监督管理扬尘污染防治的主管部门备案。企业事业单位和其他生产经营者在生产经营活动中产生恶臭气体的，应当科学选址，设置合理的防护距离，并安装净化装置或者采取其他措施，防止排放恶臭气体。企业事业单位和其他生产经营者违反法律法规规定排放大气污染物，造成或者可能造成严重大气污染，或者有关证据可能灭失或者被隐匿的，县级以上人民政府生态环境主管部门和其他负有大气环境保护监督管理职责的部门，可以对有关设施、设备、物品采取查封、扣押等行政强制措施。

10.3.3 施工现场大气污染防治违法行为的法律责任

依据《大气污染防治法》的规定，违反本法规定，以拒绝进入现场等方式拒不接受生态环境主管部门及其环境执法机构或者其他负有大气环境保护监督管理职责的部门的监督检查，或者在接受监督检查时弄虚作假的，由县级以上人民政府生态环境主管部门或者其他负有大气环境保护监督管理职责的部门责令改正，处 2 万元以上 20 万元以下的罚款；构成违反治安管理行为的，由公安机关依法予以处罚。

在人口集中地区和其他依法需要特殊保护的区域内，焚烧沥青、油毡、橡胶、塑料、皮革、垃圾以及其他产生有毒有害烟尘和恶臭气体的物质的，由县级人民政府确定的监督管理部门责令改正，并对单位处 1 万元以上 10 万元以下的罚款，对个人处 500 元以上 2000 元以下的罚款。

拒不执行停止工地土石方作业或者建筑物拆除施工等重污染天气应急措施的，由县级以上地方人民政府确定的监督管理部门处 1 万元以上 10 万元以下的罚款。

施工单位有下列行为之一的，由县级以上人民政府住房城乡建设等主管部门按照职责责令改正，处 1 万元以上 10 万元以下的罚款；拒不改正的，责令停工整治：

1）施工工地未设置硬质密闭围挡，或者未采取覆盖、分段作业、择时施工、洒水抑尘、冲洗地面和车辆等有效防尘降尘措施的。

2）建筑土方、工程渣土、建筑垃圾未及时清运，或者未采用密闭式防尘网遮盖的。

运输煤炭、垃圾、渣土、砂石、土方、灰浆等散装、流体物料的车辆，未采取密闭或者其他措施防止物料遗撒的，由县级以上地方人民政府确定的监督管理部门责令改正，处 2000 元以上 2 万元以下的罚款；拒不改正的，车辆不得上道路行驶。

有下列行为之一的，由县级以上人民政府生态环境等主管部门按照职责责令改正，处 1 万元以上 10 万元以下的罚款；拒不改正的，责令停工整治或者停业整治：

1）未密闭煤炭、煤矸石、煤渣、煤灰、水泥、石灰、石膏、砂土等易产生扬尘的物料的。

2）对不能密闭的易产生扬尘的物料，未设置不低于堆放物高度的严密围挡，或者未采取有效覆盖措施防治扬尘污染的。

3）装卸物料未采取密闭或者喷淋等方式控制扬尘排放的。

4）存放煤炭、煤矸石、煤渣、煤灰等物料，未采取防燃措施的。

5）码头、矿山、填埋场和消纳场未采取有效措施防治扬尘污染的。

6）排放有毒有害大气污染物名录中所列有毒有害大气污染物的企业事业单位，未按照规定建设环境风险预警体系或者对排放口和周边环境进行定期监测、排查环境安全隐患并采取有效措施防范环境风险的。

7）向大气排放持久性有机污染物的企业事业单位和其他生产经营者以及废弃物焚烧设

施的运营单位，未按照国家有关规定采取有利于减少持久性有机污染物排放的技术方法和工艺，配备净化装置的。

8）未采取措施防止排放恶臭气体的。

企业事业单位和其他生产经营者有下列行为之一，受到罚款处罚，被责令改正，拒不改正的，依法做出处罚决定的行政机关可以自责令改正之日的次日起，按照原处罚数额按日连续处罚：

1）未依法取得排污许可证排放大气污染物的。

2）超过大气污染物排放标准或者超过重点大气污染物排放总量控制指标排放大气污染物的。

3）通过逃避监管的方式排放大气污染物的。

4）建筑施工或者贮存易产生扬尘的物料未采取有效措施防治扬尘污染的。

10.4 施工排水制度

2017 年 6 月颁布的《中华人民共和国水污染防治法》（以下简称《水污染防治法》）规定，水污染防治应当坚持预防为主、防治结合、综合治理的原则，优先保护饮用水水源，严格控制工业污染、城镇生活污染，防治农业面源污染，积极推进生态治理工程建设，预防、控制和减少水环境污染和生态破坏。

水污染是指水体因某种物质的介入，而导致其化学、物理、生物或者放射性等方面特性的改变，从而影响水的有效利用，危害人体健康或者破坏生态环境，造成水质恶化的现象。水污染防治包括江河、湖泊、运河、渠道、水库等地表水体以及地下水体的污染防治。

10.4.1　施工现场水污染的防治

依据《水污染防治法》的规定，排放水污染物，不得超过国家或者地方规定的水污染物排放标准和重点水污染物排放总量控制指标。直接或者间接向水体排放污染物的企业事业单位和个体工商户，应当按照国务院环境保护主管部门的规定，向县级以上地方人民政府环境保护主管部门申报登记拥有的水污染物排放设施、处理设施和在正常作业条件下排放水污染物的种类、数量和浓度，并提供防治水污染方面的有关技术资料。

1. 水污染的防治禁止性规定

（1）禁止向水体排放油类、酸液、碱液或者剧毒废液

禁止在水体清洗装贮过油类或者有毒污染物的车辆和容器。禁止向水体排放、倾倒放射性固体废物或者含有高放射性和中放射性物质的废水。向水体排放含低放射性物质的废水，应当符合国家有关放射性污染防治的规定和标准。

（2）禁止向水体排放、倾倒工业废渣、城镇垃圾和其他废弃物

禁止将含有汞、镉、砷、铬、铅、氰化物、黄磷等的可溶性剧毒废渣向水体排放、倾倒或者直接埋入地下。存放可溶性剧毒废渣的场所，应当采取防水、防渗漏、防流失的措施。禁止在江河、湖泊、运河、渠道、水库最高水位线以下的滩地和岸坡堆放、存贮固体废弃物和其他污染物。

（3）在饮用水水源保护区内，禁止设置排污口

在风景名胜区水体、重要渔业水体和其他具有特殊经济文化价值的水体的保护区内，不得新建排污口。在保护区附近新建排污口，应当保证保护区水体不受污染。

（4）禁止利用渗井、渗坑、裂隙、溶洞，私设暗管，篡改、伪造监测数据，或者不正常运行水污染防治设施等逃避监管的方式排放水污染物。禁止利用无防渗漏措施的沟渠、坑塘等输送或者存贮含有毒污染物的废水、含病原体的污水和其他废弃物。

（5）防护性措施

兴建地下工程设施或者进行地下勘探、采矿等活动，应当采取防护性措施，防止地下水污染。人工回灌补给地下水，不得恶化地下水质。2013年10月颁布的《城镇排水与污水处理条例》规定：建设工程开工前，建设单位应当查明工程建设范围内地下城镇排水与污水处理设施的相关情况；城镇排水主管部门及其他相关部门和单位应当及时提供相关资料；建设工程施工范围内有排水管网等城镇排水与污水处理设施的，建设单位应当与施工单位、设施维护运营单位共同制定设施保护方案，并采取相应的安全保护措施；因工程建设需要拆除、改动城镇排水与污水处理设施的，建设单位应当制定拆除、改动方案，报城镇排水主管部门审核，并承担重建、改建和采取临时措施的费用。

2. 城镇污水管理

2015年1月住房和城乡建设部颁布的《城镇污水排入排水管网许可管理办法》规定：未取得排水许可证，排水户不得向城镇排水设施排放污水；施工作业需要排水的，由建设单位申请领取排水许可证；因施工作业需要向城镇排水设施排水的，排水许可证的有效期，由城镇排水主管部门根据排水状况确定，但不得超过施工期限。

排水户应当按照排水许可证确定的排水类别、总量、时限、排放口位置和数量、排放的污染物项目和浓度等要求排放污水。排水户不得有下列危及城镇排水设施安全的行为：

1）向城镇排水设施排放、倾倒剧毒、易燃易爆物质、腐蚀性废液和废渣、有害气体和烹饪油烟等。

2）堵塞城镇排水设施或者向城镇排水设施内排放、倾倒垃圾、渣土、施工泥浆、油脂、污泥等易堵塞物。

3）擅自拆卸、移动和穿凿城镇排水设施。

4）擅自向城镇排水设施加压排放污水。

排水户因发生事故或者其他突发事件，排放的污水可能危及城镇排水与污水处理设施安全运行的，应当立即停止排放，采取措施消除危害，并按规定及时向城镇排水主管部门等有关部门报告。

3. 城镇排水行政监督

城镇排水主管部门实施监督检查时，有权采取下列措施：

1）进入现场开展检查、监测。

2）要求被监督检查的排水户出示排水许可证。

3）查阅、复制有关文件和材料。

4）要求被监督检查的单位和个人就有关问题做出说明。

5）依法采取禁止排水户向城镇排水设施排放污水等措施，纠正违反有关法律、法规和《城镇污水排入排水管网许可管理办法》规定的行为。

被监督检查的单位和个人应当予以配合,不得妨碍和阻挠依法进行的监督检查活动。城镇排水主管部门委托的专门机构,可以开展排水许可审查、档案管理、监督指导排水户排水行为等工作,并协助城镇排水主管部门对排水许可实施监督管理。城镇排水主管部门实施排水许可不得收费。

10.4.2 建设项目水污染的防治

依据《水污染防治法》的规定,新建、改建、扩建直接或者间接向水体排放污染物的建设项目和其他水上设施,应当依法进行环境影响评价。

建设单位在江河、湖泊新建、改建、扩建排污口的,应当取得水行政主管部门或者流域管理机构同意;涉及通航、渔业水域的,环境保护主管部门在审批环境影响评价文件时,应当征求交通、渔业主管部门的意见。建设项目的水污染防治设施,应当与主体工程同时设计、同时施工、同时投入使用。水污染防治设施应当经过环境保护主管部门验收,验收不合格的,该建设项目不得投入生产或者使用。

禁止在饮用水水源一级保护区内新建、改建、扩建与供水设施和保护水源无关的建设项目;已建成的与供水设施和保护水源无关的建设项目,由县级以上人民政府责令拆除或者关闭。禁止在饮用水水源二级保护区内新建、改建、扩建排放污染物的建设项目;已建成的排放污染物的建设项目,由县级以上人民政府责令拆除或者关闭。禁止在饮用水水源准保护区内新建、扩建对水体污染严重的建设项目;改建建设项目,不得增加排污量。

依据《水污染防治法》的规定,企业事业单位发生事故或者其他突发性事件,造成或者可能造成水污染事故的,应当立即启动本单位的应急方案,采取隔离等应急措施,防止水污染物进入水体,并向事故发生地的县级以上地方人民政府或者环境保护主管部门报告。

10.4.3 施工现场水污染防治违法行为应承担的法律责任

1. 超标排放水污染物的责任

《水污染防治法》规定:

1)企业事业单位违反本法规定,造成水污染事故的,除依法承担赔偿责任外,由县级以上人民政府环境保护主管部门依规定处以罚款,责令限期采取治理措施,消除污染;未按照要求采取治理措施或者不具备治理能力的,由环境保护主管部门指定有治理能力的单位代为治理,所需费用由违法者承担;对造成重大或者特大水污染事故的,还可以报经有批准权的人民政府批准,责令关闭;对直接负责的主管人员和其他直接责任人员可以处上一年度从本单位取得的收入 50% 以下的罚款。

2)对造成一般或者较大水污染事故的,按照水污染事故造成的直接损失的 20% 计算罚款;对造成重大或者特大水污染事故的,按照水污染事故造成的直接损失的 30% 计算罚款。

2. 违法建设排污口的法律责任

依照《水污染防治法》,在饮用水水源保护区内设置排污口的,由县级以上地方人民政府责令限期拆除,处 10 万元以上 50 万元以下的罚款;逾期不拆除的,强制拆除,所需费用由违法者承担,处 50 万元以上 100 万元以下的罚款,并可以责令停产整治。除上述规定外,违反法律、行政法规和国务院环境保护主管部门的规定设置排污口的,由县级以上地方人民政府环境保护主管部门责令限期拆除,处 2 万元以上 10 万元以下的罚款;逾期不拆除的,强制拆除，所需费用由违法者承担，处 10 万元以上 50 万元以下的罚款；情节严重的，可以责令停产整治。未经水行政主管部门或者流域管理机构同意，在江河、湖泊新建、改建、扩建排污口的，由县级以上人民政府水行政主管部门或者流域管理机构依据职权，依照以上规定采取措施、给予处罚。

3. 违反禁止性规定的法律责任

有下列行为之一的，由县级以上地方人民政府环境保护主管部门责令停止违法行为，限期采取治理措施，消除污染，处以罚款；逾期不采取治理措施的，环境保护主管部门可以指定有治理能力的单位代为治理，所需费用由违法者承担：

1）向水体排放油类、酸液、碱液的。

2）向水体排放剧毒废液，或者将含有汞、镉、砷、铬、铅、氰化物、黄磷等的可溶性剧毒废渣向水体排放、倾倒或者直接埋入地下的。

3）在水体清洗装贮过油类、有毒污染物的车辆或者容器的。

4）向水体排放、倾倒工业废渣、城镇垃圾或者其他废弃物，或者在江河、湖泊、运河、渠道、水库最高水位线以下的滩地、岸坡堆放、存贮固体废弃物或者其他污染物的。

5）向水体排放、倾倒放射性固体废物或者含有高放射性、中放射性物质的废水的。

6）违反国家有关规定或者标准，向水体排放含低放射性物质的废水、热废水或者含病原体的污水的。

7）未采取防渗漏等措施，或者未建设地下水水质监测井进行监测的。

8）加油站等的地下油罐未使用双层罐或者采取建造防渗池等其他有效措施，或者未进行防渗漏监测的。

9）未按照规定采取防护性措施，或者利用无防渗漏措施的沟渠、坑塘等输送或者存贮含有毒污染物的废水、含病原体的污水或者其他废弃物的。

有上述第 3）项、第 4）项、第 6）项、第 7）项、第 8）项行为之一的，处 2 万元以上 20 万元以下的罚款。有前款第 1）项、第 2）项、第 5）项、第 9）项行为之一的，处 10 万元以上 100 万元以下的罚款；情节严重的，报经有批准权的人民政府批准，责令停业、关闭。

10.5 | 固体废物污染防治

2016 年 11 月经修改后公布的《中华人民共和国固体废物污染环境防治法》（以下简称《固体废物污染环境防治法》）中规定，国家对固体废物污染环境的防治，实行减少固体废物的产生量和危害性、充分合理利用固体废物和无害化处置固体废物的原则，促进清洁生产和循环经济发展。

10.5.1 施工现场固体废物污染防治的规定

固体废物是指在生产、生活和其他活动中产生的丧失原有利用价值或者虽未丧失利用价值但被抛弃或者放弃的固态、半固态和置于容器中的气态的物品、物质以及法律、行政法规规定纳入固体废物管理的物品、物质。固体废物污染环境是指固体废物在产生、收集、贮存、运输、利用、处置的过程中产生的危害环境的现象。

施工现场的固体废物主要是建筑垃圾和生活垃圾。固体废物又分为一般固体废物和危险废物。所谓危险废物，是指列入《国家危险废物名录》或者根据国家规定的危险废物鉴别标准和鉴别方法认定的具有危险特性的固体废物。

1. 一般固体废物污染环境的防治

《固体废物污染环境防治法》规定：

1）产生固体废物的单位和个人，应当采取措施，防止或者减少固体废物对环境的污染。

2）收集、贮存、运输、利用、处置固体废物的单位和个人，必须采取防扬散、防流失、防渗漏或者其他防止污染环境的措施；不得擅自倾倒、堆放、丢弃、遗撒固体废物。

3）禁止任何单位或者个人向江河、湖泊、运河、渠道、水库及其最高水位线以下的滩地和岸坡等法律、法规规定禁止倾倒、堆放废弃物的地点倾倒、堆放固体废物。

转移固体废物出省、自治区、直辖市行政区域贮存、处置的，应当向固体废物移出地的省、自治区、直辖市人民政府环境保护行政主管部门提出申请。移出地的省、自治区、直辖市人民政府环境保护行政主管部门应当商经接受地的省、自治区、直辖市人民政府环境保护行政主管部门同意后，方可批准转移该固体废物出省、自治区、直辖市行政区域。未经批准的，不得转移。

2005 年 3 月建设部颁布的《城市建筑垃圾管理规定》规定，施工单位不得将建筑垃圾交给个人或者未经核准从事建筑垃圾运输的单位运输。处置建筑垃圾的单位在运输建筑垃圾时，应当随车携带建筑垃圾处置核准文件，按照城市人民政府有关部门规定的运输路线、时间运行，不得丢弃、遗撒建筑垃圾，不得超出核准范围承运建筑垃圾。

2. 危险废物污染环境防治的特别规定

对危险废物的容器和包装物以及收集、贮存、运输、处置危险废物的设施、场所，必须设置危险废物识别标志。以填埋方式处置危险废物不符合国务院环境保护行政主管部门规定的，应当缴纳危险废物排污费。危险废物排污费用于污染环境的防治，不得挪作他用。

禁止将危险废物提供或者委托给无经营许可证的单位从事收集、贮存、利用、处置的经营活动。运输危险废物，必须采取防止污染环境的措施，并遵守国家有关危险货物运输管理的规定。禁止将危险废物与旅客在同一运输工具上载运。

收集、贮存、运输、处置危险废物的场所、设施、设备和容器、包装物及其他物品转作他用时，必须经过消除污染的处理，方可使用。

产生、收集、贮存、运输、利用、处置危险废物的单位，应当制定意外事故的防范措施和应急预案，并向所在地县级以上地方人民政府环境保护行政主管部门备案；环境保护行政主管部门应当进行检查。因发生事故或者其他突发性事件，造成危险废物严重污染环境的单位，必须立即采取措施消除或者减轻对环境的污染危害，及时通报可能受到污染危害的单位和居民，并向所在地县级以上地方人民政府环境保护行政主管部门和有关部门报告，接受调查处理。

3. 施工现场固体废物的减量化和回收再利用

依据《绿色施工导则》的规定，应制定相应的固体废物排放制度：

1）制订建筑垃圾减量化计划，如住宅建筑，每万平方米的建筑垃圾不宜超过 400 吨。

2）加强建筑垃圾的回收再利用，力争建筑垃圾的再利用和回收率达到 30%，建筑物拆除产生的废弃物的再利用和回收率大于 40%。对于碎石类、土石方类建筑垃圾，可采用地基填埋、铺路等方式提高再利用率，力争再利用率大于 50%。

3）施工现场生活区设置封闭式垃圾容器，施工场地生活垃圾实行袋装化，及时清运。对建筑垃圾进行分类，并收集到现场封闭式垃圾站，集中运出。

10.5.2　建设项目固体废物污染环境的防治

《固体废物污染环境防治法》规定，建设产生固体废物的项目以及建设贮存、利用、处置固体废物的项目，必须依法进行环境影响评价，并遵守国家有关建设项目环境保护管理的规定。

建设项目的环境影响评价文件确定需要配套建设的固体废物污染环境防治设施，必须与主体工程同时设计、同时施工、同时投入使用。固体废物污染环境防治设施必须经原审批环境影响评价文件的环境保护行政主管部门验收合格后，该建设项目方可投入生产或者使用。对固体废物污染环境防治设施的验收应当与对主体工程的验收同时进行。

在国务院和国务院有关主管部门及省、自治区、直辖市人民政府划定的自然保护区、风景名胜区、饮用水水源保护区、基本农田保护区和其他需要特别保护的区域内，禁止建设工业固体废物集中贮存、处置的设施、场所和生活垃圾填埋场。

10.5.3　施工现场固体废物污染环境防治违法行为的法律责任

1. 城市生活垃圾污染环境防治的法律责任

《固体废物污染环境防治法》规定，违反有关城市生活垃圾污染环境防治的规定，有下列行为之一的，由县级以上地方人民政府环境卫生行政主管部门责令停止违法行为，限期改正，处以罚款：

1）随意倾倒、抛撒或者堆放生活垃圾的。

2）擅自关闭、闲置或者拆除生活垃圾处置设施、场所的。

3）工程施工单位不及时清运施工过程中产生的固体废物，造成环境污染的。

4）工程施工单位不按照环境卫生行政主管部门的规定对施工过程中产生的固体废物进行利用或者处置的。

5）在运输过程中沿途丢弃、遗撒生活垃圾的。

单位有以上第1）项、第3）项、第5）项行为之一的，处5000元以上5万元以下的罚款；有以上第2）项、第4）项行为之一的，处1万元以上10万元以下的罚款。个人有以上第1）项、第5）项行为之一的，处200元以下的罚款。

2. 危险废物污染环境防治的法律责任

违反《固体废物污染环境防治法》有关危险废物污染环境防治的规定，有下列行为之一的，由县级以上人民政府环境保护行政主管部门责令停止违法行为，限期改正，处以罚款：

1）不设置危险废物识别标志的。

2）不按照国家规定申报登记危险废物，或者在申报登记时弄虚作假的。

3）擅自关闭、闲置或者拆除危险废物集中处置设施、场所的。

4）不按照国家规定缴纳危险废物排污费的。

5）将危险废物提供或者委托给无经营许可证的单位从事经营活动的。

6）不按照国家规定填写危险废物转移联单或者未经批准擅自转移危险废物的。

7）将危险废物混入非危险废物中贮存的。

8）未经安全性处置，混合收集、贮存、运输、处置具有不相容性质的危险废物的。

9）将危险废物与旅客在同一运输工具上载运的。

10）未经消除污染的处理将收集、贮存、运输、处置危险废物的场所、设施、设备和容器、包装物及其他物品转作他用的。

11）未采取相应防范措施，造成危险废物扬散、流失、渗漏或者造成其他环境污染的。

12）在运输过程中沿途丢弃、遗撒危险废物的。

13）未制定危险废物意外事故防范措施和应急预案的。

有以上第1）项、第2）项、第7）项、第8）项、第9）项、第10）项、第11）项、第12）项、第13）项行为之一的，处1万元以上10万元以下的罚款；有以上第3）项、第5）项、第6）项行为之一的，处2万元以上20万元以下的罚款；有以上第4）项行为的，限期缴纳，逾期不缴纳的，处缴纳危险废物排污费金额1倍以上3倍以下的罚款。

违反《固体废物污染环境防治法》规定，危险废物产生者不处置其产生的危险废物又不承担依法应当承担的处置费用的，由县级以上地方人民政府环境保护行政主管部门责令限期改正，处代为处置费用1倍以上3倍以下的罚款。

另外，《固体废物污染环境防治法》还规定：

1）造成固体废物严重污染环境的，由县级以上人民政府环境保护行政主管部门按照国务院规定的权限决定限期治理；逾期未完成治理任务的，由本级人民政府决定停业或者关闭。造成固体废物污染环境事故的，由县级以上人民政府环境保护行政主管部门处2万元以上20万元以下的罚款；造成重大损失的，按照直接损失的30%计算罚款，但是最高不超过100万元，对负有责任的主管人员和其他直接责任人员，依法给予行政处分；造成固体废物污染环境重大事故的，并由县级以上人民政府按照国务院规定的权限决定停业或者关闭。收集、贮存、利用、处置危险废物，造成重大环境污染事故，构成犯罪的，依法追究刑事责任。

2）拒绝县级以上人民政府环境保护行政主管部门或者其他固体废物污染环境防治工作的监督管理部门现场检查的，由执行现场检查的部门责令限期改正；拒不改正或者在检查时弄虚作假的，处2000元以上2万元以下的罚款。

9.6 案例分析

1. 案情

某小区居民向市住房和城乡建设局投诉，反映其居住的住宅小区旁有一处建筑工地正在施工，尘土飞扬，已严重影响了当地居民的正常生活。市住房和城乡建设局立即派人对该工地进行检查，发现该工地正处于土石方开挖阶段，大量的建筑土方堆积在工地，且没有任何覆盖，造成工地周边尘土飞扬，对临近住宅小区居民的日常生活造成了严重影响。市住房和城乡建设局当即要求该施工单位进行限期整改。但是，该施工单位迟迟不采取任何整改措施，依然照常进行施工作业。对于施工单位的违法行为，市住房和城乡建设局对其进行了行政处罚。

2. 案例评析

《大气污染防治法》的规定："施工单位应当在施工工地设置硬质围挡，并采取覆盖、分段作业、择时施工、洒水抑尘、冲洗地面和车辆等有效防尘降尘措施。建筑土方、工程渣土、建筑垃圾应当及时清运；在场地内堆存的，应当采用密闭式防尘网遮盖。"本案中施工单位违反了该法规定对建筑土石方未能及时清运和有效遮盖，导致产生了大量粉尘外泄而污染了环境。市住房和城乡建设局依据《大气污染防治法》按照职责责令施工单位改正，处1万元以上10万元以下的罚款；拒不改正，责令停工整治。如果该施工单位受到罚款处罚，被责令改正，拒不改正，市住房和城乡建设局还可依据《大气污染防治法》的规定，自责令改正之日的次日起，按照原处罚数额按日连续处罚。

第 **11** 章

建设工程法律责任

建设工程法律责任主要包括民事责任、行政责任和刑事责任。不适当的工程建设行为的后果可能涉及这三种责任中的一种或几种。因此，从业人员必须掌握好建设工程法律责任的内容，以便能预见自己的建设行为所产生的后果进而规范自己的建设行为。

1.1 民事责任的种类和承担民事责任的方式

11.1.1 民事责任的种类

民事责任是指行为人违反民事法律上的约定或者法定义务所应承担的对其不利的法律后果，其目的主要是恢复受害人的权利和补偿权利人的损失。我国《民法总则》根据民事责任的承担原因将民事责任主要划分为两类，即违约责任和侵权责任。

违约责任是指合同当事人违反法律规定或合同约定的义务而应承担的责任。侵权责任是指行为人因过错侵害他人财产、人身而依法应当承担的责任，以及虽没有过错，但在造成损害以后，依法应当承担的责任。

侵权行为可分为一般侵权行为与特殊侵权行为。一般侵权行为是指行为人基于主观过错实施的，应适用侵权责任一般构成要件和一般责任条款的致人损害的行为。例如故意侵占、毁损他人财物、诽谤他人名誉等诸如此类的行为。特殊侵权行为是指由法律直接规定，在侵权责任的主体、主观构成要件、举证责任的分配等方面不同于一般侵权行为，应适用民法上特别责任条款的致人损害的行为。《民法总则》规定了特殊侵权行为。其中，与工程建设密切相关的有：

1）违反国家保护环境防止污染的规定，污染环境造成他人损害的，应当依法承担民事责任。

2）在公共场所、道旁或者通道上挖坑、修缮安装地下设施等，没有设置明显标志和采取安全措施造成他人损害的，施工人应当承担民事责任。

3）建筑物或者其他设施以及建筑物上的搁置物、悬挂物发生倒塌、脱落、坠落造成他人损害的，它的所有人或者管理人应当承担民事责任，但能够证明自己没有过错的除外。

侵权行为与违约行为虽然都是民事违法行为，但也存在显著区别：

1）侵权行为违反的是法定义务，违约行为违反的是合同中的约定义务

法律赋予了公民人身权、财产权，也就意味着同时规定了尊重他人人身权、财产权的法定义务。对别人的权力进行侵犯，就是违反了法定的义务。

违约行为实质上是违反了合同的约定。

2）侵权行为侵犯的是绝对权，违约行为侵犯的是相对权即债权

绝对权是指义务人不确定，权利人无须通过义务人实施一定行为即可实现的权利。例如，所有权、人身权。相对权是指义务人为特定人，权利人必须通过义务人实施一定行为才能实现的权利。例如，债权。

3）侵权行为的法律责任包括财产责任和非财产责任，违约行为的法律责任仅限于财产责任

财产责任是指以财产为责任内容的法律责任。违约行为发生后，违约方可能向守约方支付违约金、赔偿金等财产以为自己的违约承担责任。

非财产责任是指不以财产为责任承担内容，而是以人身、行为、人格等为责任内容的法律责任。例如，性质严重的侵权可能会承担的刑事责任，就是非财产责任。

11.1.2 承担民事责任的方式

依据《民法总则》的规定，承担民事责任的方式主要有 11 种。承担民事责任的方式，可以单独适用，也可以合并适用。

1. 停止侵害

停止侵害是指侵害人终止其正在进行或者延续的损害他人合法权益的行为。其目的在于及时制止侵害行为，防止损失的扩大。

2. 排除妨碍

排除妨碍是指侵害人排除由其行为引起的妨碍他人权利正常行使和利益实现的客观事实状态。其目的在于保证他人能够行使自己的合法权益。

3. 消除危险

消除危险是指侵害人消除由其行为或者物件引起的现实存在的某种有可能对他人的合法权益造成损害的紧急事实状态。其目的在于防止损害或妨碍的发生。

4. 返还财产

返还财产是指侵害人将其非法占有或者获得的财产转移给所有人或者权利人。返还的财产包括三种情形：

1）因不当得利所获得的财产。

2）民事行为被确认无效或者被撤销而应当返还的财产。

3）非法侵占他人的财产。

5. 恢复原状

恢复原状是指使受害人的财产恢复到受侵害之前的状态。使用这种责任形式需要具有两个前提条件：财产恢复的可能性与财产恢复的必要性。

6. 修理、重作、更换

修理、重作、更换，主要适用于违反合同质量条款的民事责任形式。修理是指使受损害

的财产或者不符合合同约定质量的标的物具有应当具备的功能、质量。重作是指重新加工、制作标的物。更换是指以符合质量要求的标的物替代已交付的质量不符合要求的标的物。修理和重作可以适用于种类物或者特定物，而更换只能适用于种类物。

7. 继续履行

《合同法》规定，当事人一方不履行合同义务或者履行合同义务不符合约定的，应当承担继续履行、采取补救措施或者赔偿损失等违约责任。继续履行是一种违约后的补救方式，是否要求违约方继续履行是非违约方的一项权利。继续履行可以与违约金、定金、赔偿损失并用，但不能与解除合同的方式并用。

8. 赔偿损失

赔偿损失是指行为人因违反民事义务致人损害，应以财产赔偿受害人所受的损失。对于违约责任，赔偿额应当相当于对方因违约造成的损失。对于侵权责任，包括对财产损失和精神损失的赔偿。

9. 支付违约金

当事人一方不履行合同义务或者履行合同义务不符合约定的，应当承担继续履行、采取补救措施或者赔偿损失等违约责任。违约责任具有如下特征：

1）违约责任的产生是以合同当事人不履行合同义务为条件的。

2）违约责任具有相对性。

3）违约责任主要具有补偿性，即旨在弥补或补偿因违约行为造成的损害后果。

4）违约责任可以由合同当事人约定，但约定不符合法律要求的，将会被宣告无效或被撤销。

5）违约责任是民事责任的一种形式。

10. 消除影响、恢复名誉

消除影响是指加害人在其不良影响所及范围内消除对受害人不利后果的民事责任。

恢复名誉是指加害人在其侵权后果所及范围内使受害人的名誉恢复到未曾受损害的状态。

加害人拒不执行生效判决，不为受害人消除影响、恢复名誉的，人民法院可以采取公告、登报方式，将判决的内容和有关情况公布于众，达到消除影响、恢复名誉的目的。公告、登记的费用由加害人承担。

11. 赔礼道歉

赔礼道歉是指加害人以口头或者书面的方式向受害人承认过错、表示歉意。赔礼道歉一般应当公开进行，否则不足以消除影响。但是，受害人不要求公开进行的，也可以秘密进行。由法院判决加害人承担赔礼道歉责任的，赔礼道歉的内容应当经法院审查同意。

11.2　工程建设领域常见行政责任种类和行政处罚程序

11.2.1　工程建设领域常见行政责任种类

行政责任是指有违反有关行政管理的法律规范的规定，但尚未构成犯罪的行为所依法应当受到的法律制裁。行政责任主要包括行政处罚和行政处分。

1. 行政处罚

行政处罚是指国家行政机关及其他依法可以实施行政处罚权的组织，对违反经济、行政管理法律、法规、规章，尚不构成犯罪的公民、法人及其他组织实施的一种法律制裁。

在我国工程建设领域，对于建设单位、勘察设计单位、施工单位、工程监理单位等参建单位而言，行政处罚是更为常见的行政责任形式。《中华人民共和国行政处罚法》（以下简称《行政处罚法》）是规范和调整行政处罚的设定和实施的法律依据。

根据《行政处罚法》第八条的规定，行政处罚的种类包括：

1）警告。

2）罚款。

3）没收违法所得、没收非法财物。

4）责令停产停业。

5）暂扣或者吊销许可证、暂扣或者吊销执照。

6）行政拘留。

7）法律、行政法规规定的其他行政处罚。

2. 行政处分

行政处分是国家行政机关依照行政隶属关系对违法失职的公务员给予的惩戒。国家公务员有《中华人民共和国公务员法》所列违纪行为，尚未构成犯罪的，或者虽然构成犯罪但是依法不追究刑事责任的，应当给予行政处分；违纪行为情节轻微，经过批评教育后改正的，也可以免予行政处分。

依据《中华人民共和国公务员法》，行政处分分为：警告、记过、记大过、降级、撤职、开除。公务员在受处分期间不得晋升职务和级别，其中受记过、记大过、降级、撤职处分的，不得晋升工资档次。受撤职处分的，按照规定降低级别。公务员受开除以外的处分，在受处分期间有悔改表现，并且没有再发生违纪行为的，处分期满后，由处分决定机关解除处分并以书面形式通知本人。解除处分后，晋升工资档次、级别和职务不再受原处分的影响。但是，解除降级、撤职处分的，不视为恢复原级别、原职务。

行政处分具有如下特点：

1）行政处分是国家行政法律规范规定的责任形式。这一点与一般的纪律处分不同。纪律处分是组织内部依照组织章程、决议等做出的。

2）行政处分的主体是公务员所在的行政机关、上级主管部门或监察机关。

3）行政责任是一种内部责任形式，不涉及行政相对人的利益。

11.2.2　行政处罚程序

《行政处罚法》明确规定，公民、法人或者其他组织违反行政管理秩序的行为，应当给予行政处罚的，依照本法由法律、法规或规章规定，并由行政机关依照本法规定的程序实施，"没有法定依据或者不遵守法定程序的，行政处罚无效"。据此，具有法定依据和遵守法定程序，是行政机关实施的行政处罚具备合法性所必须满足的前提条件。《行政处罚法》还明确规定，公民、法人或者其他组织对行政机关所给予的行政处罚，享有陈述权、申辩权；对行政处罚不服的，有权依法申请行政复议或者提起行政诉讼。公民、法人或者其他组织因行政机关违法给予行政处罚造成损害的，有权依法提出赔偿要求。

为保障和监督建设行政执法机关有效实施行政管理，保护公民、法人和其他组织的合法权益，促进建设行政执法工作程序化、规范化，根据《行政处罚法》，建设部发布实施了《建设行政处罚程序暂行规定》（1999 年 2 月 3 日建设部令第 66 号发布）。结合《行政处罚法》和《建设行政处罚程序暂行规定》的有关规定，建设行政处罚程序应遵守如下规定。

1. 行政处罚的一般规则

1）公民、法人或者其他组织违反行政管理秩序的行为，依法应当给予行政处罚的，行政机关必须查明事实。违法事实不清的，不得给予行政处罚。

2）行政机关在做出行政处罚决定之前，应当告知当事人做出行政处罚决定的事实理由和依据，并告知当事人依法享有的权利。行政机关及其执法人员违反该规定，未向当事人告知行政处罚的事实、理由和依据的，行政处罚决定不能成立。

3）当事人有权进行陈述和申辩。行政机关必须充分听取当事人的意见，对当事人提出的事实、理由和证据，应当进行复核；当事人提出的事实、理由或者证据成立的，行政机关应当采纳。行政机关不得因当事人申辩而加重处罚。行政机关及其执法人员违反《建设行政处罚程序暂行规定》，拒绝听取当事人的陈述、申辩的，行政处罚决定不成立。

2. 程序种类

《行政处罚法》《建设行政处罚程序暂行规定》基于建设行政处罚的不同情况，规定了简易程序、一般程序和听证程序。

（1）简易程序

简易程序是指针对违法事实确凿并有法定依据，对公民处以 50 元以下、对法人或者其他组织处以 1000 元以下罚款或警告的行政处罚而设定的行政处罚程序。适用简易程序可以当场做出行政处罚决定。

（2）一般程序

一般程序是指普遍适用的行政处罚程序，适用于除适用简易程序的行政处罚以外的其他行政处罚。

（3）听证程序

听证程序是指针对行政执法机关做出吊销资质证书，执业资格证书，责令停产停业，责令停业整顿（包括属于停业整顿性质的，责令在规定的时限内不得承接新的业务），责令停止执业业务，没收违法建筑物、构筑物和其他设施以及处以较大数额罚款等行政处罚，而设定的行政处罚程序。对于适用听证程序的行政处罚，行政机关在做出行政处罚决定前，应当告知当事人有要求举行听证的权利；当事人要求听证的，行政机关应当组织听证。当事人不承担行政机关组织听证的费用。

3. 行政处罚的执行程序

行政处罚的执行程序是指确保行政处罚决定所确定的内容得以实现的程序。行政处罚决定一旦做出，就具有法律效力，当事人应当在行政处罚决定的期限内予以履行。当事人对行政处罚决定不服申请行政复议或者提起行政诉讼的，除法律另有规定的以外，行政处罚不停止执行。

11.3 | 工程建设领域犯罪

11.3.1 犯罪构成与刑罚种类

1. 犯罪构成

犯罪是指具有社会危害性、刑事违法性并应受到刑事处罚的违法行为。犯罪构成则是指认定犯罪的具体法律标准，是我国《刑法》规定的某种行为构成犯罪所必须具备的主观要件和客观要件的总和。按照我国犯罪构成的一般理论，我国《刑法》规定的犯罪都必须具备犯罪客体、犯罪的客观方面、犯罪主体、犯罪的主观方面这四个共同要件。

（1）犯罪客体

犯罪客体是指我国《刑法》所保护的而被犯罪所侵害的社会关系。我国《刑法》第十三条和分则的规定，具体指明了《刑法》所保护的社会关系的种类。例如，《刑法》第一百三十七条规定的工程重大安全事故罪，侵害的是公共安全和国家有关工程建设管理的法律制度。

（2）犯罪的客观方面

犯罪的客观方面是指《刑法》所规定的构成犯罪在客观上必须具备的危害社会的行为和由这种行为所引起的危害社会的结果。该要件说明了犯罪客体在什么样的条件下，通过什么样的危害行为而受到什么样的侵害。因此，犯罪客观方面也是犯罪构成不可缺少的要件。

（3）犯罪主体

犯罪主体是指实施了犯罪行为，依法应当承担刑事责任的人。我国《刑法》对犯罪主体的规定包含了两种人：一种是达到刑事责任年龄，具有刑事责任能力，实施了犯罪行为的自然人；另一种是实施了犯罪行为的企业事业单位、国家机关、社会团体等单位。按照对犯罪主体是否有特定要求，又可将其分为一般主体和特殊主体。

（4）犯罪的主观方面

犯罪的主观方面是指犯罪主体对自己实施的危害社会行为及其结果所持的心理态度。根据我国《刑法》规定，一个人只有在故意或过失地实施某种危害社会的行为时，才负刑事责任。所以，故意或过失作为犯罪的主观方面，也是构成犯罪必不可少的要件之一。

2. 刑罚种类

根据我国《刑法》第三十二条规定，刑罚分为主刑和附加刑。主刑只能单独使用，不能附加适用。一个罪只能适用一个主刑，不能同时适用两个以上主刑。附加刑（从刑）是指补充主刑适用的刑罚方法。附加刑可以附加主刑适用，也可以单独适用。

（1）主刑

根据《刑法》第三十三条的规定，主刑的种类如下：

1）管制。管制是对罪犯不予关押，但限制其一定自由，由公安机关执行和群众监督改造的刑罚方法。管制具有一定的期限，管制的期限为3个月以上2年以下，数罪并罚时不得超过3年。管制的刑期从判决执行之日起计算，判决前先行羁押的，羁押1日抵折刑期2日。

数罪并罚是指人民法院对一人犯数罪分别定罪量刑，并根据法定原则与方法决定应当执行的刑罚。

2）拘役。拘役是短期剥夺犯罪人自由，就近实行劳动的刑罚方法。拘役的期限为 1 个月以上 6 个月以下，数罪并罚时不得超过 1 年。拘役的刑期从判决执行之日起计算，判决执行前先行羁押的，羁押 1 日抵折刑期 1 日。

拘役由公安机关在就近的拘役所、看守所或者其他监管场所执行。在执行期间，受刑人每月可以回家 1~2 天。参加劳动的，可以酌量发给报酬。

3）有期徒刑。有期徒刑是剥夺犯罪人一定期限的自由，实行强制劳动改造的刑罚方法。有期徒刑的犯罪人被拘押于监狱或其他执行场所。有期徒刑的基本内容是对犯罪人实行劳动改造。《刑法》第四十六条规定，被判处徒刑的人凡有劳动能力的，都应当参加劳动，接受教育和改造。

有期徒刑的刑期为 6 个月以上 15 年以下，数罪并罚时不得超过 20 年。刑期从判决执行之日起计算，判决执行以前先行羁押的，羁押 1 日抵折刑期 1 日。

4）无期徒刑。无期徒刑是剥夺犯罪人终身自由，实行强迫劳动改造的刑罚方法。无期徒刑的基本内容也是对犯罪人实施劳动改造。无期徒刑不可能孤立适用，即对于被判处无期徒刑的犯罪分子，应当附加剥夺政治权利终身。而对于被判处管制、拘役、有期徒刑的犯罪分子，不是必须附加剥夺政治权利。

5）死刑。死刑是剥夺犯罪人生命的刑罚方法，包括立即执行与缓期两年执行两种情况。死刑是刑法体系中最为严厉的刑罚方法。

（2）附加刑

根据《刑法》第三十四条的规定，附加刑的种类如下：

1）罚金。罚金是人民法院判处犯罪分子向国家交纳一定数额金钱的刑罚方法。《刑法》第五十二条规定，判处罚金，应当根据犯罪情节决定罚金数额。

2）剥夺政治权利。剥夺政治权利是指剥夺犯罪人参加管理国家和政治活动的权利的刑罚方法。剥夺政治权利是同时剥夺选举权与被选举权，言论、出版、集会、结社、游行、示威自由的权利。

3）没收财产。没收财产是将犯罪人所有财产的一部分或者全部强制无偿收归国有的刑罚方法。没收财产与没收犯罪物品有本质区别，没收财产是没收犯罪人合法所有并且没有用于犯罪的财产。

《刑法》第五十九条规定，没收财产是没收犯罪分子个人所有财产的一部或者全部。没收全部财产的，应当对犯罪分子个人及其扶养的家属保留必需的生活费用。在判处没收财产的时候，不得没收属于犯罪分子家属所有或者应有的财产。

11.3.2　工程建设领域的典型犯罪及构成

1. 重大责任事故罪

根据《刑法》第一百三十四条及《刑法修正案（六）》的规定，重大责任事故罪是指在生产、作业中违反有关安全管理的规定，或者强令他人违章冒险作业，因而发生重大伤亡事故或者造成其他严重后果的行为。重大责任事故罪的犯罪构成及其特征是：

（1）犯罪客体

本罪的客体是生产安全。

（2）犯罪的客观方面

本罪的客观方面表现为在生产、作业中违反有关安全管理的规定，或者强令他人违章冒险作业，因而发生重大伤亡事故或者造成其他严重后果的行为。

（3）犯罪主体

本罪的主体是一般主体，包括建筑企业的安全生产从业人员，安全生产管理人员以及对安全事故负有责任的包工头，无证从事生产、作业的人员等。

（4）犯罪的主观方面

本罪的主观方面表现为过失。这种过失不论是表现为疏忽大意，还是表现为过于自信，行为人在主观上的心理状态都是一样的，即在主观上都不希望发生危害社会的严重后果。但行为人对于在生产、作业中违反有关安全管理的规定，或者强令他人违章冒险作业行为本身，则可能是故意的。

2. 重大劳动安全事故罪

根据《刑法》第一百三十五条及《刑法修正案（六）》的规定，重大劳动安全事故罪主要是指安全生产设施或者安全生产条件不符合国家规定，因而发生重大伤亡事故或者造成其他严重后果的行为。重大劳动安全事故罪的犯罪构成及其特征是：

（1）犯罪客体

本罪的客体是劳动安全。

（2）犯罪的客观方面

本罪的客观方面表现为安全生产设施或者安全生产条件不符合国家规定，因而发生重大伤亡事故或者造成其他严重后果的行为。

（3）犯罪主体

本罪的主体是特殊主体，即直接负责的主管人员和其他直接责任人员。其中，"直接负责的主管人员"包括生产经营单位的负责人、生产经营的指挥人员、实际控制人、投资人。"其他直接责任人员"包括对安全生产设施、安全生产条件负有提供、维护、管理职责的人。

（4）犯罪的主观方面

本罪的主观方面表现为过失，即在主观上都不希望发生危害社会的严重后果。但行为人对安全生产设施或者安全生产条件不符合国家规定，则可能是故意的，也可能是过失。

3. 工程重大安全事故罪

根据《刑法》第一百三十七条的规定，工程重大安全事故罪是指建设单位、设计单位、施工单位、工程监理单位违反国家规定，降低工程质量标准，造成重大安全事故的行为。工程重大安全事故罪的犯罪构成及其特征是：

（1）犯罪客体

本罪的客体是公共安全和国家有关工程建设管理的法律制度。

（2）犯罪的客观方面

本罪的客观方面表现为违反国家规定，降低工程质量标准，造成重大安全事故的行为。

（3）犯罪主体

本罪的主体是特殊主体，仅限于建设单位、设计单位、施工单位、工程监理单位。

（4）犯罪的主观方面

本罪的主观方面表现为过失。行为人违反国家规定、降低质量标准则可能是故意，也可能是过失。

1.4 案例分析

11.4.1　案例 1

1. 案情

某市 1 栋在建住宅楼发生楼体倒覆事故，造成 1 名工人身亡。经调查分析，事故调查组认定是一起重大工程安全事故。其直接原因是：紧贴该楼北侧，在短时间内堆土过高，最高处达 10m 左右；紧邻该楼南侧的地下车库基坑正在开挖，开挖深度 4.6m。大楼两侧的压力差使土体产生水平位移，过大的水平力超过了桩基的抗侧压能力，导致房屋倾倒。此外，还主要存在六个方面的间接原因：

1）土方堆放不当。在未对天然地基进行承载力计算的情况下，开发商随意指定将开挖土方短时间内集中堆放于该楼北侧。

2）开挖基坑违反相关规定。土方开挖单位在未经监理方同意、未进行有效监测，不具备相应资质的情况下，没有按照相关技术要求开挖基坑。

3）监理不到位。监理方对开发商、施工方的违法违规行为未进行有效处置，对施工现场的事故隐患未及时报告。

4）管理不到位。开发商管理混乱，违章指挥，违法指定施工单位，压缩施工工期。

5）安全措施不到位。施工方对基坑开挖及土方处置未采取专项防护措施。

6）围护桩施工不规范。施工方未严格按照相关要求组织施工，施工速度快于规定的技术标准要求。

事故发生后，该楼所在地的副区长和镇长、副镇长等公职人员，因对辖区内建设工程安全生产工作负有领导责任，分别被给予行政警告、行政记过、行政记大过处分。开发商、总包单位对事故发生负有主要责任，土方开挖单位对事故发生负有直接责任，基坑围护及桩基工程施工单位对事故发生负有一定责任，分别给予了经济罚款。其中，对开发商、总包单位均处以法定最高限额罚款 50 万元，并吊销总包单位的建筑施工企业资质证书及安全生产许可证，待事故善后处理工作完成后吊销开发商的房地产开发企业资质证书；监理单位对事故发生负有重要责任，吊销其工程监理资质证书；工程监测单位对事故发生负有一定责任，予以通报批评处理。监理单位、土方开挖单位的法定代表人等 8 名责任人员，对事故发生负有相关责任，被处以吊销执业证书、罚款、解除劳动合同等处罚。秦某、张某等 6 人，犯重大责任事故罪，被追究刑事责任，分别被判处有期徒刑 3～5 年。该楼的 21 户购房户，有 11 户业主退房，10 户置换，分别获得相应的赔偿费。

2. 案例评析

本案中所涉及的法律关系复杂，产生了多个法律责任：基于合同关系产生的民事责任。开发商与购房者存在商品房买卖合同，由于发生楼体倒覆事故，开发商无法交付房屋，应当承担违约责任。本案中，违约责任最主要的就是赔偿损失；副区长和镇长、副镇长等公职人员，对辖区内建设工程安全生产工作负有领导责任，分别被给予行政警告、行政记过、行政记大过处分，即属于行政处分；对开发商、总包单位等处以罚款、吊销资质证书等，对责任人处以吊销执业证书、罚款等，都属于行政处罚；本案中的被告人秦某、张某等6人在该楼工程项目中，分别作为建设方、施工方、监理方的工作人员以及土方施工的具体实施者，在工程施工的不同岗位和环节中，本应上下衔接、互相制约，但却违反安全管理规定，不履行或者不能正确履行或者消极履行各自的职责与义务，最终导致该楼房整体倾倒的重大工程安全事故，致1人死亡，并造成重大经济损失，6名被告人均已构成重大责任事故罪，且属情节特别恶劣，依法应予惩处，承担相应的刑事责任。

11.4.2　案例

1. 案情

2007年8月，湖南某大桥在施工过程中发生坍塌事件。事故共造成64人死亡，4人重伤，18人轻伤，直接经济损失达3974.7万元。湖南法院对该大桥坍塌事故案件的相关责任人做出一审判决，分别判处游某等多名被告人有期徒刑3～19年。

经法院审理查明：被告人游某不认真履行职责，玩忽职守，盲目地只抓工程进度，对质量问题未进行有效整改，对擅自变更施工工艺失察；利用职务上的便利收受贿赂，并对某公司单位受贿罪负责任。被告人胡某、陈某、张某、侯某不履行或不认真履行质量监督检查的职责，胡某同时对单位受贿承担责任。被告人王某严重不负责任，不认真履行职责以致重大质量隐患没有得到根除，导致大桥坍塌，侵吞公款并收受他人贿赂。被告人梁某身为质监分站站长，严重不负责任，不认真履行职责，对事故负有直接责任，并收受贿赂。吴某作为总工程师擅自批准施工单位提出变更的与设计要求不相符的大桥主拱圈施工方案，收受贿赂。被告人夏某、刘某等14名被告人在大桥的施工、监理过程中违反国家规定，降低工程质量标准，是造成重大人员伤亡和重大经济损失后果的直接责任人。

法院认为，项目的建设单位、施工单位、监理单位等在工程的具体实施中不能履行或者不正确履行自身的职责、义务，最终导致该大桥坍塌，造成64人死亡的重大事故，属于情节特别恶劣。法院依法对相关责任人分别做出玩忽职守罪、受贿罪、单位受贿罪等判决。

2. 案例评析

复杂的因果关系是该案最显著的特点，直接原因是大桥主拱圈砌筑材料不满足规范和设计要求，拱桥上部构造施工工序不合理，主拱圈砌筑质量差，降低了拱圈砌体的整体性和强度。而间接原因则主要涉及六个方面，包括：①建设单位严重违反建设工程管理的有关规定，项目管理混乱；②施工单位严重违反有关桥梁建设的法律、法规及技术标准，施工质量控制不力，现场管理混乱；③监理单位违反有关规定，未能依法履行工程监理职责；④承担设计和勘察任务的设计院工作不到位；⑤有关主管部门和监管部门对该工程的质量监管严重失职、指导不力；⑥州、县两级政府和有关部门及省有关部门对工程建设立项审批、招标投标、质量和安全生产等方面的工作监管不力，对下属单位要求不严，管理不到位。因此，根据《刑法》的规定，将建设单位工程部长、施工单位项目经理、标段承包人等24名责任人移交司法机关，依法追究其刑事责任；施工单位董事长、建设单位负责人、监理单位总工程师等33名责任人受到相应的党纪、政纪处分，建设、施工、监理等单位分别受到罚款、吊销安全生产许可证、暂扣工程监理证书等行政处罚；责成湖南省人民政府向国务院做出深刻检查。

第 章 建设工程纠纷的处理程序

12.1 民事纠纷处理的方式

建设工程民事纠纷的处理方式主要有四种，分别是和解、调解、仲裁和诉讼。我国《合同法》规定：当事人可以通过和解或者调解解决合同争议；当事人不愿和解、调解或者和解、调解不成的，可以根据仲裁协议向仲裁机构申请仲裁；当事人没有订立仲裁协议或者仲裁协议无效的，可以向人民法院起诉；当事人应当履行发生法律效力的判决、仲裁裁决、调解书，拒不履行的，对方可以请求人民法院执行。

12.1.1 民事诉讼

1. 民事诉讼的概念

民事诉讼是指人民法院在当事人和其他诉讼参与人的参加下，以审理、裁判、执行等方式解决民事纠纷的活动，以及由此产生的各种诉讼关系的总和。诉讼参与人包括原告、被告、第三人、证人、鉴定人、勘验人等。

2. 民事诉讼的基本特征

（1）公权性

民事诉讼是由人民法院代表国家意志行使司法审判权，通过司法手段解决平等民事主体之间的纠纷，这使得民事诉讼与具有民间性质的调解和仲裁有所不同。

（2）强制性

民事诉讼的公权性决定了其在案件的受理和执行等方面具有强制性。调解、仲裁均建立在当事人自愿的基础上，如果一方当事人不愿意进行调解、仲裁，调解和仲裁将不会发生。但民事诉讼则不同，只要原告起诉符合法定的条件，无论被告是否愿意，诉讼都会发生。此外，民间的和解、调解协议的履行依靠当事人的自觉，不具有强制执行的效力，但法院的裁判则具有强制执行的效力，当事人不自觉履行生效裁判，法院依另一方当事人申请可依法强制执行。

（3）程序性

民事诉讼是依照法定程序进行的诉讼活动，无论是法院，还是当事人和其他诉讼参与人，均须按照民事诉讼法律规定的程序实施诉讼行为。与民事诉讼相比，民间调解通常没有严格的程序规则，仲裁虽然也要按照预先确定的程序进行，但相对灵活，当事人的选择权也较大。

12.1.2 仲裁

1. 仲裁的概念

仲裁指发生争议的当事人（申请人与被申请人），根据其达成的仲裁协议，自愿将该争议提交中立的第三者（仲裁机构）进行裁判的争议解决制度。

《中华人民共和国仲裁法》（以下简称《仲裁法》）的调整范围仅限于民商事仲裁。劳动争议仲裁和农业承包合同纠纷仲裁不受《仲裁法》的调整。此外，根据《仲裁法》第三条的规定："下列纠纷不能仲裁：婚姻、收养、监护、扶养、继承纠纷；依法应当由行政机关处理的行政争议。"

2. 仲裁的基本特点

（1）自愿性

是否将纠纷提交仲裁，向哪个仲裁委员会申请仲裁，仲裁庭如何组成，仲裁员的选择，以及仲裁的审理方式等都是在当事人自愿的基础上，由当事人协商确定的。

（2）专业性

专家裁案是民商事仲裁的重要特点之一。

（3）保密性

仲裁以不公开审理为原则。同时，按照各仲裁规则的规定，当事人及其代理人、证人、翻译、仲裁员、仲裁庭咨询的专家和指定的鉴定人、仲裁委员会有关工作人员也要遵守保密义务，不得对外界透露案件实体和程序的有关情况。因此，当事人之间的纠纷及有关的商业秘密，不会因仲裁活动而泄露。

（4）快捷性

仲裁实行一裁终局制度，仲裁裁决一经做出即发生法律效力。

12.1.3 和解

1. 和解的概念

和解是指当事人在自愿互谅的基础上，就已经发生的争议进行协商并达成协议，自行解决争议的一种方式。和解的应用非常广泛，发生争议后，当事人即可自行和解；即使在申请仲裁或诉讼后仍然可以和解。当事人申请仲裁后，自行和解，达成和解协议的，可以请求仲裁庭根据和解协议做出裁决书，也可以撤回仲裁申请。当事人达成和解协议，撤回仲裁申请后反悔的，可以根据仲裁协议申请仲裁。和解可以发生在民事诉讼的任何阶段。当事人在诉讼中和解的，应由原告申请撤诉，经法院裁定撤诉后结束诉讼，当事人通过和解处理纠纷，但审判阶段的和解没有法律效力。当事人和解以后，可以请求法院调解，制作调解书，产生法律效力。在执行中，双方当事人在自愿协商的基础上，达成的和解协议，产生结束执行程序的效力。如果一方当事人不履行和解协议或者反悔的，对方当事人只可以申请人民法院按照原生效法律文书强制执行。

和解与调解的区别在于：和解是当事人之间自愿协商，达成协议，没有第三方参加；而调解是在第三方主持下进行疏导、劝说，使之相互谅解，自愿达成协议。

2. 和解的类型

和解的应用很灵活，可以在多种情形下达成和解协议。

（1）诉讼前的和解

诉讼前的和解是指发生诉讼以前，双方当事人互相协商达成协议，解决双方的争执。这是一种民事法律行为，是当事人依法处分自己民事实体权利的表现。

和解成立后，当事人所争执的权利随即确定，所抛弃的权利随即消失，当事人不得任意反悔要求撤销。但是，如果和解所依据的文件，事后发现是伪造或涂改的，和解事件已为法院判决所确定，而当事人于和解时不知情的，当事人对重要的争执有重大误解而达成协议的，当事人都可以要求撤销和解。

（2）诉讼中的和解

诉讼中的和解是当事人在诉讼进行中互相协商，达成协议，解决双方的争执。《民事诉讼法》规定，双方当事人可以自行和解。这种和解在法院做出判决前，当事人都可以进行。当事人可以就整个诉讼标的达成协议，也可以就诉讼标的中的个别问题达成协议。

诉讼阶段的和解没有法律效力。当事人和解后，可以请求法院调解，制作调解书，经当事人签名盖章产生法律效力，从而结束全部或部分诉讼程序。结束全部程序的，即视为当事人撤销诉讼。

（3）执行中的和解

执行中的和解是在发生法律效力的民事判决、裁定后，法院在执行中，当事人互相协商，达成协议，解决双方的争执。

《民事诉讼法》规定，在执行中，双方当事人自行和解达成协议的，执行员应当将协议内容记入笔录，由双方当事人签名或者盖章。一方当事人不履行和解协议的，人民法院可以根据对方当事人的申请，恢复对原生效法律文书的执行。

（4）仲裁中的和解

和解是双方当事人的自愿行为，不需要仲裁庭的参与。《仲裁法》规定：当事人申请仲裁后，可以自行和解；达成和解协议的，可以请求仲裁庭根据和解协议做出裁决书，也可以撤回仲裁申请；当事人达成和解协议，撤回仲裁申请后又反悔的，可以根据原仲裁协议重新申请仲裁。

3. 和解的效力

和解协议不具有强制约束力，如果一方当事人不按照和解协议执行，另一方当事人不可以请求人民法院强制执行，但可以向法院提起诉讼，也可以根据仲裁协议申请仲裁。法院或仲裁庭通过对和解协议的审查，对于意思真实而又不违反法律强制性或禁止性规定的和解协议予以支持，也可以支持遵守协议方要求违反协议方就不执行该和解协议承担违约责任的请求。但是，对于一方非自愿做出的或违反法律强制性或禁止性规定的和解协议不予支持。

12.1.4　调解

1. 调解的概念

调解是指第三人（即调解人）应纠纷当事人的请求，依法或依合同约定，对双方当事人进行说服教育，居中调停，使其在互相谅解、互相让步的基础上解决其纠纷的一种途径。根据调解人的不同，我国调解的形式主要有人民调解、行政调解、仲裁调解、法院调解等。其中，除行政调解外，人民调解、仲裁调解和法院调解达成的调解协议均具有强制约束力。

1）法院调解是指在人民法院的主持下，在双方当事人自愿的基础上，以制作调解书的形式，从而解决纠纷的一种方式。

2）人民调解，是指人民调解委员会通过说服、疏导等方式，促使当事人在平等协商基础上自愿达成调解协议，解决民事纠纷的活动。

3）行政调解或称行政调处，是指在有关行政机关的主持下，依据相关法律、行政法规、规章及政策，处理纠纷的一种方式。

4）仲裁调解是指仲裁庭在做出裁决前可以进行调解。当事人自愿调解的，仲裁庭应当调解。仲裁的调解达成协议，应当制作调解书或者裁决书，对当事人有约束力。

2. 人民调解

2010 年 8 月颁布的《中华人民共和国人民调解法》（以下简称《人民调解法》）规定，人民调解是指人民调解委员会通过说服、疏导等方式，促使当事人在平等协商基础上自愿达成调解协议，解决民间纠纷的活动。人民调解制度作为一种司法辅助制度，是人民群众自己解决纠纷的法律制度，也是一种具有中国特色的司法制度。

（1）人民调解的原则和人员机构

人民调解的基本原则是：当事人自愿原则；当事人平等原则；合法原则；尊重当事人权利原则。人民调解的组织形式是人民调解委员会。《人民调解法》规定：人民调解委员会是村民委员会、居民委员会设立的调解民间纠纷的群众性组织；国务院司法行政部门负责指导全国的人民调解工作，县级以上地方人民政府司法行政部门负责指导本行政区域的人民调解工作，基层人民法院对人民调解委员会调解民间纠纷进行业务指导；人民调解委员会由 3 ~ 9 人组成，设主任 1 人，必要时可以设副主任若干人。

人民调解员由人民调解委员会委员和人民调解委员会聘任的人员担任。人民调解员应当具备的基本条件是：

1）公道正派。

2）热心人民调解工作。

3）具有一定的文化水平。

4）有一定的法律知识和政策水平。

5）成年公民。

（2）人民调解的程序和调解协议

人民调解应当遵循的程序主要是：

1）当事人申请调解。

2）人民调解委员会动调解。

3）指定调解员或由当事人选定调解员进行调解。

4）达成协议。

5）调解结束。

经人民调解委员会调解达成调解协议的，可以制作调解协议书。当事人认为无须制作调解协议书的，可以采取口头协议的方式，人民调解员应当记录协议内容。经人民调解委员会调解达成的调解协议书对当事人双方具有法律约束力，当事人应当履行。当事人就调解协议的履行或者调解协议的内容发生争议的，一方当事人可以向法院提起诉讼。

经人民调解委员会调解达成调解协议后，双方当事人认为有必要的，可以按照《民事诉讼法》的规定，自调解协议生效之日起 30 日内共同向调解组织所在地基层人民法院申请司法确认调解协议。人民法院受理申请后，经审查，符合法律规定的，裁定调解协议有效，一方当事人拒绝履行或者未全部履行的，对方当事人可以向人民法院申请强制执行；不符合法律规定的，裁定驳回申请，当事人可以通过调解方式变更原调解协议或者达成新的调解协议，也可以向人民法院起诉。

3. 行政调解

行政调解是指有关国家行政机关应纠纷当事人的请求，依据法律、法规、规章和政策，对属于其职权管辖范围内的纠纷，通过耐心的说服教育，使纠纷的双方互相谅解，在平等协商的基础上达成一致协议，促成当事人解决纠纷。行政调解可分为：基层人民政府，即乡、镇人民政府对一般民间纠纷的调解；国家行政机关依照法律规定对某些特定民事纠纷、经济纠纷或劳动纠纷等进行的调解。行政调解达成的协议不具有强制执行力。

4. 仲裁调解

仲裁调解是仲裁机构对受理的仲裁案件进行的调解。仲裁庭在做出裁决前，可以先行调解。当事人自愿调解的，仲裁庭应当调解。调解不成的，应当及时做出裁决。调解达成协议的，仲裁庭应当制作调解书或者根据协议的结果制作裁决书。调解书与裁决书具有同等法律效力。调解书经双方当事人签收后，即发生法律效力。在调解书签收前当事人反悔的，仲裁庭应当及时做出裁决。

5. 法院调解

依据《民事诉讼法》规定，人民法院审理民事案件，根据当事人自愿的原则，在事实清楚的基础上，分清是非，进行调解。法院调解是人民法院对受理的民事案件、经济纠纷案件和轻微刑事案件在双方当事人自愿的基础上进行的调解，是诉讼内调解。法院调解书经双方当事人签收后，即具有法律效力，效力与判决书相同。在民事诉讼中，除适用特别程序的案件和当事人有严重违法行为需给予行政处罚的经济纠纷案件的情形外，其他案件均可适用调解。《民事诉讼法》规定：人民法院进行调解，可以由审判员一人主持，也可以由合议庭主持，并尽可能就地进行；人民法院进行调解，可以邀请有关单位和个人协助；被邀请的单位和个人，应当协助人民法院进行调解。

调解达成协议，必须双方自愿，不得强迫。调解协议的内容不得违反法律规定。调解达成协议，人民法院应当制作调解书。调解书应当写明诉讼请求、案件的事实和调解结果。调解书由审判员、书记员署名，加盖人民法院印章，送达双方当事人。调解书经双方当事人签收后，即具有法律效力。但是，下列案件调解达成协议，人民法院可以不制作调解书：

1）调解和好的离婚案件。

2）调解维持收养关系的案件。

3）能够即时履行的案件。

4）其他不需要制作调解书的案件。

对不需要制作调解书的协议，应当记入笔录，由双方当事人、审判人员、书记员签名或者盖章后，即具有法律效力。

调解未达成协议或者调解书送达前一方反悔的，人民法院应当及时判决。

12.2 证据

证据是指在诉讼中能够证明案件真实情况的各种资料。当事人要证明自己提出的主张，需要向法院提供相应的证据资料。掌握证据的种类才能正确收集证据，掌握证据的保全才能不使对自己有利的证据灭失，掌握证据的应用才能真正发挥证据的作用。

12.2.1 证据的种类

根据《民事诉讼法》，证据包括：当事人的陈述、书证、物证、视听资料、电子数据、证人证言、鉴定意见、勘验笔录。证据必须查证属实，才能作为认定事实的根据。

1. 当事人的陈述

当事人陈述是指当事人在诉讼或仲裁中，就本案的事实向法院或仲裁机构所做的陈述。《民事诉讼法》规定：人民法院对当事人的陈述，应当结合本案的其他证据，审查确定能否作为认定事实的根据；当事人拒绝陈述的，不影响人民法院根据证据认定案件事实。2008年12月修正后发布的《最高人民法院关于民事诉讼证据的若干规定》中规定：当事人对自己的主张，只有本人陈述而不能提出其他相关证据的，其主张不予支持，但对方当事人认可的除外。

2. 书证

书证是指以文字、符号所记录或表示的，以证明待证事实的文书，如合同、书信、文件、票据等。书证是民事诉讼和仲裁中普遍并大量应用的一种证据。

3. 物证

物证是指用物品的外形、特征、质量等说明待证事实的一部分或全部的物品。《民事诉讼法》规定："书证应当提交原件。物证应当提交原物。提交原件或者原物确有困难的，可以提交复制品、照片、副本、节录本。"需要说明的是，根据《最高人民法院关于民事诉讼证据的若干规定》，当事人"如需自己保存证据原件、原物或者提供原件、原物确有困难的，可以提供经人民法院核对无异的复制件或者复制品"；但是，"无法与原件、原物核对的复印件、复制品"，不能单独作为认定案件事实的依据。

4. 视听资料

视听资料是指利用录音、录像等方法记录下来的有关案件事实的材料，如用录音机录制的当事人的谈话、用摄像机拍摄的人物形象及其活动等。视听资料虽然具有易于保存、生动逼真等优点，但视听资料也有容易通过技术手段被篡改的缺点。《民事诉讼法》规定，人民法院对视听资料，应当辨别真伪，并结合本案的其他证据，审查确定能否作为认定事实的根据。同时，《最高人民法院关于民事诉讼证据的若干规定》中规定，存有疑点的视听资料，不能单独作为认定案件事实的依据。对于未经对方当事人同意私自录制其谈话取得的资料的效力，依据《最高人民法院关于民事诉讼证据的若干规定》，对于一方当事人提出的，有其他证据佐证并以合法手段取得的、无疑点的视听资料或者与视听资料核对无误的复制件，对方当事人提出异议但没有足以反驳的相反证据的，人民法院应当确认其证明力。

5. 电子数据

电子数据是指与案件事实有关的电子邮件、网上聊天记录、电子签名、网络访问记录等以电子形式存在的证据,如储存在计算机等电子设备的软盘、硬盘或光盘中的电子数据信息。

6. 证人证言

证人证言是指证人以口头或者书面方式向人民法院所做的对案件事实的陈述。证人所做的陈述,既可以是亲自听到、看到的,也可以是从其他人、其他地方间接得知的。人民法院认定证人证言,可以通过对证人的智力状况、品德、知识、经验、法律意识和专业技能等的综合分析做出判断。《民事诉讼法》规定:凡是知道案件情况的单位和个人,都有义务出庭做证;有关单位的负责人应当支持证人做证;不能正确表达意思的人,不能做证。

有下列情形之一的,经人民法院许可,可以提交书面证言、视听传输技术或者视听资料等方式做证:①因健康原因不能出庭的;②因路途遥远,交通不便不能出庭的;③因自然灾害等不可抗力不能出庭的;④其他有正当理由不能出庭的。《最高人民法院关于民事诉讼证据的若干规定》还规定,与一方当事人或者其代理人有利害关系的证人出具的证言,以及无正当理由未出庭做证的证人证言,不能单独作为认定案件事实的依据。

7. 鉴定意见

鉴定意见是指具备相应资格的鉴定人对民事案件中出现的专门性问题,通过鉴别和判断后做出的书面意见。在建设工程领域,较常见的如工程质量鉴定、技术鉴定、工程造价鉴定、伤残鉴定、笔迹鉴定等。由于鉴定意见是运用专业知识所做出的鉴别和判断,所以,具有科学性和较强的证明力。

《民事诉讼法》规定,当事人可以就查明事实的专门性问题向人民法院申请鉴定。

当事人申请鉴定的,由双方当事人协商确定具备资格的鉴定人;协商不成的,由人民法院指定。当事人未申请鉴定,人民法院对专门性问题认为需要鉴定的,应当委托具备资格的鉴定人进行鉴定。

当事人对鉴定意见有异议或者人民法院认为鉴定人有必要出庭的,鉴定人应当出庭做证。经人民法院通知,鉴定人拒不出庭做证的,鉴定意见不得作为认定事实的根据;支付鉴定费用的当事人可以要求返还鉴定费用。

8. 勘验笔录

勘验笔录是指人民法院为了查明案件的事实,指派勘验人员对与案件争议有关的现场、物品或物体进行查验、拍照、测量,并将查验的情况与结果制成的笔录。《民事诉讼法》规定:勘验物证或者现场,勘验人必须出示人民法院的证件,并邀请当地基层组织或者当事人所在单位派人参加;当事人或者当事人的成年家属应当到场,拒不到场的,不影响勘验的进行;勘验人应当将勘验情况和结果制作笔录,由勘验人、当事人和被邀参加人签名或者盖章。

12.2.2 举证的规定

原告向人民法院起诉或者被告提出反诉,应当附有符合起诉条件的相应的证据材料。当事人对自己提出的诉讼请求所依据的事实或者反驳对方诉讼请求所依据的事实有责任提供证据加以证明。

没有证据或者证据不足以证明当事人的事实主张的,由负有举证责任的当事人承担不利后果。人民法院应当向当事人说明举证的要求及法律后果,促使当事人在合理期限内积极、全面、正确、诚实地完成举证。

当事人因客观原因不能自行收集的证据，可申请人民法院调查收集。

1. 侵权诉讼的举证责任

1）因新产品制造方法发明专利引起的专利侵权诉讼，由制造同样产品的单位或者个人对其产品制造方法不同于专利方法承担举证责任。

2）高度危险作业致人损害的侵权诉讼，由加害人就受害人故意造成损害的事实承担举证责任。

3）因环境污染引起的损害赔偿诉讼，由加害人就法律规定的免责事由及其行为与损害结果之间不存在因果关系承担举证责任。

4）建筑物或者其他设施以及建筑物上的搁置物、悬挂物发生倒塌、脱落、坠落致人损害的侵权诉讼，由所有人或者管理人对其无过错承担举证责任。

5）饲养动物致人损害的侵权诉讼，由动物饲养人或者管理人就受害人有过错或者第三人有过错承担举证责任。

6）因缺陷产品致人损害的侵权诉讼，由产品的生产者就法律规定的免责事由承担举证责任。

7）因共同危险行为致人损害的侵权诉讼，由实施危险行为的人就其行为与损害结果之间不存在因果关系承担举证责任。

8）因医疗行为引起的侵权诉讼，由医疗机构就医疗行为与损害结果之间不存在因果关系及不存在医疗过错承担举证责任。

2. 合同纠纷的举证责任

在合同纠纷案件中，主张合同关系成立并生效的一方当事人对合同订立和生效的事实承担举证责任；主张合同关系变更、解除、终止、撤销的一方当事人对引起合同关系变动的事实承担举证责任。

对合同是否履行发生争议的，由负有履行义务的当事人承担举证责任。

对代理权发生争议的，由主张有代理权一方当事人承担举证责任。

在劳动争议纠纷案件中，因用人单位做出开除、除名、辞退、解除劳动合同、减少劳动报酬、计算劳动者工作年限等决定而发生劳动争议的，由用人单位负举证责任。

当事人在法庭辩论终结前撤回承认并经对方当事人同意，或者有充分证据证明其承认行为是在受胁迫或者重大误解情况下做出且与事实不符的，不能免除对方当事人的举证责任。

3. 举证责任的特殊规定

当事人无须举证证明的事实：

1）众所周知的事实。

2）自然规律及定理。

3）根据法律规定或者已知事实和日常生活经验法则能推定出的另一事实。

4）已为人民法院发生法律效力的裁判所确认的事实。

5）已为仲裁机构的生效裁决所确认的事实。

6）已为有效公证文书所证明的事实。

当事人向人民法院提供证据，应当提供原件或者原物。如需自己保存证据原件、原物或者提供原件、原物确有困难的，可以提供经人民法院核对无异的复制件或者复制品。

当事人向人民法院提供的证据系在中华人民共和国领域外形成的，该证据应当经所在国公证机关予以证明，并经中华人民共和国驻该国使领馆予以认证，或者履行中华人民共和国与该所在国订立的有关条约中规定的证明手续。当事人向人民法院提供的证据是在香港、澳门、台湾地区形成的，应当履行相关的证明手续。当事人向人民法院提供外文书证或者外文说明资料，应当附有中文译本。

12.2.3　证据的保全

解决纠纷的过程就是证明的过程，而证据保全是重要的证据固定措施。

1. 证据保全的概念和作用

所谓证据保全，是指在证据可能灭失或以后难以取得的情况下，法院根据申请人的申请或依职权，对证据加以固定和保护的制度。民事诉讼或仲裁均是以证据为基础展开的。依据有关证据，当事人和法院、仲裁机构才能够了解或查明案件真相，确定争议的原因，从而正确处理纠纷。但是，从纠纷产生直至案件开庭审理必然有一个间隔。在这段时间内，有些证据由于自然原因或人为原因，可能会灭失或难以取得。为了防止这种情况可能给当事人的举证以及法院、仲裁机构的审理带来困难，《民事诉讼法》规定：在证据可能灭失或者以后难以取得的情况下，当事人可以在诉讼过程中向人民法院申请保全证据，人民法院也可以主动采取保全措施；因情况紧急，在证据可能灭失或者以后难以取得的情况下，利害关系人可以在提起诉讼或者申请仲裁前，向证据所在地、被申请人住所地或者对案件有管辖权的人民法院申请保全证据。

2. 证据保全的程序

《民事诉讼法》规定：人民法院采取保全措施，可以责令申请人提供担保，申请人不提供担保的，裁定驳回申请；人民法院接受申请后，对情况紧急的，必须在 48 小时内做出裁定，裁定采取保全措施的，应当立即开始执行。

利害关系人申请诉前证据保全的，申请人应当提供担保，不提供担保的，裁定驳回申请。人民法院接受申请后，必须在 48 小时内做出裁定；裁定采取保全措施的，应当立即开始执行。申请人在人民法院采取保全措施后 30 日内不依法提起诉讼或者申请仲裁的，人民法院应当解除保全。申请有错误的，申请人应当赔偿被申请人因保全所遭受的损失。

《仲裁法》也规定：在证据可能灭失或者以后难以取得的情况下，当事人可以申请证据保全；当事人申请证据保全的，仲裁委员会应当将当事人的申请提交证据所在地的基层人民法院。

3. 证据保全的实施

《最高人民法院关于民事诉讼证据的若干规定》中规定：人民法院进行证据保全，可以根据具体情况，采用查封、扣押、拍照、录音、录像、复制、鉴定、勘验、制作笔录等方法；人民法院进行证据保全，可以要求当事人或者诉讼代理人到场。

12.2.4　证据的应用

在诉讼或仲裁中，哪些事实需要证据证明、哪些无须证明，这些事实由谁证明、靠什么证明、怎么证明、证明到什么程度，这几个问题构成了证据应用的全部内容，即证明对象、举证责任、证据收集、证明过程、证明标准。

1. 举证时限

举证时限是指法律规定或法院、仲裁机构指定的当事人能够有效举证的期限。举证时限是一种限制当事人诉讼行为的制度，其主要目的在于促使当事人积极举证，提高诉讼效率。《民事诉讼法》规定：当事人对自己提出的主张应当及时提供证据；人民法院根据当事人的主张和案件审理情况，确定当事人应当提供的证据及其期限；当事人在该期限内提供证据确有困难的，可以向人民法院申请延长期限，人民法院根据当事人的申请适当延长。

《最高人民法院关于适用〈中华人民共和国民事诉讼法〉的解释》规定：人民法院应当在审理前的准备阶段确定当事人的举证期限；举证期限可以由当事人协商，并经人民法院准许；人民法院确定举证期限，第一审普通程序案件不得少于 15 日，当事人提供新的证据的第二审案件不得少于 10 日。举证期限届满后，当事人对已经提供的证据，申请提供反驳证据或者对证据来源、形式等方面的瑕疵进行补正的，人民法院可以酌情再次确定举证期限，该期限不受前款规定的限制；当事人逾期提供证据的，人民法院应当责令其说明理由，必要时可以要求其提供相应的证据；当事人因客观原因逾期提供证据，或者对方当事人对逾期提供证据未提出异议的，视为未逾期；当事人因故意或者重大过失逾期提供的证据，人民法院不予采纳；但该证据与案件基本事实有关的，人民法院应当采纳，并依照《民事诉讼法》的规定予以训诫、罚款；当事人非因故意或者重大过失逾期提供的证据，人民法院应当采纳，并对当事人予以训诫。

2. 证据交换

我国民事诉讼中的证据交换，是指在诉讼答辩期届满后开庭审理前，在法院的主持下，当事人之间相互明示其持有证据的过程。证据交换制度的设立有利于当事人之间明确争议焦点，集中辩论；有利于法院尽快了解案件争议焦点，集中审理；有利于当事人尽快了解对方的事实依据，促进当事人进行和解和调解。《最高人民法院关于民事诉讼证据的若干规定》中规定：法院对于证据较多或者复杂疑难的案件，应当组织当事人在答辩期届满后、开庭审理前交换证据；法院组织当事人交换证据的，交换证据之日举证期限届满；当事人申请延期举证经法院准许的，证据交换日相应顺延。

证据交换应当在审判人员的主持下进行。在证据交换的过程中，审判人员对当事人无异议的事实、证据应当记录在卷；对有异议的证据，按照需要证明的事实分类记录在卷，并记载异议的理由。通过证据交换，确定双方当事人争议的主要问题。

3. 质证

质证是指人民法院组织当事人围绕证据的真实性、合法性以及与待证事实的关联性进行质证，并针对证据有无证明力和证明力大小进行说明和辩论。证据应当在法庭上出示，由当事人互相质证。未经当事人质证的证据，不得作为认定案件事实的根据。当事人在审理前的准备阶段认可的证据，经审判人员在庭审中说明后，视为质证过的证据。涉及国家秘密、商业秘密、个人隐私或者法律规定应当保密的证据，不得公开质证。

（1）书证、物证、视听资料的质证

《最高人民法院关于民事诉讼证据的若干规定》中规定，对书证、物证、视听资料进行质证时，当事人有权要求出示证据的原件或者原物，但有下列情况之一的除外：①出示原件或者原物确有困难并经法院准许出示复制件或者复制品的；②原件或者原物已不存在，但有证据证明复制件、复制品与原件或原物一致的。

（2）证人、鉴定人和勘验人的质证

《最高人民法院关于民事诉讼证据的若干规定》中规定：证人应当出庭做证。证人确有困难不能出庭的，经法院许可，证人可以提交书面证言或者视听资料或者通过双向视听传输技术手段做证；审判人员和当事人可以对证人进行询问；证人不得旁听法庭审理；询问证人时，其他证人不得在场。法院认为有必要的，可以让证人进行对质；鉴定人应当出庭接受当事人质询；鉴定人确因特殊原因无法出庭的，经法院准许，可以书面答复当事人的质询；经法庭许可，当事人可以向证人、鉴定人、勘验人发问。

4. 认证

认证即证据的审核认定，是指法院对经过质证或当事人在证据交换中认可的各种证据材料做出审查判断，确认其能否作为认定案件事实的根据。认证是正确认定案件事实的前提和基础，其具体内容是对证据有无证明力和证明力大小进行审查确认。能够反映案件真实情况、与待证事实相关联、来源和形式符合法律规定的证据，应当作为认定案件事实的根据。

在法律没有具体规定，依《最高人民法院关于民事诉讼证据的若干规定》及其他司法解释无法确定举证责任承担时，人民法院可以根据公平原则和诚实信用原则，综合当事人举证能力等因素确定举证责任的承担。诉讼过程中，一方当事人对另一方当事人陈述的案件事实明确表示承认的，另一方当事人无须举证。但涉及身份关系的案件除外。

对一方当事人陈述的事实，另一方当事人既未表示承认也未否认，经审判人员充分说明并询问后，另一方当事人仍不明确表示肯定或者否定的，视为对该项事实的承认。

当事人委托代理人参加诉讼的，代理人的承认视为当事人的承认。但未经特别授权的代理人对事实的承认直接导致承认对方诉讼请求的除外；当事人在场但对其代理人的承认不做否认表示的，视为当事人的承认。

法院及审判人员对证据的审核认定遵循如下规则：

（1）对单一证据的审核认定

1）证据是否原件、原物，复印件、复制品与原件、原物是否相符。

2）证据与本案事实是否相关。

3）证据的形式、来源是否符合法律规定。

4）证据的内容是否真实。

5）证人或者提供证据的人，与当事人有无利害关系。

审判人员对案件的全部证据，将从各证据与案件事实的关联程度、各证据之间的联系等方面进行综合审查判断。

（2）不能作为或不能单独作为认定案件事实依据的证据

1）在诉讼中，当事人为达成调解协议或者和解目的做出妥协所涉及的对案件事实的认可，不得在其后的诉讼中作为对其不利的证据。

2）对以严重侵害他人合法权益、违反法律禁止性规定或者严重违背公序良俗的方法形成或者获取的证据，不得作为认定案件事实的根据。

3）不能单独作为认定案件事实的证据：未成年人所做的与其年龄和智力状况不相当的证言；与一方当事人或者其代理人有利害关系的证人出具的证言；存有疑点的视听资料；无法与原件、原物核对的复印件、复制品；无正当理由未出庭做证的证人证言。

4）当事人对自己的主张，只有本人陈述而不能提出其他相关证据的，其主张不予支持

（但对方当事人认可的除外）。

12.3 民事诉讼

12.3.1 民事诉讼的当事人和代理人

1. 当事人

民事诉讼中的当事人是指因民事权利和义务发生争议，以自己的名义进行诉讼，请求人民法院进行裁判的公民、法人或其他组织。外国人、无国籍人、外国企业和组织在人民法院起诉、应诉，同中华人民共和国公民、法人和其他组织有同等的诉讼权利义务。

外国法院对中华人民共和国公民、法人和其他组织的民事诉讼权利加以限制的，中华人民共和国人民法院对该国公民、企业和组织的民事诉讼权利，实行对等原则。

（1）原告和被告

原告是指维护自己的权益或自己所管理的他人权益，以自己名义起诉，从而引起民事诉讼程序的当事人。被告是指原告诉称侵犯原告民事权益而由法院通知其应诉的当事人。

《民事诉讼法》规定：公民、法人和其他组织可以作为民事诉讼的当事人；法人由其法定代表人进行诉讼，其他组织由其主要负责人进行诉讼。公民、法人和其他组织虽然都可以成为民事诉讼中的原告或被告，但在实践中，情况还是比较复杂的，需要进一步结合《最高人民法院关于适用〈中华人民共和国民事诉讼法〉的解释》及相关规定进行正确认定。

随着我国经济社会的快速发展和变化，出现了一些环境污染、侵害众多消费者权益等严重损害社会公共利益的行为。为保护社会公共利益，除了加强行政监管外，《民事诉讼法》还初步确立了我国的民事公益诉讼制度。根据《民事诉讼法》规定，对污染环境、侵害众多消费者合法权益等损害社会公共利益的行为，法律规定的机关和有关组织可以向人民法院提起诉讼。

（2）共同诉讼人

共同诉讼人是指当事人一方或双方为二人以上（含二人），其诉讼标的是共同的，或者诉讼标的是同一种类、人民法院认为可以合并审理并经当事人同意，共同在人民法院进行诉讼的人。

（3）第三人

第三人是指对他人争议的诉讼标的有独立的请求权，或者虽无独立的请求权，但案件的处理结果与其有法律上的利害关系，而参加到原告、被告已经开始的诉讼中进行诉讼的人。《民事诉讼法》规定：对当事人双方的诉讼标的，第三人认为有独立请求权的，有权提起诉讼；对当事人双方的诉讼标的，第三人虽然没有独立请求权，但案件处理结果同他有法律上的利害关系的，可以申请参加诉讼，或者由人民法院通知他参加诉讼；人民法院判决承担民事责任的第三人，有当事人的诉讼权利和义务；以上规定的第三人，因不能归责于本人的事由未参加诉讼，但有证据证明发生法律效力的判决、裁定、调解书的部分或者全部内容错误，损害其民事权益的，可以自知道或者应当知道其民事权益受到损害之日起6个月内，向做出该判决、裁定、调解书的人民法院提起诉讼；人民法院经审理，诉讼请求成立的，应当改变或者撤销原判决、裁定、调解书；诉讼请求不成立的，驳回诉讼请求。

2. 诉讼代理人

诉讼代理人是指根据法律规定或当事人的委托，代理当事人进行民事诉讼活动的人。民事法律行为代理分为法定代理、委托代理和指定代理。与此相对应，民事诉讼代理人也可分为法定诉讼代理人、委托诉讼代理人和指定诉讼代理人。

当事人、法定代理人可以委托 1~2 人作为其诉讼代理人。《民事诉讼法》规定，下列人员可以被委托为诉讼代理人：①律师、基层法律服务工作者；②当事人的近亲属或工作人员；③当事人所在社区、单位以及有关社会团体推荐的公民。

委托他人代为诉讼的，须向人民法院提交由委托人签名或盖章的授权委托书，授权委托书必须记明委托事项和权限。《民事诉讼法》规定："诉讼代理人代为承认、放弃、变更诉讼请求，进行和解、提起反诉或者上诉，必须有委托人的特别授权。"针对实践中经常出现的授权委托书仅写"全权代理"而无具体授权的情形，最高人民法院还特别规定，在这种情况下不能认定为诉讼代理人已获得特别授权，即诉讼代理人无权代为承认、放弃、变更诉讼请求，进行和解、提起反诉或者上诉。

12.3.2 民事诉讼的审判程序

审判程序是人民法院审理案件适用的程序，常见的审判程序可以分为第一审程序、第二审程序和审判监督程序。人民法院审理某些非民事权益争议案件时，只是对一定的民事权利和法律事实加以确认，而不是解决民事权利义务争议。对此，《民事诉讼法》规定了特别程序，用以审理此类案件。

1. 第一审程序

第一审程序包括普通程序和简易程序。普通程序是《民事诉讼法》规定的民事诉讼当事人进行第一审民事诉讼和人民法院审理第一审民事案件所通常适用的诉讼程序。简易程序是基层人民法院和它的派出法庭审理事实清楚、权利义务关系明确、争议不大的简单民事案件适用的程序。基层人民法院和它派出的法庭审理上述规定以外的民事案件，当事人双方也可以约定适用简易程序。

《民事诉讼法》的规定：

1）人民法院适用普通程序审理的案件，应当在立案之日起 6 个月内审结；有特殊情况需要延长的，由本院院长批准，可以延长 6 个月；还需要延长的，报请上级人民法院批准。

2）人民法院适用简易程序审理的案件，应当在立案之日起 3 个月内审结。

（1）起诉

1）起诉条件。《民事诉讼法》第一百一十九条规定，起诉必须符合下列条件：

① 原告是与本案有直接利害关系的公民、法人和其他组织。

② 有明确的被告。

③ 有具体的诉讼请求、事实和理由。

④ 属于人民法院受理民事诉讼的范围和受诉人民法院管辖。

2）起诉方式。应当以书面起诉为原则，口头起诉为例外。在工程实践中，基本都是采用书面起诉方式。《民事诉讼法》规定，起诉应当向人民法院提交起诉状，并按照被告人数提出副本。

3）起诉状应当记明下列事项：

① 原告的姓名、性别、年龄、民族、职业、工作单位、住所、联系方式，法人或者其他组织的名称、住所和法定代表人或者主要负责人的姓名、职务、联系方式。

② 被告的姓名、性别、工作单位、住所等信息，法人或者其他组织的名称、住所等信息。

③ 诉讼请求和所根据的事实与理由。

④ 证据和证据来源，证人姓名和住所。

起诉状中最好写明案由。民事案件案由是民事诉讼案件的名称，反映案件所涉及的民事法律关系的性质，是法院对诉讼争议所包含的法律关系进行的概括。根据 2011 年 2 月最高人民法院经修改后发布的《民事案件案由规定》，工程实践中常用的有两类：一类是购买建筑材料可能遇到的买卖合同纠纷，包括分期付款买卖合同纠纷、凭样品买卖合同纠纷、试用买卖合同纠纷、互易纠纷、国际货物买卖合同纠纷等；另一类是工程中可能遇到的各种合同纠纷，包括建设工程勘察合同纠纷、建设工程设计合同纠纷、建设工程施工合同纠纷、建设工程分包合同纠纷、建设工程监理合同纠纷、装饰装修合同纠纷等。

适用简易程序审理的案件，原告可以口头起诉。当事人双方可以同时到基层人民法院或者它派出的法庭，请求解决纠纷。基层人民法院或者它派出的法庭可以当即审理，也可以另定日期审理。

（2）受理

《民事诉讼法》规定：人民法院应当保障当事人依照法律规定享有的起诉权利；对符合该法第一百一十九条的起诉，必须受理。

符合起诉条件的，应当在 7 日内立案，并通知当事人；不符合起诉条件的，应当在 7 日内做出裁定书，不予受理；原告对裁定不服的，可以提起上诉。

依据 2015 年 4 月 15 日发布的《最高人民法院关于人民法院登记立案若干问题的规定》，人民法院对依法应该受理的第一审民事起诉、行政起诉和刑事自诉，实行立案登记制。对起诉、自诉，人民法院应当一律接收诉状，出具书面凭证并注明收到日期。对符合法律规定的起诉、自诉，人民法院应当当场予以登记立案。对不符合法律规定的起诉、自诉，人民法院应当予以释明。审理前的主要准备工作如下：

1）提出答辩状。《民事诉讼法》规定，人民法院应当在立案之日起 5 日内将起诉状副本发送被告，被告应当在收到之日起 15 日内提出答辩状。答辩状应当记明被告的姓名、性别、年龄、民族、职业、工作单位、住所、联系方式；法人或者其他组织的名称、住所和法定代表人或者主要负责人的姓名、职务、联系方式。人民法院应当在收到答辩状之日起 5 日内将答辩状副本发送原告。被告不提出答辩状的，不影响人民法院审理。

人民法院对决定受理的案件，应当在受理案件通知书和应诉通知书中向当事人告知有关的权利和义务，或者口头告知。普通程序的审判组织应当采用合议制。合议庭组成人员确定后，应当在 3 日内告知当事人。

2）送达。送达诉讼文书必须有送达回证，由受送达人在送达回证上记明收到日期，签名或者盖章。受送达人在送达回证上的签收日期为送达日期。诉讼文书送达方式有：

① 直接送达。送达诉讼文书，应当直接送交受送达人。受送达人是公民的，本人不在交他的同住成年家属签收；受送达人是法人或者其他组织的，应当由法人的法定代表人、其

他组织的主要负责人或者该法人、组织负责收件的人签收；受送达人有诉讼代理人的，可以送交其代理人签收；受送达人已向人民法院指定代收人的，送交代收人签收。受送达人的同住成年家属，法人或者其他组织的负责收件的人，诉讼代理人或者代收人在送达回证上签收的日期为送达日期。

② 留置送达。受送达人或者他的同住成年家属拒绝接收诉讼文书的，送达人可以邀请有关基层组织或者所在单位的代表到场，说明情况，在送达回证上记明拒收事由和日期，由送达人、见证人签名或者盖章，把诉讼文书留在受送达人的住所；也可以把诉讼文书留在受送达人的住所，并采用拍照、录像等方式记录送达过程，即视为送达。

③ 传真、电子邮件等简易送达方式。经受送达人同意，法院可以采用传真、电子邮件等能够确认其收悉的方式送达诉讼文书，但判决书、裁定书、调解书除外。它以传真、电子邮件等到达受送达人特定系统的日期为送达日期。

④ 委托送达和邮寄送达。直接送达诉讼文书有困难的，可以委托其他人民法院代为送达，或者邮寄送达。邮寄送达的，以回执上注明的收件日期为送达日期。

⑤ 转交送达。受送达人是军人的，通过其所在部队团以上单位的政治机关转交；受送达人被监禁的，通过其所在监所转交；受送达人被采取强制性教育措施的，通过其所在强制性教育机构转交。

⑥ 公告送达。受送达人下落不明，或者用前述方式无法送达的，则可采取公告送达。自发出公告之日起，经过 60 日，即视为送达。公告送达，应当在案卷中记明原因和经过。

3）开庭前的准备程序。《民事诉讼法》规定，开庭前的准备程序，是整个民事诉讼程序的重要组成部分，是建立以庭审为中心的现代化民事诉讼程序结构的重要基础。人民法院对受理的案件，分别情形，予以处理：

① 当事人没有争议，符合督促程序规定条件的，可以转入督促程序。

② 开庭前可以调解的，采取调解方式及时解决纠纷。

③ 根据案件情况，确定适用简易程序或者普通程序。

④ 需要开庭审理的，通过要求当事人交换证据等方式，明确争议焦点。

（3）开庭审理

1）审理方式。开庭审理根据是否向公众和社会公开，分为公开审理和不公开审理。其中，公开审理是人民法院审理案件的一项基本原则，只有在例外情形下，才可以不公开审理。《民事诉讼法》规定：人民法院审理民事案件，除涉及国家秘密、个人隐私或者法律另有规定的以外，应当公开进行；离婚案件，涉及商业秘密的案件，当事人申请不公开审理的，可以不公开审理。

2）法庭调查。法庭调查是在法庭上出示与案件有关的全部证据，对案件事实进行全面调查并由当事人进行质证的程序。法庭调查按照下列程序进行：

① 当事人陈述。

② 告知证人的权利义务，证人做证，宣读未到庭的证人证言。

③ 出示书证、物证、视听资料和电子数据。

④ 宣读鉴定意见。

⑤ 宣读勘验笔录。

3）法庭辩论。法庭辩论是当事人及其诉讼代理人在法庭上行使辩论权，针对有争议的事实和法律问题进行辩论的程序。法庭辩论的目的是通过当事人及其诉讼代理人的辩论,对有争议的问题逐一进行审查和核实,借此查明案件的真实情况和正确适用法律。

4)法庭笔录。书记员应当将法庭审理的全部活动记入笔录,由审判人员和书记员签名。法庭笔录应当当庭宣读,也可以告知当事人和其他诉讼参与人当庭或者在5日内阅读。当事人和其他诉讼参与人认为对自己的陈述记录有遗漏或者差错的,有权申请补正。如果不予补正,应当将申请记录在案。法庭笔录由当事人和其他诉讼参与人签名或者盖章。拒绝签名盖章的,记明情况附卷。

5)宣判。法庭辩论终结,应当依法做出判决。根据《民事诉讼法》的规定:判决前能够调解的,还可以进行调解;调解书经双方当事人签收后,即具有法律效力;调解不成的,如调解未达成协议或者调解书送达前一方反悔的,法院应当及时判决。

原告经传票传唤,无正当理由拒不到庭的,或者未经法庭许可中途退庭的,可以按撤诉处理;被告反诉的,可以缺席判决。被告经传票传唤,无正当理由拒不到庭的,或者未经法庭许可中途退庭的,可以缺席判决。

法院一律公开宣告判决,同时必须告知当事人上诉权利、上诉期限和上诉的法院。最高人民法院的判决、裁定以及超过上诉期没有上诉的判决、裁定,是发生法律效力的判决、裁定。

2. 第二审程序

第二审程序(又称上诉程序或终审程序),是指由于民事诉讼当事人不服地方各级人民法院尚未生效的第一审判决或裁定,在法定上诉期间内,向上一级人民法院提起上诉而引起的诉讼程序。由于我国实行两审终审制,上诉案件经第二审法院审理后做出的判决、裁定为终审的判决、裁定,诉讼程序即告终结。

(1)上诉期间

当事人不服地方人民法院第一审判决的,有权在判决书送达之日起15日内向上一级人民法院提起上诉;不服地方人民法院第一审裁定的,有权在裁定书送达之日起10日内向上一级人民法院提起上诉。

(2)上诉状

当事人提起上诉,应当递交上诉状。上诉状应当通过原审法院提出,并按照对方当事人的人数提出副本。当事人直接向第二审人民法院上诉的,第二审人民法院应当在5日内将上诉状移交原审人民法院。

(3)第二审法院对上诉案件的处理

第二审的上诉审查限于当事人上诉请求的范围,不一般性地做全面审查。《民事诉讼法》规定:第二审人民法院应当对上诉请求的有关事实和适用法律进行审查;第二审人民法院对上诉案件,应当组成合议庭,开庭审理;经过阅卷、调查和询问当事人,对没有提出新的事实、证据或者理由,合议庭认为不需要开庭审理的,可以不开庭审理。

第二审人民法院对上诉案件,经过审理,按照下列情形,分别处理:

1)原判决、裁定认定事实清楚,适用法律正确的,判决驳回上诉,维持原判决、裁定。

2)原判决、裁定认定事实错误或者适用法律错误的,依法改判、撤销或者变更。

3)原判决认定基本事实不清的,裁定撤销原判决,发回原审人民法院重审,或者查清事实后改判。

4）原判决遗漏当事人或者违法缺席判决等严重违反法定程序的，裁定撤销原判决，发回原审人民法院重审。

第二审法院做出的具有给付内容的判决，具有强制执行力。如果有履行义务的当事人拒不履行，对方当事人有权向法院申请强制执行。对于发回原审法院重审的案件，原审法院仍将按照一审程序进行审理。因此，当事人对重审案件的判决、裁定，仍然可以上诉。原审人民法院对发回重审的案件做出判决后，当事人提起上诉的，第二审人民法院不得再次发回重审。

3. 特别程序

特别程序是人民法院依照《民事诉讼法》审理特殊类型案件的一种程序。它审理的对象不是解决当事人之间的民事权利义务争议，而是确认某种法律事实是否存在，确认某种权利的实际状态。适用特别程序审理的案件，实行一审终审，并且应当在立案之日起 30 日内或者公告期满后 30 日内审结。

当事人向人民法院申请司法确认调解协议案及实现担保物权案属于特别程序。申请司法确认调解协议，由双方当事人依照《人民调解法》等法律，自调解协议生效之日起 30 日内，共同向调解组织所在地基层人民法院提出。人民法院受理申请后，经审查，符合法律规定的，裁定调解协议有效。一方当事人拒绝履行或者未全部履行的，对方当事人可以向人民法院申请执行；不符合法律规定的，裁定驳回申请，当事人可以通过调解方式变更原调解协议或者达成新的调解协议，也可以向人民法院提起诉讼。申请实现担保物权，由担保物权人以及其他有权请求实现担保物权的人依照《物权法》等法律，向担保财产所在地或者担保物权登记地基层人民法院提出。人民法院受理申请后，经审查符合法律规定的，裁定拍卖、变卖担保财产，当事人依据该裁定可以向人民法院申请执行；不符合法律规定的，裁定驳回申请，当事人可以向人民法院提起诉讼。

4. 审判监督程序

审判监督程序即再审程序，是指由有审判监督权的法定机关和人员提起，或由当事人申请，由人民法院对发生法律效力的判决、裁定、调解书再次审理的程序。

（1）人民法院提起再审的程序

人民法院提起再审，必须是已经发生法律效力的判决、裁定、调解书确有错误。其程序为：各级人民法院院长对本院已经发生法律效力的判决、裁定、调解书，发现确有错误，认为需要再审的，应当提交审判委员会讨论决定；最高人民法院对地方各级人民法院已经生效的判决、裁定、调解书，上级人民法院对下级人民法院已生效的判决、裁定、调解书，发现确有错误的，有权提审或指令下级人民法院再审。

按照审判监督程序决定再审的案件，裁定中止原判决、裁定、调解书的执行，但追索赡养费、扶养费、抚育费、抚恤金、医疗费用、劳动报酬等案件，可以不中止执行。

人民法院按照审判监督程序再审的案件，发生法律效力的判决、裁定是由第一审法院做出的，按照第一审程序审理，对所做的判决、裁定，当事人可以上诉；发生法律效力的判决、裁定是由第二审法院做出的，按照第二审程序审理，所做的判决、裁定是发生法律效力的判决、裁定；上级人民法院按照审判监督程序提审的，按照第二审程序审理，所做的判决、裁定是发生法律效力的判决、裁定。法院审理再审案件应当开庭审理。但按照第二审程序审理的，双方当事人已经其他方式充分表达意见，且书面同意不开庭审理的除外。

（2）当事人申请再审的程序

当事人申请不一定引起审判监督程序，只有在同时符合下列条件的前提下，由人民法院依法决定，才可以启动再审程序。

1）当事人申请再审的条件。当事人对已经发生法律效力的判决、裁定，认为有错误的，可以向上一级人民法院申请再审；当事人一方人数众多或者当事人双方为公民的案件，也可以向原审人民法院申请再审。当事人申请再审的，不停止判决、裁定的执行。当事人的申请符合下列情形之一的，人民法院应当再审：

① 有新的证据，足以推翻原判决、裁定的。

② 原判决、裁定认定的基本事实缺乏证据证明的。

③ 原判决、裁定认定事实的主要证据是伪造的。

④ 原判决、裁定认定事实的主要证据未经质证的。

⑤ 对审理案件需要的主要证据，当事人因客观原因不能自行收集，书面申请人民法院调查收集，人民法院未调查收集的。

⑥ 原判决、裁定适用法律确有错误的。

⑦ 审判组织的组成不合法或者依法应当回避的审判人员没有回避的。

⑧ 无诉讼行为能力人未经法定代理人代为诉讼或者应当参加诉讼的当事人，因不能归责于本人或者其诉讼代理人的事由，未参加诉讼的。

⑨ 违反法律规定，剥夺当事人辩论权利的。

⑩ 未经传票传唤，缺席判决的。

⑪ 原判决、裁定遗漏或者超出诉讼请求的。

⑫ 据以做出原判决、裁定的法律文书被撤销或者变更的。

⑬ 审判人员审理该案件时有贪污受贿、徇私舞弊、枉法裁判行为的。

当事人对已经发生法律效力的调解书，提出证据证明调解违反自愿原则或者调解协议的内容违反法律的，可以申请再审。经人民法院审查属实的，应当再审。

2）当事人可以申请再审的时间。当事人申请再审，应当在判决、裁定发生法律效力后6个月提出；6个月后发现新证据的，据以做出原判决、裁定的主要证据是伪造的，据以做出原判决、裁定的法律文书被撤销或者变更，以及发现审判人员在审理该案件时有贪污受贿、营私舞弊、枉法裁判行为的，自当事人知道或者应当知道之日起6个月内提出申请再审。申请再审期间不适用中止、中断和延长的规定。

（3）人民检察院的抗诉

抗诉是指人民检察院对人民法院发生法律效力的判决、裁定，发现有提起抗诉的法定情形，提请人民法院对案件重新审理。

最高人民检察院对各级人民法院已经发生法律效力的判决、裁定，上级人民检察院对下级人民法院已经发生法律效力的判决、裁定，发现有符合当事人可以申请再审情形之一的，或者发现调解书损害国家利益、社会公共利益的，应当按照审判监督程序提起抗诉。地方各级人民检察院对同级人民法院已经发生法律效力的判决、裁定，发现有符合当事人可以申请再审情形之一的，或者发现调解书损害国家利益、社会公共利益的，可以向同级人民法院提出检察建议，并报上级人民检察院备案；也可以提请上级人民检察院向同级人民法院提出抗诉。

12.3.3 民事诉讼的执行程序

审判程序与执行程序是并列的独立程序。审判程序是产生裁判书的过程，执行程序是实现裁判书内容的过程。执行程序是指人民法院的执行机构依照法定的程序对发生法律效力并具有给付内容的法律文书，以国家强制力为后盾，依法采取强制措施，迫使具有给付义务的当事人履行其给付义务的行为。

1. 执行根据

执行根据是当事人申请执行，人民法院移交执行以及人民法院采取强制措施的依据。执行根据是执行程序发生的基础，没有执行根据，当事人不能向人民法院申请执行，人民法院也不得采取强制措施。

执行根据主要有：

1）人民法院制作的发生法律效力的民事判决书、裁定书以及生效的调解书等。

2）人民法院做出的具有财产给付内容的发生法律效力的刑事判决书、裁定书。

3）仲裁机构制作的依法由人民法院执行的生效仲裁裁决书、仲裁调解书。

4）公证机关依法做出的赋予强制执行效力的公证债权文书。

5）人民法院做出的先予执行的裁定、执行回转的裁定以及承认并协助执行外国判决、裁定或裁决的裁定。

6）我国行政机关做出的法律明确规定由人民法院执行的行政决定。

7）人民法院依督促程序发布的支付令等。

2. 执行案件的管辖

发生法律效力的民事判决、裁定，以及刑事判决、裁定中的财产部分，由第一审人民法院或者与第一审人民法院同级的被执行的财产所在地人民法院执行。法律规定由人民法院执行的其他法律文书，由被执行人住所地或者被执行的财产所在地人民法院执行。申请执行人向被执行的财产所在地人民法院申请执行的，应当提供该人民法院辖区有可供执行财产的证明材料。人民法院受理执行申请后，当事人对管辖权有异议的，应当自收到执行通知书之日起 10 日内提出。

3. 执行程序

（1）当事人申请执行

人民法院做出的判决、裁定等法律文书，当事人必须履行。如果无故不履行，另一方当事人可向有管辖权的人民法院申请强制执行。申请强制执行应提交申请强制执行书，并附作为执行根据的法律文书。申请强制执行，还须遵守申请执行期限。申请执行的期间为 2 年。申请执行时效的中止、中断，适用法律有关诉讼时效中止、中断的规定。这里的期间，从法律文书规定履行期间的最后 1 日起计算；法律文书规定分期履行的，从规定的每次履行期间的最后 1 日起计算；法律文书未规定履行期间的，从法律文书生效之日起计算。

人民法院自收到申请执行书之日起超过 6 个月未执行的，申请执行人可以向上一级人民法院申请执行。上一级人民法院经审查，可以责令原人民法院在一定期限内执行，也可以决定由本院执行或者指令其他人民法院执行。《最高人民法院关于适用〈中华人民共和国民事诉讼法〉执行程序若干问题的解释》规定，有下列情形之一的，上一级人民法院可以根据申请执行人的申请，责令执行法院限期执行或者变更执行法院；

1）债权人申请执行时被执行人有可供执行的财产，执行法院自收到申请执行书之日起超过6个月对该财产未执行完结的。

2）执行过程中发现被执行人可供执行的财产，执行法院自发现财产之日起超过6个月对该财产未执行完结的。

3）对法律文书确定的行为义务的执行，执行法院自收到申请执行书之日起超过6个月未依法采取相应执行措施的。

4）其他有条件执行超过6个月未执行的。

（2）执行立案

依据2014年12月发布的《最高人民法院关于执行案件立案、结案若干问题的意见》规定，执行案件统一由人民法院立案机构进行审查立案，人民法庭经授权执行自审案件的，可以自行审查立案，法律、司法解释规定可以移送执行的，相关审判机构可以移送立案机构办理立案登记手续。立案机构立案后，应当依照法律、司法解释的规定向申请人发出执行案件受理通知书。人民法院对符合法律、司法解释规定的立案标准的执行案件，应当予以立案，并纳入审判和执行案件统一管理体系。

（3）执行结案

依据《最高人民法院关于执行案件立案、结案若干问题的意见》，除执行财产保全裁定、恢复执行的案件外，其他执行实施类案件的结案方式包括：执行完毕；终结本次执行程序；终结执行；销案；不予执行；驳回申请。

4. 委托执行

《民事诉讼法》规定：

被执行人或被执行的财产在外地的，可以委托当地人民法院代为执行。

受委托人民法院收到委托函件后，必须在15日内开始执行，不得拒绝。执行完毕后，应当将执行结果及时函复委托人民法院；在30日内如果还未执行完毕，也应当将执行情况函告委托人民法院。

受委托人民法院自收到委托函件之日起15日内不执行的，委托人民法院可以请求受委托人民法院的上级人民法院指令受委托人民法院执行。

5. 执行异议

（1）当事人、利害关系人提出的异议

当事人、利害关系人认为执行行为违反法律规定的，可以向负责执行的人民法院提出书面异议。当事人、利害关系人提出书面异议的，人民法院应当自收到书面异议之日起15日内审查，理由成立的，裁定撤销或者改正；理由不成立的，裁定驳回。当事人、利害关系人对裁定不服的，可以自裁定送达之日起10日内向上一级人民法院申请复议。《最高人民法院关于适用〈中华人民共和国民事诉讼法〉执行程序若干问题的解释》规定：当事人、利害关系人申请复议的书面材料，可以通过执行法院转交，也可以直接向执行法院的上一级人民法院提交；上一级人民法院应当自收到复议申请之日起30日内审查完毕，并做出裁定；有特殊情况需要延长的，经本院院长批准，可以延长，延长的期限不得超过30日；执行异议审查和复议期间，不停止执行；被执行人、利害关系人提供充分、有效的担保请求停止相应处分措施的，人民法院可以准许；申请执行人提供充分、有效的担保请求继续执行的，应当继续执行。

（2）案外人提出的异议

执行过程中，案外人对执行标的提出书面异议的，人民法院应当自收到书面异议之日起15 日内审查，理由成立的，裁定中止对该标的的执行；理由不成立的，裁定驳回。案外人、当事人对裁定不服，认为原判决、裁定错误的，依照审判监督程序办理；与原判决、裁定无关的，可以自裁定送达之日起 15 日内向人民法院提起诉讼。案外人提起诉讼，对执行标的主张实体权利，并请求对执行标的停止执行的，应当以申请执行人为被告；被执行人反对案外人对执行标的所主张的实体权利的，应当以申请执行人和被执行人为共同被告。该诉讼由执行法院管辖，诉讼期间不停止执行。

6. 执行和解

在执行中，双方当事人自行和解达成协议的，执行员应当将协议内容记入笔录，由双方当事人签名或者盖章。一方当事人不履行和解协议的，人民法院可以根据对方当事人的申请，恢复对原生效法律文书的执行。

7. 执行措施

执行措施是指人民法院依照法定程序强制执行生效法律文书的方法和手段。在执行中，执行措施和执行程序是合为一体的。执行员接到申请执行书或者移交执行书，应当向被执行人发出执行通知，并可以立即采取强制执行措施。执行措施主要有：

1）查封、扣押、冻结、划拨、变价被执行人的存款、债券、股票、基金份额等财产。

2）扣留、提取被执行人的收入。

3）查封、扣押、拍卖、变卖被执行人的财产。

4）对被执行人及其住所或财产隐匿地进行搜查。

5）强制被执行人和有关单位、公民交付法律文书指定的财物或票证。

6）强制被执行人迁出房屋或退出土地。

7）强制被执行人履行法律文书指定的行为。

8）办理财产权证照转移手续。

9）强制被执行人支付迟延履行期间的加倍债务利息或迟延履行金。

10）依申请执行人申请，通知对被执行人负有到期债务的第三人向申请执行人履行债务。

《民事诉讼法》《最高人民法院关于适用〈中华人民共和国民事诉讼法〉执行程序若干问题的解释》、2015 年 7 月经修正后发布的《最高人民法院关于限制被执行人高消费及有关消费的若干规定》、2017 年 2 月经修改后发布的《最高人民法院关于公布失信被执行人名单信息的若干规定》以及 2013 年 8 月发布的《最高人民法院关于网络查询、冻结被执行人存款的规定》，对于执行措施增加了如下内容：

1）被执行人未按执行通知履行法律文书确定的义务，应当书面报告当前以及收到执行通知之日前一年的财产情况，具体包括：

① 收入、银行存款、现金、有价证券。

② 土地使用权、房屋等不动产。

③ 交通运输工具、机器设备、产品、原材料等动产。

④ 债权、股权、投资权益、基金、知识产权等财产性权利。

⑤ 其他应当报告的财产。

被执行人报告财产后，其财产情况发生变动，影响申请执行人债权实现的，应当自财产变动之日起10日内向人民法院补充报告。对被执行人报告的财产情况，申请执行人请求查询的，人民法院应当准许。申请执行人对查询的被执行人财产情况，应当保密。对被执行人报告的财产情况，执行法院可以依申请执行人的申请或者依职权调查核实。

2）被执行人不履行法律文书确定的义务的，人民法院可以对其采取或者通知有关单位协助采取限制出境，在征信系统记录、通过媒体公布不履行义务信息以及法律规定的其他措施。对被执行人限制出境的，应当由申请执行人向执行法院提出书面申请；必要时，执行法院可以依职权决定。向媒体公布被执行人不履行义务信息，执行法院可以依职权或者依申请执行人的申请，有关费用由被执行人负担；申请执行人申请在媒体公布的，应当垫付有关费用。

3）被执行人未履行生效法律文书确定的义务，并具有下列情形之一的，人民法院应当将其纳入失信被执行人名单，依法对其进行信用惩戒：

① 有履行能力而拒不履行生效法律文书确定义务的。

② 以伪造证据、暴力、威胁等方法妨碍、抗拒执行的。

③ 以虚假诉讼、虚假仲裁或者以隐匿、转移财产等方法规避执行的。

④ 违反财产报告制度的。

⑤ 违反限制高消费令的。

⑥ 无正当理由拒不履行执行和解协议的。

人民法院应当将失信被执行人名单信息，向政府相关部门、金融监管机构、金融机构、承担行政职能的事业单位及行业协会等通报，供相关单位依照法律、法规和有关规定，在政府采购、招标投标、行政审批、政府扶持、融资信贷、市场准入、资质认定等方面，对失信被执行人予以信用惩戒。

人民法院应当将失信被执行人名单信息向征信机构通报，并由征信机构在其征信系统中记录。国家工作人员、人大代表、政协委员等被纳入失信被执行人名单的，人民法院应当将失信情况通报其所在单位和相关部门。

国家机关、事业单位、国有企业等被纳入失信被执行人名单的，人民法院应当将失信情况通报其上级单位、主管部门或者履行出资人职责的机构。

4）被执行人未按执行通知书指定的期间履行生效法律文书确定的给付义务的，人民法院可以采取限制消费措施，限制其高消费及非生活或者经营必需的有关消费。纳入失信被执行人名单的被执行人，人民法院应当对其采取限制消费措施。

被执行人为自然人的，被采取限制消费措施后，不得有以下高消费及非生活和工作必需的消费行为：

① 乘坐交通工具时，选择飞机、列车软卧、轮船二等以上舱位。

② 在星级以上宾馆、酒店、夜总会、高尔夫球场等场所进行高消费。

③ 购买不动产或者新建、扩建、高档装修房屋。

④ 租赁高档写字楼、宾馆、公寓等场所办公。

⑤ 购买非经营必需车辆。

⑥ 旅游、度假。

⑦ 子女就读高收费私立学校。

⑧ 支付高额保费购买保险理财产品。

⑨ 乘坐 G 字头动车组列车全部座位、其他动车组列车一等以上座位等其他非生活和工作必需的消费行为。

被执行人为单位的，被采取限制消费措施后，被执行人及其法定代表人、主要负责人、影响债务履行的直接责任人员、实际控制人不得实施前款规定的行为。因私消费以个人财产实施前款规定行为的，可以向执行法院提出申请。执行法院审查属实的，应予准许。

限制消费措施一般由申请执行人提出书面申请，经人民法院审查决定；必要时人民法院可以依职权决定。被执行人违反限制消费令进行消费的行为属于拒不履行人民法院已经发生法律效力的判决、裁定的行为，经查证属实的，依照《民事诉讼法》第一百一十一条的规定，予以拘留、罚款；情节严重，构成犯罪的，追究其刑事责任。

5）人民法院与金融机构已建立网络执行查控机制的，可以通过网络实施查询、冻结被执行人存款等措施。

8. 执行中止和终结

（1）执行中止

执行中止是指在执行过程中，因发生特殊情况，需要暂时停止执行程序。有下列情况之一的，人民法院应裁定中止执行：

1）申请人表示可以延期执行的。

2）案外人对执行标的提出确有理由异议的。

3）作为一方当事人的公民死亡，需要等待继承人继承权利或承担义务的。

4）作为一方当事人的法人或其他组织终止，尚未确定权利义务承受人的。

5）人民法院认为应当中止执行的其他情形，如被执行人确无财产可供执行等。

中止的情形消失后，恢复执行。

（2）执行终结

在执行过程中，由于出现某些特殊情况，执行工作无法继续进行或没有必要继续进行的，结束执行程序。有下列情况之一的，人民法院应当裁定终结执行：

1）申请人撤销申请的。

2）据以执行的法律文书被撤销的。

3）作为被执行人的公民死亡，无遗产可供执行，又无义务承担人的。

4）追索赡养费、扶养费、抚育费案件的权利人死亡的。

5）作为被执行人的公民因生活困难无力偿还借款，无收入来源，又丧失劳动能力的。

6）人民法院认为应当终结执行的其他情形。

.4　仲裁

仲裁的基本制度包括：

（1）协议仲裁制度

仲裁协议是当事人仲裁意愿的体现。当事人申请仲裁、仲裁委员会受理和裁决都必须依据当事人之间订立的有效的仲裁协议，没有仲裁协议就没有仲裁制度。

（2）或裁或审制度

当事人就其发生的争议，只能在仲裁或者诉讼中选择一种，而不能并用。有效的仲裁协议可排除法院的管辖权，只有在没有仲裁协议或者仲裁协议无效的情况下，才可以选择民事诉讼。

（3）一裁终局制度

仲裁庭依法做出的仲裁裁决当即就发生法律效力。当事人就同一纠纷再申请仲裁或者向人民法院起诉的，仲裁委员会或者人民法院不予受理。但是，仲裁裁决被人民法院裁定撤销或者不予执行的，当事人可以重新申请仲裁或向法院起诉。

12.4.1 仲裁协议

1. 仲裁协议的效力

仲裁协议是指当事人自愿将已经发生或者可能发生的争议通过仲裁解决的书面协议。在民商事仲裁中，仲裁协议是仲裁的前提，没有仲裁协议，就不存在有效的仲裁。

（1）对当事人的法律效力

仲裁协议一经有效成立，即对当事人产生法律约束力。发生纠纷后，当事人只能通过向仲裁协议中所约定的仲裁机构申请仲裁的方式解决该纠纷，而丧失了就该纠纷向法院提起诉讼的权利。

（2）对法院的约束力

有效的仲裁协议将排除法院的司法管辖权。根据《仲裁法》第二十六条的规定，当事人达成仲裁协议，一方向人民法院起诉未声明有仲裁协议，人民法院受理后，另一方在首次开庭前提交仲裁协议的，人民法院应当驳回起诉（但仲裁协议无效的除外）。

（3）对仲裁机构的法律效力

仲裁协议是仲裁委员会受理仲裁案件的基础，是仲裁庭审理和裁决仲裁案件的依据。没有有效的仲裁协议，仲裁委员会将不能获得仲裁案件的管辖权。同时，仲裁委员会还只能对当事人在仲裁协议中约定的争议事项进行仲裁，对超出仲裁协议约定范围的其他争议无权仲裁。

2. 仲裁协议效力的确认

当事人对仲裁协议效力有异议的，应当在仲裁庭首次开庭前提出。当事人既可以请求仲裁委员会做出决定，也可以请求人民法院裁定。一方请求仲裁委员会做出决定，另一方请求人民法院做出裁定的，由人民法院裁定。当事人向人民法院申请确认仲裁协议效力的案件，由仲裁协议约定的仲裁机构所在地的中级人民法院管辖；仲裁协议约定的仲裁机构不明确的，由仲裁协议签订地或者被申请人住所地的中级人民法院管辖。

有下列情形之一的，仲裁协议无效：

1）约定的事项超出法律规定的仲裁范围的。

2）无民事行为能力人或者限制民事行为能力人订立的仲裁协议。

3）一方采取胁迫手段，迫使对方订立仲裁协议的。

4）在仲裁协议中，当事人对仲裁事项或者仲裁委员会没有约定或者约定不明确，当事人又达不成补充协议的。

5）以口头方式订立的。

3. 仲裁协议的内容

合法有效的仲裁协议应当具有下列法定内容：

（1）请求仲裁的意思表示

请求仲裁的意思表示，是指条款中应该有"仲裁"两字，表明当事人的仲裁意愿。该意愿应当是确定的，而不是模棱两可的。有的当事人在合同中约定发生争议可以提交仲裁，也可以提交诉讼，根据这种约定就无法判定当事人有明确的仲裁意愿。因此，《最高人民法院关于适用〈仲裁法〉若干问题的解释》规定，这样的仲裁协议无效。

（2）仲裁事项

仲裁事项可以是当事人之间合同履行过程中的或与合同有关的一切争议，也可以是合同中某一特定问题的争议；既可以是事实问题的争议，也可以是法律问题的争议；其范围取决于当事人在仲裁协议中的约定。

（3）选定的仲裁委员会

选定的仲裁委员会是指仲裁协议中约定的仲裁委员会，其名称应该准确。《最高人民法院关于适用〈仲裁法〉若干问题的解释》规定：

1）仲裁协议约定的仲裁机构名称不准确，但能够确定具体的仲裁机构的，应当认定选定了仲裁机构。

2）仲裁协议约定两个及以上仲裁机构的，当事人可以协议选择其中的一个仲裁机构申请仲裁；当事人不能就仲裁机构选择达成一致的，仲裁协议无效。

3）仲裁协议约定由某地的仲裁机构仲裁且该地仅有一个仲裁机构的，该仲裁机构视为约定的仲裁机构；该地有两个及以上仲裁机构的，当事人可以协议选择其中的一个仲裁机构申请仲裁；当事人不能就仲裁机构选择达成一致的，仲裁协议无效。

这三项内容必须同时具备，仲裁协议才能有效。其中，由于仲裁没有法定管辖的规定，因此当事人选择仲裁委员会可以不受地点的限制，但必须明确、具体。如果仲裁协议对仲裁协议或者仲裁委员会没有约定或约定不明确，且当事人达不成补充协议的，仲裁协议无效。例如中国国际经济贸易仲裁委员会的示范仲裁条款："凡因本合同引起的或与本合同有关的任何争议，均应提交中国国际经济贸易仲裁委员会，按照申请仲裁时该会现行有效的仲裁规则进行仲裁。仲裁裁决是终局的，对双方具有约束力。"

12.4.2　仲裁程序

1. 申请和受理

（1）申请仲裁

当事人申请仲裁，应当符合下列条件：

1）有仲裁协议。

2）有具体的仲裁请求和事实、理由。

3）属于仲裁委员会的受理范围。

当事人申请仲裁，应当向仲裁委员会递交仲裁协议、仲裁申请书及副本。

（2）审查与受理

仲裁委员会收到仲裁申请书之日起 5 日内，认为符合受理条件的应当受理，并通知当事人；认为不符合受理条件的，应当书面通知当事人不予受理，并说明理由。

2. 组成仲裁庭

仲裁庭可以由 3 名仲裁员或者 1 名仲裁员组成。由 3 名仲裁员组成的，设首席仲裁员。根据该规定，仲裁庭的组成形式包括合议仲裁庭和独任仲裁庭两种。

（1）合议仲裁庭组成程序

根据《仲裁法》第三十一条的规定：当事人约定由 3 名仲裁员组成仲裁庭的，应当各自选定或者各自委托仲裁委员会主任指定 1 名仲裁员，第 3 名仲裁员由当事人共同选定或者共同委托仲裁委员会主任指定；第 3 名仲裁员是首席仲裁员。

（2）独任仲裁庭组成程序

根据《仲裁法》第三十一条的规定，当事人约定 1 名仲裁员成立仲裁庭的，应当由当事人共同选定或者共同委托仲裁委员会主任指定仲裁员。

《仲裁法》第三十二条还规定，当事人没有在仲裁规定的期限内约定仲裁庭的组成方式或者选定仲裁员的，由仲裁委员会主任指定。

3. 仲裁审理

（1）仲裁审理方式

仲裁应当开庭进行，当事人协议不开庭的，仲裁庭可以根据仲裁申请书、答辩书以及其他材料做出裁决。仲裁不公开进行，但当事人协议公开的，可以公开进行，但涉及国家秘密的除外。

（2）开庭通知

申请人经书面通知，无正当理由开庭时不到庭或者未经仲裁庭许可中途退庭的，可以视为撤回仲裁申请；如果被申请人提出了反请求，不影响仲裁庭就反请求进行审理，并做出裁决。被申请人经书面通知，无正当理由不到庭或者未经仲裁庭许可中途退庭的，仲裁庭可以进行缺席审理并做出裁决；如果被申请人提出了反请求的，可以视为撤回仲裁反请求。

（3）开庭审理

仲裁审理的方式分为开庭审理和书面审理两种。仲裁应当开庭审理做出裁决，这是仲裁审理的主要方式。但是，当事人协议不开庭的，仲裁庭可以根据仲裁申请书、答辩书以及其他材料做出裁决，这即书面审理方式。为了保护当事人的商业秘密和商业信誉，仲裁不公开进行，当事人协议公开的，可以公开进行，但涉及国家秘密的除外。当事人应当对自己的主张提供证据。仲裁庭认为有必要收集的证据，可以自行收集。

证据应当在开庭时出示，当事人可以质证。当事人在仲裁过程中有权进行辩论。仲裁庭可以做出缺席裁决。

4. 仲裁和解、调解

（1）仲裁中的和解

当事人申请仲裁后，可以自行和解。达成和解协议的，可以请求仲裁庭根据和解协议做出裁决书，也可以撤回仲裁申请。

当事人达成和解协议，撤回仲裁申请后反悔的，可以根据仲裁协议申请仲裁。

（2）仲裁中的调解

仲裁庭在做出裁决前，可以先行调解。当事人自愿调解的，仲裁庭应当调解。调解不成的，应当及时做出裁决。

调解达成协议的，仲裁庭应当制作调解书或者根据协议的结果制作裁决书。调解书与裁决书具有同等法律效力。调解书经双方当事人签收后，即发生法律效力。在调解书签收前当事人反悔的，仲裁庭应当及时做出裁决。

5. 仲裁裁决

仲裁裁决应当按照多数仲裁员的意见做出，少数仲裁员的不同意见可以记入笔录。仲裁庭不能形成多数意见时，裁决应当按照首席仲裁员的意见做出。裁决书自做出之日起发生法律效力，具体体现在：当事人不得就已经裁决的事项再申请仲裁，也不得就此提起诉讼；仲裁裁决具有强制执行力。

12.4.3 仲裁裁决的执行

1. 仲裁裁决的强制执行

仲裁裁决做出后，当事人应当履行裁决。一方当事人不履行的，另一方当事人可以依照我国《民事诉讼法》的规定，向人民法院申请执行。根据我国最高人民法院的相关司法解释，当事人申请执行仲裁裁决案件，由被执行人所在地或者被执行财产所在地的中级人民法院管辖。

仲裁裁决在所有《承认及执行外国仲裁裁决公约》缔约国或者地区，均可以得到承认和执行。申请仲裁裁决强制执行必须在法律规定的期限内提出（按照《民事诉讼法》的规定，申请执行的期间为2年）。申请执行时效的中止、中断，适用法律有关诉讼时效中止、中断的规定。申请仲裁裁决强制执行的2年期间，自仲裁裁决书规定履行期限或仲裁机构的仲裁规则规定履行期间的最后1日起计算。仲裁裁决书规定分期履行的，依规定的每次履行期间的最后1日起计算。

2. 仲裁裁决的撤销或不予执行

仲裁实行一裁终局制度，仲裁裁决一经做出，即发生法律效力。如果仲裁裁决发生错误就必然损害当事人的合法权益，而仲裁制度没有内部的监督制度，因此，只能由法院进行外部监督，具体体现在仲裁裁决的撤销与不予执行。

当事人提出证据证明裁决有下列情形之一的，可以向仲裁委员会所在地的中级人民法院申请撤销裁决：

1）没有仲裁协议的。

2）裁决的事项不属于仲裁协议的范围或者仲裁委员会无权仲裁的。

3）仲裁庭的组成或者仲裁的程序违反法定程序的。

4）裁决所依据的证据是伪造的。

5）对方当事人隐瞒了足以影响公正裁决的证据的。

6）仲裁员在仲裁该案时有索贿受贿、徇私舞弊、枉法裁决行为的。

人民法院认定执行该裁决违背社会公共利益的，裁定不予执行。当事人申请撤销裁决的，应当自收到裁决书之日起6个月内提出。仲裁裁决被法院依法裁定不予执行的，当事人就该纠纷可以重新达成仲裁协议，并依据该仲裁协议申请仲裁，也可以向法院提起诉讼。

此外，人民法院认定该裁决违背社会公共利益的，应当裁定撤销。

仲裁裁决被人民法院依法撤销后，当事人之间的纠纷并未解决。根据《仲裁法》，当事人就该纠纷可以根据双方重新达成的仲裁协议申请仲裁，也可以向人民法院起诉。

12.5 | 行政纠纷的处理

12.5.1 行政复议

行政复议是指行政机关根据上级行政机关对下级行政机关的监督权，在当事人的申请和参加下，按照行政复议程序对具体行政行为进行合法性和适当性审查，并做出裁决解决行政侵权争议的活动。

1. 可以申请行政复议的事项

行政复议保护的是公民、法人或其他组织的合法权益。行政争议当事人认为行政机关的行政行为侵犯其合法权益的，有权依法提出行政复议申请。根据《中华人民共和国行政复议法》第六条的有关规定，在工程建设领域，建设工程行政纠纷当事人可以申请复议的情形通常包括：

1）行政处罚，即当事人对行政机关做出的警告、罚款、没收违法所得、没收非法财物、责令停产停业、暂扣或者吊销许可证、暂扣或者吊销执照、行政拘留等行政处罚决定不服的。

2）行政强制措施，即当事人对行政机关做出的限制人身自由或者查封、扣押、冻结财产等行政强制措施决定不服的。

3）行政许可，包括：当事人对行政机关做出的有关许可证、执照、资质证、资格证等证书变更、中止、撤销的决定不服的，以及当事人认为符合法定条件，申请行政机关颁发许可证、执照、资质证、资格证等证书，或者申请行政机关审批、登记等有关事项，行政机关没有依法办理的。

4）认为行政机关侵犯其合法的经营自主权的。

5）认为行政机关违法集资、征收财物、摊派费用或者违法要求履行其他义务的。

6）认为行政机关的其他具体行政行为侵犯其合法权益的等。

2. 不得申请行政复议的事项

下列事项应按规定的纠纷处理方式解决，而不能提起行政复议：

1）行政机关的行政处分或者其他人事处理决定。

2）行政机关对民事纠纷做出的调解或者其他处理。当事人不服行政机关对民事纠纷做出的调解或者处理，如建设行政管理部门对有关建设工程合同争议进行的调解、劳动部门对劳动争议的调解、公安部门对治安争议的调解等，当事人应当依法申请仲裁，或者向法院提起民事诉讼。

3. 行政复议申请

当事人认为具体行政行为侵犯其合法权益的，可以自知道该具体行政行为之日起 60 日内提出行政复议申请，但法律规定的申请期限超过 60 日的除外。因不可抗力或者其他正当理由耽误法定申请期限的，申请期限自障碍消除之日起继续计算。

申请人对县级以上地方各级人民政府工作部门的具体行政行为不服的，申请人可以向该部门的本级人民政府申请行政复议，也可以向上一级主管部门申请行政复议。

4. 行政复议受理

行政复议期间具体行政行为不停止执行。但是，有下列情形之一的，可以停止执行：

1）被申请人认为需要停止执行的。

2）行政复议机关认为需要停止执行的。

3）申请人申请停止执行，行政复议机关认为其要求合理，决定停止执行的。

4）法律规定停止执行的。

5. 行政复议决定

申请人可以查阅被申请人提出的书面答复，做出具体行政行为的证据、依据和其他有关材料，除法律规定不得公开的情形外，行政复议机关不得拒绝。行政复议过程中，被申请人不得自行向申请人和其他有关组织或者个人收集证据。

行政复议决定：

1）具体行政行为认定事实清楚，证据确凿，适用法律正确，程序合法，内容适当的，决定维持。

2）被申请人不履行法定职责的，决定其在一定期限内履行。

3）具体行政行为有下列情形之一的，决定撤销、变更或者确认该具体行政行为违法；决定撤销或者确认该具体行政行为违法的，可以责令被申请人在一定期限内重新做出具体行政行为：

① 主要事实不清、证据不足的。

② 适用依据错误的。

③ 违反法定程序的。

④ 超越或者滥用职权的。

⑤ 具体行政行为明显不当的。

4）被申请人不按照法律规定提出书面答复，提交当初做出具体行政行为的证据、依据和其他材料的，视为该具体行政行为没有证据、依据，决定撤销该具体行政行为。

除非法律另有规定，行政复议机关一般应当自受理申请之日起 60 日内做出行政复议决定。行政复议决定书一经送达，即发生法律效力。申请人不服行政复议决定的，除法律规定为最终裁决的行政复议决定外，可以在法定期间内提起行政诉讼。

12.5.2　行政诉讼

行政诉讼是指人民法院应当事人的请求，通过审查行政行为合法性的方式，解决特定范围内行政争议的活动。行政诉讼和民事诉讼、刑事诉讼构成我国基本诉讼制度。除法律、法规规定必须先申请行政复议的以外，行政纠纷当事人可以自由选择申请行政复议还是提起行政诉讼。行政纠纷当事人对行政复议决定不服的，除法律规定行政复议决定为最终裁决的以外，可以依照《中华人民共和国行政诉讼法》（以下简称《行政诉讼法》）的规定向人民法院提起行政诉讼。

1. 行政诉讼受案范围

行政诉讼受案范围确定了行政机关行政行为受司法监督的限度，以及公民、法人或其他组织获得司法救济的范围。2017 年 6 月经修改后公布的《行政诉讼法》规定，人民法院受理公民、法人或者其他组织提起的下列诉讼：

1）对行政拘留、暂扣或者吊销许可证和执照、责令停产停业、没收违法所得、没收非法财物、罚款、警告等行政处罚不服的。

2）对限制人身自由或者对财产的查封、扣押、冻结等行政强制措施和行政强制执行不服的。

3）申请行政许可，行政机关拒绝或者在法定期限内不予答复，或者对行政机关做出的有关行政许可的其他决定不服的。

4）对行政机关做出的关于确认土地、矿藏、水流、森林、山岭、草原、荒地、滩涂、海域等自然资源的所有权或者使用权的决定不服的。

5）对征收、征用决定及其补偿决定不服的。

6）申请行政机关履行保护人身权、财产权等合法权益的法定职责，行政机关拒绝履行或者不予答复的。

7）认为行政机关侵犯其经营自主权或者农村土地承包经营权、农村土地经营权的。

8）认为行政机关滥用行政权力排除或者限制竞争的。

9）认为行政机关违法集资、摊派费用或者违法要求履行其他义务的。

10）认为行政机关没有依法支付抚恤金、最低生活保障待遇或者社会保险待遇的。

11）认为行政机关不依法履行、未按照约定履行或者违法变更、解除政府特许经营协议、土地房屋征收补偿协议等协议的。

12）认为行政机关侵犯其他人身权、财产权等合法权益的。

除前款规定外，人民法院受理法律、法规规定可以提起诉讼的其他行政案件。

但是，人民法院不受理公民、法人或者其他组织对下列事项提起的诉讼：

1）国防、外交等国家行为。

2）行政法规、规章或者行政机关制定、发布的具有普遍约束力的决定、命令。

3）行政机关对行政机关工作人员的奖惩、任免等决定。

4）法律规定由行政机关最终裁决的行政行为。

2. 行政诉讼的管辖

行政诉讼主要适用于一般地域管辖。行政案件由最初做出行政行为的行政机关所在地人民法院管辖。经复议的案件，也可以由复议机关所在地人民法院管辖。对限制人身自由的行政强制措施不服提起的诉讼，由被告所在地或者原告所在地人民法院管辖。因不动产提起的行政诉讼，由不动产所在地人民法院管辖。两个以上人民法院都有管辖权的案件，原告可以选择其中一个人民法院提起诉讼。原告向两个以上有管辖权的人民法院提起诉讼的，由最先立案的人民法院管辖。

3. 行政诉讼的起诉与受理

提起行政诉讼应当符合下列条件：

1）原告是认为行政行为侵犯其合法权益的公民、法人或者其他组织。

2）有明确的被告。

3）有具体的诉讼请求和事实根据。

4）属于人民法院受案范围和受诉人民法院管辖。

行政争议未经行政复议，由当事人直接向法院提起行政诉讼的，除法律另有规定的外，应当自知道或应当知道做出行政行为之日起 6 个月内提出。经过行政复议但对行政复议决定不服而依法提起行政诉讼的，应当在收到行政复议决定书之日起 15 日内起诉；若行政复议机关逾期不做复议决定的，除法律另有规定的外，应当在行政复议期满之日起

15 日内起诉。

1）人民法院在接到起诉状时对符合《行政诉讼法》规定的起诉条件的，应当登记立案。

2）对当场不能判定是否符合本法规定的起诉条件的，应当接收起诉状，出具注明收到日期的书面凭证，并在 7 日内决定是否立案；不符合起诉条件的，做出不予立案的裁定。裁定书应当载明不予立案的理由。原告对裁定不服的，可以提起上诉。

3）起诉状内容欠缺或者有其他错误的，人民法院应当给予指导和释明，并一次性告知当事人需要补正的内容。不得未经指导和释明即以起诉不符合条件为由不接收起诉状。

4）对于不接收起诉状、接收起诉状后不出具书面凭证，以及不一次性告知当事人需要补正的起诉状内容的，当事人可以向上级人民法院投诉，上级人民法院应当责令改正，并对直接负责的主管人员和其他直接责任人员依法给予处分。

人民法院既不立案，又不做出不予立案裁定的，当事人可以向上一级人民法院起诉。上一级人民法院认为符合起诉条件的，应当立案、审理，也可以指定其他下级人民法院立案、审理。

公民、法人或者其他组织认为行政行为所依据的国务院部门和地方人民政府及其部门制定的规范性文件不合法，在对行政行为提起诉讼时，可以一并请求对该规范性文件进行审查。规范性文件不含规章。

4. 审理

《行政诉讼法》规定，行政诉讼期间，除该法规定的情形外，不停止具体行政行为的执行。除涉及国家秘密、个人隐私和法律另有规定的外，人民法院应当公开审理行政案件。涉及商业秘密的案件，当事人申请不公开审理的，可以不公开审理。人民法院审理行政案件，不适用调解。但是，行政赔偿、补偿以及行政机关行使法律、法规规定的自由裁量权的案件可以调解。

人民法院审理行政诉讼案件，以法律和行政法规、地方性法规为依据。地方性法规适用于本行政区域内发生的行政案件；审理民族自治地方的行政案件，并以该民族自治地方的自治条例和单行条例为依据。人民法院审理行政案件，参照规章。

5. 判决

法院经过审理，根据不同情况，分别就行政案件做出如下判决：

1）行政行为证据确凿，适用法律、法规正确，符合法定程序的，或者原告申请被告履行法定职责或者给付义务理由不成立的，人民法院判决驳回原告的诉讼请求。

2）行政行为有下列情形之一的，人民法院判决撤销或者部分撤销，并可以判决被告重新做出行政行为：

① 主要证据不足的。

② 适用法律、法规错误的。

③ 违反法定程序的。

④ 超越职权的。

⑤ 滥用职权的。

⑥ 明显不当的。

人民法院判决被告重新做出行政行为的，被告不得以同一的事实和理由做出与原行政行为基本相同的行政行为。

3）人民法院经过审理，查明被告不履行法定职责的，判决被告在一定期限内履行。

4）人民法院经过审理，查明被告依法负有给付义务的，判决被告履行给付义务。

5）行政行为有下列情形之一的，人民法院判决确认违法，但不撤销行政行为：

① 行政行为依法应当撤销，但撤销会给国家利益、社会公共利益造成重大损害的。

② 行政行为程序轻微违法，但对原告权利不产生实际影响的。

行政行为有下列情形之一，不需要撤销或者判决履行的，人民法院判决确认违法：

① 行政行为违法，但不具有可撤销内容的。

② 被告改变原违法行政行为，原告仍要求确认原行政行为违法的。

③ 被告不履行或者拖延履行法定职责，判决履行没有意义的。

6）行政行为有实施主体不具有行政主体资格或者没有依据等重大且明显违法情形，原告申请确认行政行为无效的，人民法院判决确认无效。

7）人民法院判决确认违法或者无效的，可以同时判决责令被告采取补救措施；给原告造成损失的，依法判决被告承担赔偿责任。

8）行政处罚明显不当，或者其他行政行为涉及对款额的确定、认定确有错误的，人民法院可以判决变更。人民法院判决变更，不得加重原告的义务或者减损原告的权益。但利害关系人同为原告，且诉讼请求相反的除外。

9）被告不依法履行、未按照约定履行或者违法变更、解除政府特许经营协议、土地房屋征收补偿协议等的协议的，人民法院判决被告承担继续履行、采取补救措施或者赔偿损失等责任。被告变更、解除政府特许经营协议、土地房屋征收补偿协议合法，但未依法给予补偿的，人民法院判决给予补偿。

当事人不服人民法院第一审判决的，有权在判决书送达之日起 15 日内提起上诉；不服人民法院第一审裁定的，有权在裁定书送达之日起 10 日内提起上诉。逾期不提起上诉的，人民法院的第一审判决或者裁定发生法律效力。

第二审判决、裁定，是终审判决、裁定。当事人对已经发生法律效力的行政判决、裁定，认为确有错误的，可以向上一级人民法院申请再审，但判决、裁定不停止执行。

6. 行政诉讼的执行

当事人必须履行人民法院发生法律效力的行政判决、裁定。公民、法人或者其他组织拒绝履行判决、裁定的，行政机关可以向第一审人民法院申请强制执行，或者依法强制执行。行政机关拒绝履行判决、裁定的，第一审人民法院可以采取以下措施：

1）对应当归还的罚款或者应当给付的款额，通知银行从该行政机关的账户内划拨。

2）在规定期限内不履行的，从期满之日起，对该行政机关负责人按日处 50～100 元的罚款。

3）将行政机关拒绝履行的情况予以公告。

4）向监察机关或者该行政机关的上一级行政机关提出司法建议。接受司法建议的机关，根据有关规定进行处理，并将处理情况告知人民法院。

5）拒不履行判决、裁定、调解书，社会影响恶劣的，可以对该行政机关直接负责的主管人员和其他直接责任人员予以拘留；情节严重，构成犯罪的，依法追究刑事责任。

12.6 案例分析

12.6.1 案例1

1. 案情

甲建筑公司的资质等级较低。但经甲建筑公司的介绍，乙建筑公司最终承接了某建筑工程，并将该工程的部分非主体工程施工分包给了甲建筑公司。由于发包人拖欠乙建筑公司工程款，导致乙建筑公司也拖欠甲建筑公司的工程款项。为此，甲建筑公司背着乙建筑公司，以实际施工人名义单独起诉发包人，要求发包人直接向其支付工程价款。在法院审理过程中，发包人与甲建筑公司双方达成调解协议，约定由发包人直接向甲建筑公司支付工程款，然后在工程竣工结算时从给付乙建筑公司的工程价款中扣除。法院根据该调解协议制作了调解书，经双方签字后生效。由于甲建筑公司高估冒算工程量，导致发包人实际确认并支付的工程款远远超过甲建筑公司应得款额，后在工程决算时乙建筑公司发现了此事。乙建筑公司应如何维护自己的权益？

2. 案例评析

我国《民事诉讼法》确立了第三人参加诉讼的制度，该制度的前提是第三人在本诉进行中知道该诉的存在，才可以参加诉讼以保护自己的权益；无论是有独立请求权的第三人还是无独立请求权的第三人，在很多情况下往往不知道诉讼的存在，尤其是当事人以恶意串通、虚假自认等方式损害第三人权益的，第三人更是无从知道，也就无法参加诉讼以维护自己的权益。在本案中，由于发包人与甲建筑公司双方串通进行调解，且在调解书生效后又自行履行，乙建筑公司不知晓也无法提出异议，导致自身利益受损。《民事诉讼法》规定了第三人撤销之诉，即：第三人因不能归责于本人的事由未参加诉讼，但有证据证明发生法律效力的判决、裁定、调解书的部分或者全部内容错误，损害其民事权益的，可以自知道或者应当知道其民事权益受到损害之日起6个月内，向做出该判决、裁定、调解书的人民法院提起诉讼。据此，乙建筑公司可以自知道或者应当知道该调解书事由之日起6个月内，向做出调解书的人民法院提出撤销该调解书的诉讼，以维护自己的权利。

12.6.2 案例2

1. 案情

A公司与B公司签订了共同出资建设食品加工厂的合同，合同未包括仲裁条款。此后双方就履行合同产生争议，B公司向A公司致函提出："我方将向仲裁机构或法院提出仲裁或诉讼。"A公司收到信函后，立即回复B公司表明其愿意通过仲裁方式解决争议，并向仲裁机构提交了仲裁申请。B公司收到A公司的回复后，并未向仲裁机构申请仲裁，而是向法院提出诉讼。请问，这种情况下，此争议应由仲裁机构处理，还是法院处理？并说明原因。

2. 案例评析

该争议应当由法院处理。一方面，A公司与B公司所签合同未包括仲裁条款，同时A、

B 双方未达成仲裁协议。我国《仲裁法》规定："当事人采用仲裁方式解决纠纷，应当双方自愿，达成仲裁协议。没有仲裁协议，一方申请仲裁的，仲裁委员会不予受理。"B 公司信函中"我方将向仲裁机构或法院提出仲裁或诉讼"，并未明确表示其愿意以仲裁方式解决纠纷。因此双方实际上并未达成仲裁协议，仲裁机构无法受理。另一方面，B 公司提起诉讼，法院必须受理。

参 考 文 献

[1] 付强. 土地管理法新释与例解 [M]. 北京：同心出版社，2001.

[2] 刘平. 征收征用与公民财产权保护 [M]. 上海：上海人民出版社，2012.

[3] 陈华彬. 民法物权法 [M]. 北京：中国法制出版社，2010.

[4] 房绍坤. 物权法用益物权编 [M]. 北京：中国人民大学出版社，2007.

[5] 刘云生，李开国，孙鹏. 物权法教程 [M]. 北京：中国人民大学出版社，2009.

[6] 崔建远. 物权：规范与学说 [M]. 北京：清华大学出版社，2011.

[7] 陈会广，张芳怡，付坚强，等. 土地法学 [M]. 南京：东南大学出版社，2010.

[8] 隋卫东，王淑华，李军. 城乡规划法 [M]. 济南：山东大学出版社，2009.

[9] 本书编写组.《中华人民共和国城乡规划法》释义及实用指南 [M]. 2版. 北京：中国民主法制出版社，2014.

[10] 刘维彬，王玉芬. 城乡规划管理与法规 [M]. 北京：科学出版社，2011.

[11] 王国恩. 城乡规划管理与法规 [M]. 北京：中国建筑工业出版社，2009.

[12] 黄安永. 建设法规 [M]. 南京：东南大学出版社，2010.

[13] 田杰芳. 建设与房地产法规 [M]. 北京：清华大学出版社，2012.

[14] 何峰. 建筑法规与房地产法规实务 [M]. 成都：西南交通大学出版社，2013.

[15] 赵伯祥. 建筑与房地产法原理与案例教程 [M]. 北京：对外经济贸易大学出版社，2014.

[16] 李岫，朱珊. 房地产法规 [M]. 北京：人民交通出版社，2007.

[17] 全国一级建造师执业资格考试用书编写委员会. 建设工程法规及相关知识 [M]. 北京：中国建筑工业出版社，2018.

[18] 刘仁辉. 建设工程合同管理与索赔 [M]. 3版. 北京：机械工业出版社，2017.

[19] 中国建设监理协会. 建设工程合同管理 [M]. 北京：知识产权出版社，2018.

[20] 何红锋. 工程建设中的合同法与招标投标法 [M]. 3版. 北京：中国计划出版社，2014.